環境に挑む歴史学

水島司 編 Mizushima Tsukasa

勉誠出版

序　環境に挑む歴史学

水島　司

吹きすさぶ風、果てしなく続く日照り、降り積もる雪、あふれる川、山を動かす揺れ、壁となる波、立ち上る噴煙、そしてその中で暮らしを守ろうとする人々。人類が慣れ親しんだかに思おうとした自然の周期も、突如大きな逸脱を示し、自然への畏れと平穏への祈りの切実さを私たちに知らしめてきた。しかし、近年の日本をたてつづけに襲う逸脱は、それらが単なる自然の振る舞いとして終始してきたのではなく、人為がもたらすものでもあることを教えた。人類が進めてきた様々な領域の「開発」は、我々の生きる空間、環境を、自然と人為の両面から規定してきたことを。

もちろん、人類は、このような環境のざわめきに、ただ手をこまねいてきたわけではない。農民であれ漁師であれ、大工であれ洗濯人であれ、商人であれ役人であれ、朝起きて光の強さを見、地の乾きを確かめ、雲の動きを眺め、潮の流れを読むという行為を日々繰り返し、知恵を蓄え、時の流れの中に伝えてきた。災害、疫病、汚染、異変に、脅え、犠牲を出しながらも、身構え方を知り、生き延びる方途を見出してきた。

このような環境の変化と人々の動きに、では歴史学はどのように取り組んできたのだろうか。確かに、歴史学は時間的にも空間的にも無限な対象を扱い、多種多様な隣接諸科学の分析視角をも貪欲にと言えるほど採り入れてきた。にも関わらず、依拠する唯一の材料は、「史料」と命名する文字記録でしかない。史料批判と呼ばれる厳密な史料の解釈——これを史料批判と呼ぶ——を歴史学固有の方法とし、そのために、多くの歴史研究者の卵は、語学をはじめとする文献読解のための訓練を受け、史料批判の方法を身につけることによって歴史学の専門家としての力量を養うことに多くの時間をかける。しかし、このような歴史研究が習わしとしてきた方法的禁欲さは、文献とはならなかった事象、その時代の人々が敢えて書き記そうとしなかった事象、あるいは文字に無縁だった人々が深く関わった事象に迫ろうとしたとき、足枷にしかならない。そして、文献としては残されてこなかった対象にも目を向けなければ扱い得ない事象の最たるものが、本書が扱おうとする環境である。

人と環境が深い関係をもってきたにも関わらず、歴史学固有の方法的禁欲さのために、環境を正面から扱おうとする取り組みは遅れた。そして、医学をはじめとする他の自然科学を専攻する研究者が、グローバル・ヒストリーという文脈の中で、GIS（地理情報システム）をはじめとする斬新な手法と多様なデータを駆使して見事な成果を次々に発表し、この領域に切りこんできていることを傍観することになった。彼らは、人類と環境とを並行して扱うのではなく、環境の中に人類を位置づけた。そして、歴史学が正面から取り扱うことのなかった気候変動、地表変化、エネルギー、生活水準、人体、寿命、人口、移動、疫病などのテーマをとりあげ、それらに関する非文字データを集め、蓄積し、分析することで大きなインパクトを与えることに成功した。それに対し、歴史学に携わる者は、人類史、地球史を再構築するという課題への取り組みに大きく遅れをとってしまった。世界史（ワールド・ヒストリー）ではなく地球史（グローバル・ヒストリー）が大きな関心を呼んでいるのは、従来の歴史学が、人類の歴史を人類だけの歴史としてきたことへの痛烈な批判と受け取るべき現象なのである。

歴史学に関わる者は、このような状況に向き合い、これまでの歴史学のあり方を見直し、今後の方向を示していくことが求められている。そして、そうした問題意識から、編者は二〇〇九年に歴史研究者の全国的な学会である史学会全国大会で、「環境と歴史学」と題したシンポジウムを組織することになった。このシンポジウムをきっかけに、さらに歴史学という分野にこだわらず、広い領域の分野の研究者に、歴史学という観点を入れながら環境研究を論じて頂く形で編まれたのが、二〇一〇年に出版された『環境と歴史学——歴史研究の新地平——』であった。そこでは、ある歴史的時点である空間に生きる人々が、彼らを囲むリソース（環境に含まれる諸要素）のあり方とその変化への対応として、自身の選択を歴史的にどのように方向付けたのか、その方向性の中にどのような特殊性と普遍性を見いだすことができるのか、さらには、環境変動がどのような社会変動、社会動向と結びつき、その後の歴史を方向付けるようになったか等を論じて頂いた。幸い、同書は早くに完売となり、再版が望まれていたが、このたび、執筆者に今一度必要な改訂を加えて頂き、また冒頭の斎藤修論文をはじめ、保立道久論文、野田仁論文、落合一泰論文の四本の新たな論考を加えた形でここにようやく出版されることになった。本書は、いわば同書の増補改訂版としての位置づけとなる。タイトルも、『環境に挑む歴史学』とした。その際、地域的にも、日本から中国、東南アジア、南アジア、中央アジア、西アジア、アフリカ、ヨーロッパ、そして南アメリカに至る広範な領域をカヴァーしえたことから、構成も組み替えることになった。環境に関する関心の深まりが、近年の出版状況に反映されているが、本書の出版も、そうしたうねりの一翼を担うものである。このような形での出版に再度ご協力頂いた執筆者の方々、および出版と原稿のとりまとめに尽力された勉誠出版編集部の黒古麻己さんに深く感謝したい。

本書が、歴史研究の中に環境変動という視点をとり込んだ場合に、従来の歴史解釈はどのような広がりと深さをもつことができるのか、歴史学が環境を扱おうとする場合にどのような問題に直面するのかなどの問題を知り、環境をめぐる社会の関心に対して歴史研究がどのように応えていくかを歴史研究を志すものが考えるきっかけとなることをまず期待する。と同時に、本書をつうじて、環境研究の意義、重要性が共有され、歴史学研究が、環境というまだまだ余白の大きな分野で大きく発展し、新たな手法、新たな視点が生み出され、人類史への理解と人類が抱える問題へ立ち向かうための知恵が蓄積されていくきっかけとなれば、なお幸いである。

目次

Ⅱ　地域史における環境

◉南アジア・東南アジア

◉西アジア・中央アジア・アフリカ

◉ヨーロッパ・アメリカ

I

環境史へのアプローチ

人口と自然環境と比較史の文脈

斎藤　修

自然環境劣化の根本原因を人口増加にみるひとは少なくない。人口増加が引き金となって森林伐採が始まり、それが社会の混乱や崩壊をもたらした事例はたしかに存在した。しかし、人口増加とともにそのような大崩れがどこでも生じたと考えるのは正しくない。本論は、長期の歴史における人口増加パターンについて一瞥したあと、国家と市場とを切り口として何が森林の乱伐と保全をわけたのかについて考える。

はじめに――人口・森林破壊・社会崩壊――

現在、地球上の森林被覆が低下しつつある。その減少は毎年五〇〇万ヘクタールにおよぶともいい、とりわけ熱帯雨林の減少が著しい。その直接的な原因としてしばしば指摘されるのは多国籍企業の利益追求行動であるが、もう一つ、別の観点からみて一層重要な、そして根深い要因が発展途上国における人口増加である。人口増加はそれ自体で森林生産物への需要を増加させる要因として働き、ただちに薪や建築用材の需要を高めるであろう。それだけではない。途上国の多くにおいては、人口増加は貧困を増幅させる力としても働く。そして、食糧生産の需給をいっそう逼迫させ、限界地における林野の開墾や焼畑の拡大を生み、結果として森林被覆の減少をもたらすことになる。このような観察は多くのひとをして、過去の、われわれがまだ貧しかった時代を彷彿させるにちがいない。

それどころか、人口増加と森林伐採の相乗作用が社会崩壊をもたらしたことすらあったであろう。ジャレド・ダイアモンドの話題作『文明崩壊』をみれば、そのような社会崩壊として五つの事例が取上げられている。中米のマヤ、北米南西部のアナサジ族、ポリネシアのピトケアン・ヘンダーソン二島、イースター島、そしてノルウェー人のグリーンランド入植地である。このうち、グリーンランド入植地を除けば、いずれも何らかのかたちで人口増加と森林乱伐が引き金となっていた。(1) このような事例から、人類史の根源的な問題が、私たちの社会が内在的に有している自然征服性向と私たちの頭数の増加とにあるとみるひとは少なくない。しかし、本当にそうなのであろうか。人間社会と自然との関係はもうすこし複雑だったのではないであろうか。本稿では森林を例にとり、人口を切り口として自然環境の破壊と保全の問題とを日中両国および西欧諸国の事例に即して論ずる。いいかえれば、人口と森林保全の問題を比較史の文脈においてみるささやかな試みである。(2)

一、人口増加のパターン

マルサスの人口論を知るひとは、人口増加が近代以前の社会において最も深刻な脅威であったと考えるであろう。人口というものは「制限されなければ」等比級数的に増大する、と考えられてきたからである。この点を強調すると、森林伐採と社会崩壊の真の原因が人口増加といっているに等しくなる。(3)

しかし、近代以前の社会において人口増加とはそれほど容易に生じたものだったのであろうか。そもそも持続的な人口成長は可能だったのであろうか。本稿は人口論の立ち入った解説をするのが目的ではないので、世界史家ウィリアム・マクニールの議論を借用して古代・中世から人口がどのような変動パターンを描いてきたのかを一瞥しておきたい。

古代からの文明国の周辺、とくに日本や英国といった島国を例にとって考えてみよう。島国という地理的状況は「海の向こうの大陸にはびこる病気との接触から隔離」されているという意味で、その社会の発展にとっては有利な条件となったはずである。けれども、人口の長期的かつ持続的な成長という観点からみれば、それはむしろマイナスに作用したとみるべきだと、マクニールはいう。(4) 何らかの原因によって、たとえば日本列島に「未知の感染症が間を隔てる海を跳び越え」て侵入した場合を想像してみよう。その場合には、死亡率は前例のないほどの高さとなり、人口の四分の一とか三分の一が失われるという事態もありえたかもしれない。実際、八〇八(大同三)年には「ほとんど人口の半ばが死んだ」といわれる疫病が到来し、九九四～五(正暦五～六)年にも別の感染症が侵入して「住民の半ば以上が死んだ」といわれる。人口の二分の一が死亡したというのは誇張だとしても、九世紀から十世紀には度重なる未知の伝染病の大流行があったのである。しかも、感染症のうち続く流行はそれで終止符を打ったわけではなかった。天然痘による深刻な流行は七世紀から始まって十三世紀まで続き、はしかの場合は十一世紀から十三世紀にかけて同様の記録が現れる。いいかえれば、「列島の人口が、天然痘とはしかというような恐るべき殺戮者を恒常的な小児病として根付かせてしまうだけの規模に達する以前には、この二つあるいはそれ以外の似たような感染症はほぼ一世代ごとに到来し、繰返し日本の人口に深い傷を与え、列島の経済的・文化的発展を根底から阻害したのであった」。そして、まったく同じことがヨーロッパ大陸の北西に位置するブリテン諸島についてもいえる。どちらにおいても、人口増加が軌道に乗るのは、私たちが通常考えるよりもずっと後の時代になってからだったのである。(5)

このマクニールの議論はいくつかの重要な含意をもつ。第一に、古い文明の周辺国では島国にかぎらずどこでも、古代以来何百年という長い間、人口の持続的な増加はみられなかったとみるべきであろう。それも、マルサスや古典派経済学者が想定したように当時の生産力が低位で多くの人口を養えなかったというよりは、「ほぼ一世代ごとに到来」する感染症の破壊的な力が作用したからであった。

第二に、その感染症による死亡率を引下げる上で、長期的にみたときにもっとも効果的であったのは、文明と接触しないこと、その影響に対して自らを閉ざすことではなかった。そうではなく、外来の感染症を恐れずに人口規模自体を大きくし、伝染病を風土病化させ、人口全体がその病気に対する免疫力を高めることであった。それが「経済的・文化的発展」、すなわち古代・中世から近世への移行を可能にする要件の一つとなった。中世から近世への時代を特徴づけるのは、第一に、国と国のあいだに存在した為政者のコントロールが及ばない領域が縮小・消滅、その領域内で政府の支配が浸透したこと、第二に人口増加、そして第三に、恒常的な市場取引の規模と密度の増大、すなわち単発的で直線的な交易から面としての拡がりをもった市場経済へという、相互に絡み合った変化だったからである。

そうであれば、人口の長期的な増加傾向が森林被覆面積を徐々に減らすということがどこでもみられたとしても、あるいは短期的な人口の爆発的増加が森林乱伐を招いたということはあっても、人口増加が森林被覆縮小の真の原因といいきるにはためらいを覚える。いいかえれば、これが第三の含意であるが、人口と森林破壊の関係を検討するためにはもう少し時代を絞った観察をすべきであろう。

人口密度が閾値《いき》をこえてからは、人口増加と森林被覆の間にどのような関係が生じたのであろうか。西欧と日本を例に少しみてみたい。

二、近世の森林被覆

西欧における近世の幕開けとなった十六世紀は、人口がようやく増加基調に転じたことと初期資本主義の台頭とによって特徴づけられる時代である。フランスを例にとってみると、十四世紀の黒死病後には若干の回復をみた森林面積が、十六世紀に再び人口が増加するとその減少に拍車がかかった。結果として木材不足ないしは森林危機がいたるところで叫ばれることとなった。フランソワ一世とアンリ二世に続いて、ルイ十四世の治下、コルベールによる森林資源維持のための大改革がなされたのも、このような状況の下であった。改革とは伐採制限を柱としたもので、同様の施策はヨーロッパ大陸の他の多くの国や領邦でも実施された。しかし、こうした規制を中心とした上からの政策が功を奏したということはほとんどなく、どこにおいても森林の縮小は続いた。

その理由は、人口の持続的な増加が耕地拡大と家庭燃料用木材への需要拡大になったからである。しかし、イングランドのように工業の拡大が早くからみられた地域では、産業用の需要増大も森林縮小に拍車をかけたといわれる。造船用の建材、製鉄業の高炉で使われる薪炭がとくにそうであった。たとえば、鍛冶場一つが消費するのは森林二〇〇ヘクタールに相当し、「一台の高炉だけで、小さな都市二つに供給するのに必要な木材の量をのみこむ」といわれた。イングランドの製鉄業が木炭からコークスへの転換をいち早く行い、産業革命へのきっかけの一つとなったといわれるゆえんである。しかし、このような古典的理解は近世において木材枯渇が常態であったということを暗黙の前提とする。けれども、これには強い異論がある。森林の危機を訴えた言説は当時の文書に数多くみられるが、そこには森林所有者である領主の利害が色濃く反映されていたこと、十七世紀ころの生産量であれば、萌芽更新法《コピシング》と呼ばれる、日本の薪炭林で行われているのと同様の技法でもって製鉄業からの需要をまかなうことが可能であったこと、実際、そのような営林のための伝統的ウッドマンシップは健在であったことなどが、明らかとなっているからである。

極東に目を転ずると、日本列島でも近世の始まりは森林の乱伐に悩まされた時代であった。十八世紀に入ってからの言説であるが、田中丘隅《きゅうぐ》という農政家は、元禄の頃より、紀国屋文左衛門のようなタイプの大商人（「衒商」）が良木を求めて、手近なところからどんどん伐っていったために各地の山々が荒れたのだと断じ、その結果、熊沢蕃山の表現を借りれば、「天下の山林十に八尽く」という状態になったといわれる。十に八ははげ山という表現には誇張があろうが、木材需要の増大に応じて「郡国の浅き山」から伐採が進んでいった様子がうかがえる。戦乱の時代から平和の時代になって人口増加が加速したからともいえるが、日本の場合はそれ以上に、十七世紀に入って大々的に始まった城郭・屋敷・寺院等の建築、すなわち急激な城下町建設が真の原因であったといってよいであろう。けれども、このような資源収奪的な林業は長続きしなかった。これまでの研究が教えてくれるのは、十八世紀になると植林による市場志向型の林業、とくにスギとヒノキのプランテーションとその（苗木から造林をする）技術が定着し始め、乱伐に歯止めがかかり、領主林においても民有林においても育成林業への転換があったという事実である。いいかえれば、森林被覆率の低下が減速しただけではなく、その水準に回復がみられたのである。

このように、近世の人口成長とともに森林の乱伐がどこでも生じたと考えるのは正しくない。イングランドの場合、中世盛期から名誉革命にかけて、すなわち一〇八六年と一六八八年の間に人口は二・四五倍となったが、森林面積の縮小は三七パーセントであった。一〇〇〇年から一七〇〇年にかけてのフランスでは、二・五倍の人口増加が六七パーセントの森林縮小に対応し、一六〇〇年から一八五〇年の日本では、九〇パーセントの人口増加が一〇パーセントの森林被覆面積に縮小となったにすぎなかった。中国嶺南地方の一七〇〇年と一八五三年についても同様の計算を行うと、一六六パーセントの人口増加と四八パーセントの森林縮小であったこともわかる。

これら四か国で――強引なことは重々承知しているが――ユーラシア大陸両端を代表させ、その時期別統計をプールして森林被覆の低下率を人口増加率に回帰させると、一〇パーセントの人口増加は五・九パーセントの森林縮小となるのが中近世では一般的であったという結果を得る。人口増加が徐々に森林面積を減らしたというのは間違いではないにしても、それが乱伐となり社会崩壊に近いところまで大崩れすることが頻繁に起きたわけではなかったのである。(6)

そこには、需要のあるもの、売れるものを育てて生業にしようという、ごく普通の発想があった。それが育林を促した。そして、その育林への誘因を与えたのは市場経済であった。

三、乱伐と保全をわけるもの

もっとも、近世初頭の西欧各地でかなり深刻な、すなわち人口増加率から想定されるよりはずっと高い率で森林伐採が生じたことは事実なようだ。表1の上のパネルには、フランスの時期ごとに計算された人口の変化率と森林面積の変化率とが示されている（対象期間がそれぞれ異なるので十年率に揃えて表示する）。黒死病による人口激減期をへた一四五〇年から一七〇〇年にかけての二五〇年間は、同国の他の時期とは違って人口増加率を上回る率で森林面積が減少したことがわかる。ただ、大崩れという表現に近い事例となると、十九世紀の五十年代以降に始まった中国の森林崩壊には及ばなかった。同表の下のパネルには嶺南地方のデータによる同様の計算結果が示されており、それによれば、清末の一八五三年から民国期の一九三七年にかけて、人口増加率の三倍近いスピードで森林が消失したことが明らかである。

過剰伐採とそれに起因する洪水の頻発という事態は、同時代の日本でも起きた。事例を示すことしかできない

表1　人口と森林面積の長期変化率：フランスと中国嶺南地方、1000-1837年

（十年率、%）

	人口（P）	森林（F）	比（F/P）
フランス			
1000-1300	2.9	−2.3	−0.79
1300-1450	−4.4	3.6	−0.82
1450-1700	2.9	−3.9	−1.34
1700-1827	2.3	−1.0	−0.43
中国嶺南地方			
1700-1853	6.6	−4.3	−0.65
1853-1937	5.4	−15.3	−2.83

出所：斎藤修『環境の経済史――森林・市場・国家――』（岩波書店、2014年）、表2.6、75頁（原拠については同表の註をみよ）。

註：表中の比（F/P）は、人口（P）が1%増加したときに森林（F）は何%変化するかを示す、弾力性と呼ばれる値となっている。中仏だけではなく、日英領国を含めかつすべての時期をカバーして描かれた人口（P）と森林（F）のグラフは、同書、図2.3、76頁を参照。

表2　長野県諏訪郡民有林における草山率と植林率

（%）

	草山率（共有林のみ）	植林率
1882-1885年	—	0.2
1886-1890年*	68.3（78.7）	0.2
1891-1895年	63.8（71.6）	1.5
1896-1901年	45.4（60.4）	1.9

出所：斎藤『環境の経済史』（前掲）、表5.2、152頁。原拠は、杉山伸也・山田泉「製糸業の発展と燃料問題――近代諏訪の環境経済史――」（『社会経済史学』第65巻2号、1999年）、137-38頁。

註：2つの百分率は異なった計算の仕方によって求められている。草山率は各年の割合の期間平均値で、植林率は期首の民有地総面積に対する期間中の植林面積の比率である。なお、＊を付した期間の草山率は1894-1890年の平均で、植林率は1886年の総面積に対する植林面積として計算されている。

が、表2には、製糸業が急成長した長野県諏訪郡の民有林が維新以降に急速に草山化していたこと、そのピークが一八九〇年前後であったこと、そして二十世紀に入ると少しずつ植林の効果が現れはじめたことが示されている（「草山」というのは樹木が伐採されてしまったはげ山である）。もっとも深刻だったときには民有林の三分の二が、共有林《コモンズ》だけをとれば四分の三もがはげ山となっていたのである。諏訪地方が代表的な事例とはいえないかもしれないが、事態の深刻さがよくわかる事例である。中国の場合と比べると、明治維新から数十年と相対的に短い期間であり、その後に植林と被覆率の回復が迅速になされたために――統計データによる検証ができない近世初頭の乱伐期とともに――十分な注意を惹いてこなかったが、深刻さの点では同時期の中国にひけをとらなかったのではないかと思われる。

これら深刻な乱伐はどうして起きたのであろうか。近世初頭の日本を含むすべての事例は人口増加期という点では共通しているが、人口増加率を上回る森林面積減少率が生じたことの説明は別の要因に求めなければならない。具体的にみてみよう。大航海時代後の西欧で起きていたのはグローバル化と商業革命とインフレーションであった。近世日本の場合はグローバル化に背を向けはしたが、国内では急速な都市化が人口移動を促し、やはり利潤獲得機会の拡大と持続的な価格上昇が起きた。徳川後半期には秩序だった市場経済へと移行したが、開港とそれに続く体制崩壊とを契機に経済秩序と営利誘因の体系に急激な変化が生じた。他方、清末から民国期の中国では中央権力機構の弛緩、法秩序の崩壊、中間組織の機能不全が起きていた。マクロの実物経済は停滞を余儀なくされたかもしれないが、市場は国際経済へとリンクされ、いっそう流動化していたものと思われる。簡単なスケッチではあるが、ここに何か共通要因は認められるであろうか。ここから市場経済は自然環境の保全に敵対的で、森林崩壊を救い、保全の役割を担ったのは常に国家だったと結論してもよいのであろうか。市場と国家にかんする、このようなステレオタイプの議論を前提することが生産的なアプローチとなるであろうか。

まず、市場について。中国でも日本でも、そしてまちがいなく西欧諸国でも、近代以前の時代に森林資源の崩壊という事態にいたらなかった事実の背景には――すでに示唆しておいたように――市場の役割があった。木材が売れるなら植林をして売るという、単純明快な市場志向型の生産者はどこにでも存在していたからである。営林・植林の技術もあった。薪炭林の萌芽更新技術があり、建築用材を苗木から造林をする技術もあった。前者は森林被覆率の維持に、後者はその回復にも貢献した。秩序だった市場経済が機能しているかぎり、儲かるものを植えることが結果として森林被覆率の維持につながったとみることができる。しかし、市場はしばしば「暴れる」ものでもあった。短期的に儲かる機会が目の前にあるということが、植林という長期投資への障害となり、また共有林の乱伐につながることも珍しくなかった。そのような事態は政治変革の時代に起きることが多かったようである。日中両国とも、十九世紀のグローバル化という時代状況のなかで政治と対外関係上の大変革に遭遇、結果として、それまではそれなりに管理されていた林地の荒廃が各地で起き、水災に見舞われた。このような状況下では、市場での新たな利潤機会の発生と、「我先に」という競争意識とが過剰伐採をもたらしたのである。

それは、国家の役割が重要であったということを暗示している。たしかに、（英国を除く）西欧諸国には資源管理は国家の責任という観念が古くから根強くあり、近代化改革をへてもそれが多くの国での主導原理となって森林保全への動きが始まったことは事実である。ドイツのプロイセンはその理念をもっともよく体現した国家であり、かつ育成林業の発展にもっとも成功した地域の一つであった。

ここで、そのドイツ・プロイセンと中国と日本を国家の役割の程度という観点から比較をしてみよう。育林による森林被覆率の維持とそのための制度設計という基準からみた国家の能力は、三国のなかでは間違いなくプロイセンが最高で、中国がもっとも低かった。中国では資源を国家が管理するという観念が弱く、民間の山林所有者と請負林業家の営為に政府が介入することは稀であった。これに対してプロイセンはトップダウンの政治改革を実行し、それを梃《てこ》に資源管理は国家の責務という伝統的観念をそのまま国有林に適用し、森林の保全だけではなく国家財政に利するかたちで営林事業を行うという路線をとった。したがって、この対比だけからみれば国家の強さと森林保全のパフォーマンスとは見事に対応をしている。明治政府の山林局が学び、かつ深く影響を受けたのもこのドイツ流の保全哲学と実践指針であった。それゆえであろうか、近代日本における森林保全の良好なパフォーマンスを国家主導に求める意見が内外の環境史家の間で有力である。

けれども、明治日本の、危機への実際の対応はその理念型からかなり外れたものであり、むしろさまざまなレベルで異なった対応がみられたというのが実態である。そこには徳川時代の遺産もみられた。民有林には昔から培われてきた技術と経営モデルがあり、国有林にも「部分《ぶわけ》山」とか「割山」と呼ばれた旧幕時代の地元開放制度が再導入された。この多様な取組の結果として、森林被覆率を高く保つことに成功した一方で、国家主導という理念からはかなり外れた途となったのである。

その多層で多様な発展の姿は、明治国家が当初思い描いたものではなかった。むしろ、政府が路線変更を余儀なくされた結果だったと考えるべきであろう。開港と維新後の制度弛緩は、人びとがもともと有していた営利心を顕在化させ、その混乱に対処するために採用された国有林中心主義の施策、すなわち官民有林区分による旧慣廃止と入会権剝奪とが地元民から怨念をもって迎えられたという事情をぬきにしては、その路線変更は説明できないのではないであろうか。いいかえれば、国家はしばしば過ちを犯すものであり、政府も幾多の失敗をする存在であった。

事後的にみれば、日本は明治初年に起きた生態的危機から脱することができた。それは、国家の先見の明と意思のおかげとはいいがたい。危機脱出に対して何がもっとも寄与したのか、おそらく各層での対応が非画一的であったということがプラスに働いたのであろう。それが大局的には大崩れを防ぎ、個々の地域でみればベストの対応を可能とさせ、そのモデルの切磋琢磨を通じて選択された方策が大勢を決めることになったのではないであろうか。中央集権的で画一的な施策よりは多様性のほうが、育成林業への動きをさらに前進させるうえで重要だったにちがいない。

展望

表1に示したフランスの森林面積は一八二七年で終わっている。その後、人口の増加にもかかわらず同国の森林被覆率は回復を始めた。その最大の理由は、西欧の産業基盤を支えてきた製鉄業や他の製造業のエネルギー基盤が木材から石炭へと転換をしたからであった。その他にも、自然保護への人びとの意識の高まりや科学的な営林技術の進歩を挙げることもできるが、伝統的に建築用材としての木材需要が大きくなかった文化においては燃料基盤の変化が決定的に重要であった。それゆえ、十九世紀から二十世紀にかけて、フランスにとどまらず他の西欧諸国においても森林被覆率は反転することとなった。しかし、日本のように木で家を造り、木炭の所得弾力性が十分に高い文化をもつところでは、二十世紀に入ってもしばらく森林は儲かる生業でありつづけた。

二十一世紀に入ったいま、先進国の多くにおいて人口成長の時代は終焉を迎えた。日本ではすでに人口減少が始まっている。他方、何世紀にもわたって続いてきた、儲かる木の植林に基礎をおいた林業モデルもまた曲り角に来ている。エネルギー転換に加えて、素材転換が起き、森林生産物への需要が減少した。その狭隘《きょうあい》となった市場へは途上国の安い木材が流れ込んできている。国産のスギやヒノキは売れなくなり、間伐や枝打もままならず、倒木が増え、暴風雨の後には水害の危険が増大する事態となっている。かつてとは異なった意味の危機である。売れる樹種のプランテーション林業を促進する事で環境保全をしようという発想自体が終焉を迎えようとしているのである。そうであるとしたら、今後この広大な針葉樹林をどうすればよいのであろうか。

しかし、経済的な価値が激減してしまった森林をかかえるということは、「営林」の危機ではあっても「生態学的な危機ではまったくない」[7]。かつて古典派経済学者ジョン・スチュアート・ミルは、人口増加も経済成長も止まった「停止状態《ステーショナリ・ステート》」を論じた章のなかで、経済価値を産むわけではない「自然の美観壮観」「野生の灌木や野の花」がもつ、それ自体としての価値を認めようといった[8]。これを現代の言葉に翻訳すれば、森林や湿原の植生それ自体に人間にとって何か本源的資本としての価値があるという立場に、生物多様性の保全をそれ自体でよしとする発想につながる。

その新たな価値基準に照らしていうと、針葉樹のモノカルチャーよりは広葉樹の多様な林のほうがよいだろう。それでは、現在のスギ林をどうすればよいのか。そこには専門家の知見が必要だ。ただ、それを国家と専門家にだけまかせておくことはできない。当然、地域の自治体、NGO、地元住民の意向も反映されるべきである。売れる樹種の植林に依存した自然保護からいかに脱却するか、ふたたび多層で多様なレベルでの議論が必要であろう。

注

（1）J・ダイアモンド（楡井浩一訳）『文明崩壊――滅亡と存続の運命を分けるもの――』（草思社、二〇〇五年）上、第二部。

（2）以下の節は、斎藤修『環境の経済史――森林・市場・国家――』（岩波書店、二〇一四年）に多くを依拠している。統計的な観察は同書の第二章、徳川日本の非統計的考察は第三章、市場と国家を切り口とした比較分析は第四～五章をみていただければ幸いである。

（3）マルサス人口論の紹介とその解釈にかんする筆者の見解は、斎藤修「T・R・マルサス『人口論』」（日本経済新聞社編『世界を変えた経済学の名著』日経ビジネス人文庫、二〇一三年）を参照。

（4）以下、W・H・マクニール（佐々木昭夫訳）『疫病と世界史』（新潮社、一九八五年）一三〇―三一頁による。

（5）マクニールは人口増加が始まった時期を、日本では十一世紀末から十四世紀にかけて、英国では十四世紀中葉の黒死病後から十七世紀にかけてと想定した（同書、一三一頁）。しかし、英国はともかく、日本にかんしては人口の持続的成長の始点をさらに遅らせて十六世紀中ごろとしたほうがよいかもしれない。下記を参照。Saito, O., "Climate, famine, and population in Japanese history: a long-term perspective", in B. L. Batten and P. C. Brown, eds., *Environment and Society in the Japanese Islands: From prehistory to the present* (Corvallis, OR: Oregon State University Press, 2015), pp. 213-29.

（6）現代の発展途上国はいまでも人口増加が続いているところが多いが、そこでも人口増加と森林伐採の関係が常に緊密ということはない。さまざまな媒介要因の影響で両変数の相関は大きく変わり、結論は意外と「すっきりしない」という。J・R・マクニール（海津正倫・溝口常俊訳）『二〇世紀環境史』（名古屋大学出版会、二〇一一年）第九章1節を参照。

（7）J・ラートカウ（海老根剛・森田直子訳）『自然と権力――環境の世界史――』（みすず書房、二〇一二年）一七九頁。

（8）J・S・ミル（末永茂喜訳）『経済学原理』第四分冊（岩波文庫、一九六一年）一〇八―九頁。

地球環境問題の解釈とその解決

歴史学と自然科学の協働と融合

佐藤洋一郎

地球環境の行く末を考えるには過去の環境を知らなければならない。ここに環境史研究の意味がある。環境史がどんな学問であるかについて、歴史学者と環境研究者とでその認識がまったく異なるが、必要なことは両者の真の融合に基づく、新たな方法の確立と環境の変化に対する総体的な理解である。

はじめに

過去の世界におきた自然、社会や人びとの思想・行動など、過去の事象を史料に基づいて読み解く文献史学は歴史学の中核をなしてきたといってよい。しかし過去のできごとを知ろうという知的作業は何も歴史学者だけのものではない。他の学問分野にも同じ作業はある。例えば考古学者は文献のない時代の出来事を発掘という方法で知ろうとする。地質学者たちは過去の地層に堆積した花粉分析などの手法を用いて気候変動や環境の変化のあらましを構築しようとする。気候学者は、未来の気候を推定するための気候モデルの正当性を過去に当てはめて検証しようとする。古気候学は、そのときに必要な過去のデータを、さまざまな方法で集める方法を提供する。

過去の事象を知ろうというこうした作業は一般社会の中でも当然に行われてきた。ことに三・一一以降、過去におきた地震や津波の被害について、行政を含めた一般社会の関心は今までになく高い。しかも、被災地である東北地方だけではなく、二〇一六年四月の熊本地震の被災地である九州各地を含めて東南海地震や南海地震の発生が予期されている西日本でもまた同じである。

一口に過去の事象といっても、歴史学者と自然科学者とではその興味の対象はむろん異なる。また、同じ自然科学者でも、分野によって、対象とする「モノ」やその時間スケールに大きな違いがあった。そのため過去の解釈をめぐって分野間での矛盾や意見の対立が表面化することはそれほど多くなかった。ところがおもに一九八〇年代以降、「文明の盛衰」「地球環境の悪化」やその保全など、自然と人間の双方が複雑に絡み合う事象が大きな関心を集めるようになると、異なる分野間での方法論や視点の違いによって組み立てられた歴史観の違いが表面化するようになった。

考えてみれば、過去の事象や、過去に生きた人びとの行動や思想の復元作業は、現代を過去に投影する作業であるともいえる。研究者が過去の事象と考えるものは、現代における類似の事象を下敷きにして得られたイメージであるに過ぎない。その意味で、過去の復元作業はどこまでいっても「主観的」である。描き出されたイメージは同じ分野の研究者の間でも異なるのであるから、分野が違えばイメージの違いはさらに大きなものとなる。しかしその違いを乗越えてイメージを闘わせることが、環境問題など複雑系の歴史の研究には欠かせない作業になってきている。そこで本論では、稲作史、洪水と稲作、気候変動、年代観の統一という四つの例を紹介しながら異分野間での交流、とくに歴史学と自然科学の交流の必要性を論じてみたい。とくに最近盛んに議論される環境決定論について若干の議論を試みたい。

一、日本古代の稲作史の統合的理解にむけて

文献から読み取ることができる過去の日本の稲作の姿はどれほど明らかになっているだろうか。近世に入ると日本各地で農書が編まれ、施肥の技術、害虫駆除などの農業技術のほか、収穫量、品種名や品種の特性などをある程度正確に読み取ることができる。しかし中世以前となると、「農書」そのものの存在がまれなだけでなく、残されたわずかな記録の中にも技術や品種に関する記述はごく少ない。発掘で得られる情報もあくまで断片的である。そうすると農業の復元には歴史学者や考古学者の「常識」に基づく解釈が占めるウェイトが大きくなる。つまり今を生きる歴史学者や考古学者がもつ現在のイネや稲作についてのイメージが色濃く投影された稲作史が描き出されることになる。いささか挑発的な言い方になるが、イネや稲作のことをよく知らない研究者がその常識を下敷きにして構築する古代稲作の姿が、従来語られてきた古代稲作についての歴史観であったといっても過言ではない。古代のイネ、稲作やその景観は、現代日本の水田稲作の姿を過去にそのまま投影した形で語られてきたのである。

しかし稲作そのものを研究してきたものの目には、現代日本の稲作は、世界の、あるいは過去に存在した稲作の中でもきわめて異色の存在とみえる。それは第一に、イネの単作であるという意味で、また第二にその生産性が際立って高いという意味で、またイネや米というものを特別視するという意味でそうである。日本国外の地域や、日本でも過去においては、稲作は現代日本のそれとは相当に異質である。現代日本の水田稲作では、多量の化学肥料や農薬の使用が必須である。そして田にはイネ以外の存在は認められない。これらのことが、水田の生態系に負荷をかけ、大気中への二酸化炭素はじめ温室効果ガスの排出を増やし、地球環境を悪化させている。こうしたイネや稲作に基づいた特殊なイメージが投影された稲作史の正当性が疑われるのは当然のことであろう。

いうまでもなく日本の中世以前には、肥料も農薬もまだ発明されていなかった。肥料について言えば、化学肥料はおろか、魚粕などの肥料さえなかった。それらが普及したのは近世以後のことといわれる。いったいこれらの資材なしの稲作がどれほどの生産を上げることが可能か、われわれはほとんど何の知見も持ち合わせてはいない。[1] 農学、あるいは生態学の知見を持ち出すまでもなく、中世以前の水田稲作が現代のそれのような均一な景観を伴っていたとも、およそ考えられない。

日本列島に限らず、モンスーンアジアにおける農業生産の現場で最大の足かせとなるのは雑草である。除草剤という化学物質が発明されてから、水田稲作は除草という過酷な労働からようやく解放された。それまでは、除草は田植え後の作業の中でもっとも重要でかつ重い労働であった。除草を回避する次善の策が焼畑に伴なう休耕であった。それは、森林を焼き払った跡地で耕作し、二、三シーズンして地力が衰え、また雑草が増えてくればその土地を休耕させ、遷移の力に任せてまたもとの森に戻すという作業を繰り返す生業の体系であった。そして休耕地はその遷移のステージで入り込んでくる野生動植物の狩猟、採集の場であった。こうした焼畑のシステムは今も東南アジアの山地部などで細々と行なわれている。

休耕地は、かつて日本列島の水田稲作の中にもごくあたりまえにみられたようである。古代以前における稲作が除草に苦悩していたことを暗示する遺構が、幾つか見つかっている。ひとつは静岡市の曲金北遺跡で出土した水田の遺構(古墳時代)である。ここでは、すべての水田面から多量のイネの葉に溜まるケイ酸体が出土したプラントオパールが出土し、全面が水田であったとも考えられた。しかしいくつかの水田面からは多量の雑草種子が見つかり、その密度が平方メートルあたり四万個を超えるところもあった。この量は、雑草種を考慮に入れた個体数に換算すると平方メートルあたり九十株にもなった。もし雑草がそのように高密度で生えていたとするとイネが生える余地はまったくない。二つの観察事実を矛盾なく説明する仮説は、この「水田」が、廃絶の少し前には水田として使われてはいたものの、廃絶のその年以降には休耕されるなどして草ぼうぼうの状態にあったというものである。(2) つまり当時の静岡平野の稲作は、水田と草だらけの休耕地あるいは非耕作地とが共存する極めて雑然たる景観を呈していたものと想像される。

こうした景観は、おそらくは中世の文書に現れる「かたあらし」や、あるいは中近世の荘園の絵地図にあらわれる「野」の記述に相当するのではないかという。(3)「野」は当時決して特殊なものではなかったと思われる。ところが焼畑や休耕田の存在は、歴史学では今まで注目を集めてこなかった。とくに休耕に関しては、休耕があったという仮説をたてること自体が忌避されてきたようにさえ思われる。そしておそらくその原因の大きな部分が、明治時代以降高度経済成長期までの生産性一本やりの社会のあり方、それに規定された人びとの生き方にあったものと思われる。この時代を生きてきた歴史学者たちがその体験を過去に反映させてきた結果ではないかと筆者が考える根拠はここにある。

二、洪水と稲作――池島福万寺遺跡での分析から――

稲作史に関してもうひとつ書いておきたいことがある。それは稲作の持続性についてである。私は二〇〇六年度から、総合地球環境学研究所（京都市）で、「農業が環境を破壊するとき」というテーマの研究プロジェクトのリーダーを務めた（二〇一〇年度まで）。プロジェクトでは、「農業と環境の関係史の解明」を主眼に、大阪府の池島福万寺遺跡付近を舞台に、稲作と洪水の関係を事例として研究した。

同遺跡付近では弥生時代から近世に至る各時代の水田の地層の間に、洪水に伴う砂の層が多数認められる。そしてその厚さは数センチから一メートルにも及ぶところがある。なかでも中世末から近世初頭にかけての時代には、洪水が頻繁に起きていたことがさまざまな文書から明らかである。また遺跡付近を流れていた旧大和川は、頻発する洪水被害に耐えかねた地域住民の嘆願を入れる形で、一七〇四年に付け替えが行われ、新大和川はこの地を通ることなく今の堺市付近で大阪湾に流れ込むようになった（図1）。日本列島では水田稲作が二〇〇〇年この方営々と続いてきたかのように言われることも多いが、この遺跡での発掘調査からは「断絶だらけの稲作史」というイメージが浮かんでくる。

洪水はなぜこうも多発したのか。洪水の原因としてよくあげられるのが気候変動に伴う多雨である。むろん降水量の増加が洪水のリスクを大きくしたには違いないと思われるが、個々の洪水のすべてをそのときどきの大雨だけに帰することができるであろうか。実際、史料によれば、大和川の洪水は中世には畠山家の相続争いに伴う内紛で相手方領地の堤防をわざと切ったことに起因するものや、築堤したことで川が天井川化しかえって洪水が起きやすくなったり、洪水の水が引きにくくなっていたことによるものなど、明らかに人為的な事象が関係していたケースも多い。また、平野の東にあり、大和川の川上にもあたる生駒山系は今でこそ緑に覆われているが、花粉分析などの結果では歴史上しばしばはげ山であったようで、このことが洪水被害を大きくした可能性も指摘されている。このように考えれば、「多雨」と「洪水」という、一見すると強い因果関係で結ばれているかに見える二つの事象の間にはいくつもの事象が挟まり、因果の連鎖を構成している。こうした場合、連鎖の両端にある「多雨」と「洪水」という二つの事象の関係を、「雨が増えたから洪水も増えた」といった単純な因果関係で説明するのは危険である。一般的にいって、複数の事象の間の関係は、間に挟まる事象の数が多くなればなるほど複雑化し、「因果関係」といった簡単な概念では説明できなくなる。(4)

何十センチもの厚さの砂を堆積させたほどの大きな洪水のあと、社会はその混乱からどう立ち直ってきたのであろうか。文献に登場する洪水対策には、放水路の掘削や堤防の造営など、いわゆる「工学的な」対応策が多い。

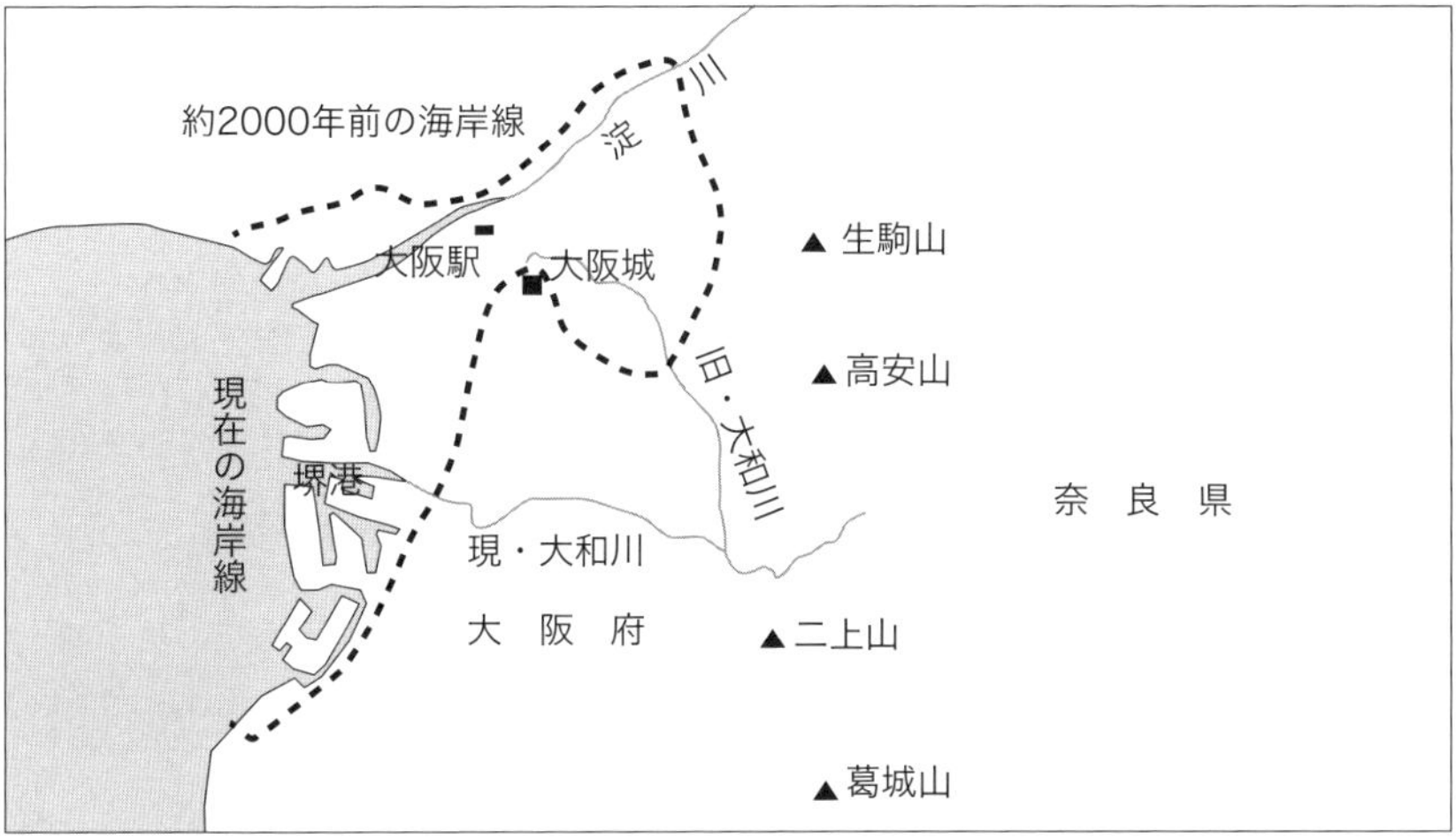

図1　大和川周辺地図

池島福万寺遺跡のある河内平野では、とくに中世以降、堆積した砂の処理法として島畠という構造物を作ることがしばしば行われてきた。島畠とは、堆積した砂を一箇所に盛り上げて作った一種の畝である。砂が除去されて元の田面があらわれたところは洪水の前と同じく水田として用いる（これを堀上田とか掻揚田と呼んでいる）。砂を盛り上げてできた「畝」の表面は乾燥するので、近世以降人びとはここにワタを植えることが多く、それによって河内地方は木綿の大産地となった。近代大阪の繊維産業の礎は、この時の綿花栽培に端を発する。放水路（今の大和川）の建造は河内地方一帯を乾燥させた。そのことは、近世以降同地に井戸の遺構が認められることからも明らかである。洪水という災害が転じてワタの産地と化すという、まさに「塞翁が馬」のような状況がうかがえる。

さらに、プラントオパールの分析によると、洪水の前後で栽培する品種が大きく異なっていた可能性が指摘されるようになってきた[5]。洪水によっておおきく変化したであろう栽培環境に応じて、それまでにはなかった品種を導入するという方策が採られていた可能性を示唆するもので大変興味深い。

これらを含めたさまざまな現象の「因果関係の連鎖」のあ

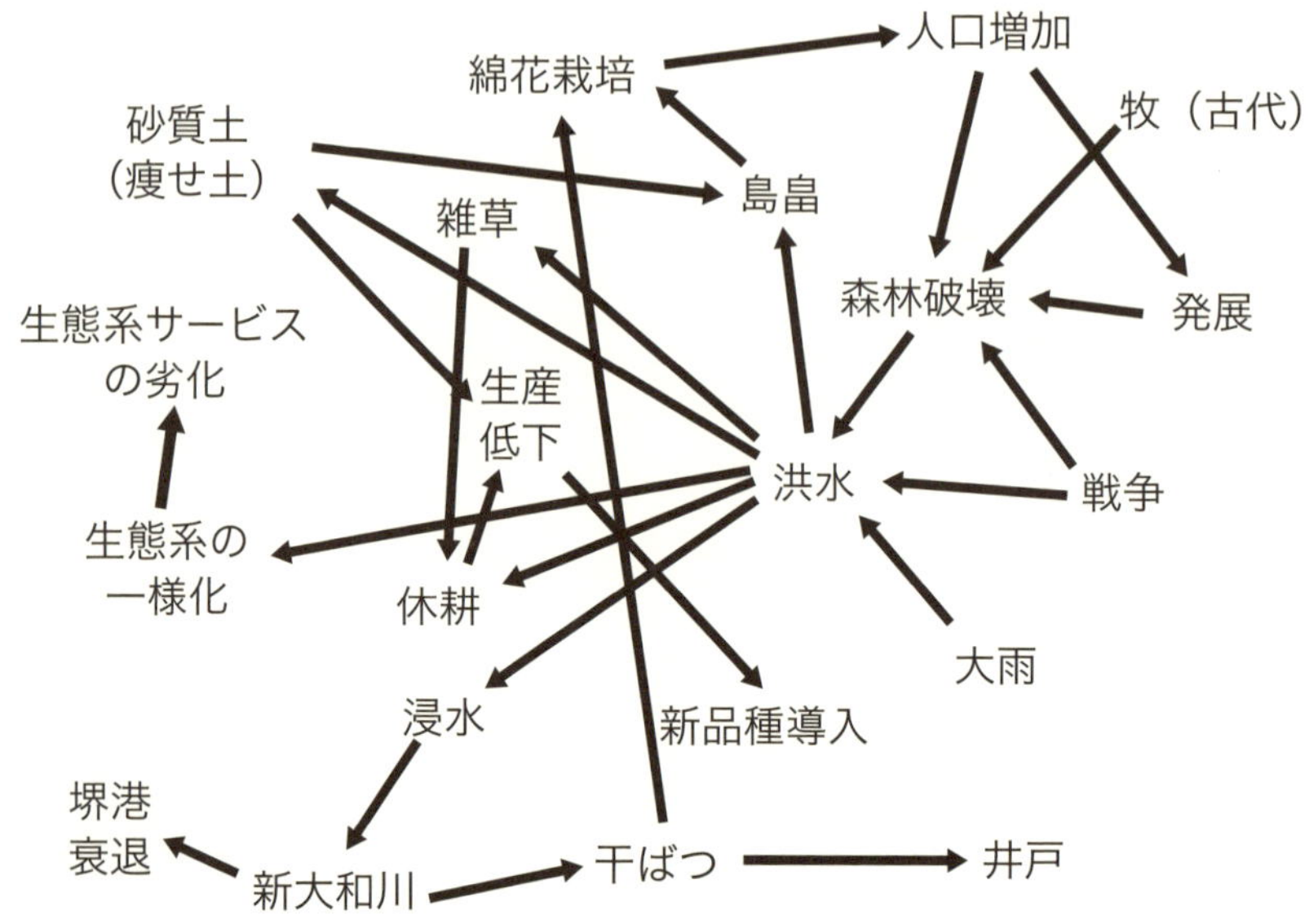

図2　因果の連鎖図

らましを図2に示す。一地方における洪水をめぐる諸現象ひとつとってみても、因果の連鎖は決して一次元的ではなく、正、負のフィードバックを含んだ因果関係が網の目のようにできあがっている。そこには、始まりもなければおわりもない。ただあるのは、確率論的な「より確からしい（英語でいうところのLikely）」道筋だけであり、しかもいくつもの事象を経るほどに確からしさは薄まる一方である。むろんだからといって歴史は偶然の産物だとか、まったくのカオスの状態だというのではないが、かといって安定した化学変化のように何かある特定の事象を他のそれの原因と決めつけることはできないと考えるのである。

三、気候・環境の変化と歴史学
——環境決定論の考え方——

前節の話を一般化するとどのようになるだろうか。気候や環境の変化に即して考えてみたい。

過去に人類が大きな気候や環境の変化を経験してきたことは事実である。このことは過去におきたさまざまな天変地異の記録にあきらかである。天明の飢饉の直接の引き金になったといわれる浅間山の噴火の事実、同年におきた大洪水の事実も、それらの存在を現代人が知っているのは文書に記録が残されていたからである。紀元七九年におきたベスビオ火山の噴火によるポンペイの壊滅の正確な日付がわかっているのは、小プリニウスがタキトゥスにあてた手紙が残されていたからである。

「歴史とは犯罪と災難の記録」であるといわれるように、文書に残された記録には社会の大混乱が描き出されている。日々の退屈な出来事の繰り返しは往々にして記録には残らない。考古学上の遺跡は、何らかの災害によって生活が断ち切られ瞬時にして土に埋もれたからこそ今に残存したのである。歴史学や考古学の関心が災害に向くのはある意味で当然のことといえる。過去の災禍をまざまざと見せつけられた現代社会は、被災の回避のため、過去の災害の原因を探ろうとした。環境の急激な変化が災禍をもたらしたという環境決定論が受け入れられた背景には、そうした現代社会の志向性があったからではなかろうか。

環境決定論が受け入れられるようになった背景には、ほかにも、それまでのような自然改造、自然の支配といった考えが影を潜め、代わって地球の有限性が広く認識されてきたことがある。レイチェル・カーソンの『沈黙の春』、さらにローマクラブの報告である『成長の限界』などが、その世相を反映している。

和辻哲郎の『風土』[6]以来、その土地の風土や環境が、社会の構造、さらにはそこの住む人びとの文化や思想、宗教などにも影響を及ぼすという考え方が広く受け入れられてきた。類似の主張は戦後も続き、『森林の思考・砂漠の思考』、『肉食の思想』、『米食・肉食の文明』などの著作に繰り返し現れてきた。[7]これらもまた広義には環境決定論の範疇に入る。しかし一見当を得た批評であるかにみえるこれらについても、ベルクが「自然科学の言説を、因果性の軽率な拡大適用によって逸脱させる」と厳しく指摘しているように、[8]単純な因果律の適用は危険である。

歴史学と自然科学の共同により過去の気候変動の様相を明らかにする作業は国外でも盛んである。例えば笠可楨は、中国のいわゆる中原を舞台として記録に現れた気候に関する記述をたんねんに洗い出し、中原におけるおよそ五〇〇〇年間の気候変動の様相を明らかにしている。(9) 詳細は『環境から解く古代中国』(10)を参照されたい。この研究は「文献に現れた気候に関する記載」を拾ったという意味ですぐれて文献史学的研究といってよい。

四、年代観をそろえる

環境決定論にせよ他の議論にせよ、異なる学問分野の関係者が協働のテーブルにつくには、まず年代観、あるいは時間尺度の統一が必要である。これについて詳しくみてみることにしよう。一九八〇年代に入るころから、自然科学の分析を応用したいわゆる「プロキシー・データ」が盛んに提案されるようになった。

とくに人間活動の歴史を研究してきた考古学では、発掘にあたり、層位の確定を入念におこなうが、それは年代の特定に欠かせない作業である。また最近では、その地域の気候の変動そのものを明らかにする目的で、古い湖の湖底に堆積した地層や氷河の厚い氷をボーリングして得た過去の堆積物が代用されることもある。

通常、層位の年代の確定にはそこに含まれる有機物の炭素同位体（14C）が使われるが、それによって推定される年代値には誤差が含まれる。これに対し、近くの火山の爆発で生じた火山灰の層（テフラ）が検出できれば、その直下の層の年代を厳密に確定できることがある。というのは、火山の噴火は、先のベスビオ火山のように記録に残されていることが多いからである。また最近は、一部の湖底堆積物には年縞と呼ばれる、年輪に似た年単位の模様が残されていることがわかってきた。(11) この場合にはテフラの年代が決まることにより、その前後の層位の年代を厳密に決めることができる。とすれば、層位全体の年代を決める手がかりを提供したのは文献に残された記録ということになる。

同じようにして氷河や極地の氷にも地層に似た縞模様ができる。そして地層と同じように、酸素の安定同位体などを取り出すことができる。年代の誤差は、同じく年単位ではゼロとなる。

これらと同じ原理で、巨樹の年輪を用いた年代の推定法も最近ではよく用いられるようになってきた。社寺などの建造物で心柱や木柱などの材で樹皮を伴うものがあればその伐採年代がわかる、というわけである。最近では光谷・大河内がこの原理を用いて法隆寺の建立年代を推定している。[12]また、破壊分析が可能な材が得られれば、樹木中のセルロースを取り出すことで、これまた年代の推定誤差がゼロという夢のような精度でさまざまな事象が起きた年代を明らかにできるようになるだろうと思われる。こうした、異なる方法で得られた年代観と、歴史学や考古学の年代観（例えば土器編年）とのすり合わせが、その後歴史学と自然科学の共同作業の契機となった。環境決定論の興隆もまた、その一環であったといえる。

五、真に分野を超えた学問的交流を

しかし、今までに試みられた異分野間の交流は、多くが異分野の研究成果を並列に並べただけに終わったものも多く、あまり成功を収めてきたようにはみえない。学問の世界は、いま、異分野交流に消極的であるかにさえみえる。

学問という知的営みは、ある段階では否が応でも先端化し、いわゆる「蛸壺」化の道を歩むことになる。しかしこうした作業がある程度すすんでくると、学問はそれ自体が自己目的化しいわゆる「学問のための学問」になってゆく。つまり学問それ自体の歴史や目標が見えづらくなり、行方を見失う危険性を増大させる。むろん学問の発展には、学界内部における先端化の動きが欠かせないが、かといって学問全体が、社会とのかかわりの検証などの努力を欠いてしまえば、その未来は暗い。それは、学問と社会とのかかわりの「歴史」をみれば明らかなことではないだろうか。というのも、自然科学を含めた学問は、つねにそのスポンサーの知的好奇心や未知への挑戦の精神によって支えられてきた、というのが、学問史が明らかにしてきたことであると思われるからである。

ここに書いた四つの事例は、過去のできごと、ことに環境の復元にあたり、自然科学の方法を導入することによって文書の解釈だけによってきた文献史学に比べはるかに具体的で豊かな復元が可能になることを如実に示している。そして復元された過去は未来の予想に必要な財産となる。いわゆる異分野交流の必要性がここにある。

さらに現代では、学問を支えているのは「市民」、つまりごく普通の人たちである。今、その市民は歴史学をどうみているのだろうか。「歴史のロマン」などという語に代表されるように、歴史学研究を積極的に受け入れようという風潮がある反面、歴史学が現実の社会が抱えるさまざまな問題に積極的にかかわってこなかったとの批判があるのも事実である。例えば今は「持続可能性」という語が人類の未来を考えるキーワードのように使われているが、そもそも未来に持続可能社会というものが存在しうるのか、そうだとすればそれはどういう条件のときか、など、歴史学の関与がなければ回答を見出せない問いかけがいくつもある。

むろん、歴史学の研究者のすべてが、社会が求める問いかけに直接に答えなければならないなどというつもりはないが、歴史学という一つの学問として、その内部にそうした機能を持っていなければならないのではないか。

おわりに

さまざまな事象が複雑にからみあってきた歴史的事実の解釈には、まずは過去におきた現象そのものをあるがままに理解することが必要であろう。しかしこの「あるがままの理解」は、従来の学問がもっとも不得手とするところである。こういう状況下では、学問の世界にいる人たちが見ている像は、その学問の「分析」を通して見えるもの、つまり言ってみれば特殊なフィルターを通して見た一種の静止画像である。その静止画像をあるがままのものと誤解する理由の一つは、現在の諸科学が深化をめざすあまり専門に特化しすぎ、周辺の諸科学との連携に熱心でなかったところにある。学問の深化は、方法論の深化でもある。特に自然科学の諸分野ではここ数十年、方法論は劇的に進化した。研究者の世界では、みなが新しい方法の習得や研究経費の獲得にせいいっぱいで、他の分野に関心を示すことなどできなくなってしまっているという事情がある。

しかし、こうした状態では、過去のできごとを「あるがままに」とらえることなど、とうていできない。しかし、人による自然への働きかけや、自然の側からの人や社会への「反作用」――つまり人と自然の相互作用のダイナミックな把握――をめざすことが、環境の歴史研究たる環境史学に求められることではないかと思う。

環境史学にもとめられることはまだある。学問は学問それ自体のために行われる知的営みであるとともに、社会のための存在でなければならない。世界がどこへ向かって進んでゆくかは、歴史学者でない私などの知恵の及ばざるところではあるが、大まかには世界は、制度としての資本主義の時代から市民主義の時代へと向かおうとしているように思われる。同時に、来るべき時代は、「持続可能」という一種の幻想にも似た発想を生んだ長期にわたる繁栄や安定が保証された時代から、過剰な人口を支えつつ災害や資源の枯渇といった種々の制約下での生活を余儀なくされる時代になろう。「三・一一」や五年後の二〇一六年におきた「熊本地震」は、そのような時代の到来を予期させるに充分である。そうであるとするならば、学問にもまた、そのような時代を生きる生き方、社会や国のあり方などに関する研究が、新たな技術を生み出す技術開発ともども求められているといってよいのではないだろうか。そしてそれこそが、今の歴史学をエンジンとする新たな「環境史学」なのだと私は言いたいのである。

注

(1) 嵐嘉一『近世稲作技術史』(農山漁村文化協会、一九七五年)。
(2) 佐藤洋一郎「特論：静岡市・曲金北遺跡水田遺構の土壌分析結果」(『静岡県埋蔵文化財調査研究所調査報告 第九二集 曲金北遺跡(遺物・考察編)』一九九七年)。
(3) 宇野隆夫『荘園の考古学』(青木書店、二〇〇一年)。
(4) 佐藤洋一郎『食と農の未来――ユーラシア一万年の旅――』(昭和堂、二〇一二年)。
(5) 宇田津徹朗のご示唆による。
(6) 和辻哲郎『風土――人間学的考察――』(岩波書店、一九三五年)。
(7) 鈴木秀夫『森林の思想・砂漠の思想』(日本放送出版協会、一九八〇年)、鯖田豊之『肉食の思想――ヨーロッパ精神の再発見――』(中央公論社、一九六六年)、筑波常春『米食・肉食の文明』(日本放送出版協会、一九六九年)。
(8) ベルク、オーギュスタン(篠田勝英訳)『風土の日本』(ちくま学芸文庫(第九刷)一九九二年)。
(9) 笠可禎「中国近五千年末気候変遷的初歩研究」(『考古学報』一九七二年第一期、一九七二年)。
(10) 原宗子『環境から解く古代中国』(大修館書店、二〇〇九年)。
(11) 福澤仁之「日本の湖沼年縞編年学」(『月刊地球』号外二六、海洋出版、一九八五年)一八一―一九一頁。
(12) 光谷拓実・大河内隆之「年輪年代法による法隆寺西院伽藍の総合的年代調査」(『佛教藝術』三〇八、毎日新聞社、二〇一〇年)。

環境史・災害史研究と考古学

宮瀧交二

考古学には、文献史学など他の歴史学の分野とは大きく異なる学問的特質がある。それは時代的普遍性と地域的普遍性を備えているという点であるが、これらの特質は環境史・災害史研究にとって極めて重要である。そして、地震考古学をはじめとする近年の考古学研究の諸成果が、文献史学をはじめとする他分野において蓄積されてきた研究成果と総合された時、環境史・災害史研究はこれまで明らかにされてこなかった新たな歴史像を描き始める。

はじめに――考古学の学問的特質とは何か――

「環境史・災害史研究と考古学」というテーマが、今回、筆者に与えられた課題である。そもそも、現在の日本列島において文献史料、すなわち文字による記録が遺されていない時代、つまり旧石器時代、縄文時代、弥生時代にあって、人々が如何なる環境の下に置かれ、如何なる災害に見舞われていたのかといった課題の解明作業は、地質学や考古学といった研究分野の独壇場であった。

例えば、約三万五〇〇〇年前に始まったとされる日本列島の旧石器時代は列島規模での火山活動が活発であった時期であり、南関東地方では主に富士・箱根火山帯に、また北関東地方では浅間山・榛名山・赤城山・男体山等の火山に由来する火山灰が約三十万年前から一万年前にかけて堆積して、いわゆる関東ローム層（赤土）が形成された時期の終盤に位置付けられている。関東ローム層の堆積は、関東地方各地で数十メートルにも達しており、一例を掲げれば神奈川県相模原市域では深さ約二〇メートルに及ぶことが確認されている。このようなことから、かつては縄文時代に先行する関東ローム層の形成期は、絶えず大規模な火山噴火に見舞われた時期であり、到底、人類が生活を営むことは不可能な時期であった、すなわち日本列島に旧石器時代は存在しないと考えられていた。この見解を覆したのが、昭和二十一年（一九四六）の、在野の考古学者・相沢忠洋による群馬県岩宿の赤土の中からの石器発見、いわゆる「岩宿の発見」であったことは広く知られているところである。いずれにしても、旧石器時代に暮らした人々の生活は、未曾有の火山噴火に見舞われたものであったことを考古学は解明したのである。

また、続く縄文時代の中でも前期（六〇〇〇〜五〇〇〇年前）として位置付けられている時期は、地球規模での温暖化が進行し、現在よりも約三メートルほど海面が上昇したことが考古学研究の成果として明らかになっている。すなわち、この当時の東京湾（奥東京湾）の姿はこの時期の貝塚の分布状況から推定復原されているが、栃木県藤岡市周辺にも貝塚群が形成されていることから、当時の海岸線は図1のように、現在よりも約五〇キロメートルほど内陸部に入り込んでいたようである（「縄文海進」）。ちなみに現在でも、仮に海面の平均水位が約五〇センチメートル上昇しただけで、一四一二平方キロメートルの国土が海面下に沈み、現人口の二・三パーセントにあたる約二九〇万人が居住地の移転を余儀なくされるというシミュレーションがなされているが、(1) 今日、私たちが直面している地球環境温暖化の行き着く先は、縄文時代前期に学ばなければならないであろう。

さて、小稿は筆者が研究の対象としている日本古代、特に奈良・平安時代の環境史・災害史研究において、考古学がどのような役割を果たし得るのかを具体的に確認しようとするものであるが、改めて述べるまでもなく、この時代の環境史・災害史を解明する二本の柱は文献史学と考古学である。そこで本題に入る前に、先ず考古学という学問が備えている特質を文献史学との比較から確認しておきたい。

第一の特質は、文献史料すなわち文字による文書や記録などが遺されている時代（日本では主に古墳時代以降）が主たる研究対象である文献史学に対して、考古学は現在の日本列島に人類が登場してから現在にいたるまでの総ての時代を調査・研究の対象としている点である。

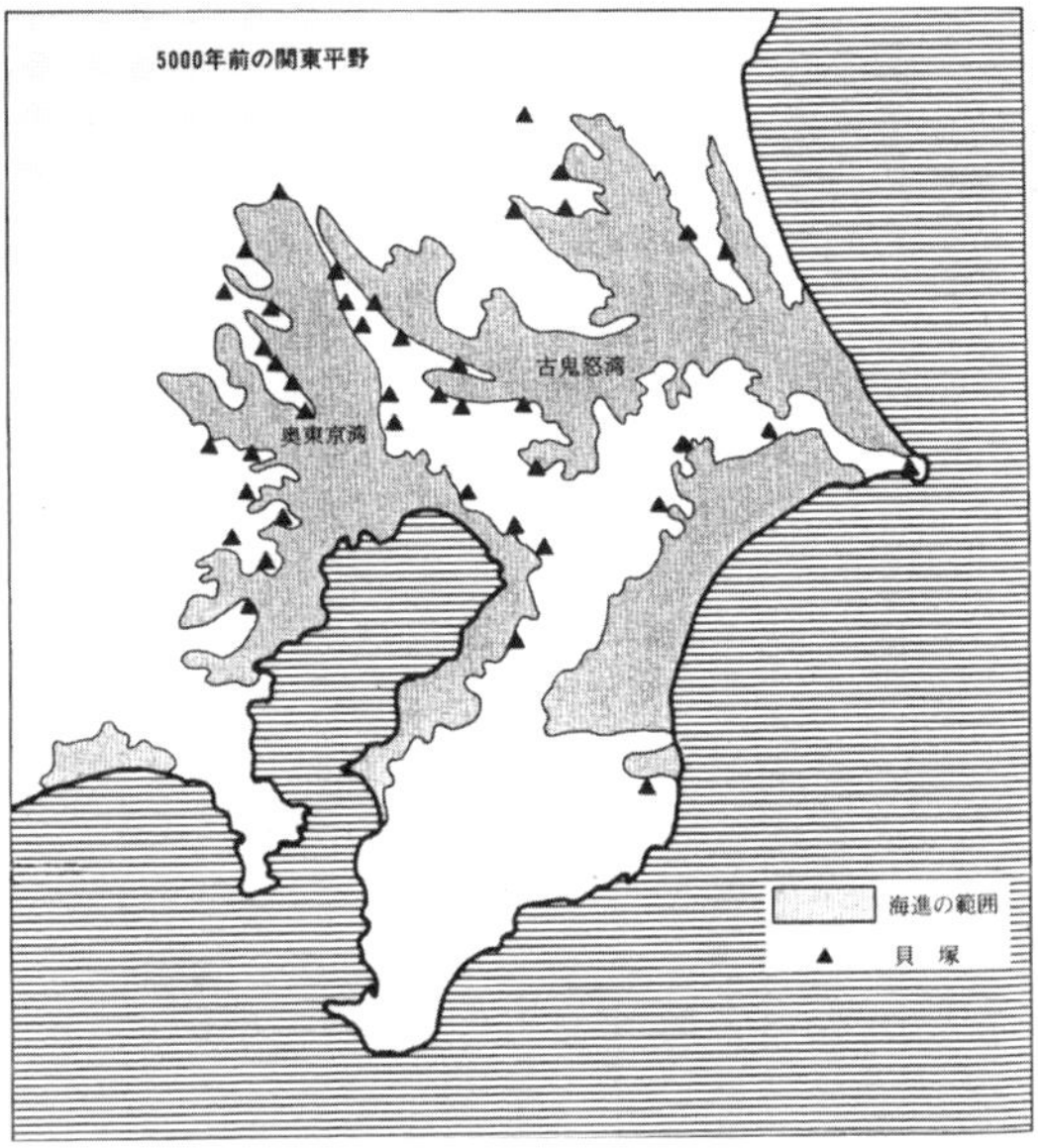

図１　縄文海進の範囲（出典：鈴木公雄編『古代史復元2　縄文人の生活と文化』講談社、1988年）

その第二は、文献史料の場合、それぞれの時代の政治的中心地に関連史料が多く遺存することが一般的であり、史料の遺存状況に地域的な偏りが存在するが、考古学の場合には、発掘調査さえ実施出来れば、日本列島の総ての場所が調査・研究の対象となるという点である。こうした考古学という学問が備えている、①時代的普遍性と、②地域的普遍性という特質は、日本における環境史研究と災害史研究にとって極めて重要である。

以下、小稿ではこの二つの特質を生かした考古学が、文献史学と協同して奈良・平安時代の環境史・災害史研究に大きな役割を果たしている具体的な事例として、地震考古学研究の成果と、特定の地域を対象とした長期間にわたる遺跡群研究の成果を順に紹介したい。

一、地震考古学研究の成果

かつて筆者は、平安時代の嵯峨朝期、すなわち九世紀の第1四半期の在地社会をどのように見るかという課題に対して、東国地域の場合、弘仁九年（八一八）七月に生じた大地震を看過することが出来ないと指摘した。(2) この地震とは、『類聚国史』巻一七一が、

相模・武蔵・下総・常陸・上野・下野等の国地震す。山崩れ、谷埋まること数里。圧死する百姓勝て計う可からず。

と載せるものであり、『類聚国史』同年八月庚午（十九日）条にはその続報として、

使を諸国に遣わして地震を巡省せしめ、その損害甚だしきは賑恤を加う。詔して曰く、朕虚昧を以て宝図を欽若す。撫育の誠、武歩を忘るること無し。王風猶欝り、帝載未だ熙からず、咎徵の臻ること、これ特に甚だしと為す。聞くならく、上野等の境、地震いて災を為す。水潦相仍りて、人物凋損す。（以下略）

という記事が掲載されている。

以上の記事、すなわち文献史料からうかがわれるこの地震の概要は、萩原尊禮等によって次のように整理されている。(3)

①「相模・武蔵・下総・常陸・上野・下野」の六国の名が登場しており、地震被害が関東地方の広い地域に及んでいた。

②「山崩れ、谷埋まること数里」とあり、少なくとも約二キロメートルにわたって山崩れの生じた地域があった。

③「上野等の境、地震《ふる》い災を為す。水潦相仍《すいりょうあいかさな》り、人物凋損《ちょうそん》す」とあり、洪水によって更に被害が拡大し、多くの人命が失われた。従来、この表現は津波と誤解されてきたが、安房・上総両国の名前が見えないことからすれば、内陸部の地震による山崩れが谷川を堰き止め、後に決壊して鉄砲水を生じたという公算が大きい。

④掲げられた六国の位置関係から、被災地域の中心は、上野・下野・常陸・武蔵の国境が相接する付近と考えられる。

この弘仁九年の地震は、関東地方の内陸部に震源を有し、関東地方のほぼ全域に被害が及ぶような大規模なものであったことが史料から読みとれるのである。

ところで、近年、様々な考古学研究の分野の中でとみに注目を集めているのが、地震考古学の分野である。[4] これは、一九八八年にこの分野のパイオニアである寒川旭が提唱したもので、各時代の遺跡の発掘調査に伴って検出された、地割れや、液状化現象に伴う砂脈や噴砂といった過去の地震痕跡の調査・研究を課題とするものである。「はじめに」で述べた考古学が備えるところの、①時代的普遍性と、②地域的普遍性という学問的特質の威力が最大限に発揮される分野である。文献史料からは知ることが出来ない過去の地震の存在が明らかになることにより、あるいは、文献史料に記されている地震であっても、その発生原因や規模、周期性等が具体的に把握されることにより、その成果を将来の地震対策に活かしていくことが出来るという点において、現在最も注目されている分野である。

そして実際に、埼玉県下及び群馬県下において、近年この弘仁九年の大地震に伴うものと推定されている地震痕跡が、各時代の遺跡の発掘調査に伴って相次いで検出され注目を集めている。これまでに管見の限り、埼玉県下では深谷市、熊谷市、行田市の二十五遺跡から、また群馬県下でも十七遺跡から、この大地震に伴うと思われる地割れや液状化現象に伴う噴砂が確認され、実際にこの地震の被害が広範囲に及ぶものであったことを裏付けている（写真1・2）。関東地方ではこの九世紀に至って、人々が古墳時代から継続して集落を営んできた台地上を離れて、丘陵地域や沖積地に新たな集落を形成していったことが明らかにされているが、この弘仁九年の大地震による被害がその要因の一つであったことは間違いのないところである。地域によっては住み慣れた土地を離れて新たな集落を形成せざるを得ないような事態を迎えていたのである。そのような中で、地震に見舞われたにもかかわらず、引き続きその土地に踏みとどまって生活を再建しようと努力していた人々も存在した。二〇一〇

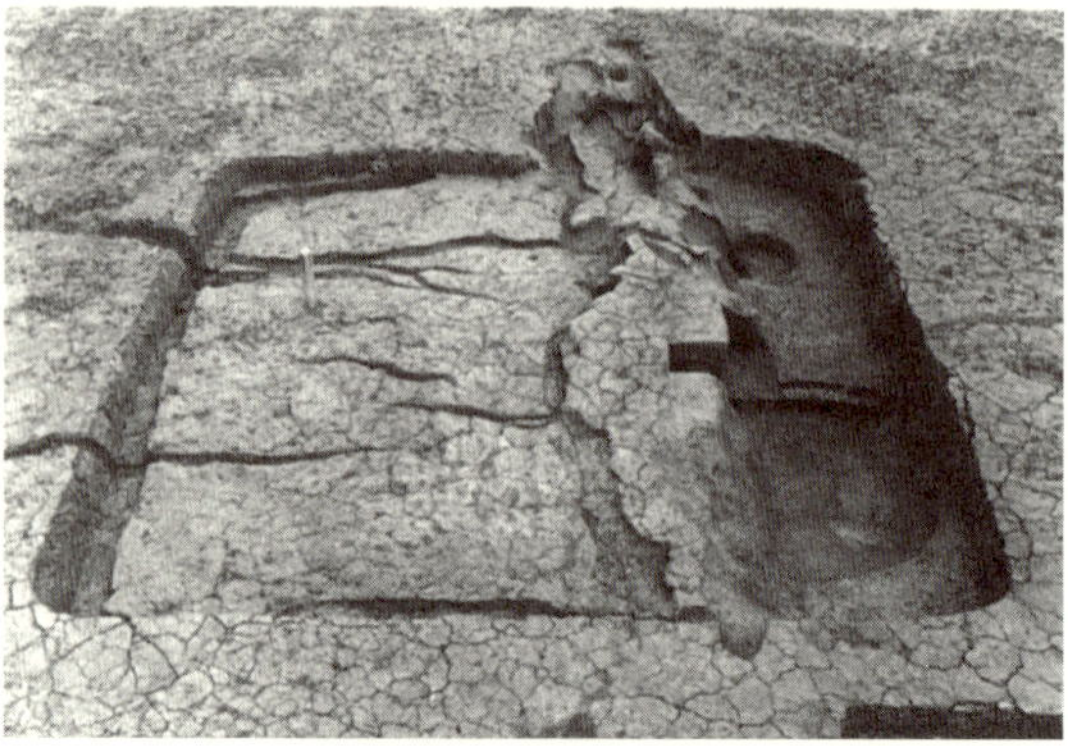

写真1　弘仁9年の大地震に伴う地割れで破壊された竪穴住居の跡（埼玉県深谷市柳町遺跡）
（出典：埼玉県埋蔵文化財調査事業団『ウツギ内・砂田・柳町』1993年）

写真2　群馬県渋川市半田中原遺跡で検出された弘仁9年の大地震の地割れ跡　（出典：（財）群馬県埋蔵文化財調査事業団編『群馬の歴史⑥古代』上毛新聞社、2004年）

年一月に現地説明会が開催された埼玉県深谷市の皿沼西遺跡では、発掘調査によって地震当時の集落を構成していた複数の住居（竪穴建物）が噴砂によって破壊された状況が確認されたが、地震後には、噴砂が生じなかった場所を選んで、新たな住居が構築されている様子も明らかになった。更に、周辺の耕地の灌漑用水路として用いられていたと思われる長さ一〇〇メートルを超える溝が、地震の後に新たに付け替えられたことも判明した。水脈が変化したのか、それとも住居の移動に伴うものなのかその原因は判然としないが、少なくとも地震によってこのような大規模な土木事業が必要になったことだけは明らかである。いずれにしても、前掲の『類聚国史』の記事からはうかがうことの出来ない、地震後の人々の生活、すなわち災害に毅然として立ち向かい、生活の再建に努めていた当時の人々の姿をここに垣間見ることが出来たのである。(5) 今後も、文献史学と考古学（地震考古学）との協同によって、将来の地震対策、とりわけ被害の減災に向けての、数多くの研究成果が誕生することを期待せざるを得ない。

二、気候温暖化に伴う「平安海進」と古代東国史研究

「はじめに」において、考古学が備えている学問的特質として、地域的普遍性、すなわち発掘調査さえ実施することが出来れば、日本列島の総ての場所が調査・研究の対象となるという点を指摘した。実際に、この特質を十分に活かして、特定の地域を対象に長期間にわたる遺跡の消長を考古学的に検討し、その作業を通じて当該地域の環境変化を把握しようとする意欲的な研究が開始されている。一例を紹介すれば、笹生衛は、千葉県君津市域から富津市域にかけての房総半島のほぼ中央を北西に流れて東京湾に注ぐ小糸川流域を検討の対象に設定し、発掘調査が実施された十四遺跡を分析して、弥生時代〜中世にかけての集落景観の変化と同所で行われた祭祀の

変遷過程と環境変化の推移を明らかにした。[6] 笹生によれば、この小糸川の集落景観は九世紀後半から十世紀にかけて大きく変化するとのことであり、具体的には、九世紀前半までの居住域（集住形態）が、九世紀後半から十世紀にかけて、耕地の中に分散し、短期間のうちに移動する居住形態へと変化したことがうかがえるという。その背景には旧来までの用水路の機能喪失や流路の変化があったが、その要因として、小糸川の河床面の低下（下流域への土砂供給の増加）を指摘している。笹生は、小糸川の河床面がこの時期に低下した理由については具体的に言及していないが、筆者はこのような事態を惹起したのは、当該期の気候温暖化とそれに伴う雨量の増加ではないかと考えている。今日、私たちは地球規模での未曾有の気候温暖化を迎えていると言われているが、実は九〜十世紀の平安時代もまた、気候温暖化が顕著な時代であったのである。以下、これを具体的に検証した研究成果を紹介したい。

この平安時代の気候温暖化に関しては、これまで主に考古学以外の様々な研究分野から考察が加えられている。山本武夫は、嵯峨天皇が在位していた弘仁三年（八一二）に宮中で始まった観桜宴の記録を丹念に調査し、現在確認し得る九〜十世紀代の宮中の桜の満開日が、平均すると現在のそれよりも五日ほど早いことを指摘し、九〜十世紀の京都が現在に勝るとも劣らないほど温暖であった可能性を指摘した。[7] また、自然科学の分野では、アメリカの地形学者フェアブリッジが、世界各地の地理学・地質学的調査の蓄積・検討から過去二〇〇〇年間の海水準（年平均潮位）の変動曲線を作成している。[8] これによれば、八世紀以降、海水準は上昇を続け、十二世紀初頭頃には現在の海水準をも上回るような海進のピークを迎えたようである（「ロットネスト海進」）（図2）。また日本でも、北川浩之が長樹齢であることから「縄文杉」とも呼ばれて親しまれている屋久杉の安定炭素同位体分析を試み、一八六六本に及ぶ屋久杉の年輪サンプルを対象に分析を加えて、八〜十二世紀にかけての気候が温暖であったことを指摘している[9]（図3）。

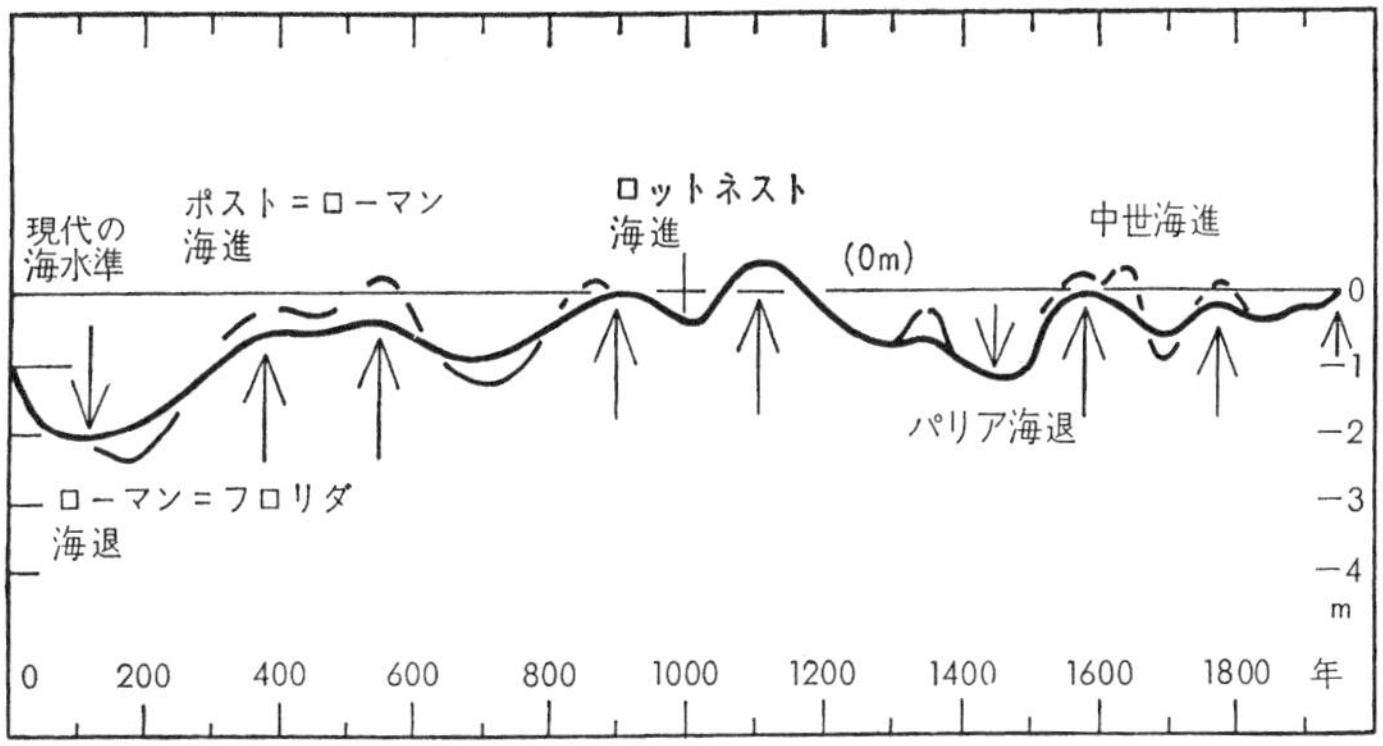

図2　フェアブリッジ教授の海水準曲線（出典：注(7)書）

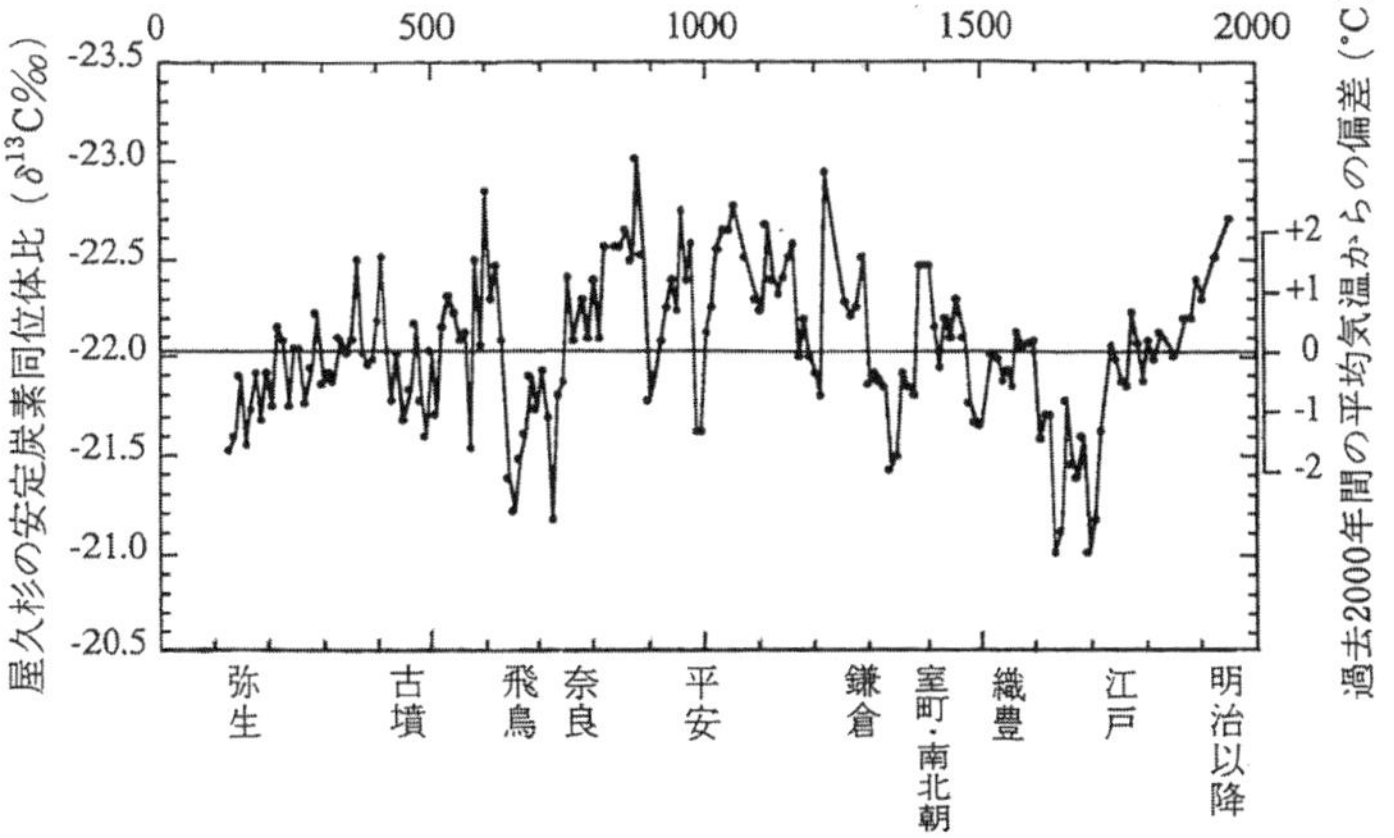

図3　屋久杉の安定炭素同位体分析から明らかにされた歴史時代の気候復元図（出典：注(9)書）

それでは、このように様々な研究分野から共通して指摘されている平安時代の気候温暖化は、具体的にどのように現象し当該期の社会に影響を与えていたのだろうか。近年筆者は承平五年（九三五）に始まる平将門の乱を

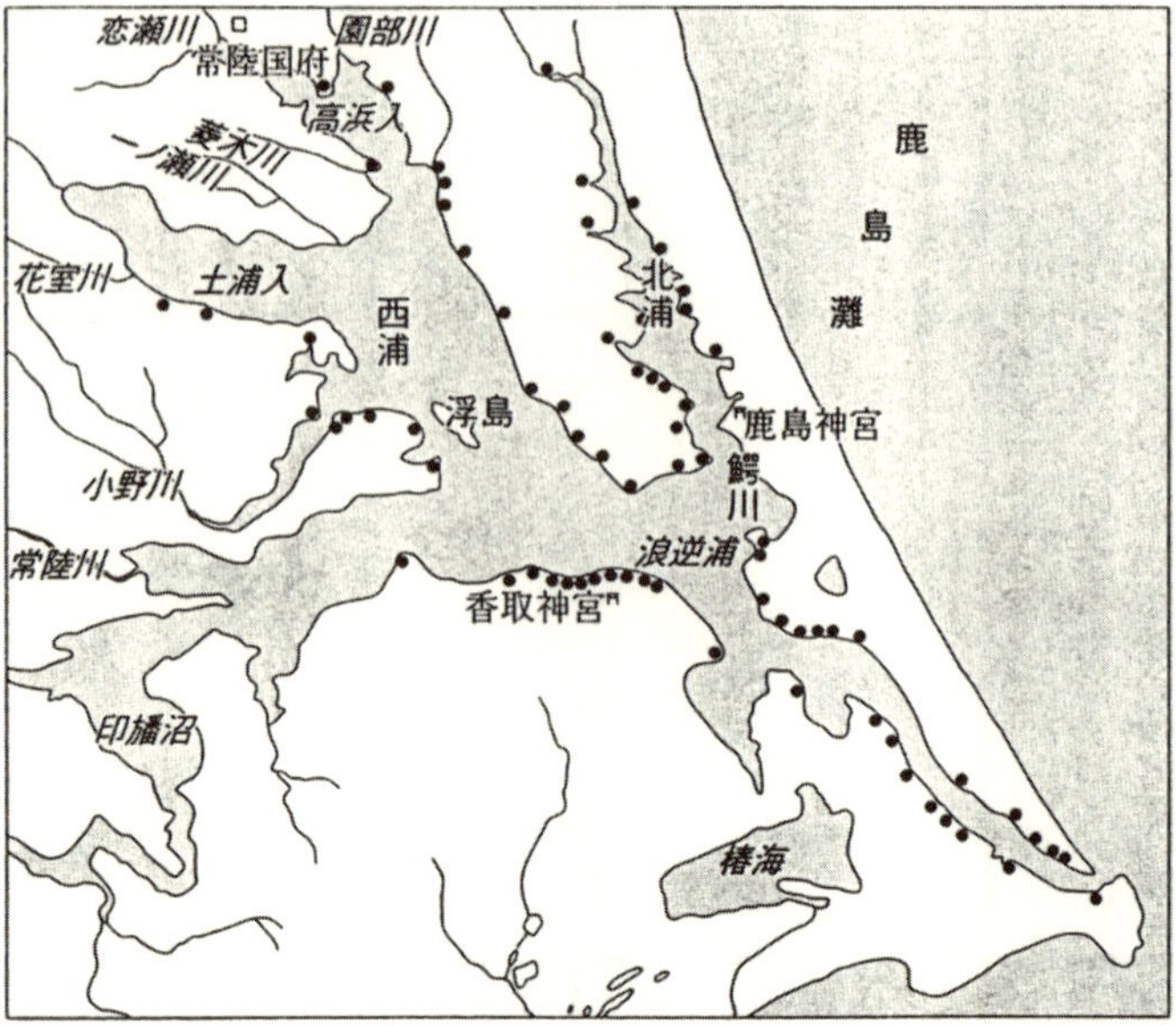

図4　古霞ヶ浦(鹿島香取海)と応安7年(1374)「海夫注文」記載の津(●印)
(出典：土浦市立博物館『中世の霞ヶ浦と律宗』1997年)

再検討する機会を得たが、民衆が将門を支持した背景として、後の江戸時代のような気候の寒冷化による度重なる凶作が民衆の疲弊を招いていたのではなく、むしろ、気候温暖化に伴って当該期の在地社会が高い農業生産性を保持していたことが、国司層の豊富な官物をめぐる私富追求という事態を惹起し、民衆への厳しい搾取を生んだのではないかと推測した。[10] 更に筆者は、康平二年(一〇五九)以降の成立とされる『更級日記』の記述に注目し、作者である菅原孝標女らが上総国から帰京するに際して、東京湾岸の古代東海道ルートを通らず、太日川(現・江戸川)を「まつさとのわたりの津」(現・松戸)付近まで北上して渡河しているのは、気候温暖化に伴い現・東京湾の海進によって東京湾岸の古代東海道ルートが機能しない状況が生まれていたのではないかと指摘した。[11]「はじめに」において、「縄文海進」について言及したが、この平安時代の気候温暖化に伴う「平安海進」もまた、私たちの想像をはるかに超える大規模なものであったようである。事実、古代末から中世初期にかけて、常陸国南部や下総国北部には、現在の霞ヶ浦・北浦・印旛沼・手賀沼をも含む「香取の海」と呼ばれた一大湖沼が存在していたことも明らかにされている（図4）。

いずれにしても、このような隣接諸科学による平安時代の気候温暖化研究の蓄積を承けて、考古学もまた、前掲の笹生の研究のように特定の地域を対象とした具体的検討作業を更に蓄積していくことが喫緊の課題である。

おわりに

かつて筆者は、「現在私たちは、人類史上未曾有の地球規模の環境問題に直面すると同時に、旧来からの自然災害にも引き続き見舞われている。こうした状況下、（中略）日本前近代史における環境史（環境歴史学）・災害史という視点からの研究が再び活性化しはじめていることは、とりもなおさず、歴史学が、現在そして将来の生活にすぐれて直結する学問であるということを改めて認識させてくれるものであった。換言すれば、環境史・災害史という視点は、文献史学や考古学といった方法論の相違や、個々の研究テーマの別を超えて、歴史研究者の誰もが共有できる視点であると言えるのである」と述べたが、[12] 現在でもこの認識は全く変わっていない。そのような中、「環境と歴史学」という研究課題は、よりグローバルな視点から環境史・災害史の現在と将来を検証しようとした、意欲的かつ時宜を得たものである。小稿が、今後の環境史・災害史研究の触媒となることを祈念して、稿を閉じたい。

注

（1）『海面五〇センチ上昇』日本では…二九〇万人、移住必要に（温暖化影響でＩＰＣＣ報告）」（『朝日新聞』二〇〇一年二月十八日朝刊）。

（2）拙稿『嵯峨朝』期における東国集落の再検討」（『古代文化』五四―一一、二〇〇二年）。
（3）萩原尊禮・藤田和夫・山本武夫・松田時彦・大長昭雄『古地震――歴史資料と活断層からさぐる――』（東京大学出版会、一九八二年）。
（4）寒川旭『地震考古学　遺跡が語る地震の歴史』（中公新書、一九九二年）。寒川旭『秀吉を襲った大地震　地震考古学で戦国史を読む』（平凡社新書、二〇一〇年）。
（5）『平成二十一年度第八回遺跡見学会資料　埼玉県深谷市　皿沼西遺跡』（財団法人埼玉県埋蔵文化財調査事業団、二〇一〇年）。
（6）笹生衛「地域の環境変化と祭祀」（『神仏と村景観の考古学――地域環境の変化と信仰の視点から――』弘文堂、二〇〇五年）。
（7）山本武夫『気候が語る日本の歴史』（そしえて、一九七六年）。
（8）Fairbridge, Rhodes W., Eustatic Changes in Sea Level, *Physics and Chemistry of the Earth*, vol.IV, Pergamon Press, London, 1961.
（9）北川浩之「屋久杉に刻まれた歴史時代の気候変動」（『講座　文明と環境・6・歴史と気候』朝倉書店、一九九五年）。
（10）拙稿「在地社会からみた将門の乱」（『将門記を読む』吉川弘文館、二〇〇九年）。
（11）拙稿「『更級日記』所収「竹芝伝説」を科学する――日本古代史・環境史の立場から――」（『埼玉の文化財』四四号、二〇〇三年）。
（12）拙稿「環境史・災害史からみた古代東国の村落と民衆」（『学習院史学』四三号、二〇〇五年）。

近年における歴史生態学の展開
世界最大の熱帯林アマゾンと人

池谷和信

熱帯には、現在でも「未接触の人々」が暮らしていることを知っているであろうか。その舞台は南アメリカのアマゾンであり、世界最大の熱帯林を維持している地域である。ここでは、近年、歴史生態学の視角から森に刻まれた歴史の研究が進められている。歴史生態学とは何か？　その研究の展開を紹介することから、地球の周辺からみた環境史研究の可能性を論じる。

一、変わるパラダイム

現代の文化人類学が、歴史について強い関心をいだくようになったのはそう古いことではない。一九七〇年代までは、歴史を捨象しての文化の構造や機能の研究が盛んであり、人類に普遍的に当てはまる理論が求められた。例えば、アフリカを代表する狩猟採集民として知られるサン（ブッシュマン）の研究では、カラハリ砂漠という極限の環境に人類がいかに適応しているのかという問題意識のもとに、彼らの生計維持活動（サブシステンス）や固

写真1　現代の毛皮の取引（ペルー）　アマゾンの森で捕獲された、イノシシによく似たペッカリーの毛皮が多い。仲買人が左手でふれている皮はカピバラである。（撮影：池谷）

有の技術、および離合集散の盛んな集団構造や単純な政治組織などが議論された。そして、植民地期やさらに以前の王国期の歴史などは無視されて、人類史の視点から彼らの社会は人類の初期的姿を示すものとしてみなされた。

しかし、一九八〇年代になると文化人類学全体のなかで歴史への関心が高まっていった[1]。これまで、文化の本質であると思われた現象も実は植民地時代などの歴史的過程のなかでつくられた可能性が出てきたのである。例えば、狩猟採集という生計活動は人類の初期の時代から行われているものと想定されるが、実は植民地時代における毛皮交易などによって盛んになったというのである（写真1）。その背景には、地域をとりまく毛皮の需要の高まり、王国や植民地政府などの地域をとりまく政治状況が挙げられている。また、DNAを使った最近の研究によって、狩猟採集民と想定された人々は数百年前には農耕民であったが、農耕民から狩猟採集民への文化の戻り（cultural reversion）が存在したという仮説が提示されている。

こうした研究枠組みの変化が、自然と人々との関係を対象にする生態人類学や環境人類学にも視点の変化を与えきた。これまでは、原生の森というのは所与のもので不変であり、人々はそれに適応してきたという静態的見方が一般的であった。しかし、一九九〇年代になると森もまた人々の活動によって創られてきたという見方への変化がみられた。つまり、森と人々との相互の関係を歴史的に把握することの重要性が指摘されている。これが、「歴史生態学（ヒストリカル・エコロジー）」の萌芽である。[2]その後、この分野は、生態人類学や文化生態学が主に対象としてきた階層のない小規模社会に限定することなく、数百年の時間幅のなかで考える先史学・考古学の研究などを含みながら複雑な階層社会にまで研究対象を拡大している。

ここでは、主として英語圏で盛んになってきた歴史生態学研究の展開を紹介すること、およびアマゾンにおける歴史生態学的研究を通して、今後のこの分野の可能性や、いわゆる環境史研究とのかかわり方について論じることをねらいとする。[3]

二、歴史生態学の展開

現在、世界的にみて歴史生態学の第一人者は、アメリカの環境人類学者ウイリアム・バリーではないだろうか。彼は、ブラジル・アマゾンに暮らすカヤポの人々を対象にして森と人との相互関係を把握することを通して、森という景観が人為の作用によってどのように生まれたのか、その歴史を実証的に解明した。その後、彼は、アメリカ人類学会などにおいて歴史生態学のセッションをつくり、方法論的検討を進めて世界の諸地域に展開した。

それらの成果は、二冊の論文集として刊行されている。(4)(5) 具体的には、伝染病、火入れ、エコトーンなどの研究テーマ、ミシシッピ川やグレート盆地のような米国国内、およびラテン・アメリカ各地域やインドやタイなどに焦点が当てられる。さらに、研究展望論文のみを収めた人類学の雑誌に歴史生態学研究の動向をまとめている。ここでは、二〇〇六年に刊行された彼の展望論文「歴史生態学の調査プログラム」(6)の内容に主に依拠していることを断っておこう。

まず、歴史生態学は、人間社会とローカルな環境との関係や、これらの諸関係へのグローバルな影響を時間空間のなかで把握することに関心を持つ新しい学際的調査プログラムであり、自然環境や生物多様性への人間活動の働きかけに焦点がおかれる。そして、この分野に使用される中心概念は、システム理論のなかのエコ・システムではなくて、歴史地理学から導入された「景観」である。景観は歴史を含む概念である。人為の作用によって創られた景観の歴史的動態に焦点がおかれ、生物多様性に対するヒューマン・インパクトのプラスの効果にも言及される。歴史生態学は、これまで人類学、地理学、歴史学、生態学などの研究成果を学際的に利用することから「手つかずの原始」(pristine primitives)や「人為作用のない熱帯林」(virgin rainforests)という基本概念を批判的に検討してきた(写真2)。例えば、熱帯林のなかの多様性を原始性の程度から示すと、「森林ガーデン」、「森林のなかの畑」、「人為作用のある熱帯林」、「文化的森林」、「ドメスティケイトされた景観」などに区別することができる。(7) 先住民の社会では、自然資源を利用する際にパッチ状のモザイク環境を形成する傾向にあり、いくつかの場合には、それによって生物の多様性を高めることになる。とりわけ、人が使う火の作用として、生物多様性のみならずローカル景観の多様性を高める点が指摘されている。

また、最近の研究では、新石器時代にさかのぼる農業の自然環境への影響によって、手つかずの世界が存在しない景観を形成してきたことがいわれている。そして、生物多様性の豊かな森として知られるアマゾン、中央ア

写真2　人為の作用が加わる前後のバオバブ林（マダガスカル）　伐採後は、森の中でバオバブのみが残される。左：伐採後、右：伐採前
（撮影：池谷）

メリカ、西アフリカの森は人跡未踏の森として知られていたが、過去二十年余りの人類学、地理学、生物学の研究によって定説が塗り替えられてきた。さらに、狩猟採集社会であっても、蜂蜜採取のための樹木の伐採や、森林伐採のための火の利用やキャンプの放棄などの人間活動が森林の構成に影響を与えていることが明らかにされた。この点は、自然・人間関係の平衡系を前提とする文化生態学では到達できなかった知見を示すものといえよう。

例えば、英国では西アフリカのギニアの森林とサバンナの動態を対象にしたフェアヘッドとリーチの研究がよく知られている。[8]二人は歴史生態学という言葉を使用していないが、上述したブラジルのカヤポの事例と類似していて、人々の活動によって森林が消出したのではなく、むしろ増大していることを明らかにした。しかし、これに対する批判もみられる。ニエルジェスは、航空写真、衛星画像、GIS（地理情報システム）を同時に駆使した結果、フェアヘッドらの事例はギニアサバンナでは特殊なものである可能性を指摘する。[9]また、日本国内では一九七〇年代に生態人類学の研究が盛んになったが、その枠組みは文化生態学的なものが多く、当初は歴史生態学への関心はあまりみられなかった。二十一世紀になって、人類学や地理学の学際的研究として実証的な研究が進められている。アフリカ中部の熱帯雨林はピグミーが暮らしてきたことはよく知られているが、ピグミーなどの人間活動がどのような影響を森林植生に与えているのかに焦点がおかれている。[10] 同様にアフリカ南部のカラハリ砂漠ではサンが暮らしてきたが、自然とのかかわりのなかで居住の歴史が明らかにされつつある。[11]

以上のように歴史生態学は、英語圏のなかで生まれて主にアマゾンを研究対象にして米国の人類学で展開してきたものであるが、英国でもアフリカの森林・サバンナ景観を対象にした類似の研究がみられており、日本ではアフリカの狩猟採集民や農耕民を対象にした生態人類学や地理学のなかで展開されてきている。

三、アマゾンの新たな歴史像の構築

アマゾンは、七〇〇万平方キロメートルという地球最大の面積（第二位はアフリカ・コンゴの森、面積は約半分）を有する熱帯林が広がる地域である（写真3）。このため、ここは地球温暖化を抑制するための森林資源として、また新たな薬の原料となる野生植物を見つける可能性の高い生物多様性のみられる地域としても世界的に注目されてきた。しかし、バリーのカヤポの研究のように、これまでの研究ではブラジル・アマゾンの研究が中心であった。アマゾンを構成するペルー、エクアドル、ボリビア、コロンビアなどの地域からの視点があまりみられない。なお、わが国の生態人類学・環境人類学ではアフリカ、東南アジア、オセアニア、日本を対象にした研究の蓄積が認められるが、様々な理由によって歴史生態学からのアマゾンを含む中南米研究があまり盛んでないことにも言及しておこう。

さて、世界的に著名な人類学者レヴィ・ストロースは、アマゾン各地をまわった経験をふまえて『悲しき熱帯』という単行本を刊行したことで知られるが、当時のアマゾンに狩猟採集民が存在することを否定した。この

写真3　アマゾン川上流の交易地点プカルパ（ペルー）　ここには、アマゾンの魚、果実、農作物などが集められる。（撮影：池谷）

地域で移動する小規模社会は、実は農耕民が変化したものとみている。一方で、エクアドル・アマゾンの先住民ワオラニ族の研究者のリバルは、彼らの生業の中心は狩猟採集活動であり、狩猟採集民の存在を示した。しかし、現在でも、アマゾンの狩猟採集民の存在をめぐっては論議がみられる所である。

近年、アマゾンを対象にした熱帯林での考古学研究が盛んになり、アマゾンの歴史について新たな知見が提示されている。これまでこの地域には、先史時代に小規模で分散した社会が存在していたといわれてきた。しかし、考古学的研究によって、狩猟採集、栽培植物の利用、集約的な自然資源利用などの地域による多様性がみられ、それらは広い地域の政治経済と関係してきており、「ドメスティケイトされた景観」を創り上げてきたといわれる。つまり、アマゾン研究において従来の自然と人とを調和的に捉える生態的均衡モデルが否定されており、自然・人関係システムの長期間の変化をとらえて、そのなかでの人間活動の役割に焦点がおかれるようになった。

アマゾンの文化史は、以下のような四つの時代に区分できる。[12] ①狩猟採集民が占有していた初期の時代（一万一〇〇〇から八五〇〇 B. P.）には、熱帯林の中で狩猟採集に依存する人々が移動する生活をしていた。②完新生中期には、定住化した狩猟採集民と農耕民とが共存していた。この時代には、キャッサバ（マニオク、ユカ）などを栽培する農耕が誕生して、広域を利用する焼畑農耕が導入された。③完新生後期には、農耕に依存する定住諸社会が形成された。④コロンブス以前の時代には、複雑な自然景観のなかで暮らす小規模から中規模までの政治的統合体が存在した。しかし、その後、スペイン人との接触によって天然痘などの病気が広まり、アマゾンの人口が大幅に減少し、現在のように人口密度の低い地域を構成するようになったのである。

それでは、このようなアマゾンにおける新たな時代区分のなかで、バリーらに代表されるブラジル・アマゾンのカヤポを対象にした歴史生態学的研究は、どのような時代を説明する際に有効なのであろうか。彼らは、アマゾン狩猟採集民の存在をよく説明できる人間と植物の相互関係からみた動的な歴史に焦点を当てた。アマゾンの森林は、文化的に人為の作用によってつくられたものである。アマゾンに暮らす先住民は、先史時代以来、彼らにとって都合のよい森をつくり上げてきた。そして、狩猟採集民は森林のなかを自由にさまようわけではなくて、ヤシの木の森、竹林、ナッツの森などの文化的森（cultural forests）のあいだを移動することで、栽培植物なしで生存できることを実証した。そして、地域住民による倒木などの行為によって長期間にわたって狩猟可能な空間がつくられ、有用植物の新たな生態的地位が構築されてきたのである。

次に、エクアドル・アマゾンの先住民ワオラニの森とのかかわり方をみてみよう（写真4）。ワオラニは、政治的権力から逃れて自由な生活を採用してきた人々である。彼らの先祖が、定住生活をしていたのか洗練した農耕を行っていたのかは誰にもわからない。しかし、数世紀のあいだ農耕より狩猟採集活動に強く依存してきたことには疑いがない。彼らは、森を手つかずの森（オメレ）と二次林（アフエネ）とに分けている。[13] さらに、二次林は、伐採後四〜十年の林、十〜二十年の林、二十〜四十年の林、四十〜百年の林の四つに分けられる。彼らの住居は、キリスト教徒がやってくる以前には十〜二十年の林が好まれたというが、現在でも四つのタイプの二次林を利用している点は変わりがない。

以上のことから、考古学研究から得られたアマゾンの文化史と歴史生態学研究であるカヤポやワオラニにおける人と森との関係史とのあいだに、どのような接合があるのかは明瞭ではないことがわかる。広大なアマゾンのなかの多様性を考えると、考古学と人類学的調査地をそろえるなど、今後は空間的な接合も必要になってくる。同時に、アマゾン内での考古調査や各民族の歴史に基づくエスノヒストリーの研究が乏しいなかで、両者を接合する視角として歴史生態学研究の積極的な意義を見出すことができるであろう。

写真4　アマゾンの森での狩猟活動（エクアドル）　約30〜40mの樹上を移動するサルを追い求めるワオラニのハンター。吹き矢を持つ。（撮影：池谷）

四、地球の周辺からみた環境史──「未接触の人々」の過去と現在──

歴史生態学は、いわゆる環境史研究とどのようなかかわり方をもつのであろうか。バリーらは、環境史をよく確立された学際的研究分野としてみなして歴史生態学とは異なるとみている。[14]とくに歴史生態学では、個別事象の歴史的変遷を無視し、景観がどのようにどうして変化をしたのかというモデルを提示する点に関心をおいている。しかし、近年になって刊行された英語圏の環境史の概説書では、自然環境への人間活動のインパクトの変遷は環境史の主要テーマの一つに位置づけられている。[15]このため、森と人との関係をめぐる景観の歴史生態学的研究を環境史の一部に含めることは可能である。[16]ここでは、環境史研究のなかでの歴史生態学の意義について考えてみたい。

人類の歴史を諸文明の盛衰の歴史と見た場合には、本稿で述べてきたアマゾンの歴史はあまり重要ではないようにみえる。しかし、現在、約六十八億人といわれる人類が地球環境のなかで生物資源を含めていかに共存するのかが問われており、地球全体の自然や人類の多様な生活をみわたした歴史を展望することが不可欠になっている。その意味で、歴史生態学は地球の周辺からの視点を重視しており、地球と人類とのかかわりの環境史を構築する際に重要な貢献をする可能性を持つものであろう。地球の周辺地域の歴史復元は、文字資料が少ないため、どうしても考古資料や口頭伝承など、多様な資料に依拠しなくてはならないという特徴を持つ。このため、一つの分野からの方法には限界を持ち、人類学、地理学、考古学、生物学、歴史学などの学際的な方法の組み合わせ方を真剣に考えていかなくてはならない。

アマゾンは、地球最大の熱帯林という特徴に加えて、アフリカやアジアなどの他の地域には見られない、現在でも「未接触の人々」が暮らしている地域である。[17]ブラジルには二十集団以上、エクアドルには一集団がいるといわれる。そのなかには、かつてキリスト教の宣教師などが接触を試みたが拒絶された人々もいる。筆者は、数年前にエクアドルのアマゾン川上流域で「未接触の人々」の居住とされる地域を船外機付きのボートに乗って通過したことがある。人々は、本稿でも紹介したワオラニのなかの集団であり、タガエリと呼ばれている。その際に、彼らに襲われるのではないかという不安から緊張感が走ったことをよく覚えている。彼らは、どうして現在まで文明との接触を拒むのか。筆者は、タガエリと自然との関係史を含むアマゾンの環境史研究を進めることにより、文明のなかにどっぷり浸かった私たちが忘れた人類のあり方について模索をしたり、地球環境の未来についての新たなヒントを見出すことができるかもしれないと考えている。

注

（1）池谷和信「アフリカを対象にした環境史研究の動向」（『歴史科学』一七六、二〇〇四年）三七頁。

（2）歴史生態学の用語は、一九七〇年代のフロリダ大学の歴史生態学プロジェクトで使用されたのが最初である。また、英語圏の生態人類学の入門書のなかで、歴史生態学の視角が紹介されている（Moran, E. F., *Human Adaptability*, Westview Press, 2000, pp.68-69）。それは、時空間によって変わる景観の歴史であって、民族誌、考古学、歴史学などの学際的なアプローチを必要とする。

（3）ラテンアメリカの環境史研究は、スペイン語やポルトガル語圏のなかで行われてきた。二〇〇三年にはチリ、二〇〇四年にはキューバで「ラテンアメリカの環境史」を正面にすえた会議が開催されている（Hughes J. D., *What is Environmental History?* Polity Press, 2006, p.73）。

（4）Balée, W., ed., *Advances on Historical Ecology*, Columbia University Press, 1998.

（5）Balée, W. and Erickson, C., ed., *Time and Complexity in Historical Ecology*, Columbia University Press, 2006.

（6）Balée, W., The research program of historical ecology, *Annu. Rev. Anthropol 35*, 2006, pp.75-98.

（7）前掲 注5 Balée, p78.

（8）Fairhead, J. and Leach, M., *Misreading the African Landscape*, Cambridge University Press, 1996.

（9）佐藤廉也「森林環境問題の民族誌」（『民博通信』九八、二〇〇二年）一二頁。
（10）市川光雄「人類の生活環境としてのアフリカ熱帯雨林——歴史生態学的視点から——」（『文化人類学』七四（四）、二〇一〇年）五七三頁。
（11）前掲注1池谷論文、四七頁。
（12）Heckenberger, M. and Neves, E. G., Amazonian archaeology, *Annu. Rev. Anthropol 38*, 2009, p.253.
（13）Rival, L., Domestication as a historical and symbolic process: wild gardens and cultivated forests in the Ecuadorian Amazon, Balée, W. ed., *Advances on Historical Ecology*, Columbia University Press, 1998, p.237.
（14）前掲注6 Balée, p.80.
（15）Hughes J. D., *What is Environmental History?* Polity Press, 2006,pp.5-6.
（16）環境史研究者のなかには生態人類学の理論を使用する人もいて、環境史と歴史生態学との協力が必要であるという（前掲注2 Moran, p.68）。
（17）「未接触の人々」とは、外界との接触をまったくせずに自給自足で暮らす、完全に孤立している人々のことを示す。タガエリに関する信頼性の高い情報はほとんどないが、彼らは植物の栽培を行わず夜間のみに火入れをするという（前掲注13 Rival, p.235）。

参考文献

池谷和信編『地球環境史からの問い——ヒトと自然の共生とは何か——』（岩波書店、二〇〇九年）
大石高典『民族境界の歴史生態学——カメルーンに生きる農耕民と狩猟採集民——』（京都大学出版会、二〇一六年）
西澤利栄ほか『アマゾン——保全と開発——』（朝倉書店、二〇〇五年）
Roosevelt, A. C., Ancient and modern hunter-gatherers of lowland South America: An Evolutionary, Balée W., ed., *Advances on Historical Ecology*, Columbia University Press, 1998.
Whitehead, N. L., Ecological history and historical ecology: Diachronic modeling versus historical explanation, Balée, W., ed., *Advances on Historical Ecology*, Columbia University Press, 1998.

環境歴史学の可能性

飯沼賢司

本論は、文化財学、歴史学としての二つの顔をもつ環境歴史学の今後の可能性、方向性を探ろうとする試論である。まずひとつは、「文化的景観」という最近登場した文化財概念とのかかわりが問題となる。もう一つは、文献史学を中心に、考古学、地理学、美術史学などとかかわり出発した環境歴史学はつぎにどのように周辺諸科学とかかわり、新しい可能性を探求できるかという課題である。

はじめに

私が「環境歴史学」という言葉を使うようになってから、すでに二十年近い歳月が流れた。この学問領域は、国東半島で始まった「荘園村落遺跡調査」を基礎にその骨格ができあがった。二〇〇四年に出版した『環境歴史学とはなにか』の中で、私は、環境歴史学をあらためて「ヒトと自然の距離をはかる歴史学」と規定し、歴史学としての顔と文化財学としての顔があると書いた。本論では、この二つの面から、環境歴史学を提唱してから、どのように展開し、今後どのような可能性をもっているのかをあらためて考えることにしてみた。

一、文化財学としての環境歴史学の可能性

荘園村落遺跡と文化的景観

二〇一〇年八月五日に、「荘園村落遺跡調査」の最初の調査舞台となった田染荘の故地、大分県豊後高田市田《た》染《しぶ》の小崎地区（写真1）が「田染荘小崎の農村景観」として重要文化的景観に選定された。重要文化的景観とは二〇〇五年の文化財保護法の改正にともない、我が国の国民の基盤的な生活または生業を理解する上で欠くべからざる伝統的な景観を文化財として保護しようという趣旨で創設された新たな文化財概念である。田染荘は、農村景観として「水田・畑地などの農耕に関する景観地」「垣根・屋敷林などの居住に関する景観地」を選定基準として、その伝統的姿がよく保存されていると評価され選定された。

二十世紀の末になると、産業の発展の中で、世界的に自然環境と共生して形成された伝統的な景観が危機に直面し、ユネスコは、一九九二年のアメリカのサンタフェで開かれた世界遺産の委員会で、新たな世界遺産の概念として、自然と人間の共同作品として「文化的景観」を提示し、世界遺産の中に「文化的景観」が登場した。その後、一九九四年に、フィリピン・コルディリェーラの棚田群がはじめて文化的景観として世界遺産に登録された。これを受けて、法的整備が進められたのが、日本の文化財保護法の「文化的景観」である。

しかし、日本の文化的景観の登場には、日本なりの前提があった。それは、国東半島で一九八一年から大分県立宇佐風土記の丘歴民俗史料館（現県立歴史博物館）が日本で最初に開始した「荘園村落遺跡」の調査事業であった。荘園村落遺跡調査は八〇年代から九〇年代にかけて、日本の農村景観を大きく変貌させた圃場整備事業に対処する調査として進められたもので、国東半島のみならず、広島県、兵庫県、大阪府、和歌山県その他でも同様の調査が行われ、大きな成果を上げげた。しかし、「荘園村落遺跡」は、後に国の「史跡」として指定された箇所

もあったが、水路や池や水源などの一部に留まり、景観全体を保全することはできなかった。

国東の調査でも、九〇年代から、何度も史跡による指定をめざす動きがあった。しかし、荘園村落遺跡は、生活、生業を基盤とする景観遺跡であり、まさに「生きている遺跡」であったため、本来時間の止まった遺跡を保護してきた史跡では、その領域を指定することが生活・生業を妨げ、かえって景観を失わせる危険があった。重要文化的景観の選定の地区となった田染小崎地区でも、史跡指定が九〇年代に目指されたが、地元の十分な理解が得られず、圃場整備が行われる直前まで至った。そうした中で、二〇〇〇年の春、新たに始まった「田園空間博物館構想事業」(農水省の農村整備の新規事業)を導入し、景観を維持しつつ永業できる道を模索することになった。同時に、棚田オーナー制度を摸して、「荘園領主制」という外部水田オーナー制度を創設し、その景観維持と生業の継続を図る努力を行ったのである。これは、当時の文化財保護法では、生活・生業の場となっている、生きている景観を保全することは極めて難しかったためであった。

写真1　田染荘小崎地区の御田植祭　別府大学・九州大学の学生などが田植に参加。

環境歴史学と文化的景観

一方、一九九七年、別府大学では、文化財学科を創設した。その際、モノの文化財という概念を脱して、文化財の保護の中に、明確に生活・生業にかかわる遺跡・景観を位置付けることにした。その保護の研究領域として、環境歴史学という講座を設け、研究と実習の講義を創設した。環境歴史学の実習では、国東半島の荘園村落遺跡調査で行われた調査法を修得することが目指され、二〇〇〇年以降は、田染荘の中で村落調査の現地実習を行うとともに、小崎地区で荘園領主制というオーナー制度の事業として開催される御田植祭と収穫祭に実習の学生を参加させ、田植え、稲刈りなどを体験させることになった。

この間に、二〇〇五年、文化財保護法が改正され、漸く文化的景観が新しい文化財概念として登場することになった。しかし、田染小崎地区では、田園空間博物館構想事業を実施していることもあり、文化的景観への調査が開始されるのは、二〇〇八年まで遅れることになる。別府大学文化財研究所では、この田染の調査を受託し、私が中心となって、これを実施した。調査では、日本の伝統的農村景観という視点から、別府大学、大分大学、熊本大学などの教員を動員し、歴史、文化、民俗、伝統的家屋、森・林などの植生、生物、河川の水質、地質環境など、これまでの荘園村落遺跡調査とは異なる多面的調査が行われた。この受託調査では、荘園村落の景観の中心にある里山的景観に焦点を当て、水を通してのムラの生活・生業、自然との共生をテーマとした。その結果、田染荘の文化的景観の構造は、岩峰を中心としたヤマ、サトおよびその間にあるサトヤマの三重構造からなることが明らかにされた（図1）。田染では、ヤマとサトの境界のサトヤマ空間には、水源としての湧水、堰、池などがあり、この近接地には必ず、神社などの宗教施設がある。田染荘には、元宮（一宮）、二宮、三宮の三社の八幡社とこの三社の御旅所があるが、これらは、堰や池などが隣接し、その付近には、磨崖仏などがあり、磨崖仏は神社の神（ヤマの神）が仏として出現した形をとっていた。サトの村人たちは、神社に森を残し、基本的にその森を水源と認識していたのである。この構造は、その下の一つ一つの村領域でも見られる。小崎地区では、これまでの調査で、鎌倉時代から、アマビキ水系、山口水系、オヤマ堰の水系が重要であったことが明らかにされ、アマビキ水系は雨引社、山口水系、オヤマ堰の水系は愛宕社に対応し、その祭祀を行ってきた。小崎の水田は、今でも用排水兼用の水路と田越し灌漑を基本とする伝統的な水田灌漑が維持され、水源と灌漑水系には共同体としての意識が残されているのである。これが神社を共同体の結集の場としてゆく根源であったといえる。その意味で、田染の村落景観の構造は日本の伝統的村落の典型を見事に残しているのである。

また、このような水田構造は生物的にも里山的環境をよい条件で残すことに貢献している。鎮守の森は、多様な植物の生息地としての環境となり、溜池や水田そのものが植物や動物のよい環境として存在した。小崎地区は、里山の象徴でもあるホタルの宝庫であるとともに、水環境の指標となるトンボなどの生息環境も守られ、今回の調査でも五十種以上が確認されたのである。

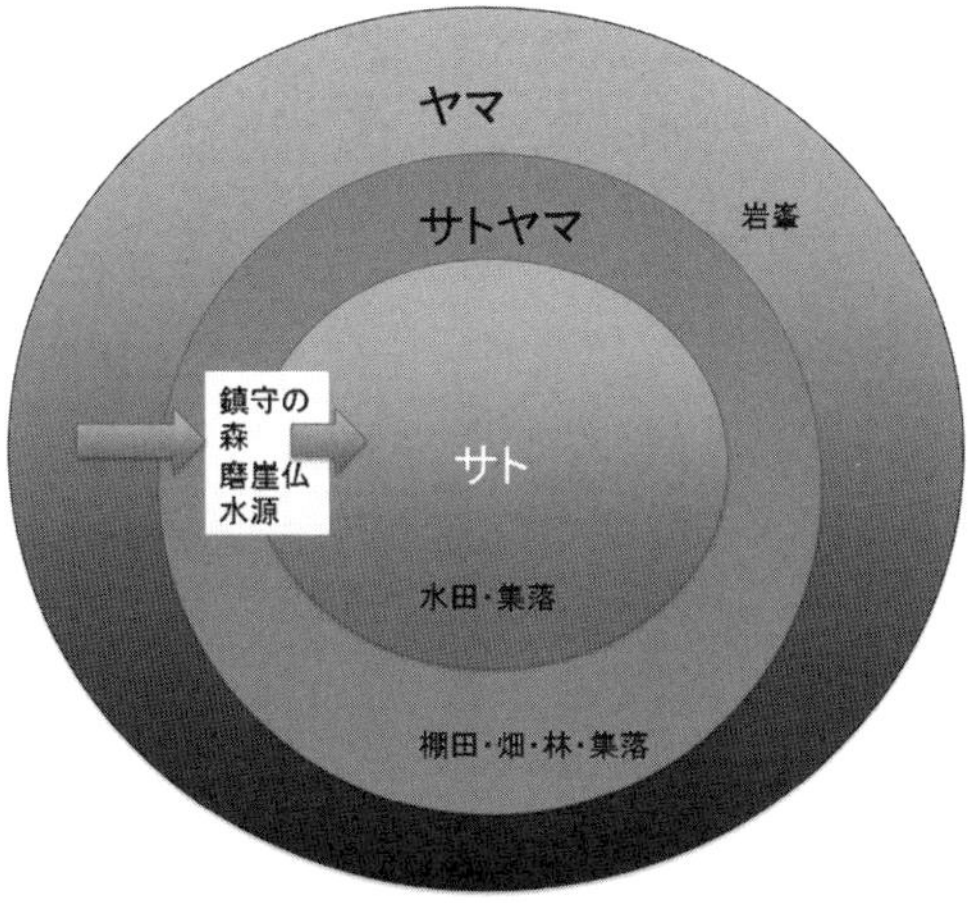

図1　田染荘の農村景観概念図

このように、この重要文化的景観「田染荘小崎の農村景観」の調査では、環境歴史学の方法をベースに自然と人間の共同作品としての農村景観の調査が行われた。荘園村落遺跡調査より一歩踏み込んで、生活・生業を意識した調査をあらためて行い、農業特に水の利用によって生み出された、景観の構造を明らかにした。また、その農業が自然との関係でつくりだした水田や溜池や水路、鎮守の森、林などの構造が生態的環境にどのような影響を与えたかも調査した。

これまで、歴史の調査と自然の生態系の調査が連動しながら行われることはほとんどなかった。文化的景観の登場は、環境をめぐっての新しい学問の交流、統合化の動きとなり、それぞれの研究領域に刺激を与え始めている。また、この文化的景観は文化財にさらに多面的な価値を与え、環境への視点、伝統的生業への視点など新しい見方を提供し、地域の活性化や伝統的産業への再評価、観光との連携などでき始めている。その意味で、文化財学としての環境歴史学もまた新たな段階に入ったと評価できるのではなかろうか。

一方、二〇一三年五月三十日、田染を含む国東半島・宇佐地域は「クヌギ林とため池がつなぐ国東半島・宇佐の農林水産循環――森の恵みとしいたけの故郷――」ということで世界農業遺産に選定された。世界農業遺産（GIAS）とはFAO（国連食糧農業機関）が次世代に継承すべき伝統的な農法や文化習俗・生物多様性の保全を目的に二〇〇二年に設立したものである。世界農業遺産は緑の革命の反省を踏まえ、一九九二年に世界遺産に文化的景観という考え方が取り入れられた同じ年リオデジャネイロの地球サミットで提唱された「持続可能な開発」の考えを受け、伝統的な農業の見直しを始め、その帰結として生まれた制度である。世界農業遺産は、文化的景観とも密接に連動してものであり、農業の方面から環境へのアプローチもこれらと軌を一にして進行していることを見逃してはならない。

二、歴史学としての環境歴史学の可能性

半自然草原を舞台とするフィールド調査

一方、歴史学としての環境歴史学もその研究の可能性を確実に広げている。二〇〇五年から、私は独立行政法人人間文化機構に所属する総合地球環境学研究所（地球研）のプロジェクト研究に参加することになった。そのテーマは「日本列島における人間――自然相互関係の歴史的・文化的検討――」である。この研究は、サハリン、北海道、東北、中部、近畿、九州、沖縄の七つの地域班と全体の問題を論ずる三班を設定する大プロジェクト研

究である。私は、九州班の班長として、くじゅう・阿蘇を九州の山岳地帯に広がる草原地帯を舞台に、その草原の利用と維持の問題を中心として、地質学、植生学、考古学、歴史学、民俗学、地理学などの諸分野の研究者を集め、調査・検討を進めてきた。この草原は、現在、放牧や観光の場、ときには演習地として利用されているが、自然草原ではない。生態学的にいう「半自然草原」であり、火入れによって維持されてきた景観である。まさに、自然と人間活動との関わりの中で形成された景観であり、ある意味では、水田景観と同じ人間活動の産物であるといえる。

ここでいう草原は、私たちが「野」と「原」と呼んできた場所で、森林化されていない草地の広がる状態をいう。それはまったくの自然の草原（湿原も含む）からさらに人間が意図的に維持してきた半自然草原、広義には、栽培という行為によって継続的に生産の場として利用された畑、水田も入ってくると考える。そこで、人間の活動と直接かかわらず自然に存在した草原を「自然草原」、人間がある意図をもって、火入れなどによって維持してきた草原を「半自然草原」とし、さらに利用を進め、恒常的な食物生産の場として確立した畑や水田を「栽培草地」と規定してみる。このように規定すると、「野」「原」という対象を通じて、人間がどのように自然環境を変え、それをどのように利用してきたかを歴史の中で理解することが可能になると考えたのである。

また、私は、二〇〇七年から、科学研究費の基盤研究Cで「環境歴史学からみた「森」と「原」「野」の研究」を行っている。こちらでは、古代・中世の歴史や文学の資料から、「森」と「原」「野」の関係について、地方に広がる「原」「野」と京都などの都市部の周辺に展開する「野」と「森」を比較しながら検討を行ってきた。阿蘇においても、地球研の研究と連携させながら、フィールド調査と新史料の発見に努めた。これらの結果、環境歴史学の新しい研究方向を見つけ出すことが可能となってきた。

下野《しもの》狩神事を読み解く

二〇〇八年秋、阿蘇の草原の歴史を解明する史料として、永青文庫所蔵の『下野狩日記』と『下野狩旧記抜書』の重要性を確認した。この史料と現地調査によって、次のような祭礼の実像が見えてきた。阿蘇では、平安時代以来、旧暦の二月卯日に下野狩神事というユニークな狩神事が行われきた。焼き狩りという方法で草に火をかけ獣を追い出し、勢子・狩人がこれ追い立て、騎馬に乗った阿蘇神社の神官武者が馬場に出された獲物を鏑矢《かぶらや》で射た。この矢に当たって殺された鹿や猪は往生し、神官に生まれ変わると説明し、この狩は方便の殺生であると殺生を正統化する論理を生み出した。下野狩神事は阿蘇の春の始まりの祭であったが、戦乱の中で、天正六年(一五七八)を最後に途絶してしまった。しかし、その伝統は、今日も阿蘇の春三月の野焼きと田作神事(火振)の中に生き続けている(写真2)。

これら一連の祭礼は、野と森の祭で、その空間は下野とも、鷹山ともいいまったく同じ場所で行われる祭礼であった。阿蘇の中央火口の西に広がる緩斜面は阿蘇のすべての祭祀の根源の場であった。ここには下野と呼ばれる広大な草地が広がり、その一方で鷹山と呼ばれる森が存在した。ここは上宮(阿蘇中岳の山上近くの神社)を中心にみると、西の入口であり、下野の南の黒川集落の近くにある数鹿流《すがる》の滝の上には社頭の鹿渡橋《すがる》があり、そこを入ると、鬢掻《びんがき》、中、赤水の三つの馬場があり、ここを舞台に狩神事が行われた。その奥には鷹山という森が存在した。この森はヒメ神の住む森で、そこに大切に保護された神木が樫・槻・楢の木であり、特に樫は田作り神事の御神体となったのである(図2)。

下野では、春、二月に狩神事が行われるが、それに先立ち、下野周辺で火入れが行われ、さらに馬場にも火が懸けられる。馬場での狩の後、その場所は鷹山の牧(鷹牧)といわれ、神馬が放たれ、十二月に阿蘇十二宮に納められた。また、下野の空間にある鷹山という森は阿蘇の上宮・御嶽の本堂・下宮などの建物の材となる神木槻の木があり、三月の田作り神事のみそ木（神木）の樫の木があった。この山のヒメ神はこの神事の際に、里の下宮に降り、里の歳の神と神婚し、五穀が産まれると信じられていた。

下野を舞台とする神事では、太古以来の阿蘇の草原利用の歴史を走馬燈のように見ることができる。焼き狩りの手法は、縄文時代以来の狩の様相を彷彿させる。その焼き狩り神事の後に、神馬の牧を下野に立てたのは、狩場から牧への利用の歴史を反映しているのであろう。一方、狩神事は贄狩《にえがり》と呼ばれ、北宮の祀られた阿蘇の湖の主であった鯰にこの狩の獲物を奉納した。これは、阿蘇の水田開発と密接に関係した伝承といわれる。また、すでに述べたように阿蘇の田作神事では、下野の森＝鷹山は五穀を生む姫神の森とされる。古代の七・八世紀ころ、狩神事の舞台となった下野を中心に官営の牧二重の牧が設置された。十一世紀末以降、阿蘇

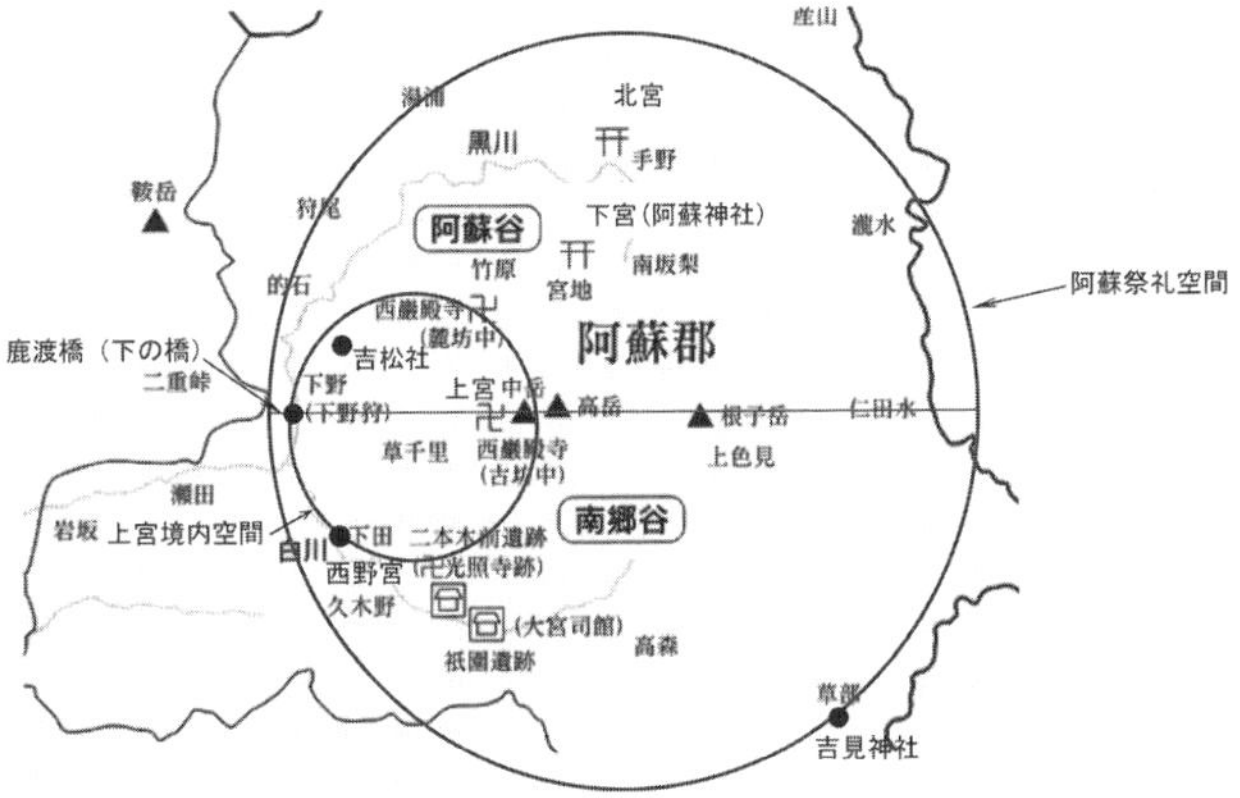

図２　阿蘇谷祭礼空間図

写真２　阿蘇の野焼き　（写真提供：阿蘇市）

氏の下で、阿蘇郡が阿蘇荘として荘園化され、官営の牧も阿蘇の田畑も大宮司の支配の傘下に入った。十二世紀前半の阿蘇社（下宮）祭神十二神の確立と並行しながら、阿蘇の狩神事は、阿蘇の草原と森の歴史を神事に織り込みながら整備されたと考えられる。

半自然草原の形成と利用

そこで、くじゅう・阿蘇の調査では、広大な半自然草原の形成と利用の歴史を解明することが目的となった。その方法は、文献史学の枠では、もはや解明できないものであった。発掘、さらにボーリング調査から、堆積物やクロボクとよばれる土壌に含まれる花粉やプラントオパールや微粒炭という科学的手法の分析を導入した。

九州班の長谷義隆は、これまでの九州各地の花粉分析の結果を整理し、最終氷期（七万年前〜一万年前）の九州における植生はトウヒ属の産出を示し、特に九州中部で顕著であることを明らかにした。これら事実から、最終氷期の寒冷乾燥下では、阿蘇地方では、自然植生としての草原が広がっていたと結論づけた。ところが、長谷を中心に行ったカルデラ内のボーリング調査によれば、最終氷期が終わり、完新世に入る一万三〇〇〇年前ころから後、阿蘇の外輪山は、温暖化で落葉広葉樹林が形成される環境にあるにもかかわらず、ススキなどの草本の花粉が優位であり、カルデラの外壁の外では、草原が発達していたと推測された。(1)

阿蘇では、全面的な微粒炭分析は行われていないが、二〇〇八年九月に阿蘇で開催された地球研の研究集会で一テーマとして微粒炭とクロボク層の関係が取り上げられ、クロボク層の形成と微粒炭と呼ばれる炭化物が密接な関係を有していること、その微粒炭もススキ、ササなどの草原性の草本類が基本であること、そこには恒常的な火事が関係していたことが指摘された。(2)

すでに、須賀丈などのマルハナバチ班の研究では、最終氷期の北東アジア地域に広がった草甸（自然草原）の中で活動してきた昆虫（マルハナバチ等）が、温暖化・湿潤化した完新世への変化の中で、全国に広がる草原性の原野の環境の中で生き残り現在分布していることに注目した。これらの生物の現在の生育・生息環境は、人間の手がある程度加わることで維持される半自然草原である。今日、このような草原は「野焼き」「山焼き」などの火入れによって維持されているが、この火入れがいつ始まったかが大きな問題である。須賀の調査によれば、マルハナバチの分布は、いわゆるクロボクの分布とも基本的に一致しているという。(3)

クロボク層の年代は、いろいろあるが、阿蘇では、一万三〇〇〇年前ころに始まるとみられ、完新世、すなわち縄文時代の始まりと符号する。これまで、クロボクはその分布地から火山との関係で形成され土壌とみられてきた。確かに火山地帯であるが、その中に含まれる微粒炭は火山による火災が原因とは考え難い。琵琶湖の湖底に堆積した微粒炭は、一万年～七〇〇〇年ころにピークがある。(4)ここでは、当然火山との関係を想定することは難しい。故に、人為的な火事、火入れの可能性が浮上してくるのである。

縄文時代の火事が自然であるか、人為であるかは勿論議論のあるところであるが、草原が狩猟の場所として重要な意味をもっていたことは古代・中世の狩場として存在したことからも容易に推測できる。縄文時代には、急激な温暖化の変化の中で、火入れによって、森林化を阻止し、草原を創出し、狩場を確保する意味があったとも考えられる。これまで縄文時代は、森の視点を中心に論じられてきたが、縄文時代の狩猟法として中世にみられた焼き狩りという狩猟も想定される。また、火入れは明るい照葉樹林の森の形成にも貢献したと考えられる。さらに、その後の焼畑への展開も、縄文時代にみられる人為的といえる火事の延長上に位置づけられるのではないかと考えた。ここから、新しい縄文時代のイメージが登場する可能性がでてきたのである。

弥生時代に入っても、花粉分析やプラントオパール分析によると、阿蘇・くじゅうでは、広大な草原や灌木の交る草地が広がっていたようである。同じ時代、阿蘇のカルデラ内の集落遺跡では、コメ、オオムギ、コムギ、アワなどの穀類、アズキ、ササゲなどの豆類、そのほか、アブラナ類やオニグルミ、クリ、モモ、サンショウ、ミズキといった有用植物の炭化種実が検出されている。宮山遺跡・河陽F遺跡ではコメ、クリの炭化種実に加えソバの花粉が検出されている。また、外輪高原やその周辺の舌状台地では、植物珪酸体分析等によってイネ、アワ、ヒエなどの栽培がおこなわれていた可能性を示すプラントオパールが発見されている。これは、この一帯における畑作物の占める大きさという問題を提起する。ここでは、縄文時代以来の焼き畑農耕の上に弥生時代の農耕が位置づけられる。外輪高原では、イネも陸稲として畑の雑穀の一部に含まれていたとみてよいだろう。この伝統は、近代まで「野イネ」としてこの阿蘇およびその周辺に残っていった。一方、弥生時代、湿原を利用したイネの栽培が日本にもたらされる。水田文化の始まりであるが、イネはここに焼畑の雑穀からはじまる野稲と水田の稲が並存することになったという見方もできる。

火入れによって維持された半自然草原は、畑文化の出発になる一方、古墳時代の後期に入ると、大陸から牛馬やその飼育など技術が入り、放牧地としての利用が始まる。阿蘇の下野狩場は、阿蘇北宮に貢納する贄の狩猟場であると同時に、狩の後は、神馬の放牧地として機能したのである。中世、武家たちは、半自然草原を狩倉《かぐら》と呼ばれる狩猟地、弓馬の演習地として、また、兵馬や農耕用の牛馬の放牧地として確保した。狩倉に設定された場は、農民には焼畑の場所となり、農耕用の採草地となり再生産の重要な拠点となっていた。

人間の火や水の利用を通じて、草原・草地の歴史を追いかけると、そこには人間が自然にどのように挑戦し、格闘し、失敗と成功を繰り返しながら、賢明な利用法を確保してきたかの一端が見えてくる。これらの試みによって、環境歴史学は、様々な領域の学問とコラボレーションする学問であることを示し、その挑戦によって、これまで発想できなかった新しい学問の可能性が見えてきている。ちなみに、阿蘇も田染と同じく二〇一三年に世界農業遺産に認定された。これも一万年以上に及ぶ火入れ、野焼の文化が重要な要素であった。

おわりに

文化財学としての環境歴史学、歴史学としての環境歴史学の可能性について論じてみた。これまで、私は、環境歴史学の研究について文献歴史学を基盤に進めてきた。しかし、この分野がその枠に到底収まるものではないことはこれまでの議論でご理解をいただけたと思う。環境歴史学は研究領域の壁を終えた学際的研究であり、他領域の共同、統合的研究によってこそ、新たな見方や新たな事実の解明ができるのである。そこには、専門領域を逸脱する恐さが常にあるが、これを踏み越えて、領域間の壁を越えた議論を進めなければ、学問の未来はないのである。

注

（1）別府大学文化財研究所・総合地球環境学研究所主催　研究集会『日本の半自然草原の歴史』発表要旨集（二〇〇八年九月十三日）。
（2）『日本の半自然草原の歴史』南條正巳報告、鳥居厚志報告、佐瀬隆・細野衛報告（二〇〇八年）。
（3）『日本の半自然草原の歴史』須賀丈報告（二〇〇八年）。
（4）『日本の半自然草原の歴史』井上淳報告（二〇〇八年）。

参考文献
飯沼賢司『環境歴史学とはなにか』（山川出版社、二〇〇四年）
海老澤衷・服部英雄・飯沼賢司編『重要文化的景観への道――エコ・ミュージアム田染荘――』（勉誠出版、二〇一二年）
湯本貴和編、責任編集佐藤宏之・飯沼賢司『シリーズ日本列島の三万五千年――人と自然の環境史――　第二巻　野と原の環境史』（文一総合出版、二〇一一年）

中国における環境史研究再考
鵜飼技術からみた自然と人間とのかかわり

卯田宗平

本論は、生業技術の変化をひとつの切り口に、自然と人間とのかかわりの来歴（＝環境史）を検討したものである。本論では、自然と人間を介する生業技術に着目するアプローチによって、統治や政治体制の違いに応じて時代を区分してきた従来の歴史観にとらわれない時代の移り変わりが導きだせると指摘する。

一、環境史研究は可能か

環境史研究は、自然と人間とのかかわりを明らかにし、従来の歴史観とは異なった視点を提供しようとすることに意義がある。ここでいう従来の歴史観とは、一般的によく用いられている時代区分や歴史の移り変わりのことである。

たとえば、中国の近現代史をみると、そこにはさまざまな時代区分がなされている。そのなかには、一九四九年の新中国成立前までを新民主主義革命期、一九五六年までを新民主主義社会過渡期、一九六六年までを社会主義建設開始期、一九七六年までを文革十年動乱期、そして現在までを社会主義現代化建設期と呼ぶこともある。こうした時代区分は、当時の統治形態や政治体制の変化に従って歴史の流れを分類したものである。言い換えれば、その時代の支配者は誰か、どのような政治体制なのか、改革の目標は何かといった点に着目して時代を区切っているのである。

しかし、自然と人間とのかかわりの変化という環境史的切り口から過去を振り返るならば、従来から用いられてきた時代区分が必ずしも適当であるとは限らない。それは、統治者が変わったからといって急に自然と人間とのかかわりが変化するとも限らず、逆に政治体制が安定しているときにそのかかわりが変化することもあるからである。このように考えてみると、環境史研究では統治や政治体制の変化にとらわれない時代の変化に注目する必要がある。

では、自然と人間とのかかわりの変化をどのように捉えればよいのか。筆者は、生業技術に着目したいと考える。なぜなら、人間は技術を介して対象となる自然と関係をもつからである。言い換えれば、生業技術が変化することは自然と人間のかかわり方も変化したことを意味している。実際の調査では、フィールド調査や文献調査によって、在地の生業技術がいつどのように変化したのか、その動機は何かといった問題を検討する。そして、ある時代になると技術の様相が大きく異なるのであれば、その時代の前後に自然と人間のかかわり方にも変化がみられると判断できるのではないかと考える。

以上が筆者の考える環境史のアプローチである。人類学や民俗学を専攻する筆者は、これまで聞き取り調査や参与観察に基づき、人びとの生活や生業の変化、エスノサイエンスに関わる研究を行ってきた[1]。本稿では、こうした問題意識を持つ筆者が、生業技術をひとつの切り口とした環境史研究の可能性について考えるものである。

二、中国における環境史研究

環境史研究は、二〇〇六年度中国十大学術テーマのひとつに選ばれたことからも分かるように、中国国内でも非常に注目されている。(2) 中国各地でさまざまな環境問題が顕在化するなか、自然環境の変化と人類社会への(からの)影響に注目することは当然のことであろう。

中国の環境史研究は、一九九〇年代後半から本格的に行われるようになった。当時は、歴史学者や考古学者が自然環境の変化とその要因、人間社会への影響を、広域的で比較的長い時間スケールのなかで明らかにしようとしていた。(3) また、国内外の環境史研究の動向を整理し、その定義や方法論を検討したものもある。(4) その後、環境史に関わる研究は、干拓や疾病、水汚染、衛生、砂漠化というようにテーマを絞ったかたちで進められるようになった。(5) そして、現在、環境史に関わる研究は、人口と環境、土地利用と環境変化、水環境の変化、気候変動とその影響、工業発展と環境変化、疾病と環境というように多岐にわたっている。(6)

ただ、こうした中国の環境史研究にも課題はある。ひとつは、研究の対象となる時代に偏りがみられる点である。先行の研究では、そのほとんどが考古学的資料の豊富な先史時代もしくは文献史料が多い明、清時代以降に集中している。(7) もうひとつの課題は、事例研究が少ない点である。先行の研究では、環境史に関わる研究の動向や方法論、論者の環境史に対する解釈を述べたものが多い。その一方で、具体的な事例から自然と人間とのかかわりを論じたものは少ない。

三つ目の課題は、過去における自然と人間とのかかわりに対する評価についてである。これまで、中国における自然と人間との関係に関しては、過去の調和や均衡が保たれた関係(和諧、平衡と呼ばれる)から、現在の衝突やバランスを欠いた状態(冲突、失衡と呼ばれる)になり、そして再び調和のある関係に向かおうとしているといわれている。[8] しかし、いつの時代のかかわりが、どのように調和的だったのかがよく分からず、過去の事例を容易に賛美しているという指摘もある。[9] こうしたなか、とくに人類学では、フィールド調査によってそのかかわりを再考しようという流れもある。[10]

いずれにせよ、環境史に関わる先行の研究では、自然と人間とのかかわりに注目することの重要性が長年指摘されてきた。しかし、具体的にどのような事例を取り上げ、いかなるアプローチで検討していくのかといった点は十分に考察されていない。そこで本稿では、自然と人間をとり結ぶ生業技術に着目し、環境史的視点からみた時代の変化について検討してみたい。

三、生業の技術からみる自然と人間とのかかわり

ここで取り上げる事例は中国江西省鄱陽湖で行われている鵜飼い漁である。[11] 漁業は、自然と対峙し生計を維持する生業である。そのため、漁師たちの生活や生業は、とりまく環境の微妙な変化に影響を受けやすい。それにくわえ、鵜飼い漁は、動物であるウ類を漁獲手段とする比較的特殊な漁業形態である。そのため、鵜飼い漁はほかの漁業に比べても環境変化の影響を容易に受けることになる。著者は、こうした生業を取り上げることで自然や社会環境の変化が生業活動に与えたインパクトをみることができると考えた。

対象とした村落は、鄱陽湖のなかで鵜飼い漁師がもっとも多いR鎮W村である。以下では、まずW村での鵜飼い漁を説明する。その後、新中国成立前後および集団化政策の初期という二つの時期を取り上げ、その時代の変化と生業技術の変容との関係をみてみたい。なお過去の事例を振り返る際に論述が散漫になるのを防ぐため、以下では各時期の漁法と社会的な背景を中心に検討する。

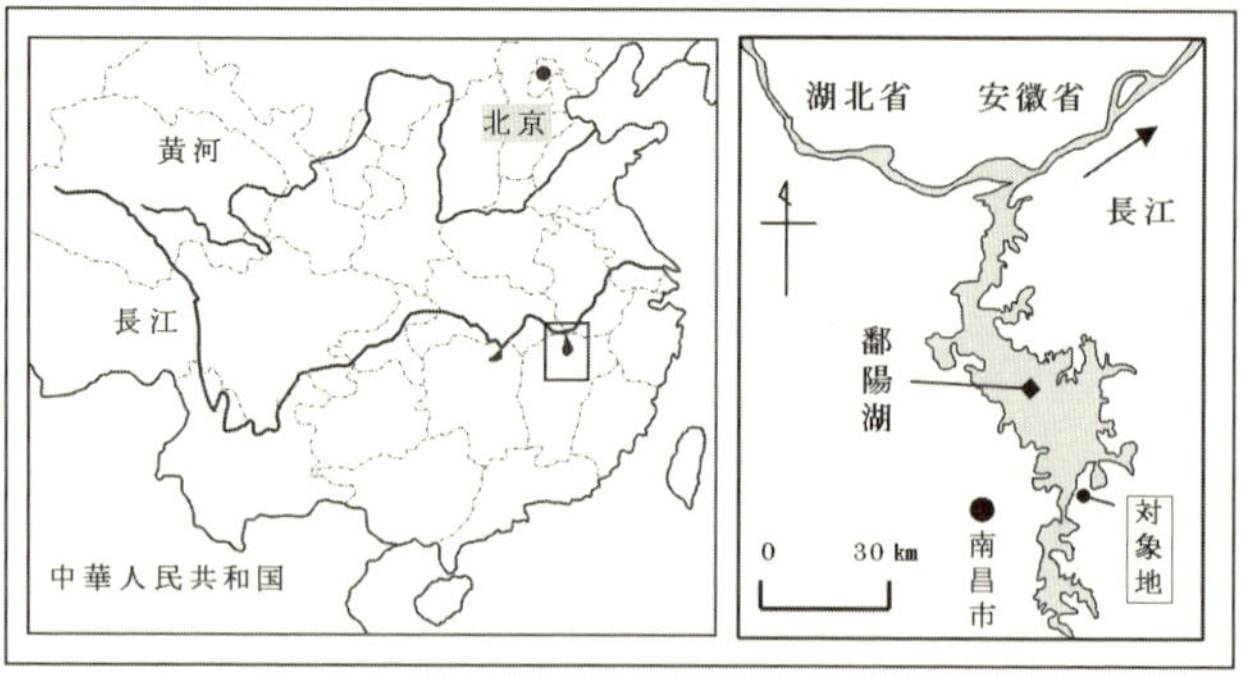

図1　江西省上饒市Y県R鎮W村の位置

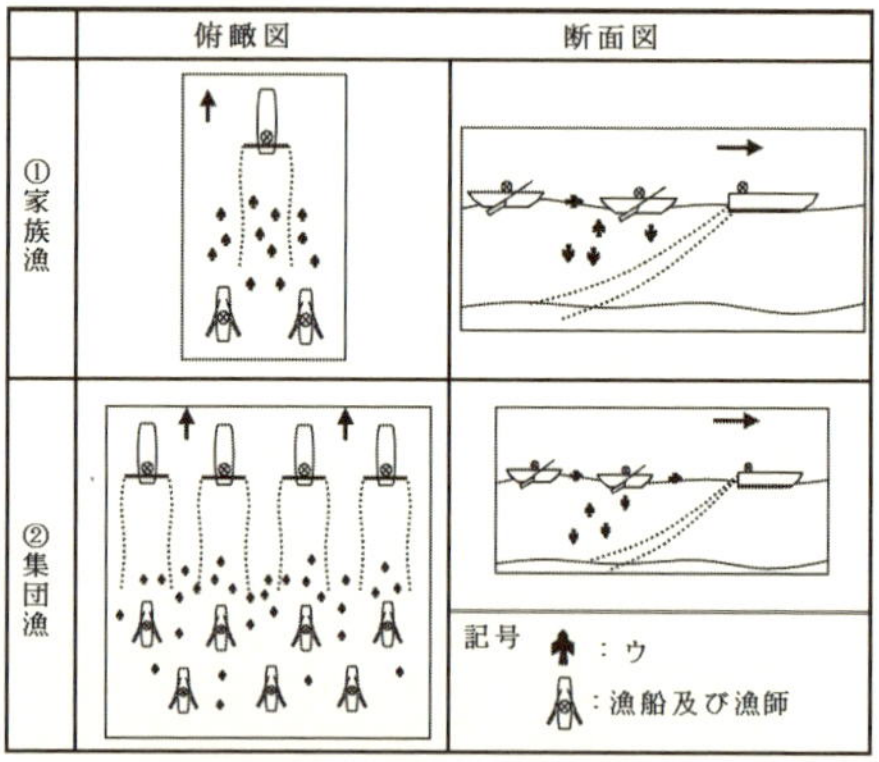

図2　W村の鵜飼い漁

W村の鵜飼い漁

本論が対象とするW村は、江西省上饒市Y県R鎮に属する（図1）。R鎮は人口約四万人であり、水田稲作と綿花生産が主要な産業である。このR鎮の湖岸にW村があり、村内では四十世帯、計九十五人（男性六十九人、女性二十六人）が鵜飼い漁に専業している（二〇〇七年七月時点）。彼らはすべて漢族であり、平均年齢は三十六・四歳、平均漁業歴は二十六・六年である。W村の鵜飼い漁ではシナカワウ（*Phalacrocorax carbo sinensis*）が利用される（以下、シナカワウをカワウと記す）。

現在、W村の鵜飼い漁では、家族漁（ダンガン）と集団漁（フォ）の二種類の漁法が行なわれている。ダンガンは、操業中に前方でディーゼル発動機を付けた漁船が鉄線（約二〇メートル）を引きずりながら前進する（図2①）。前方で鉄線を引きずるのは、湖底に生息するコイやマナマズ、ハゲギギ等を脅かすためである。カワウは、漁船の後方に位置し、鉄線の存在に驚いて逃げる魚を採食する。その後方では、小舟にのる漁師がカワウを舟上に取り上げ、カワウがのみ込んだ魚を吐きださせる作業を行う。この漁法では、大小二隻の船が一組になり、湖岸や河川を移動しながら魚を獲る。操業の際、漁師たちは親子や兄弟、夫婦をひとつの単位として二～三人で家族漁を行なっている（写真1）。

写真１　河川やクリークで行われる家族漁（ダンガン）

写真２　川幅の広い河川で複数の漁師によって行われる集団漁（フォ）

またW村では、フォと呼ばれる漁法も行なわれている（図2②）。フォは、鉄線を引きずる船が前方で横一列に並び、湖岸や河川を移動しながら魚を獲る漁法である（写真2）。カワウは、横一列に並んだ漁船の後方で魚を採食する。その後方では、複数の漁師たちがカワウを舟に取り上げ、魚を吐きださせる作業を行なうのである。この漁法は複数の世帯が共同で行なう漁法であるが、集団の規模が大きい場合は、四～六世帯が一二〇羽前後のカワウを利用する。

新中国成立前後（一九四九年前後）の鵜飼い漁

本項では、新中国成立前後の鵜飼い漁の変化をみてみたい。

新中国成立以前、中国各地の土地利用は統治する党の違いにより異なる。すなわち、国民党が統治する地域では、個人は地方政府に納税義務を果たすことで土地の所有が可能であった。一方、共産党が統治する地域では、土地の公有制が実施され、個人所有は規制されていた。このように土地に対する両党の方針は全く異なる。しかし、土地は中国という農業国の発展にとって重要であったため、いずれも政府によって管理されていた。そのため、両党の政策のなかで、民間組織による土地の管理という規定はない。

ただ、少数民族が住む辺境地域や漁業が行われていた水域のなかには、政府の管理が行き届いていないところもあった。鄱陽湖のなかにも管理の方針が明確でなかったところもあり、W村を含む鄱陽湖湖岸の各漁村には「幇派（bangpai）」と呼ばれる漁師主導の自治組織が組まれていた。そして、この組織が地先の水域を事実上管理し、漁をめぐる秩序を維持していたのである。とくに当時は、ほかの漁村の漁師たちが頻繁に門口（漁村の地先の水域）に入り、無断で漁をすることが多かった。自らの門口でほかの漁村の漁師を見つけたらすぐケンカになり、ひどいときには双方に死傷者がでるときもあったという。漁をめぐる秩序が混乱していた当時、鵜飼い漁師たちは、まず自主的に組織を組み、自らの幇派が管理する漁場の範囲を明確化したのである。

当時、隣接する漁村との争いが多発したのは、この時代の鵜飼い漁の漁法に原因がある。図3は、集団化政策実施前まで行われていたトォン（tong）と呼ばれる漁法である。トォンは、十二羽前後のカワウと一～三隻の小舟を使って操業する方法である。当時、漁師たちは、湖底に岩や流木、沈没船などの障害物があるポイント、また河川が合流するポイントに舟を進め、同じ漁場で連続二時間程度操業し、次のポイントに移動するという操業を行っていた。この漁法は、湖底の障害物に隠れる魚を狙うものであり、水深五丈（一丈は三・三メートル）前後までの水域で行われていた。

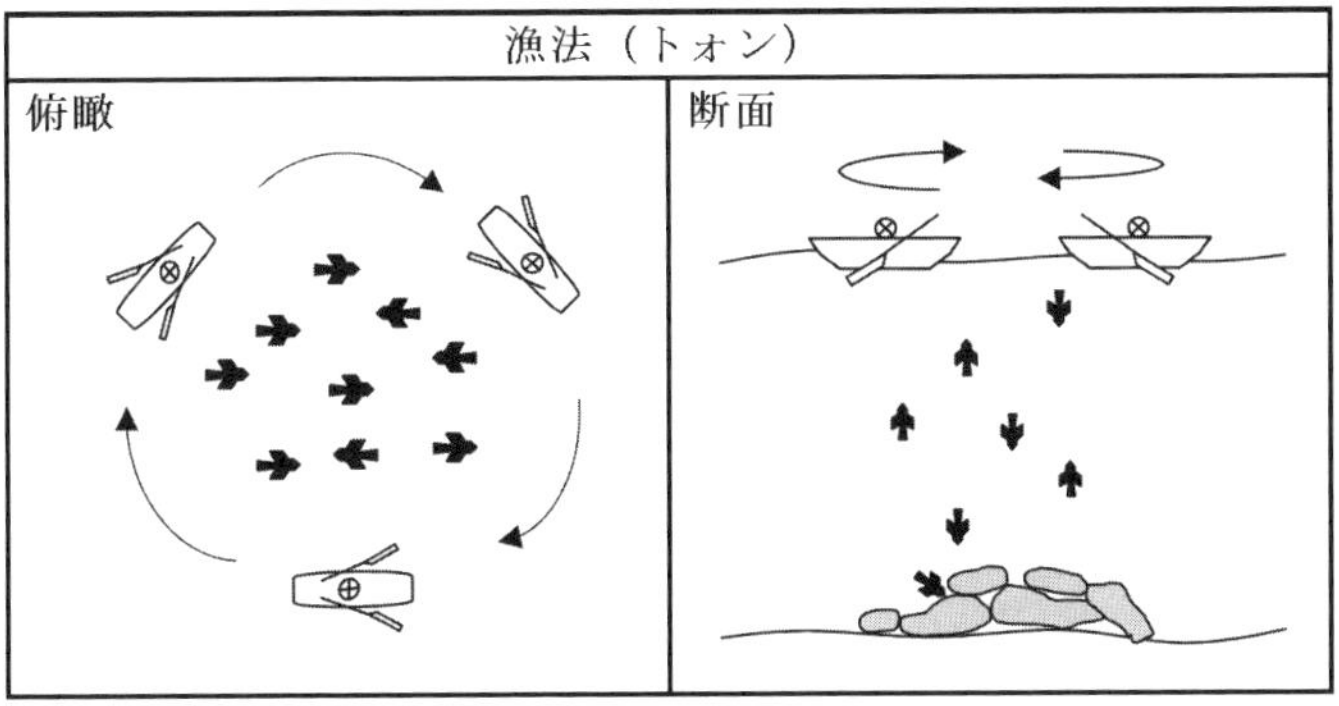

図3　集団化以前の鵜飼い漁（トォン）

このトォンは、漁師一人もしくは親子や兄弟、夫婦をひとつの単位として行なわれていた。これは、各々の漁場ポイントが大きくなく、同時に複数の世帯が操業した場合は漁の効率が悪くなるからである。W村が管理する水域には、前記のような漁場ポイントが二四〇ヵ所以上あり、ほとんどはよい漁場であったという。一般に、ほかの幇派の漁師がW村の水域で操業する場合、幇派から許可を得る必要がある。しかし、正当な手続きを踏まずにW村の門口で操業する漁師も多く、こうした行為が争いを生む原因になっていたのである。

その後、一九四九年に中華人民共和国が成立し、土地改革が実施された。この時代、土地改革法が実施されたことで各漁村の幇派は廃止され、かわって地方政府に承認された漁業生産隊が組織された。ただ、中国国内の状況が大きく変化したこの時代、W村の鵜飼い漁には大きな変化はなかった。

ここで重要な点は、漁業生産隊が組織された後も、従来から利用していた水域（＝門口）でトォンを続けていたことである。つまり、幇派は名目上廃止されたが、地方政府は従来からの民間による自治組織＝幇派を黙認したのである。実際、当時は、二〜三人をひとつの単位とした漁法が続けられ、漁の規範も以前のものが利用され、漁獲物の販売も個人の自由に任されていた。こうした事実からも分かるが、当時は、漁師たちの所属が幇派から漁業生産隊に変わったが、利用できる水域や漁法、漁の規範はそのまま踏襲され、運用されていたのである。

集団化時代の鵜飼い漁

つぎに、集団化政策の初期における鵜飼い漁の変化をみてみたい。W村では、地方政府の指導のもと一九五二年から集団化にむけた各種政策が開始された。

集団化政策が実施された当初、W村には生産大隊が組織され、その下部に四〜六世帯からなる漁業生産小隊が八組つくられた。漁師たちは、この生産小隊をひとつの単位として漁をしなければならなくなったのである。

こうした労働過程の集団化を経験した漁師たちは口をそろえて「突然、集団での漁が義務付けられた。これが、この時代の一番大きな変化だった」という。なぜなら、当時の鵜飼い漁は湖沼などの静水域で前記のトォンを行っており、複数の世帯が共同で漁をすることはなかったからである。こうしたなか、漁師たちは、集団化が始まった頃、生産小隊をひとつの単位に従来のトォンを行っていた。ただ、トォンは二〜三人を単位とした漁法で、特定のポイントで長時間行うものである。そのため、四〜六世帯と一〇〇〜一二〇羽前後のカワウからなる小隊がトォンで漁をしていた当時、個々の漁場ポイントが小さいこともあり、漁の効率は非常に悪かったという。

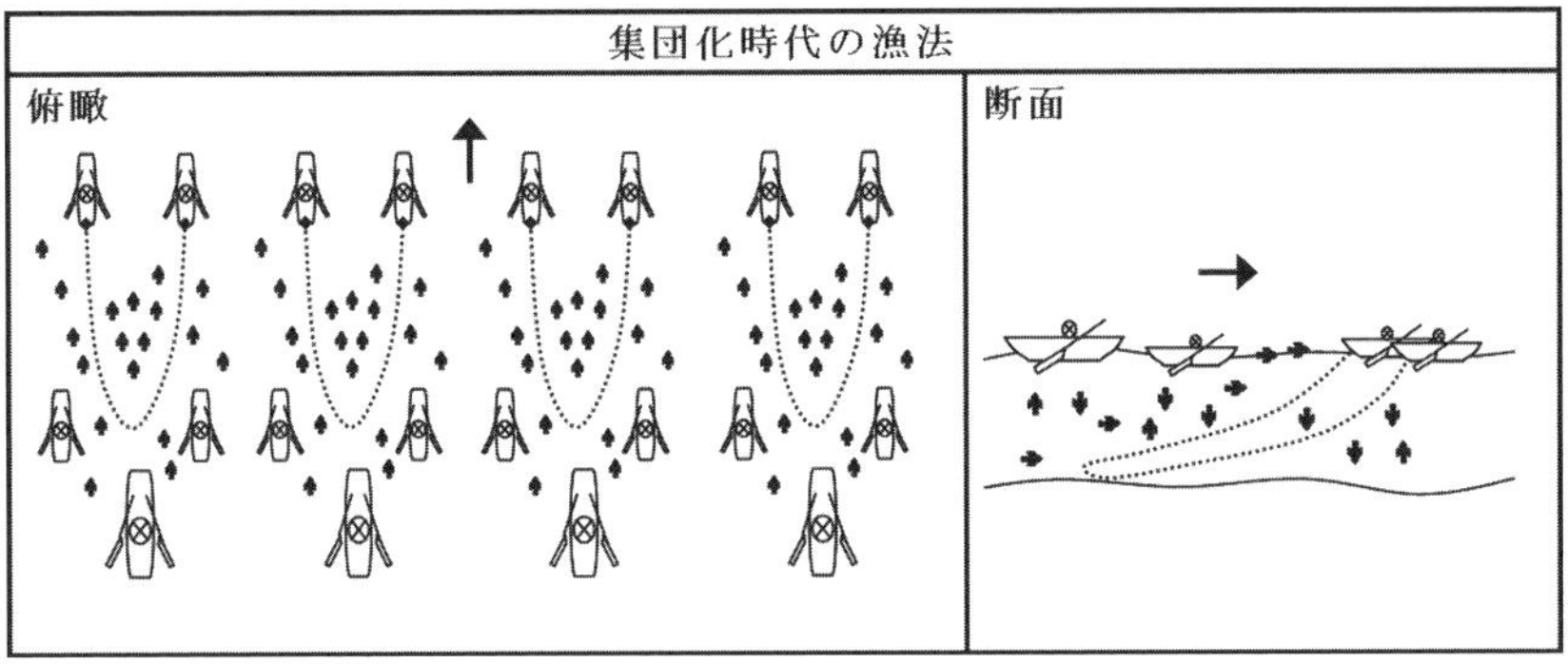

図４　集団化時代の鵜飼い漁（ホーズオ）

その後、複数の漁師のなかで「自分たちが移動しながら漁をしたらいいのではないか」ということになった。そして彼らは、静水域において集団を移動させながら漁を行うようになった。ただ、新たに始めた漁法にも問題があった。それは、この方法ではヒラウオやカワイワシといった等級の低い魚ばかり獲れ、等級の高いケツギョやコイ、マナマズといった魚があまり獲れなかったのである。その後、彼らは、前方の船で縄（約二〇メートル）を引きずることで湖底に生息するコイやマナマズといった魚類を脅かし、それをカワウに獲らせる方法を考えだしたのである。

図４は、集団化の時代に新たに始められたホーズオ（hezuo）と呼ばれる漁法である。一九五三年から始められたこの漁法は、まず前方の二隻の船が縄を引きずりながら前進する。カワウは、二隻の船の後方に位置し、縄の存在に驚いて逃げる魚を捕食する。その後方では、漁師がタモでカワウを取り上げ、魚を吐きださせる作業をおこなう。集団漁が義務付けられていた時代、縄を引きずる二隻の船が横に三～六組並び、その後方では一〇〇～一二〇羽前後のカワウと十～十五人前後の漁師が漁をしていた。

当時の漁は、水深の浅い湖岸域から水深の比較的深い湖の中央部でも行われていた。また、生産隊による漁では、W村から遠い漁場まで出漁し、その漁場に船を泊め、数日間生活することもあった。そのため、大型の船を新たに造り、その船内には鍋や薪、コンロ、茶碗、布団を備え、複数の漁師が長期で生活できるようにしていた。

ここで重要な点は、漁師たちの対応である。この時代、集団化政策の実施によって生産小隊による漁に強制的に移行させられた。くわえて、鵜飼い漁ではカワウや漁船、タモといった技術を短期間に大きく変化させることができない。こうしたなか漁師たちは、湖底を引きずる縄や大型の船を導入し、複数の漁師たちが集団で移動する方法を始めたのである。すなわち、それまでのやり方がすべて否定され、慣習的な規範も顧みられなかった時代、彼らは漁法を変え、集団化に対応したのである。

その後、W村では一九五五年に初級合作社から高級合作社に移行し、一九五八年には人民公社が設立された。政策的にいえば、初級合作社の時代は生産手段を私的所有にしたままで労働過程を共同化するものであり、高級合作社以降は生産手段のすべてを集団所有に移行するものである。そして人民公社の時代になると、宅地や墓地といった非生産手段も集団所有となる。[12] W村では、初級合作社の設立と同時に労働過程をすべて集団化した。その後、一九五六年から短期間だけ自由に漁をしてもよい時期があった。しかし、一九五八年に人民公社が設立されると再び集団での漁が強制された。そのため、高級合作社の設立から人民公社の解体に至るまで、ホーズオとよばれる漁法とそれをめぐる規範に大きな変化はなかった。

四、なぜ、いま環境史か

これまで、新中国成立前後及び集団化時代初期の生業技術の変化をみてきた。新中国成立時、中国国内では政治体制が大きく変化した。W村でも漁師主導の自治組織である幇派が解体され、漁業生産隊が組織された。しかし、鵜飼い漁の漁業技術をみてみると、二〜三人による漁法（トォン）が引き続き行われていた。その後、集団化政策の実施とともに従来からの慣習や技術が否定された。鵜飼い漁も生産小隊による漁法（ホーズオ）に変わった。つまり、集団化政策の初期には、国家政策の実施に影響を受けるかたちで鵜飼い漁の技術も大きく変化したのである。

本論が取り上げた時代を政治体制や国家政策の変化という視点からみれば、新中国成立から土地改革、集団化政策の実施という流れである。一方、自然と人間とのかかわりの変化に着目した環境史的視点からみれば、集団化政策の実施をひとつの時代の区切りとすることも可能である。なぜなら、集団化政策の実施前後では、鵜飼い漁の生業技術の様相が異なるからである。こうした漁法や漁場、漁獲物の変化は、自然と人間との関わり方にも変化をもたらしたと言えるのではないだろうか。

このように、生業技術を切り口にしてみると、政治体制や政策の変化が自然と人間とのかかわりに変化を与えないこともあれば、逆に大きな変化を与えることもあることに気付く。そして、技術の変化に着目する環境史研究は、自然と人間とのかかわりの変化と従来からの時代区分との間にあるずれをみつけ出すこともできる。

むろん、こうしたアプローチに対して、とりたてて「環境史」と言わなくてもよいのではないかという意見もあるであろう。確かに筆者自身にも、研究の最終的な到達点はどこか、安易に歴史を遡及しているだけではないか、環境に関わる研究が現実の環境問題の解決にどれだけ寄与しているのかといった疑問はある。ただ、環境に関わる問題は、生態系や社会・経済システム、人間生活などが複雑に絡み合いながら顕在化するものである。そのため、人文科学や自然科学の成果も踏まえながら折衷主義的にアプローチしていくことも必要である。とくに、自然と人間との関係が変化したことによる自然環境の劣化も環境問題と呼ぶのであれば、我われはまず在地のミクロな関係を歴史的・地域的な文脈から捉えなおすことが重要となる。

注

(1) 卯田宗平「ウを飼い馴らす技法――中国・鵜飼い漁におけるウの馴化の事例から――」(『日本民俗学』二五四号、二〇〇八年)、卯田宗平「生業環境の変化への二重の対応――中国・ポーヤン湖における鵜飼い漁師たちの事例から――」(『文化人類学』七三巻一号、二〇〇八年)。

(2) 『光明日報』二〇〇七年一月十六日付。

(3) 例えば、武仙竹「長江流域環境変化与人類活動的相互影響」(『東南文化』二〇〇〇年第一期、二〇〇〇年)。

(4) 例えば、包茂宏「環境史:歴史、理論和方法」(『史学理論研究』二〇〇〇年第四期、二〇〇〇年)、候文恵「〈塵暴〉及其対環境史研究的貢献」(『史学月刊』二〇〇四年第三期、二〇〇四年)、景愛「環境史:定義、内容与方法」(『史学月刊』二〇〇四年第三期、二〇〇四年)、陳新立「中国環境史研究的回顧与展望」(『史学理論研究』二〇〇八年第二期、二〇〇八年)。

(5) 例えば、劉翠溶・範毅軍「試縦環境史角度検討清代新疆的屯田」(『中国社会歴史評論』二〇〇七年第一期、二〇〇七年)、毛利霞「環境史領域的疾病研究及其意義」(『学術研究』二〇〇九年第六期、二〇〇九年)、余新忠「衛生史与環境史――以中国近世歴史為中心的思考――」(『南開学報(哲学社会科学版)』二〇〇九年第二期、二〇〇九年)、陳涛「環境史視野与災害史研究――以寧夏中衛特大沙塵暴災害為例――」(『寧夏師範学院学報(社会科学)』第三〇巻五号、二〇〇九年)。

(6) 劉翠溶「中国環境史研究争議」(『南開学報(哲学社会科学版)』二〇〇六年第二期、二〇〇六年)。

(7) 陳新立「中国環境史研究的回顧与展望」(『史学理論研究』二〇〇八年第二期、二〇〇八年)。

(8) 周光召「人与自然研究従本」(王毅編『人与自然関係導論』湖北科学技術出版社、一九九七年)。

(9) 楊庭碩「目前生態環境史研究中的陥阱和誤区」(『南開学報(哲学社会科学版)』二〇〇九年第二期、二〇〇九年)一二〇頁。

(10) 尹紹亭・趙文娟「人類学生態環境史研究的理論与方法」(『広西民族大学学報(哲学社会科学版)』第二九巻三号、二〇〇七年)。

(11) 鵜飼い漁とは、ウ類を何らかのかたちで関与させながら魚を獲る漁法である。

(12) 福島正夫『人民公社の研究』(御茶の水書房、一九六〇年)。

II

地域史における環境

歴史のなかの環境とコモンズ
日本のサケの資源利用

菅　豊

入会地などの日本のコモンズと、その管理の様相は、現在、世界的に注目されている。その生成と精緻化には、日本近世の政治や経済のあり方とともに、さらにこの時期の自然条件も少なからぬ影響を与えてきた。日本コモンズは、不安定な環境下において生活する人びとの、セーフティー・バルブとして機能していたのである。

一、日本のコモンズ

コモンズとは、「複数の主体が共的に使用し管理する資源」であり、かつて日本では、入会地を始めとして山野河海の広い領域に存在した。コモンズの管理システムは、コミュニティの基盤にあって、それを支えてきた社会システムとされ、環境や資源の保全、自然アクセスへの公正性、弱者救済などの観点から、現在、世界的に注目されている。二〇〇九年に、アメリカの政治学者エリノア・オストロム（Elinor Ostrom）が、非経済学者であるにもかかわらず、コモンズ論でノーベル経済学賞を受賞した。それは、現代の趨勢として支配的である、グローバルに展開する新自由主義的な政治の「いきすぎた」動き、あるいは、新古典派的な経済の「いきすぎた」仕組みに対する疑念と反省に基づくものである。現在、「公（官）」と「私（個）」の間に存在する共的世界――コモンズ管理システム――の意味が問い直され、その可能性が注目されている。また、現代社会において、「公」と「私」のみでは掬いきれないような状況を処理するための、古くて新しい社会技法として、また、極度に「公」と「私」に収斂する社会のバッファとして、コモンズ的な利用と管理の可能性が模索されている。そのような動きのなかで、日本のコモンズの様相は、世界的に関心をもたれている。

二、近世日本のコモンズ管理の精緻化

日本のコモンズの利用と管理の典型ともいえるあり方に「入会」がある。その成立は、九世紀初頭にまで遡ることができ、また、「入会」という言葉は、十六世紀中庸の史料（『塵芥集』）に初見されることが指摘されている。(1) しかし、現在まで残存する近代的な入会権と連続する共的世界の構築、強化、精緻化には、近世という時代が大きな役割を果たした。

当然ではあるが、江戸時代には現代とは異なる土地を使うあり方や、土地を自分のものとするあり方が存在した。近世的土地所有を簡単に語れば、それは領主がその支配領域を自分のものとする権利である「領知」と、実際にその領域内で生活する人々――百姓――の「所持」との二形態があった。近世村落史家の渡辺尚志の整理によれば、現在そのいずれを所有権と見なすかという説には、一、領知を主とする領主的土地所有説、二、所持を主とする農民土地私有権説、三、その両者が重層的に存在する重畳的土地所有権説の三説があり、渡辺自身は第

三の説を支持している。(2) さらに、渡辺は、近世の百姓による土地の所持が、現代所有権とは異なり、村落共同体の規制を強く受けるものであったことを以下のように指摘している。

近世において、村の耕地は個々の村民のものであると同時に村全体のものであり、共同体の強い規制を受けていたことがわかる。近世の百姓の家産（土地）観念は、絶対的・排他的なものではなく、共同体に依拠しその規制を受けつつ所持地を維持していこうというものだったのである(3)

「個々の村民のものであると同時に村全体のもの」という状況は、近世の村落が公課を責任もって負担する「公課負担団体」であったことに起因する。日本の近世において、その仕組みは地域によって多様であるものの、基本的に農村の人々の生活にとって、生活基盤は村、すなわちムラ（共同体）であった。それは村切《むらぎり》という形で理念上、明確に空間領域が画定され、それぞれの村は、年貢などの公課の納入や法的・政治的な管理、検知などを共同に行う、いわゆる「村請制」の基本単位であった。それは、支配者側にとってみれば、農民を統治する単位であり、農民にとってみれば、経済・生計を維持するために必要な共的な自治の単位であった。この村切と村請制という仕組みが、近世の個人の土地所持に大きく影響を与えていた。

この仕組みによって、ムラは生活や社会の共同性を強固なものとし、その共同性に基づく社会システムを保持することになる。それは資源の利用や所有にも大きな影響を与えている。たとえば、山は刈敷などの肥料、牛馬の飼料、そして薪炭などの生活必需物資を供給する場であり、その機能に着目するならば、その場の利用は至って共同的であった。それは、「入会」と表現される利用形態であり、個々の人々が所持するのではなく、一村、あるいは複数村の人々が共的に入り会って利用する場合が多かった。もちろん、近世も時代が進むと、山を分割して所持する例が出てくるが、そこが屋敷地や水田畑地などの耕作地に比べれば、共的な性格を帯びていたことは間違いない。

日本のコモンズ管理は、このような近世的な政治・経済・社会の大枠の状況に大きく影響を受けてきたといえるが、さらにそれはこの時期の自然環境条件にも少なからぬ影響を受けていたようである。たとえば、十四世紀半ばから十九世紀半ばにかけて続いたとされる寒冷な期間である小氷期。現在、その寒冷化の影響を疑問視する向きもあるが、日本においてこの時期は、大局的に判断すると寒冷気味の天候不順が各地を襲った天候不安定期であった。このような気象条件下で、本来は不利なはずの稲作を中心とする生産構造への転換が推進され、さらに食糧が農村から都市へと流出する市場経済が発達した。そのような変化の影響を強く受けてきた結果、地方の生存経済は不安定化し、人々の生活は大きなリスクをともなうものとなった。そして、そのリスクを回避する、あるいは緩和するために、日本の地域社会は、セーフティーネットとしての自然資源――山野河海の資源――を利用する戦略を保持し続け、さらに、その利用をめぐる社会システムであるＣＢＲＭ（共同体基盤の資源管理community based resource management）を強化、精緻化させてきた可能性がある。

三、救荒食料としてのサケ

近世の稲作の北限領域であった東北地方では、比較的温暖な小間氷期である十七世紀後半をピークに水田を基軸とする新田開発が急速に進展し、また多収量の晩稲種が作付けされたため、「十七世紀末の元禄以降の気候の寒冷化は背伸びしすぎたともいえる水田稲作に大きな試練を課すことになった」[4]のであり、そのような状況が飢饉を誘発する原因となった。稲作に特化した政治と経済の動きは、温暖な環境に適合した水稲を、その栽培に不適な北方の地にまで拡大していったのである。そのため、農村社会で実際に生きる人々は、その不安定リスクを回避する資源利用を模索する必要があった。そのようなリスクを軽減するためには、寒冷な気候に耐え得る、あるいは適合する資源を利用する必要がある。そのような資源の代表として、日本の東北地域ではサケが重要な意味をもっていた。

サケは、北方性の回遊魚であり、その分布はちょうど水稲と逆の広がりをもつ。日本本州の北部が、その南限領域であり、寒冷な気候はその生産にとってとくに大きな支障とはならない。むしろ、稲作にとってはネガティブな気候状況は、サケ漁獲にとっては利益として受け止められ、かつ稲作の不利益を補完する救荒食料として、サケは東北地方の人々に受け止められていたようである。それは、次のようなサケをめぐる俚諺から理解することができる。たとえば、東北地方では「飢渇《けかち》鮭、豊年鱒」という俚諺があるという。(5) それは飢饉となる寒冷な年にサケが良く捕れ、マスは暖かい稲の豊作年にたくさん捕れることをいいあらわした言葉である。また、岩手県大槌川流域では「鮭はソッタチイネ(実の入っていない稲)に包まれてやってくる」といわれ、冷害の低温障害によって不稔となった稲にサケが包まれてやってくる、すなわち冷害の年にサケが多く捕れるとされる。さらに、本論で詳しく述べる新潟県大川流域では、「福鱒の貧乏鮭」という俚諺で、冷害で貧窮に苦しむなかでサケがたくさん捕れることをいい伝えている。冷害に襲われると、経済の主力として扱われていた稲は不作になり、飢饉等の災害をもたらす。しかし、民俗知レベルでは、サケは稲とは逆に寒冷な気候に適応する自然資源であり、それが人々の生存を支えてきたと考えられていたのである。

このような寒冷気候下におけるサケの利益を意識する日本北部では、サケ資源をコモンズとして利用する地域が多く見られた。たとえば、「福鱒の貧乏鮭」という俚諺を伝える新潟県大川のサケ漁は、その典型ともいえる。山形県と接する新潟県村上市(旧山北町)を流れる大川は新潟最北の地を流れる河川であり、三百数十年前からコド漁という個人的で小規模、非効率な伝統的漁法が伝えられている。大川の漁場使用慣行は、集落と密接に関わってきた点において非常に特徴的である。(6) サケの採捕自体は、大川全体で漁協が一括して許可を受けているものの、実質的な漁場の管理については、集落ごとの権限を慣習的に認め、実際的な漁場の使用については、集落の管理のもと個人使用を慣習的に認める形で行われてきた。すなわち、集落ごとに人々が共同で川を利用する社会システムがあり、基本的にムラ＝集落がサケ漁を管理していたのである。そして、一九八〇年代初頭まで、すべての集落が漁場を個々の集落の構成員に分配するために入札を行い、その落札金は一九七〇年代までは集落に還元されていた。まさに、大川のサケ漁は集落の財産であり、資源の管理からその収益の分配を含めて、その形態はリジッドなコモンズということができる。

四、サケ資源をめぐる地域の争い

十七世紀初頭、大川は「組中一統海川共入会」となっていた。この時点で決められた入会形態が、在地的な慣習の追認か、支配による新規政策か定かではないが、大川において入会という共的な資源利用のあり方は、遅くとも江戸時代のごく早い時期に成立していたことは確かなようである。ただし、その共的あり方は、今の大川で見られるような、ムラ＝集落（近世でいえば村）を基盤とするものではなく、もう少し大きな単位である組を基盤としたものであった。すなわち、この入会は組という「地域」の入会なのである。しかし、その後、時代が下って十八世紀初頭になると、サケ漁の管理が徐々に村へと移行され、その結果、村々が自分たちの村の領域としてサケをめぐる川を意識し、排他的に囲い込む意識が、確固たるものへと変化していった。それは、十八世紀中頃のサケ漁場をめぐる村々の争論からも理解できる。

一七四五年（延享二）に、堀之内村と大谷沢村という大川中流域で川争いが勃発した。その年の十二月、大谷沢村は、隣村の堀之内村が自村の漁場を侵害していると御役所へ訴え出た。役所は、とりあえず近在の府屋町と小俣村（大川の上流、小俣組の一村）の庄屋に対し、仲介して「内證」、「内済」で処理することを命じた。つまり、表沙汰にしないで内々でことを収めよ、支配者の訴訟にもちこまずに和解させよ、ということである。翌一七四六年、仲裁の庄屋たちと大谷沢、堀之内両村の庄屋たちが立ち会いのもと実況を見分し、解決策が話し合われた。結果、「旧例」通りの境を確認し、そこに「境塚」を築き、以後この境界を遵守する旨、証文を取り交わしている。近隣有力者の仲介と、当事者同士の話し合いで、延享の川争いはどうにか収まったのである。そして、一七四八年（寛延元）には、この「境塚」に合わせて杭まで打ち立てて念押ししている。

このような村による漁場の境界意識、それによる排他的なサケ資源の囲い込みは、この地の人々の生活のなかでサケ資源への依存度が高められ、サケ資源の利用が活発化したことを意味する。それは、できるだけたくさんのサケを捕りたいという人々の合理的欲求のあらわれともいえる。当然、そのような欲求は、サケ資源を過度に利用するという過剰利用を生じさせてしまう。延享の川争いの二十年後、一七六五年（明和二）に、大川流域村落は「明和の取り決め書き」というサケ漁のルールを制定した。それは漁法や漁期など事細かく規定したもので、コモンズの利用を維持するための管理を明確にしている。しかし、それは豊富な資源を管理するために作られたルールではなく、枯渇寸前の危機的資源状況を打開するために勘案されたルールであった。その「明和の取り決め書」には、二十年ほど前、すなわち延享の川争いが起こった頃には、サケの乱獲が進み、サケの遡上が激減した旨が書かれている。そのため、大川流域の人々は、そのような資源枯渇の危機的状況を打開するためにサケ漁の管理に取り組み始めたのである。この地では、それくらいサケへの経済的な依存度が高まっていたといえる。

この取り決めがなされて十数年後の一七八二年（天明二）に、川争いが再燃した。そして、それは先の延享の川争いより一段とエスカレートしている。一七八二年十月一日。大谷沢では四カ所にコドという漁具を仕掛けていた。ところが、堀之内村の百姓が、大谷沢村の百姓代の家へ押しかけ、大谷沢村が仕掛けていたコドが川へあまりに出過ぎていると咎め立て、それを引き詰めるように要求してきた。

さらに、十月五日。堀之内の者が、また百姓代の家へやってきて、やはりコドを引くように要求した。しかし、大谷沢村としても、そう簡単に要求を飲むわけにはいかない。百姓代は、「村方のコドは、鮭川役を定納してやっていることなので要求は飲めぬ。庄屋共々村方で相談し、返答する」と応じたところ、堀之内の者は村へ戻らず、それればかりか堀之内村の男女村中のものが徒党を組んでやってきて、大谷沢村との境を越えてコドを敷設し、さらに「川除普請」と称して大谷沢村のコドを残らず破壊し、漁具を強奪してしまうという行状におよんだ。大谷沢村は抗議したが、堀之内村側はこれには応じなかった。あまりにも大勢のものが出てきていたため、一触即発「打擲《ちょうちゃく》（殴り合い）」になりそうな状態にまで高まったという。

大谷沢村は混乱を収めるため、とりあえず一時引いて、早速、組内の他の庄屋たちに堀之内村の理不尽の始末を頼んだ。近在の庄屋たちは堀之内村に対し、元の通りコドを仕直して、以前の通り境界を守るように申し聞かせたけれども、堀之内村は納得しない。それで、前回、延享の川争いの時に仲裁に入って、ことをうまく収めてくれた府屋町と小俣村という有力庄屋に頼んだけれども、やはり、堀之内村は内済に応じなかった。

その頃の、サケの漁期は僅か六十日と決められていたようで、このような混乱のため、サケ漁がまったく行えないという状態であった。この時期の両村の確執はかなりのものであったらしい。ことはさらに発展し、川境出入りの一カ月後の十一月十二日、またもや堀之内村の者どもが大谷沢地内に大挙して押し寄せている。今度は、彼ら彼女らは、「前川原」というところにあった麦畑を、打ち起こし荒らしてしまおうとした。大谷沢村は、麦は年貢畑作物なので荒らされては困る、まずは話し合おうと止めたが、堀之内村側は耳を貸さない。ついに、麦畑は打ち荒らされてしまった。

結局、地域で収拾できなくなった問題を、大谷沢村は御役所へ訴え出る他はなかった。延享の川争いには内済という形で、内輪で穏便に解決するという地域の裁定が力をもっていたのに対し、天明の川争いではその裁定は効力をもたなかったのである。延享年間から三十年ほどの年月が経っているとはいえ、その時の争いと内済の約束事を両者が忘れたことなどあろうはずもない。事実、大谷沢村からの訴状には、先年、証文を取り交わして決めた川を「境塚」で画定したことが、はっきりと記してある。そういう事実を反古にしてまで相争う特別な理由が、ここにはあったと考えるべきであろう。

五、コモンズを環境史から理解する可能性

このようなサケ資源の枯渇現象とその資源をめぐる競争の激化、さらに自村の利益を排他的に確保する動きと管理の活発化——コモンズ管理の強化といって良い——には、この時期の天候不順にともなう社会経済的状況が、直接的、間接的に影響を与えた可能性がある。延享の川争いから「明和の取り決め書き」、そして天明の川争いに至るまでの三十数年間は、日本の北部において天候が不順であり、それにともなう飢饉が多発した時期である。たとえば、一七五五年（宝暦五）から翌年にかけて、冷害に起因する凶作が引き金となり、かつ全国市場従属型の市場経済に翻弄されて、東北地方を中心に飢饉が勃発したことを近世史は明らかにしている。「宝五の飢饉」とも称されるこの災禍は、ところによっては天明、天保の大飢饉よりも深刻を極めたという。[7] また、「天明の飢饉」は、大川の天明の川争いが起こった翌年、一七八三年（天明三）夏の浅間山の噴火が主要因とされているが、実際はすでに一七八二年には東北地方の各所で冷害による飢饉が頻発していた。当時、そのような天候の悪化と、そして稲作中心主義と市場経済の浸透、さらにそれを誘引した失政により、地域住民の生活は大きなリスクを増大させたのである。そのリスクを軽減するために、地域の環境下においてより適合的な在地の自然資源へ依存す

る割合が高まった可能性がある。そして、その依存度の高まりが資源の過剰利用を誘発し、地域に軋轢や葛藤を生み出した。そのような状況を緩和したり解決したりするために、共的な自治システムの単位として構成されたムラを基盤とするルールや管理機構（CBRM）＝コモンズ管理が強化され、精緻化された可能性がある。

残念なことに、大川流域にはこの時代の天候の影響を示す直接の史料がないので推測の域を出ないが、同時代的に日本の東北部でサケ資源の保全システムが生成されていることは、その傍証程度にはなるであろう。たとえば、一七四九年（寛延二）には盛岡藩津軽石川で、「瀬川仕方」という資源保全のルールが定められ、サケの産卵活動を維持するための操業時間制限、夜間漁の禁止などが開始された。また、一七八〇～九〇年代にかけて、大川の南を流れる村上藩三面川では、禁漁区を設定しサケの再生産を行う「種川制度」という世界屈指の先駆的な資源管理制度が開始された。これらの資源管理制度は、一義的にはサケの市場価値の増大にともなう生産の拡大を目論んだものであろうが、そのようなストラテジーを採用可能としたのは、経済の中心を占める生産物であった稲とサケとが反対の特性を有し、稲の補完的、あるいは経済のセーフティー・バルブ的な役割を、サケが果たし得たことと無縁ではなかろう。

理想的なコモンズの利用や管理として世界的に注目される日本の共的世界の生成と精緻化は、政治や経済、社会の時代的特性とともに、そのようなある時代の自然環境の特性や、自然資源の特性を含んで理解すべき問題なのである。

注

（1）杉原弘恭「日本のコモンズ「入会」」（宇沢弘文・茂木愛一郎編『社会的共通資本――コモンズと都市――』東京大学出版会、一九九四年）一〇一―一二六頁。

（2）渡辺尚志「近世土地所有の特質」（渡辺尚志・五味史彦編『土地所有史』山川出版社、二〇〇二年）二四九―二五〇頁。
（3）前掲注2渡辺論文、二五二頁。
（4）菊池勇夫『近世の飢饉』（吉川弘文館、一九九七年）四九―六〇頁。
（5）市川健夫『日本のサケ――その文化誌と漁――』（日本放送出版協会、一九七七年）一七頁。
（6）菅豊『川は誰のものか』（吉川弘文館、二〇〇六年）。
（7）前掲注4菊池著書、一二六頁。

◉日本

棚田と水資源を活用した楠木正成

海老澤衷

日本列島は、短期間ながら季節性の降雨があり、稲作が可能で、モンスーン地帯として位置づけられる。南北朝期に活躍した楠木正成という武将をとりあげ、従来看過されてきた水資源の活用と棚田の開発およびそれらと合戦との関係について考え、インドネシア・バリ島のライステラスとの比較を行いながら、環境を重視したその姿勢を明らかにする。

はじめに

東アジアから太平洋の島嶼《とうしょ》のいわゆるモンスーン地帯には、斜面上に棚田が広く展開している。棚田とは斜度二十分の一以上の斜面に造成された水田のことで、日本においては、「棚田」という語彙が建武年間（一三三四〜一三三八）に出現したことが最近の研究で明らかにされた[1]。日本史の教科書を開くと鎌倉時代と南北朝時代の境目に「建武の新政」と呼ばれる時期があり、ここでは後醍醐天皇という異彩を放つ天皇の存在が知られている。その後醍醐天皇に忠義を尽くした人物として楠木正成がいる。この時代を描いた『太平記』にはその活躍が筆を尽くして記述され、「太平記読み」の盛んであった江戸時代には、彼は物語中の最大のヒーローであった。近代に入って、皇居前に高村光雲の制作による巨大な正成像が建てられたように、戦前において忠君愛国の士として顕彰され、戦後には一転して中世の歴史を揺り動かした悪党の象徴として扱われるようになった。さらに網野善彦氏により非農業民論が提唱されると、その面の活動が脚光を浴びることとなったのである。(2) このように楠木正成は長い時代に渡って日本人の心性に生き続けてきたが、実は彼が地域の環境を最大限に活用した人物であったことは意外に知られていない。本稿では、棚田と水資源という視点からこの問題に迫りたい。

一、金剛山麓の水資源と棚田

尾根上分岐型水路による灌漑

楠木正成が拠点としたのは河内国金剛山の峯々が連なる地で、現在の大阪府南部、千早赤阪村の一帯であった。この地は、観心寺など平安期に遡る旧跡があるが、それとともに注目されることは、大阪府周辺でも数少なくなった広大な棚田地帯として知られ、農林水産省が指定した棚田百選の地に挙げられていることである。富田林市にもまたがる棚田群は金剛山の支峰が張り出して作られた台地の縁に沿って広がり、現在でも等高線そのままの曲線がある畦畔が幾重にも連なっている。その灌漑は、通常の日本の棚田に多い天水灌漑もあるが、主たる水源は楠木正成の立て籠もった城郭として名高い千早城の麓を流れる千早川に拠っている。この千早川の急流に作られた井堰から引水された用水はやがて尾根上にあがり、そこから各棚田に配分されている。日本の旧来の水田灌漑施設を見ると溜池によるものが多いが、ここでは井堰《いぜき》・水路灌漑が中心であり、取水口から一キロメートル前後ほぼ水平に近い角度で進み、尾根の最頂部に達して、そこで分水し、尾根の頂上部にある水田を灌漑しつつ

写真１（上）　尾根上に展開する下赤阪の棚田
写真２（下）　バリ島のジャテルイの棚田

下る水路と尾根を越えて裏側の斜面にある棚田を潤す水路に分岐する。尾根上の水路はさらに分岐を繰り返してやがて平坦地に達するもので、日本では珍しい灌漑形態である。[3] このような尾根上分岐型と呼ぶべき水路灌漑は、インドネシア・バリ島ではしばしば見られるものであり、以下若干の比較を行ってみよう（写真1・2）。

バリ島の灌漑との共通点

インドネシア・バリ島は、ヒンドゥー教に基づく「神々の島」として知られるが、火山性の傾斜面には多くの棚田が見られる。火山のカルデラ湖に発する伏流水が中腹の地上部に豊富な湧水となって現れ、そこにヒンドゥー寺院が祀られる。これを出発点として各尾根上に向かう水路が展開している。さらに分岐を繰り返して付近の水田を灌漑し、尾根上を進んでいくのであるが、谷が深く刻まれているため、水路は長大なものとなり、テラオガンと呼ばれるトンネル水路が発達している。千早川の水が尾根上に運ばれる千早赤阪地域の棚田を見ていると、このようなバリ島の水路に思いが及ぶが、バリ島の場合には、スバックと呼ばれる水路ごとの水利組合が発達していて、日本の中世にあたる時代には既に存在していたことが知られる。(4)アメリカの著名な文化人類学者であるクリフォード・ギアツは『ヌガラ――十九世紀バリの劇場国家――』において、ヌガラの基盤に棚田があることを明らかにし、参加するすべての農民に平等な水利組織であるスバックを高く評価して、バリ島村落の自治の伝統に注目した。ここでは、網の目のようにはりめぐらされた水路に安定的な農耕主体の村落の基盤を見いだしているが、千早川の水路にも歴史的な価値を見いだすべきであろう。ただし、千早赤阪地域の場合、中世に遡れば村落共同体の力と言うよりは地域の卓越した在地領主の力によるところが大きいものであり、この点でギアツの描いたバリ島とは異なる。(5)

二、史跡赤阪城の周辺

『太平記』が語る赤坂の城

一三三一年八月、後醍醐天皇が笠置山に行幸して元弘の乱が開始され、天皇自身は程なく身柄を拘束されて隠岐の島に流されることになるが、およそ一一〇年前に起きた承久の乱と相違して、「主上御謀反」はこれで終熄《しゅうそく》せず、南北朝の激動期を迎えることとなるのである。日野俊基など後醍醐天皇の有能な側近が畿内近国の武士に働きかけていたのが功を奏して、(6)反幕府の蜂起が相次いだ。特に河内国金剛山の麓を活動舞台としていた楠木正成は、居館のあった水分の地にほど近い丘陵地に城郭を築いて大規模に動員した幕府軍を相手に、さまざまな奇策を用いて戦った。四十巻に及ぶ『太平記』の中でも最も躍動的な記述として知られる所である。釣塀や熱湯が

写真３　史跡赤坂城東斜面の棚田

けなどの奮戦ぶりは、ここではひとまず置くとして、赤坂城の環境に注目してみたい。周囲の山に配置された楠木軍の騎馬兵による不意打ちの後、態勢を立て直して立ち向かった幕府軍の眼から赤坂城は次のように記述されている（写真3）。

彼赤坂ノ城ト申ハ、東一方コソ山田ノ畔重々ニ高シテ、少シ難所ノ様ナレ、三方ハ皆　平地ニ続キタルヲ、

東の方向だけが幾重にも山田の畦畔が高くなっていて難所となっているが、他の三方は平地であるというのである。現在、赤坂城の史跡指定地（史跡名称は「赤坂城」）の東側は、千早川によって深く浸食され、その斜面上に棚田が何段にも形成されている。「棚田」の語彙は建武年間の検注帳に記されているが、[7] それ以前には「山田」の中に包摂されていたものと考えられる。この東斜面だけが難所だと目されたが、他の三方は平地とみなされていた。

水分の居館を取りまく環境

この地は、南から北に向かって樹枝状に丘陵が伸びており、丘陵の頂部は比較的平坦である。最も深いのが東斜面の谷であるが、西斜面も佐備川に注ぐ支流によって谷が切り込まれており、『太平記』の記述は、自然環境にそぐわないようにも見えるが、当初の赤坂城は比較的な平坦な尾根の全面に及ぶものではなく、東斜面に偏った立地であったと考えられる（図1）。

ところで、この城の眼下には、楠木氏の居館が存在した。ここは、楠木正成が生まれ育ったと伝えられる「楠公誕生地」の一角で、「歴史の丘公園」の整備にともなって発掘調査が行われたところである。[8] 二重の堀で囲まれた鎌倉時代から南北朝時代の館跡であることが確認され、まさに楠木正成が生きた時代の平時の居館であったことが判明した。正成は一三三一年夏の段階で、館の背後に展開する棚田の頂上部に急遽城郭を築いたと考えられ、幕府軍の目には貧弱な城郭と映ったのである。現在大字水分《すいぶん》と呼ばれるこの地は千早川に水越川が合流するところで、付近には建水分《たけみくまり》神社が存在する。『延喜式神名帳』に見えるいわゆる式内社であるが、社伝ではさらに遡り、崇神天皇五年に諸国が飢えた際、池溝を掘らせて農業を勧め、金剛山の一支脈の山麓に水の神を祀ったのがその創始であるとする。[9] この神社は、楠木正成の建立といわれる本殿を有するが、春日造りの中殿と流造りの左右両殿を渡り廊で連結させるという特徴のある建造物で、重要文化

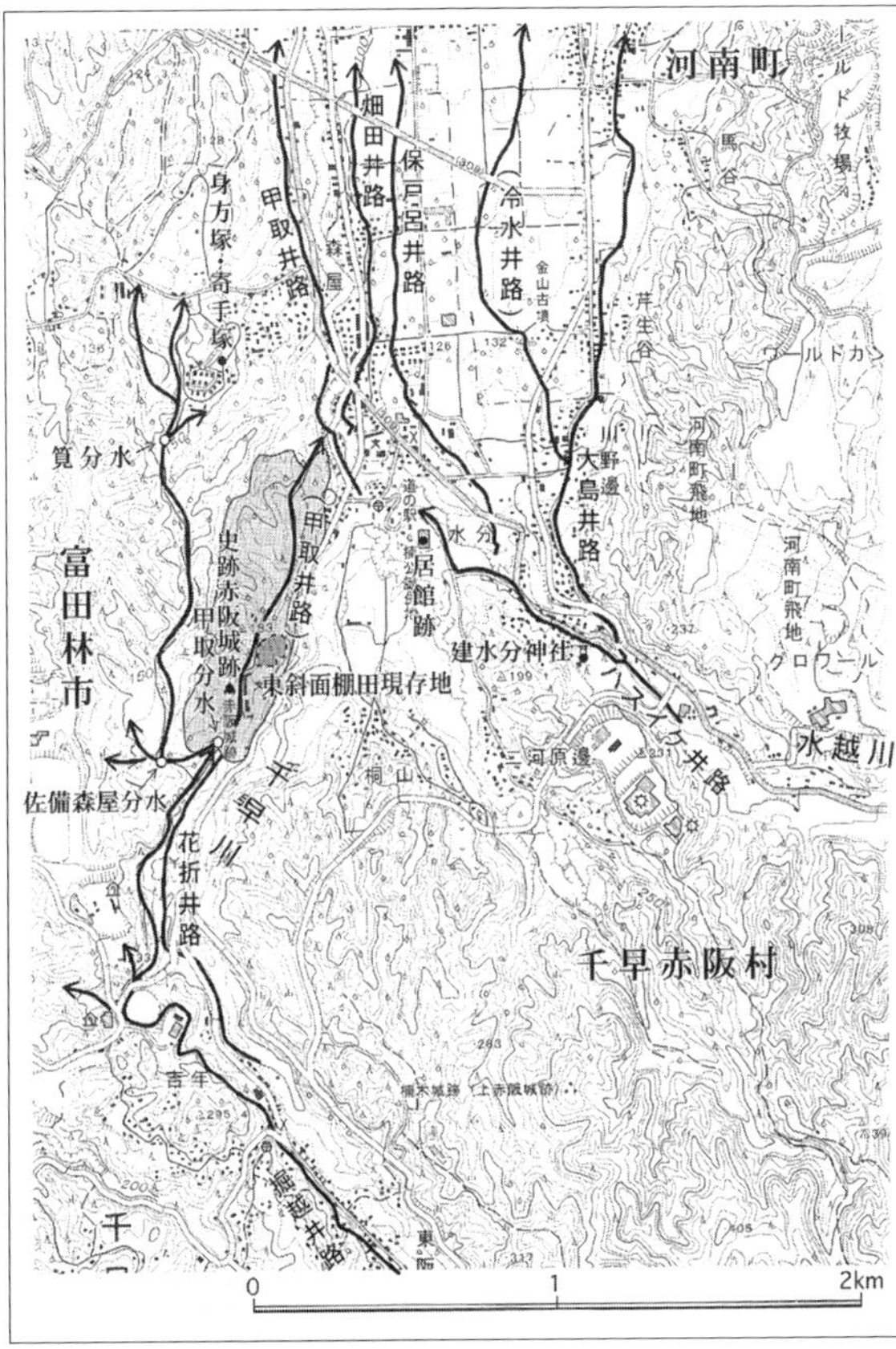

図１　史跡赤阪城周辺の灌漑

財に指定されている。

三、水の信仰と水路の開削

建水分神社の信仰と大島井路

和泉大樹氏の「金剛山麓における「水」をめぐる歴史的展開」[10]によれば、建武年間以前に建水分神社が存在したと推定される「下の宮」の地の近くには、大島水路と呼ばれる河南台地を広く灌漑する井堰が存在する。同様に、水越川に発して河南台地を潤す水路には畑田井路、保戸呂井路などがあり、これらの水路の淵源は、古墳時代中期後半に遡る可能性があると推定されている。さらに河南台地の条里地割りと併走する八世紀代のものと推定される溝も検出されており、建水分神社は古墳時代から古代全般にわたって河南台地に水資源を供給する神として信仰されたものであることがわかる。このような信仰は近世から近現代に至っても強固に維持されており、秋の収穫祭には河南台地一帯に広がる十八ヶ村の楽車が二つの川の合流点にほど近い御旅所に集合し、「にわか」が奉納される。このような水資源供給地としての長い伝統の中で、楠木正成の果たした役割を考える必要があろう。建水分神社の再建に尽くした彼の功績を考えれば、渇水期に河南台地一帯で水争いが起こったときにはその調停にあたったであろうことが容易に察せられるし、日野俊基が畿内を巡行していた後醍醐天皇親政期（一三一八〜一三三一年）には楠木正成がこの地にあって祭祀を執行していたのであろう。しかし、古代からの伝統を受け継ぐこれらの任務は彼にとって必ずしも最大の関心事ではなかった。

千早川花折井路の開発

史跡赤阪城の東斜面の棚田群に用水を供給しているのは、花折井路と呼ばれる水路で、千早川を一・五キロメートルほど遡った地点で引水されている。急傾斜の谷あいの堰で引水された水は斜面を登るようにして、史跡赤阪城の南端の甲取分水付近で尾根上に達し、そこから棚田に配水されている。さらに上流から引水された堀越井路は尾根を越して富田林市の佐備川流域に達し、広く棚田群を灌漑する一方で、尾根上を下って甲取分水に入り、そこから佐備森屋分水に向かう。このように千早川系の水路は丘陵の尾根に達し、広く配水されている点に特徴がある。現在の花折井路にあたる水路が楠木正成の時代に存在し、それを維持管理していたと考えない限り、史跡赤阪城の東斜面の棚田群の開発は想定できないのである（写真3）。

楠木正成にとって居館および建水分神社周辺から河南台地への用水供給は既に長い伝統に裏付けられたものであり、彼が独占的に管理するものでもなかったのであろう。それに対して赤坂城が設けられた丘陵地は、未開発の空間が広く残されており、しかも彼が直接的に水の管理を行うところであった。水と土地に対する独占的な支配権がなければ、その地に城郭を築くことなどできるものではない。ここに領主支配と棚田と城郭との新たな関係が浮かび上がってくる。

四、赤坂城の水の手工事と水利技術

第二次攻防戦における赤坂城

一三三一年秋、二十日余りの戦いの後、赤坂城は陥落した。いったん行方を眩ました楠木正成は翌年には勢力を盛り返し、赤坂城を奪還する。天王寺周辺まで攻勢に出る状況となり、再び幕府は大軍を派遣することになる。

正成は赤坂城のみならず背後に詰城の千早城を築いて対抗した。一三三三年に至り、本格的な攻城戦が開始されるが、正成は一年以上にわたって河内・和泉の二ヶ国を実力で支配したため、十分な備えができた。『太平記』における赤坂城の記述も一変する。

此城三方ハ岸高シテ、屏風ヲ立テタルガ如シ。南ノ方許コソ平地ニ継ヒテ、堀ヲ広ク深ク掘切テ、岸ノ額ニ屛ヲ塗リ、其上ニ櫓ヲ掻キ双ベタレバ、如何ナル大力早態ナリトモ、輒ク可責様ゾナキ。

一見すると、第一攻防戦の時とは、場所が大きく変化した印象を受ける。以前は三方が平地であったのに、今回は三方が高い切り岸だというのである。先行研究の多くは第二次攻防戦の地を現在も明瞭な遺構が残る上赤坂城であるとする。筆者も旧稿[11]では上赤坂城説にしたがって考察してみた。しかし、「南ノ方許コソ平地ニ続ヒテ、堀ヲ広ク深ク掘リ切テ」と表現されており、「山遠ク隔レリ」という表現もあって上赤坂城の遺構とは合致しないのである。南に平坦地があって、大規模な堀を掘ったとあることからすれば、山中深く入った所ではない。むしろ、第一次攻防戦と同じ場所において丘陵地の北と西に大きく拡大して造成した結果、急斜面に切り岸を構築することになったと考えるべきであろう。[12]

暗渠水路・ポンプ・サイフォン

幕府軍は、城攻めにとりかかるが、矢軍《やいくさ》でも劣勢に立たされる状況であった。十分に準備の整った楠木軍に手を焼いた幕府軍の大将に次のように進言する者があった。

此城三方ハ谷深シテ地ニ不継、一方ハ平地ニテ而モ山遠ク隔テリ。サレバ何クニ水可有トモ見ヘヌニ、火矢ヲ射レバ水弾ニテ打消候。近来ハ雨ノ降ル事モ候ハヌニ、是程マデ卓散ニ候ハ、如何様南ノ山ノ奥ヨリ、地ノ底ニ樋ヲ伏テ、城中ヘ水ヲ懸入ルルカト覚候。哀人夫ヲ集メテ、山ノ腰ヲ堀リキラセテ、御覧候ヘカシ。

楠木軍は「水弾《みずはじき》」を用いて火矢の延焼を食い止め、降雨もないのに水が切れないというのである。「水弾」はポンプのことであり、竹筒を使った簡単なものであろうが、手桶などよりはよほど効率的に消火作業ができた。これほど水が豊富なのは伏せ樋をしているに違いないので、山の腰を掘りきってみてはどうかと提案したのである。攻め手の大将はこれを受け入れ、城に連続する山の尾根を掘りきったところ、次のように暗渠水路を発見した。

土ノ底ニ二丈余リノ下ニ樋ヲ伏セテ、側ニ石ヲ畳ミ、上ニ真木ノ瓦ヲ覆テ、水ヲ十町余ノ外ヨリゾ懸タリケル。此揚水ヲ被止テ後、

深さ四メートルほどの地中に石を立て、槙の板で密封した樋が埋め込まれていたのである。このような工事が一キロメートル以上にわたって施されていたが、『太平記』の作者はこれを「揚水《あげみず》」と呼んでいる。南側には大きな掘切があり、この伏せ樋は、その下を通過して城内地下に通じ、サイフォン効果で、地上に揚げられていたものと考えられる。

狭山池の暗渠水路とマブ水路、バリ島のテラオガン

このように、楠木正成は暗渠水路を実に巧みに築造していたことがわかるが、実は河内国には、これに先行する暗渠水路の存在が知られているのである。それが赤坂城から西に七キロメートル程度の距離にある狭山池の堤に作られた暗渠水路である。狭山池は飛鳥時代に築造された巨大な用水池であり、奈良時代には行基が改修、さらに鎌倉時代には、東大寺を再建した重源が堤を大規模に修築している。その際、高野槙による長大な木樋を埋設するが、重源は古墳の巨石を再利用して側面を補強していたことが知られる。また蓋には上質の木材を瓦状に並べていた。これらの技術が、楠木氏周辺にも及んでいたため、すぐに実践できたのであろう。狭山池の堤の場

写真4　バリ島のテラオガン（カランガスム県バサンアラス村）

合には、揚げ水の必要はなく、また底面に近い配水路は高い水圧に耐えられる構造になっていた。以上のような水利技術が城郭の形成の中で本格的に生かされることとなったのである。もともと、棚田を灌漑するため尾根上に揚げた水路に大幅な改変を加え、暗渠水路に造り替えて新たな攻防戦に備えたのであった。

前述のように、バリ島には多くの棚田（ライステラス）があり、それらは長大な水路によって灌漑されている。テラオガンと呼ばれるトンネルがしばしば見られる（写真4）。日本においては、鉱山による採掘が発展した戦国時代になって鉱道であるマブを掘る技術が水利灌漑にも用いられるようになり、広くマブ水路の出現を見る。マブ水路はトンネルを掘削していくものであるが、畿内においてはそれとは別の系譜に属する暗渠水路が鎌倉時代に用水池の築造とともに普及していったのである。

おわりに

日本はアジアのモンスーン地帯に属するが、雨期はきわめて短い。そのため、水田耕作を広く展開するためには多くの溜池を築造しなければならなかった。対照的にインドネシアのバリ島では、日本と同様な火山性の島でありながら、溜池は築造されず、もっぱらトンネルを伴う長大な水路によって水田（特に棚田）の灌漑が行われた。しかし、日本においても特段に水資源に恵まれたところであれば、長大な水路によって早くから棚田が開かれたところも存在した。南河内の金剛山の山麓はそのような特性を有するところで、灌漑の形態は、尾根上分岐型水路方式と呼ぶべきものであり、日本では事例が少ないものとなっている。尾根上に引かれた水路により灌漑された棚田は史跡赤阪城の東斜面にも展開し、現代に至るまで貴重な景観を見せている。鎌倉時代末期、この地を支配した楠木正成は豊富な水資源を一つの拠り所として勢力を拡大し、後醍醐天皇の呼びかけに応じて棚田地域に城郭を築き、鎌倉幕府打倒の狼煙を上げ、粘り強く戦った後、ついに目的を達成することとなった。その過程で長大な暗渠水路を造築するなど、環境に応じた技術の開発が日本城郭史の起点として検討すべき問題を提供している。

注

（1）高木徳郎「棚田の初見史料について」（『日本の原風景・棚田』七号、二〇〇六年）。

（2）楠木正成の研究は、それ自体が日本近代の歴史と密接に結びついており、きわめて興味深いものがある。拙稿「山田ノ畔、重々ニ高シテ——水田農耕社会から見た楠木正成——」（『懸樋抄』二〇〇八年）の注（1）で触れたところであるが、ここでさらに補っておきたい。楠木正成像を実証的に追究された佐藤進一氏は、『日本の歴史九　南北朝の動乱』（中央公論社、一九六五年）において、建武新政の謳歌者の一人として、正成を取り上げ、次のような見解を示している。「楠木正成はさっぱり正体のわからない人物である。」とした上で、永仁三年播磨国大部荘百姓の訴状に「楠河内入道」が見え、これがおそらく父祖もしくはその一族であろうと推定する。さらに正慶元年頃に和泉国若松荘に「悪党楠木兵衛尉」が押し入ったという風聞があったことをあげ、中村直勝氏の辰砂採掘者説と林屋辰三郎氏の散所長者説を紹介している。後醍醐天皇が隠岐から脱出する際に貢献のあった名和長年について、その帆掛け船をかたどった笠験（かさじるし）に注目し、海上交通の従事者であることを指摘しており、後に網野善彦氏が展開した楠木正成に関する非農業民論の骨格は、佐藤氏によってすでに形づくられていたことがわかる。楠木氏の出自については、『尊卑分脈』以下の系図で橘諸兄流が示されているが、東国武士団説があり、海津一朗氏の『楠木正成と悪党——南北朝時代を読み直す——』（ちくま新書一八五、一九九九年）では武蔵武士↓得宗被官↓河内国来住が説かれている。

（3）類似の水路方式として、尾根越え型と呼ぶべきものがある。これは、急流の取水口で引水され、尾根の最頂部に達した後、尾根の向こう側に更に水路が続き、裏側の山麓近くの水田を灌漑するものである。つまり、尾根の最頂部付近には水田が形成されていないもので、この方が一般的である。紀伊国桛田荘を灌漑する文覚井はこの尾根越え型水路の典型である。

（4）インドネシア・バリ州タバナン県にあるスバック博物館の展示による。

（5）『ヌガラ』によれば、十九世紀のバリの村落には王家に仕える者はいても、その存在は各農民を人身的に支配する者ではなかった。ここの農民は、王による演劇的な政治の手助けに動員されることはあっても国家が課した重労働に身を投じることはなかったのである。

（6）現在の大字水分《すいぶん》。千早川と水越川の合流点で、式内社の建水分《たけみくまり》神社が鎮座し、楠木氏の居館跡がある。

（7）前掲注1高木論文参照。

（8）『誕生地遺跡発掘調査概要1』（千早赤阪村教育委員会、一九九五年）。この後、さらに周辺の発掘調査が行われ、概要Ⅱ〜Ⅳが刊行されている。

（9）『千早赤阪村立郷土資料館図録1　建水分神社の文化財』（千早赤阪村教育委員会、二〇〇六年）。

（10）前掲注9掲載論文。

（11）前掲注2参照。

（12）「楠木合戦注文」（尊経閣本）によれば「楠木本城」と「楠木爪城金剛山千早城」に分かれて合戦が行われている。前者は、居館に近く、大規模に改造された赤坂城を指すのであろう。

◉日本

環境史からみた中世の開始と終焉

高橋　学

これまで、先史時代はともかく歴史時代に関して、自然環境の研究は極めて少なかった。また、歴史時代の自然環境にふれる場合にも、現在、自然科学の分野では、気候変動とは直接関わらないとみなされているフェアブリッジの海水準変動曲線が利用されてきた。ここでは、環境考古学の方法を用いて、中世の自然環境の変化と人間活動との関わりについて検討する。

はじめに

自然環境は、先史・原史時代はもとより歴史時代、そして現在でも変化しつつある。しかし、このことは、今まで多くの歴史家の考えの外に置かれてきた。これに対し、筆者は環境史・土地開発史・災害史をひとつの視野に入れ、その関わりについて検討する必要があると考えている。研究対象は過去にあるが、研究の目的は、現在や未来を志向している。日本の中世の環境変化も、当時の都市や郊外の土地利用や災害に大きな影響を持っていた。黒田日出男、戸田芳美、網野善彦らが注目した中世の土地開発に関わる諸現象は、当時の環境を復原してみると、極めて理解しやすい。

こうした環境の復元が現在にもつ意味については、例えば現氾濫原面（河原）が、一九三八年の阪神大水害の被害の集中地区と密接に関わっていたことや、一九九五年の兵庫県南部地震（阪神・淡路大震災）で、神戸市役所や神戸新聞社ビル、阪急三宮駅ビル、日本生命ビルなどの倒壊が旧生田川の現氾濫原面に集中したことで示されている。

一、中世以前の地形環境と土地利用

縄文時代末以降、沖積平野は常に微起伏に富んでいた。このため、土地利用は微地形の影響を受け、微高地は集落や墓、あるいは畠などに利用されてきた。他方、自然堤防の末端や旧河道あるいは潟湖などを起源とした後背湿地には、水田が拓かれたのである。多くの場合、水田は灌漑のために畦畔で区画された内部が水平に保てるように、狭く微地形に合わせて区画されていた。ところが、古墳時代後期から古代にかけて、河川は小規模な洪水をおこすだけで、大規模な洪水を起こさなかったため、後背湿地の埋積が進行し、平野が平坦になった。そこに導入されたのが、条里型土地割であった。この時期は、土地が単に平坦であっただけでなく、河床が比較的高かったために河川灌漑は容易であったし、さらに、気温も相対的に温暖であったと考えられており、水田を開発するという点では、良い条件がそろっていた。

ただし、日本海に面した佐賀県唐津市の梅白遺跡などでは、弥生時代に水田開発された潟湖が、古墳時代に再びヨシの繁茂する湿地へと戻ってしまったことが発掘で判明している。そして、その後、再び水田が拓かれたのは、条里型土地割の時期であった。梅白遺跡の付近には、弥生時代の遺跡として著名な宇木汲田遺跡などがあるものの、古墳時代になると大規模な古墳は存在しなくなった。これについて、畿内との政治闘争の結果北部九州が権力を失ったためと考えられてきた。しかしながら、環境考古学の視点からは、海水準が上昇して、水田を放棄する結果となったことが、この地域の衰退の直接的な原因であると考えられた。なお、日本海側には、類似の遺跡が幾つかあり、水田の荒野化に関して、時期や原因などの比較検討が必要である。

また、奈良盆地などでは、条里型土地割の施工時期を十二世紀以降とする考古学の見解がある。(1) しかし、これには、最も新しい遺物によって地表面が埋もれた時代を推定するしかない考古学の方法的限界が大きく関与している。すなわち、条里型土地割が施工された直後に洪水や火山灰などによって埋積されない限り、開発された時期を知ることは難しい。安定した水田では、地表面から新しい時代の物質(遺物)が混じりこむ。たとえば、古代に開発された水田に、現在のトラクターの部品が混じりこむことすら、ありえないことではないのである。しかしながら、考古学の基本に則る限り、トラクターの部品が出土する水田耕土は、現在のものと判断されてしまう。他方、しばしば洪水の被害を受けるようなところでは、旧地表面の埋没した時期を限定できる可能性があるものの、そのような場所に安定した条里型土地割の水田が営まれたとは考えにくいのである。

二、中世都市の河床変動と土地利用の変化

十世紀末〜十二世紀の初頭になると、河床が数メートル以上低下し、それに伴い地形環境の変化が生じた(図1)。たとえば、平安京の崖の上にあたる地域(完新世段丘Ⅱ面)では、左京域に洪水が生じにくくなり、邸宅の右京から左京への集中がみられるようになったのである。藤原忠平の「貞信公記」に記された九三八年の洪水や、慶滋保胤が「池亭記」に綴った九八二年に平安京の一部を襲った鴨川の洪水は、この河床低下以前のできごとで

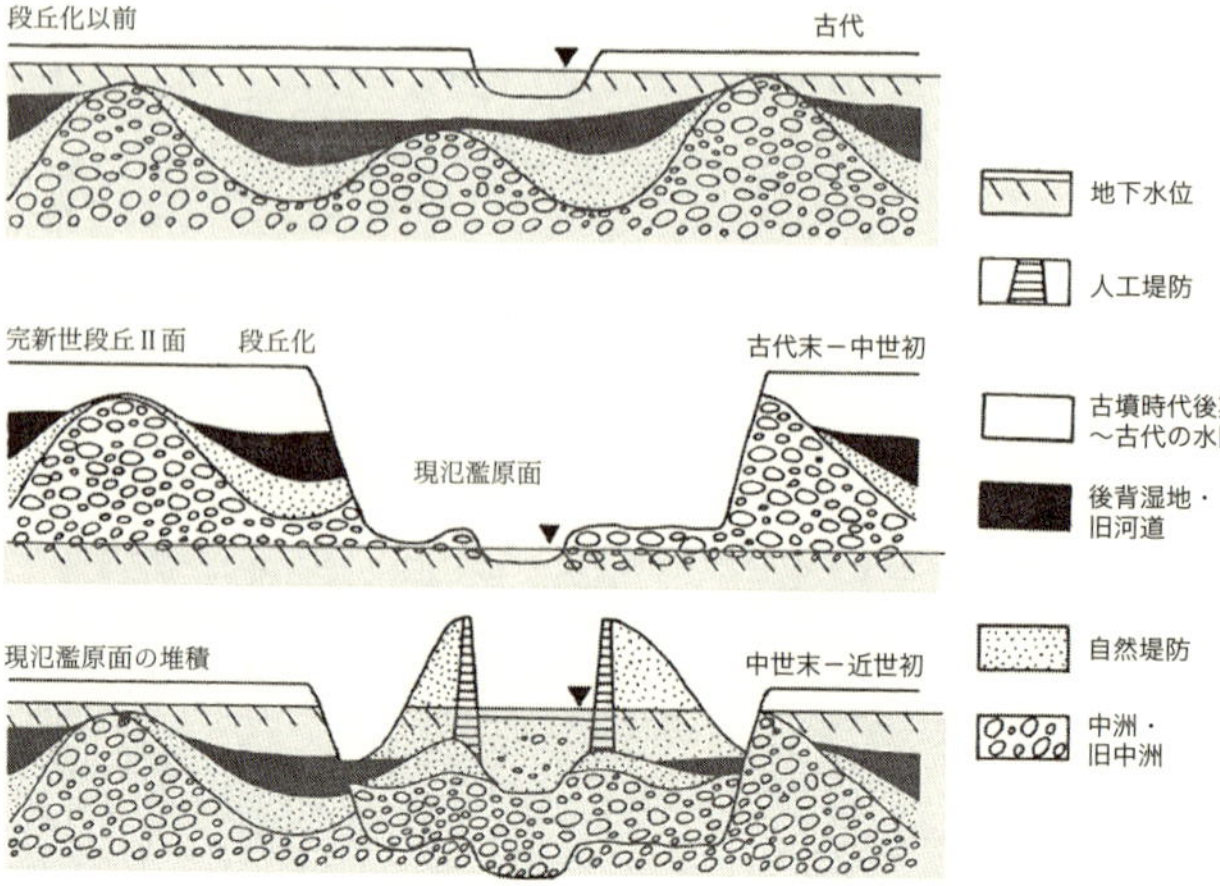

図1　古代以降の地下水変動
古墳時代まで起伏に富んでいた平野は、古代になると平坦になり、中世に河床低下が生じた。また、それ以降、現氾濫原面（河原）に洪水の堆積が集中するようになった。

あった。また、鴨川の東に接して「白河殿」を造り「院御所」としていた白河上皇にとって、その場所が、鴨川の侵食によってえぐられていく様子を目の当たりにしては、「三不如意」のひとつとして、賽の目や比叡山の僧兵に並べて、鴨川をあげないわけにはいかなかったであろう（図2）。また、河床低下によって浅い井戸からは水が取れなくなり、井戸の再掘削が実施された。この時、以前のような素掘り井戸ではなく、大甕の底を抜いて重ねたり、板囲いで土留めをしたりするなどの対策が取られた。さらに、これまで庭園に引かれていた鑓水も導水が難しくなり、改修工事が行われた。このように鑓水が困難になると、鑓水のある庭を持つことが当時のステータスシンボルになったと考えられえる。

これに対し、河床低下で明瞭になった「現氾濫原面＝河原」では、鴨川の氾濫が集中するようになった（図3）。その河原では、一一五六年の保元の乱（保元元）・一一五九年の平治の乱（平治元）など責任者の処刑が実施されたり、一五九五年（文禄四）には、秀吉によって謀反の疑いをかけられた豊臣秀次一族の処刑が行われたりした。このような場合、多くの庶民は処刑見物に河原を訪れた。人々が集まれば、もの売りも集まる。さらに「無縁の場」である河原は、一六〇三年（慶長八）に出雲阿国が歌舞伎踊りをはじめるなど、大道芸人が芸を競ったり、

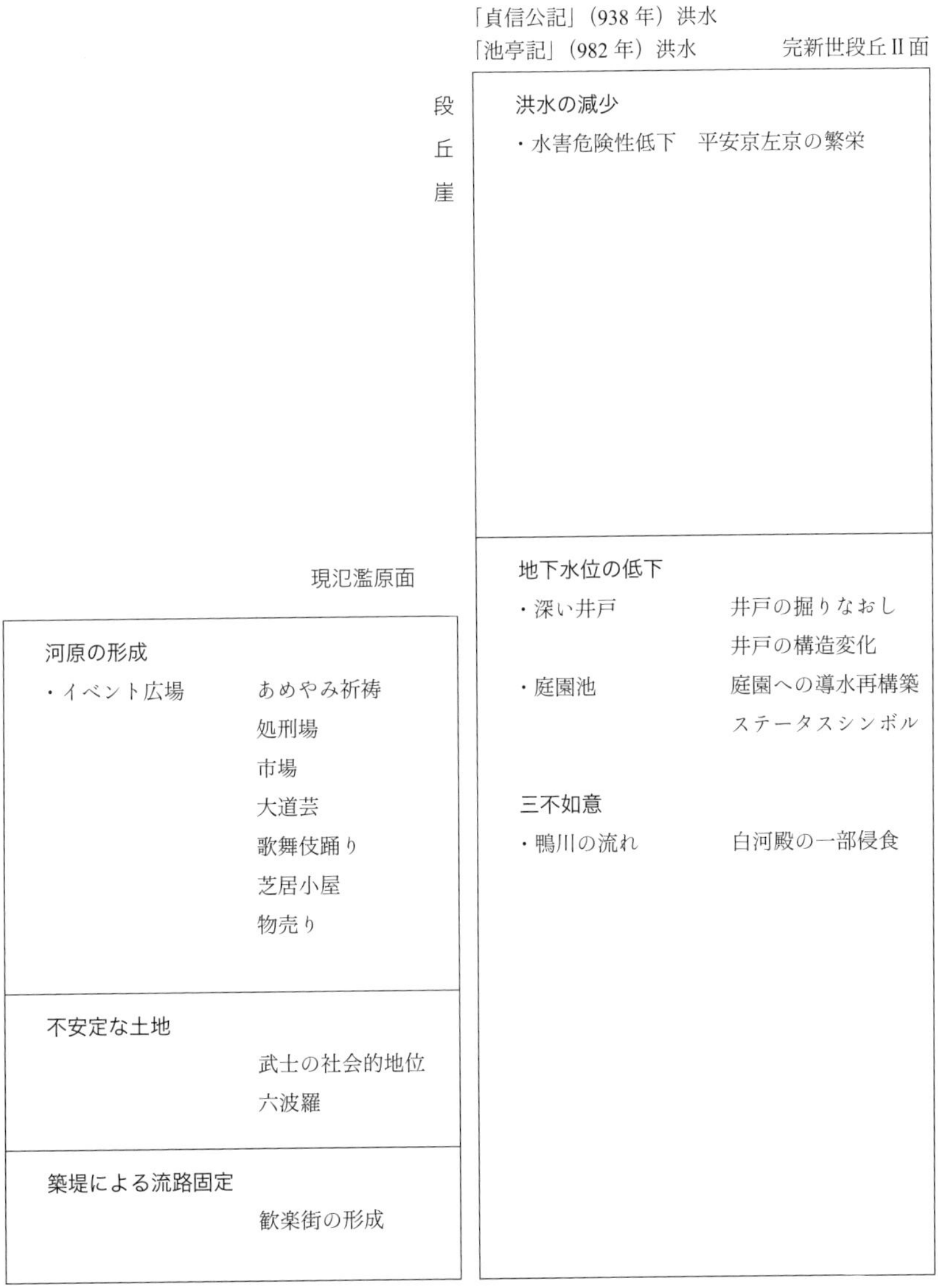

図2　完新世段丘Ⅱ面と現氾濫原面（都の場合）
10世紀にはまだ河川の洪水を受けていた完新世段丘Ⅱ面は、中世になると河床低下の影響で現氾濫原面と分離した。それにより、段丘崖の上と下とで土地利用が異なるようになった。

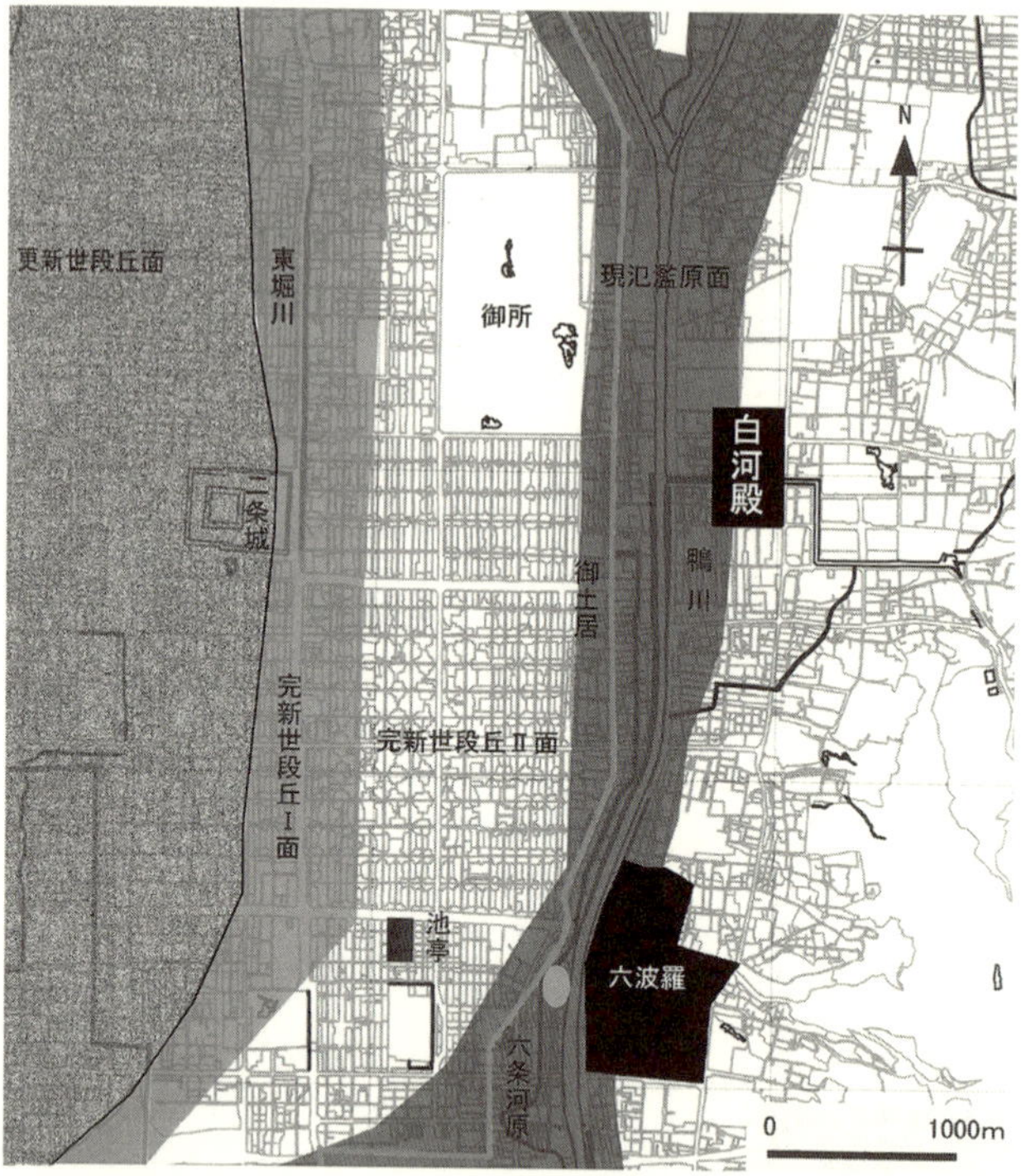

図3　鴨川の河原
鴨川の河原の形成は、白川殿や六波羅を危険にさらした。他方、河原はイベント広場として利用された。また、秀吉が築造した御土居は、堤防の役割も果たした。

芝居小屋が立ち並んだりする遊興や勧進の場所でもあった。現在、歌舞伎の公演で著名な南座や北座（現存しない）が、四条大橋東詰めにあるのもこのような理由からである。また、川舟で物資が輸送されていた時代、河原は市場でもあった。ひとことでいうならば、河原は、まさに「イベント広場」であったのである。

　さて、南座のすぐ東には、現在、眼病治療に霊験あらたかと信じられている「めやみ地蔵」が鎮座している。ここは、本来、一二二八年（安貞二）の鴨川の増水時に、あめやみの祈禱をする場所であった。まさに鴨川の治水のための、祈りの場であった。それが何時の間にか眼病治療の民間信仰のめやみ地蔵に変化を遂げたのである。

　ところで、当初、平氏の別荘として、後には鎌倉幕府の出先として、天皇や公家の動きを牽制する場所となった六波羅は、鴨川の五条河原から七条河原に位置していた。このことは、平安時代末～鎌倉時代初頭における武士の社会的地位を示していると考えられ興味深い。実際はともかく、身分上は、決して貴族と同列には扱われていないのである。

三、郊外における河床低下と土地利用

さて、郊外の水田地帯の完新世段丘Ⅱ面においては、図４に示したように、土地生産性が安定化したり、二毛作が可能になる一方で、河川灌漑が困難になったり、土壌劣化がすすむなどの現象が生じた。そうして、旧来の灌漑システムから、河床低下を前提とした新規の灌漑システムが成立するまでの間、「かたあらし」や「荒野」の状況が生じたりしたのである。この様な中で、安定した灌漑用水の確保と施肥の問題は、深刻な問題となっていったと考えられる。丹波国大山庄水差図の中に描かれた宮田荘では、完新世段丘面上に現氾濫原面から灌漑用水を導水する様子がみられる。

また、兵庫県揖保郡太子町付近に現地比定される播磨国鵤荘絵図に「弘山押領」とされたところは、二種類の地形環境を示す場所であった。ひとつは、鵤荘と弘山荘との境をなしていた林田川の河床低下により河原となった場所であった。ここは、河床低下により土地が侵食されることで旧来の荘園の境が不明瞭になった場所である。そして、もうひとつの場所は、揖保川や林田川に河床低下が生じると、灌漑が不可能になった完新世段丘Ⅱ面上の支流性扇状地帯にあたる場所であった。ここでは、灌漑が不可能になったことで、「荒野」化したところと判断される。いずれの場合も、弘山荘は河原となったり、荒野と化したりした場所を押領したものと考えられる（図５）。

大分県国東町に所在する原遺跡七郎丸地区の発掘調査では、田深川の支流の河床低下により、完新世段丘面を

完新世段丘Ⅱ面

洪水の減少

・水害危険性低下　収穫安定
　継続的居住

堆積による地形形成停止

・地表面の更新停止　安定耕地
　土壌老朽化
　施肥必要

地下水位の低下

・湿田の減少　乾田の増加
　二毛作可能

農作業能率上昇

　畜力利用容易
　長床犂利用
　灌漑用水必要

・河川灌漑システム機能低下　灌漑用水確保困難

・耐干品種の導入　大唐米普及

・水田小区画化　農作業量増大

・畠への転換　危急作物（ソバなど）栽培
　商品作物栽培
　畠徴税対象に

・耕作放棄　かたあらし
　荒野出現

・新灌漑システムの導入　井堰を上流へ移動
　段丘崖上へ揚水
　溜池の新造

段丘崖

現氾濫原面

河原の形成

・侵食による土地の消失　土地境界不明確化

洪水の増大

・水害危険性増大　収穫不安定
　継続的居住困難

・築堤による流路の固定　流路近くまで開発
　河床急上昇
　天井川

地形形成活発化

・堆積の集中　河床上昇
　河川灌漑容易に

・大規模自然堤防の形成　水田復旧困難
　島畠、堀田

・三角州帯Ⅱの拡大　遠浅な海
　塩堤による干拓

図4　完新世段丘Ⅱ面と現氾濫原面
河床の低下は土地の境界を不明確にしたり、土地条件に多大な影響をあたえたりした。特に、灌漑水利への影響は、農業の様相を一変させた。

灌漑する用水路が、上流側に水源を求めて三回つけかえられる様子があきらかになった。しかも、一回目の用水が使用不可能になり、二回目の用水が使用可能になるまでの間に、一時的な灌漑用水確保の手段として井戸がもちいられていたことが判明している。旧灌漑システムが河床低下により崩壊し、新しい環境に適応した灌漑システムが導入されるまでの間、灌漑用水をいかに確保するか、あるいは土地を荒廃させないかは極めて重要な問題であったといえよう。そのような灌漑用水確保の手段として、奈良盆地などの条里型土地割に影響を受けた溜池や、瀬戸内海沿岸の各地にみとめられる溜井の形成がある。これらは、発掘調査の結果から、十四世紀前後に属することと考えられるのである。

また、河原となった現氾濫原面では、洪水が集中するようになり、土地条件が不安定になった。その結果、土地境界の紛争が生じたり、大規模自然堤防の形成が進行したりしたのである。この大規模自然堤防の上では、初期には、ソバなどが栽培された。しかし、大都市近郊では、次第にナタネやワタなどの商品作物が作られるようになりはじめた。さらに、この時期には、山地・丘陵・段丘など集水域の土地開発がすすみ、森林が伐採された。このため、土壌侵食が進行し、河原での洪水は、よりいっそう著しいものになった。その結果、遠浅な海ができあがったのである。十四世紀頃になり、それまで成功しなかった「塩堤」による干拓新田（古新田）や塩田開発が、潮汐の大きな地域

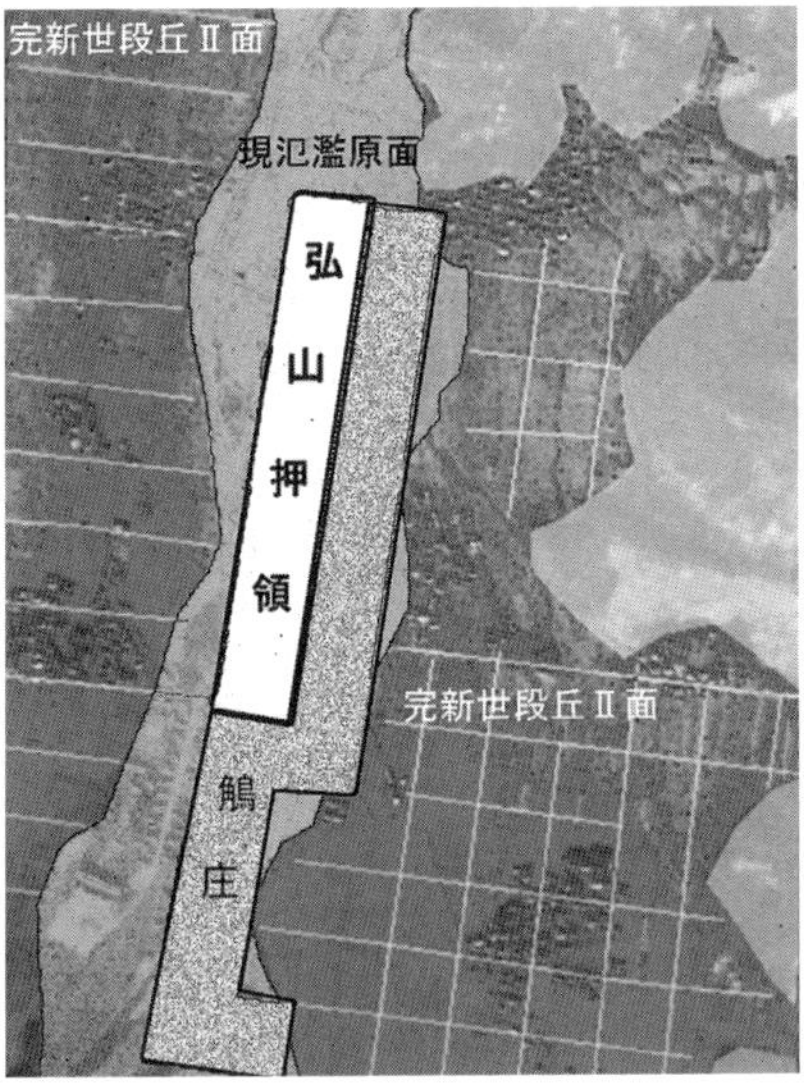

図5　播磨国鵤荘に対する弘山荘の押領
播磨国鵤荘と弘山荘との間を流れる林田川の河床低下により、両荘園の境界が不明確となり土地境界の紛争が生じた。

で成功するようになったのには、遠浅の海の成立という背景があったと考えられる。備前国荒野荘絵図（一三〇〇年）などに示されている様子は、まさにこのような状況といえよう。

以上のように、現氾濫原面が形成され、都や郊外においてそれに対応する土地利用が工夫されたのが中世という時代であった。

四、天井川の成立と中世の終焉

戦国時代、河原は合戦の場であり、合戦は、ふだんは農業などに従事している土豪などを集め農閑期に行うものという認識が、まだ一般的であった。戦国大名とは、武田信玄に代表されるように、土豪集団のリーダーであった。しかし、この河原を、人工的に堤防で流路を固定し、安定した収穫の得られる土地とする考えが出てきた。既に、中世の後期には、当時の開発可能であった場所は、ほぼ開発され尽くしていた。そこで、新たに開発できる土地として、河原が注目されたのである。また、余剰生産を背景に、褒賞しだいで何時寝返るかわからない土豪の集合体ではなく、常備軍を持とうとする動きが出てきたのである。こうしたことで、戦略は大きく変更されるに至った。そのような新しい観点に基づいたプランは、先見の明のあった戦国大名の一部が試みている。しかし、それを完成の域まで到達させたのは、土木工事に秀で、天下統一を実現した豊臣秀吉であった。彼の政策は、まさに安定した土地の確保であり、常備軍の整備であったといえよう。秀吉は、墨俣の一夜城の築造をはじめ、下辺の幅約二〇メートル、高さ四メートル、上辺の幅五メートルの御土居で当時の洛中を囲ったり、その内側に寺院を集中させ寺町を造り城下町化したりした。刀狩、検地などは、まさにそのような彼の計画の実現への道であった。彼の戦略をみても、備中高松城の水攻めなど、土木工事は、まさに秀吉の得意とするところであった。

さて、河原を安定した土地に変えるために行った築堤によって、本来、洪水のたびに広域に堆積していた洪水堆積物は、河床や人工堤防周辺に集中的に堆積するようになった。現在ならば、パワーシャベルなどで容易に河床の浚渫が可能である。しかしながら、このようなことが困難であった中世末~近世初頭には、急激に河床の上昇が生じた。そして、それに対応する手段として、堤防の嵩上げがとられたのである。しかし、そうすると、また、よりいっそう、河床や堤防の周辺に堆積が進行することになった。このような状況が数回以上繰り返す中で、河床が周囲の土地よりも高い天井川が形成されることになったのである。天井川の形成は、十五世紀末~十七世紀頃を中心に、極めて急速に進行したことが、発掘調査で明らかにされている。天井川の形成により、ひとたび堤防が決壊すると周辺に大被害が生じることになった。また、地下水位が上昇することで、周囲の土地が低湿化した。このため、水田の一部を掘り潰し、その土砂を周囲に盛土する堀田と呼ばれる土地利用が行われるようになった。堀田で掘りつぶされた場所は、溜池として灌漑用水を供給するだけでなく、堀には魚が養殖され不足する蛋白質を補うのに利用されたり、金魚やウナギ養殖のような地場産業として発達したりしたのである。また、堀底のヘドロは、貴重な肥料として利用された。さらに、天井川の形成によって、河床が上昇したことで、灌漑範囲が拡大するという利点も存在した。

現氾濫原面が形成されることで始まった日本における中世は、十五世紀頃から始まる「小氷期」と呼ばれる気候の寒冷期でその終焉を迎えた。低下した河床には、人工的に堤防が築造されることで流路が固定された。そして、新たに形成された堤内は、都では歓楽街となっていった。また、人工堤防の築造は天井川形成のきっかけとなり、そこは居住地となったり、ワタやナタネなど商品作物の栽培が行われる土地となった。

注

（1）中井一夫「地域研究――奈良県における発掘調査から――」『条里制の諸問題』I、一九八二年）六六―七五頁、中井一夫「奈良盆地における新たな事例――平城京内における土地景観の変遷――」（『条里制研究』六、一九九〇年）一―四頁。

参考文献

黒田日出男『日本中世土地開発の研究』（校倉書房、一九八四年）

高橋学「古代荘園図と地形環境」（金田章裕ほか編『古代荘園図』東京大学出版会、一九九六年）一一五―一二八頁

高橋学「古代後半～中世初頭における河原の出現」（吉越昭久編『人間活動と環境変化』（古今書院、二〇〇一年）一―一七頁

安田喜憲『気候と文明の盛衰』（朝倉書店、一九九〇年）

●日本

初期神仏習合と自然環境
〈神身離脱〉形式の中・日比較から

北條勝貴

神仏習合は、長く日本固有の宗教現象と位置づけられてきたが、近年の研究で中国に原型のあることが明らかになった。アジア的視野から再考することで、初めて中国の言説との共通点や相違点、列島における独自性もみえてくる。本稿では〈神身離脱〉形式の定着過程に注目し、自然環境をめぐる神／仏の複雑で豊かな繋がりを描き出す。

はじめに――〈神雄寺〉の発掘から――

近年、京都府木津川市木津の馬場南遺跡で、七三〇年代後半頃～七九〇年頃（遺構の先後関係や出土遺物より二期に区分されている）の寺院跡が確認された(1)（図1）。出土した土器の墨書から、一時期「神雄寺」と呼ばれていたことの明らかなこの寺院は、東大寺付近から北北西へ延びる奈良坂越の道が、法華寺付近から北北東、泉津方面に至るコナベ越の道と合流する辺りに立地し、背後に天神山、正面には堤樋を伴い水量の調節が可能な河川（図1

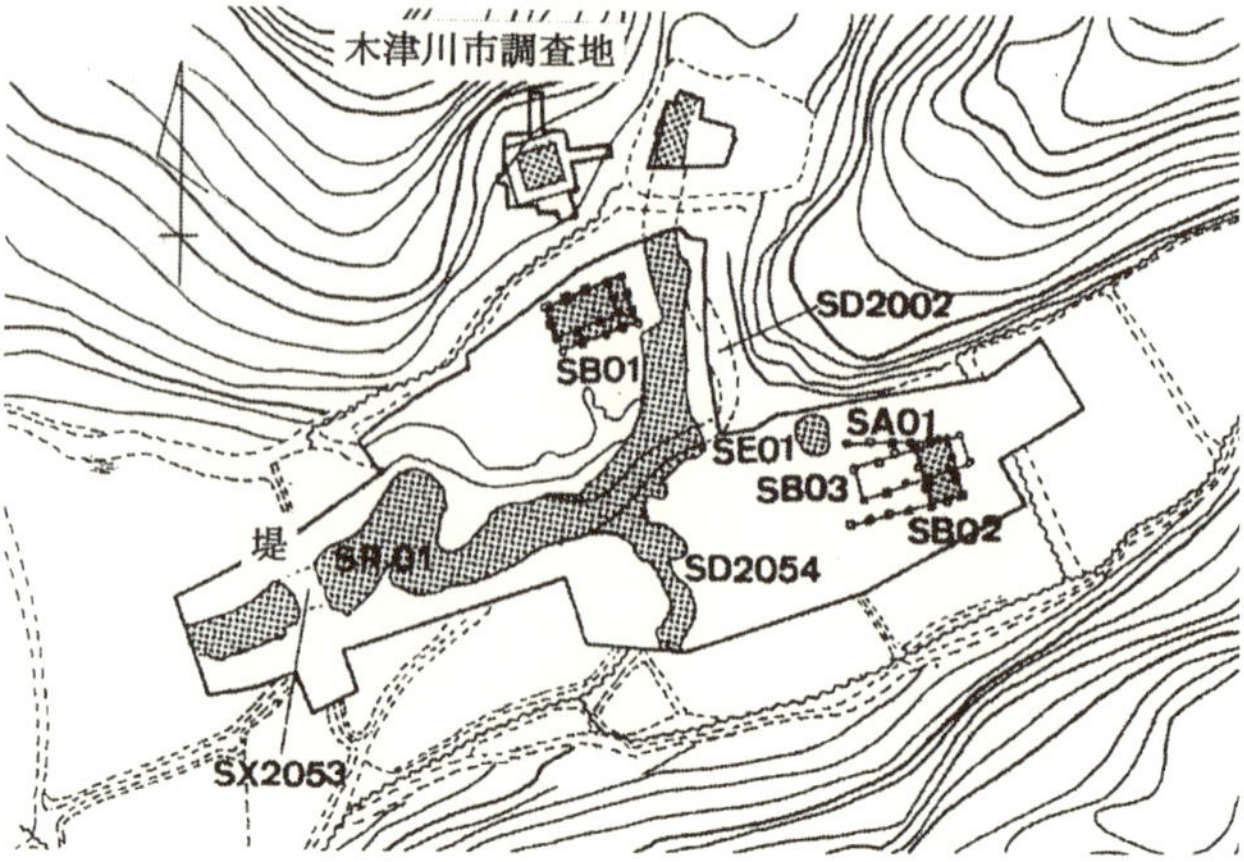

図１　神雄寺遺構図　（『考古学ジャーナル』597、2010年、28頁。伊野近富作成）

のＳＲ０１。廃絶後は溝）を擁していた。河川に面した平坦地には掘立柱の礼堂（図１のＳＢ０１）が建ち、直径約一・五メートルに及ぶ類例のない「彩釉山水陶器」が安置されていたらしい。北側の丘陵裾には、塼仏によって荘厳された礎石建物の本堂があって、東西約四×南北約三・六×高さ〇・三メートルの須弥壇に、等身大の四天王塑像を据えていた。また、礼堂前の河川跡からは四〇〇〇枚（第一期）、同じく東側からの溝跡（図１のＳＤ２００２）からは二〇〇〇枚（第二期）に及ぶ灯明皿が出土しており、天平年間（七二九～七四九）の金鍾（鐘）寺、東大寺周辺に特徴的な燃灯供養（万灯会）が営まれていた形跡も認められる。古墳時代の水の祭り（泉を直接祀る湧水点祭祀、浄水を豪族居館などへ引き込んで祀る導水祭祀）が、歴史時代の神社の主要な起源をなすといわれて久しいが、この時期、仏教もかかる泉、水辺を重視してゆくのである。すでに菱田哲郎氏は、悔過法会の実施を契機に寺院が清泉の包摂へ進出し、神仏の接近・共存を実現してゆくと推測、出雲の青木遺跡や三田谷Ⅰ遺跡、東大寺前身寺院、若狭神願寺などを例に挙げ、神雄寺もそれに等しい遺構と位置づけている[2]（浅井和春氏の指摘のとおり[3]、「金鍾」を『華厳経』巻三四 十地品に記載のある「金鍾香水」〈菩薩が十地に到達する際の潅頂の儀式に用いる四大海の水を湛えた容器〉に基づくものとすれば、金鍾寺自体に水の祭儀との繋がりが浮かび上がる）。確かに、水に向かい山を背にする馬場南遺跡の占地は、伊勢や熊野といった古代神社の一般的な立地とも共通し、後述するように、須弥山や四天王といった要素も習合現象と結びつきが強い。仏教と列島の神々とがいかに交渉し、そこへ自然環境がどのように関わるのか。どのように物語られたのか分からない点が残念だが、神雄寺の発見は、初期神仏習合の具体相を考えるうえで極めて多くの示唆を与えてくれる。

しかし歴史学においては、〈神仏習合〉という言葉を、仏典や漢籍の知識もなく安易に（あるいは印象論的に）使いすぎる面がある。習合現象の背景には、中国から連続する儒教・仏教・道教の複雑な絡み合い、言説・心性・実体の交錯する豊饒な文化が広がっており、軽々に扱うことはできない[4]。本稿ではそれらの点に留意しつつ、自然環境との関わりを主要な軸に据えながら、列島における初期神仏習合の一断面を描いてみたい。

一、〈神身離脱〉言説の成立と非業の死者――〈神〉に表象されているもの――

従来の宗教史研究においては、朝鮮半島から仏教を受け入れた列島社会が、〈神仏習合〉というシンクレティック（syncretic）／ハイブリッド（hybrid）な論理の開発により、多少の軋轢を経つつも在来信仰との融和的共存を可能にした、とする見解が主流であった。しかしこのような見方は、自文化称揚のベクトルと分かちがたく結びついており、〈経済大国日本〉の失墜とともに高揚したエコ・ナショナリズム（無根拠な里山礼賛などはその一例であろう）[5]や、アメリカ同時多発テロ以降の安易な一神教批判／多神教礼賛（一神教は戦争をもたらし、多神教は平和をもたらすとする）、そして東日本大震災以来日増しに高まる見苦しい自画自賛[6]とも、密接に連動していると考えられる。神仏関係に「共生」の語を当てはめ、神仏習合を環境倫理的な概念から捉え直そうとする試みもみられるが[7]、残念ながら、現状のそれには種々の問題が伴う。例えば、近年刊行された神仏習合の概説書、鎌田東二『神と仏の出逢う国』では、「地質学的なプレート集合や海洋学的な海流集合」が、「ハイブリッドな習合文化」

の自然科学的基礎条件として持ち出されている。(8) まるで神仏習合が、列島独自の自然環境のもとに育まれた固有の文化とでもいいたげだが、果たしてそうだろうか。かつてアルフレッド・クロスビーは、アメリカやオセアニア、アジアにおける帝国主義植民地＝ヨーロッパ的世界の拡大の原因として、家畜や病原菌などのヨーロッパ的生態系が〈新世界〉のそれを駆逐していったことを、緻密なデータから立証した。(9) しかしデイヴィッド・アーノルドは、クロスビーの提示する環境主義的パラダイムは、ヨーロッパ的生態系があたかも〈新世界〉のそれより強く優れていたかのような誤解を生み、帝国主義を正当化する言説として機能したと批判している。(10) 社会科学・人文科学が、何かを立証するために自然科学的データを持ち出すことは、それ自体が取捨選択された構築物であるにもかかわらず、不変・普遍の真理であるかのような幻想を創り出す。とくに環境史分野ではそうした論法が多用され、〈史学〉であるにもかかわらず歴史過程が軽視される場合もあり、注意を要する。事実、近年の神仏習合に関する研究成果は、すでに中国仏教においてその論理が完成していたことを見出し、（環境諸条件に裏打ちされたはずの）列島固有論へ再考を迫っているのである。(11)

遠回りになるが、まず、仏教伝来の問題から考えてゆこう。注視しておきたいのは、最近の『日本書紀』批判のなかで、同書の語る仏教公伝から崇仏論争に至る物語が、文字どおり神話に過ぎないと立証されたことである。欽明～用明朝（五三九～五七二）にかけて繰り返される崇仏→廃仏→疫病流行のパターンは、唐・道世撰『法苑珠林』巻七十九 十悪篇八四／邪見部十三／感応縁／魏崔皓条に載る、北魏太武帝の廃仏記事と極めてよく符合する。(12) また、欽明天皇が崇仏を諮問する場面は梁・慧皎撰『梁高僧伝』巻九 神異上／竺仏図澄伝、蘇我馬子が仏舎利の出現をみる場面は唐・道宣撰『集神州三宝感通録』巻上 振旦神州仏舎利感通、それにもかかわらず病を得る場面は斉・王琰撰『冥祥記』逸文／唐文伯条（前掲『法苑珠林』の同じ感応縁に所収）と、ほとんど仏典の寄せ集めにより構築したことが明らかになっているのである。(13) よって、列島における仏教の定着は、別の史資料、論法を用いて説明しなければならなくなった。

その際一定の蓋然性を持つのが、仏は外国の神として、他の神祇と同じレベルで奉祀されていたという〈蕃神信仰〉論である。[14] アメノヒボコをはじめとして、『書紀』『古事記』『風土記』には外来の神霊が登場するが、それゆえに排斥されたという痕跡はない。仏もそれらと同じ位置づけであったという図式は成り立つが、ただし、さらに慎重な分析を加えた方がよい面もある。第一に、『書紀』欽明天皇十三年十月条に初出する「蕃神」表記が、それ自体『梁高僧伝』竺仏図澄伝における「戎神」の翻訳であり、いかなる歴史的実体を持つのか不明な点が危惧される。また第二に、神話や祝詞に現れる〈神〉そのものが、儒教や道教の経典・祭文、仏典の表現を借りて構築されている点も看過できない。[15] すでに先史時代の青銅器祭祀、古墳祭祀などにも、朝鮮半島や中国大陸の様式の継承がうかがえるのだから、「固有信仰」「基層信仰」を自明化すること自体がナンセンスなのである。[16] 後述するが、いわゆる祟り神や御霊信仰も中国の志怪小説（怪異に関する逸話・伝説等を集めた史書の一種で、魏晋・六朝期に多く編纂された）等に源流があり、漢籍の将来の問題を捨象して安易に論じることはできない。[17] 列島の神々の根本に中国的な構築のあることは明らかであり、蕃神信仰論の述べる神仏関係自体が漢籍の引き写しである可能性もある。今後は、文献に現れる〈神〉をもアプリオリには肯定せず、いかなる実体を指し示そうとしているのか厳密に検討してゆく必要があろう。[18] また、列島における最初の出家者が、『元興寺縁起』や『書紀』敏達天皇十三年（五八四）是歳条にみえる司馬達等の娘嶋ら三人の女性、すなわち尼であったことは、これを長く仏＝神に仕えるシャーマンとする見方が有力であり、[19] 蕃神信仰論の一基底をなしていた。しかし近年の理解は、同じ六世紀の中国・朝鮮半島における尼の活躍に基づき、彼女たちが一定の仏教的知識・能力を所持していた点を重視する方向へ変わってきている。[20] 梁の宝唱撰『比丘尼伝』は、比丘尼戒正式受戒への執着（巻第一晋／竹林寺浄撿伝一、巻第二宋／景福寺慧果尼伝一・広陵僧果尼伝十四・普賢寺宝賢伝二十一など）を縦軸に、幼少からの崇仏や病など

（巻第二 宋／江陵祇洹寺道寿尼伝五・呉太玄台寺釈玄藻伝六・広陵中寺光静伝十二など）、さまざまな理由から求婚を拒否し出家する女性たちの姿が豊かに描かれている。そのなかには、もちろん神仏との神秘的感応を主題とする伝記（巻第三斉／東官曾成法縁尼伝・崇聖寺僧敬尼伝三など）もみられるが、王族や士大夫からその学識・技術を評価されたり（巻第一 晋／洛陽城東寺道馨尼伝九、巻第二 宋／蜀郡永康寺慧耀尼伝二十三など）、権力者の清談の相手やブレーン（卜占・予言など神異僧的なもの）を務める者（巻第一 晋／北永安寺曇備尼伝六・延興寺僧基尼伝八・簡静寺支妙音尼伝十二、巻第二宋／東青園寺業首尼伝十七など）も確認できる。第一、東アジアのシャーマンは女性に偏るわけではなく、後述するように男性のそれも多い。シャーマン的要素をまったく否定することはできないが、「女性だから」という論理は成り立つまい。

以上のような見地に立てば、神仏習合の成立・展開過程も、当然のごとくアジア的視野のもとで再検討されなければなるまい。この点で、近年の仏教史研究が、〈神身離脱〉（神が僧に自らのための作善を求め、悪報苦果としての神身よりの離脱を願う）、〈護法善神〉（神が仏法に帰依してその守護者となる）などといわれるその言説形式を、中国から将来されたものと実証したことは大いに評価されよう。吉田一彦氏によれば、これらは僧侶の修行テキストともなった高僧伝の類を介し、主に山林修行者へと受け継がれ実践されたという。(21) 先達の物語を自己の生きる指針に据えるという歴史の使用法は、東アジアにおいては一般的であり、僧伝の修行テキストとしての授受も、すでに中国南北朝の段階で確認できる。(22) 同じ形式の共有を前提に両者を比較して、初めてそれぞれの独自性を明らかにしうると思われる。(23)

例えば〈神身離脱〉言説のうち、管見の限り最古の部類に属する後漢・安世高の蛇神済度伝承（五世紀半ば頃、宋・劉義慶撰『宣験記』でプロットが確立。現在、まとまった形では、梁・僧祐撰『出三蔵記集』、『梁高僧伝』に残る）では、世高に珍宝を布施して「立法営塔」を願い死去する宮亭廟神は、前世で修行を共にした同学の僧の、悪身へ転生した姿と把握されていた。中国の漢民族文化では、伝統的に、強死者（仏教的にいえば非業の死者）は生者に災禍をなす悪霊（厲鬼《れいき》）になると考えられており、それゆえに、原則として家々の宗廟には祭祀されなかった。しかし、大規模な戦乱が打ち続くなかで非業の死者は増加の一途を辿ったため、儒教においても道教においても、彷徨う厲鬼をいかに救済するかが重要な課題となってゆく。[24] 宮亭廟神の支配する宮亭湖は、中国最大の淡水湖である鄱陽湖の南部に当たり、現江西省の大部分の水系を集める。そのためかこの廟神は、東晋・干宝撰『捜神記』や梁・任昉撰『述異記』といった六朝志怪では、湖上の安全を保証するかわりに供物の酒肉を要求する、威力ある神霊と描かれていた。仏教側はそれを、出家でありながら瞋恚《しんに》（覚りを妨げる根本的な煩悩のひとつで、怒り、憎しみの心）を抑えることができず、悪報として蛇神の苦果を受けた非業の死者と位置づけたのである。

……廟神は世高に告げて、「私は、前世に外国であなたとともに出家し道を学んだ。好んで布施行を実践したが、もともと怒りやすい性質で、今、宮亭廟の神となっている。千里四方は、みな私の支配下にある。前世の布施行の結果、人々の供献により珍宝も豊かに蓄えているが、瞋恚を抑えられなかった報いとして、このような神の身に堕落してしまった。今、かつての同学に会い、悲喜こもごもの思いはとても語り尽くせない。私の寿命は今日とも明日ともしれないが、醜い身体は長く大きい。もしここで命を落とせば、清浄な川や湖を穢してしまうだろう。そこで、山の西の沢へと移ろうと思うが、この神の身が滅んだ後は、（そのまま何もしなければ、神身の作った罪業のために）恐らく地獄に堕ちることになろう。私は、一千疋の絹と様々な宝物を持っている。これを使って、私のために法要を営み塔を造営し、私を六道のうちの良い場所へ転生させてほしい」といった。……

（『梁高僧伝』巻一 訳経上／安清伝）[25]

宮亭湖の西には廬山があり、当時の仏教界で絶大な影響力を持っていた慧遠が盛んに活動していた。彼には、安世高を崇敬し、その『安般守意経』に基づく小乗禅と支婁迦讖《しるかせん》訳『般舟三昧経』に基づく大乗禅との総合を目指したこと、三世の時間観念さえ理解していなかった人々に『三報論』を問い、因果応報には現報・生報・後報の三種があると説明したこと、同朋の救済を誓願した念仏結社白蓮社を結成したことなど、右のエピソードと符合する点が多い（右の話も、安世高を主人公とし、生報として悪身を得た同朋を救済するものとなっている）[26]。恐らく、言説を構成した主体は慧遠か廬山教団であり、その主な目的は、仏教的価値観のもとでは容認できない祠廟の解体、仏教の教線拡大にあったと考えられる。しかし、より大きな枠組みにおいては、この試みも非業の死者への対応の一環と位置づけられるだろう。

再会した世高に自らの苦しみを告白し、救済を願う蛇神の姿は、同じ六朝期（劉宋期）に淫祠として禁圧を受けた、蔣侯神の創祀要求とも重なる。災禍なすこの神は、賊との戦闘で非業の死を遂げた秣陵（現江蘇省江寧県の東南）の尉、蔣子文の厲鬼であった。

……呉の先主（孫権）の初年になって、かつて蔣子文の配下であった下役人が、死んだはずの文を路上でみかけた。白馬に乗って白羽を執り、部下を従えている様子は、生前と変わらなかった。これをみた者は驚いて逃げ出した。文は追いかけて来て、「私はこの土地の神となったので、お前たち民に幸福を授けてやろう。お前は人々に告げて、私のために祠を立てよ。さもないと、必ず大きな咎めが下るだろう」といった。この年の夏、疫病が大流行した。人々は心のうちで恐れ動揺し、密かに彼を祀る者が現れた。……

（『捜神記』巻五—九二）[27]

蔣侯神の要求を受けた呉主孫権は、当初、厲鬼を奉祀しないという原則に基づきそれを拒み続けるが、疫病の流行から塵虻の涌く蟲害、大規模な火災へとエスカレートする殃禍に耐えかねて、ついに創祠を許す。注意したいのは、このとき、「鬼は帰するところ有れば、即ち厲を為さず（鬼神は落ち着く場所があれば、災禍をなさないものである）」という章句が、大義名分として持ち出されていることである。その起源は、春秋時代に賢人として知られた鄭の宰相子産が、厲鬼となった卿伯有による祟咎《すいきゅう》を止めるためにあえてその宗廟祭祀を認可した、「鬼は帰するところ有れば、乃ち厲を為さず。吾、之が帰を為す（鬼神は落ち着く場所があれば、災禍をなさないものです。私は、その落ち着く場所を作ってやったのです）[28]」との発言に遡る（『春秋左氏伝』昭公七年〈前五三五〉条）。子産や孫権がかかる結論へ辿り着く背景には、非業の死者の救済をめぐる人々の葛藤と、必要に応じて原則を乗り越える高次の政治的判断がうかがえる。まさに、『論語』為政第二／二四条で孔子が、「其の鬼に非ずして之を祭るは、諂ふなり。義を見て為さざるは、勇無きなり（自らの祖霊ではない鬼神を祀るのは、媚び諂う行為である。しかし、そこに義を認めていて実践しないのは、勇気がないということである）[29]」と述べているとおりである。安世高についても、引用した部分に接続する前段に、宮亭湖への巡錫自体が、前世の同学の救済を目的としたものであったと語られている。彼は廟神のために尽力し、神身からの離脱とよりよい世界への転生を遂げさせる。同じ課題を掲げながら、儒教へと受け継がれる伝統的宗教観が創祠へ向かうのに対し、仏教側が廃祠へ落着することは、両者の対立点を示していて興味深い。「淫祠は祀らない」という原則上は「対立」にはならないが、仏教側においては神であること自体が苦と認識されているので（祠廟への一般的供物が酒肉であることとも関連する）、創祠自体何の意味も持たないのである。

……そこで文のために廟堂を建て、鍾山の呼称を転じて「蔣山」とした。今、建康の東北にある蔣山はこれのことである。こののち災禍は止み、人々はついに同神を盛んに信仰した。

（前掲『捜神記』）

……世高が立ち去ったあと、廟神はすぐに命を終えた。暮れ方、ひとりの少年が現れた。船に上がって来て、長い間彼の前で跪き、その呪願を受けると、ふいに姿がみえなくなった。世高は船人にいった。「先ほどの少年は、宮亭廟の神だ。悪身を離れることができたのだ。」ここにおいて廟神は消滅し、これ以降霊験もなくなった。……

（前掲『梁高僧伝』）

いずれにしろ、中国仏教における神仏習合の動機のひとつには、かかる非業の死者を救済すること、より厳密にいえば、厲鬼となった非業の死者が引き起こす災禍を鎮めることへの、強い衝動があったといえるだろう。

二、厲鬼・災害・四天王――〈神身離脱〉の背景世界――

しかし、神仏習合の論理を受容した古代日本では、神霊についての考え方が中国と大きく相違していた。前章でみたように、漢籍の消化を経て徐々に変質はしてきていたものの、それでも列島に住む人々の大部分は、山川草木に宿る神霊と人間とを明確に区別していたのである。もちろん、古墳時代以来人間を神的存在として祀る伝統は列島にもあり、人格神は神話や伝承のなかでも活躍していたが、かつて生身の人間であったものが自然の体現者となったり、天地を統べるような地位に就くことは一般的ではなかった。いわゆる〈祖先〉の概念も、早く縄文時代には成立していたとみられるが、その機能は、共同体の守護や結束の維持に限定されていた。[30]『続日本紀』養老二年（七一八）四月乙亥条の、善政を行った国守を創祠したという道君首名卒伝、同書天平二年（七三〇）九月庚辰条の、安芸・周防で死魂を妖祠した等々の記事も、あまり過大に評価すべきではなかろう。死者が自然神と重複するような力を手に入れてゆくには、やはり御霊信仰の隆盛を待たねばならない。ただし、天平九年に起きた天然痘の大流行は、両者の結びつきを飛躍的に強めたようである。

周知のとおりこのときには、長屋王を自殺させて朝廷を運営していた藤原四子をはじめ、多くの人民・官僚・貴族が罹患して死亡し、律令体制の運営にも甚大な障害が生じていた。福原栄太郎氏によれば、従五位下以上の京官（在京の中央官人）の約四割弱が半年のうちに死亡、十二月末の任官では、十六寮のうち九寮の長官を新しく任命せざるをえなくなった。[31]充分な予防手段も持たず、満足な治療も受けられなかった庶民の被害は、想像を絶するものであったろう。当時太政官が諸国に発した官符には、布や綿で身体を清潔に保つこと、腹や腰を温めること、床に簀席を敷いて寝かせること、粥や煎飯などを摂らせ鮮魚・肉、生野菜や果実は与えないこと、生水・氷は絶対に与えないことなど、食事や保養に関する基本的な指示しかみることができない（『類聚符宣抄』巻三病疫／天平九年六月二十六日官符）。一方、官人の医療を担う典薬寮からは、同じ頃漢籍医書に基づくより厳密な治療法、投薬の処方を記した勘申が提出されていたが（『朝野群載』巻二一凶事／天平九年六月典薬寮勘文）、薬材確保などの問題もあり当然一般化は望めなかった。両者は一定の効果を発揮したはずだが、[32]しかし『続日本紀』同年十二月是年条に記すとおり、「公卿以下、天下の人々が相次いで死亡したことは、その数を数えることができないほどであった。近代に至ってからは、このようなことはなかった」[33]との、悲惨な事態が現出することになった。この未曾有の死者が、それまでの災異観、神観念に影響を及ぼさなかったはずはない。その意味で注目されるのが、平城左京三条二坊八坪の二条大路濠状遺構から出土した、「南山の下に不流水有り。其の中に一大蛇の九頭一尾なる有りて、余物を食はず但唐〔瘧カ〕鬼のみを食ふ。朝は三千を食ひ、暮は八百を食ふ。急々如律令（南山の地下には流れない水がある。そのなかには九頭一尾の大蛇があって、他のものは食べずただ瘧鬼だけを食らう。朝には三千、暮方には八百を食べる。急々如律令）」[34]と記された呪符木簡である。「唐鬼」は熱病をもたらす「瘧鬼」のことと考えられるが、[35]その天敵に当たる南山の九頭の大蛇を持ち出し、退去せねば食ってしまうぞと恐喝する内容だろう。かかる形式の治病系禁呪は、漢代に遡る儺の祭文やその儀式次第を語る神話、道士たちが精霊に満ちた山林での修行に際し創出した呪法に由来し、多くの医書や道教経典に語られてきた（生態的事実を観察して呪術に援用するあり方は文字どおり〈野生の思考〉であり、それ自体環境文化史の対象として重要である）[36]。先の木簡は、唐・孫思邈撰『千金翼方』に由来すると考えるのが通説だが、より酷似した事例は五～六世紀の范汪撰『范汪方』、徳貞常撰『産経』に見出せるほか、同種の禁呪はその他の医書、道教経典などに散見される。[37]『千金翼方』のみを起源とするのは適切ではないが、いずれにしろ、疫病を克服する最新の呪法として利用されたものだろう。当時、二条大路濠状遺構の南北には、光明子の皇后宮職と、藤原四子の末弟麻呂の邸宅があった。前掲天平九年太政官符の冒頭には、天然痘について、「発症したばかりの頃は、症状が瘧に似ている」とある。あるいはそうした判断に基づき、光明子や麻呂の関係者が、治病のために利用した可能性もあろう。すでに大宝神祇令には疫神（＝鬼魅）を防遏する道饗祭がみえ、天平七年八月には長門以東の諸国へ臨時の斎行が命じられている。天然痘の流行が、何らかの神霊によって引き起こされたとみられていたのは間違いない。しかしその神霊、「瘧鬼」や「鬼魅」とはそもそもいかなるもので、天平期にはどのような存在と考えられていたのだろうか。

中国では漢代以降、天界や冥界へ地上と同じ官僚制社会を構想するという、異界（他界）の人間主義化が進行した。さらに六朝時代には、主に道教の側より、自然界の精霊から社廟、家宅の神に至るまでを〈鬼〉として把握する動きが始まる。もともと死体、死霊を指していた〈鬼〉は神霊全般へその範疇を拡大し、冥官や魔王に統率されて悪人を殲滅すべく災禍をなすが、時折逸脱行動をとって善人へも被害を及ぼすという両義的なイメージができあがる。[38] 後漢・王充撰『論衡』は、このような考え方に正面から反駁し、鬼は死者の精神によるものではなく、罹患し憂い恐れる者の想念が作り出すという現実的な立場をとるが、すでに疫鬼について、人間に近い具体的な造型を伝えてもいる。

……礼緯によると、「顓頊氏には三人の子供があったが、生まれてすぐにそのもとを逃げ出し、疫鬼となった。一人は長江にあって虐鬼といい、また一人は若水にあって魍魎鬼といい、もう一人は家屋の隅や陰湿な倉庫のなかにあって小児鬼といい、よく子供を驚かせた」という。……　（『論衡』訂鬼篇第六五）[39]

この文章は、後漢・蔡邕撰『独断』巻上／疫神、『捜神記』巻一六―三七六、『続漢書』礼儀志中／大儺／劉昭注所引『漢旧儀』逸文（散失した書物の文章が、別の書物に引用されるなどして残ったもの）、『文選』京都中／賦乙／張平子東京賦／李善注所引『漢旧儀』逸文などへ受け継がれ、小児を襲う小児鬼が自身小児と化すなどの変容を示す。劉宋・劉義慶撰『世説新語』言語第二を註釈した梁・劉孝標は、「瘧を行う鬼は小さく、多くは体軀の大きな人を罹患させることはできない」と記している。また、著者不明の六朝古小説『録異伝』には、やはり瘧鬼を小児のイメージで語る「弘公」「呉士季」といった逸文を、北宋・李昉ら撰『太平広記』『太平御覧』に確認することができる。例えば前者は、大略次のような内容である。

> 弘公は瘧を患い、長年の間癒えることがなかった。のちに独りで別荘に住み、瘧の発作が生じた際に、数人の子供が自分の手足を持っているのをみた。公は、眠っているふりをしていきなり跳び起き、その子供のうちの一人を捕まえたが、するとそれは黄色い鷁《げき》に姿を変えた。他の子供たちは、すべて逃げ去ってしまった。そこでこの鷁を縛って家に戻り、窓に吊して、あとで殺して食べてしまおうと考えた。夜が明けると、鷁は消えてなくなっていたが、瘧もすっかり良くなっていた。よって、当時瘧を患う者たちは、ただ弘公の名を呼べばすぐに癒えたのである。(40)

このような傾向は、北宋・沈括撰『夢渓筆談』補筆談／巻三 雑誌に記す鍾馗像の起源譚において、一定の完成をみる。ここで玄宗の夢に現れた瘧鬼は、「その小さい方は、赤い褌を身に着け、片方の足には履を履き、もう片方は裸足で履を引っ掛け、大きな竹皮の扇を挟み持って、楊貴妃の香袋と帝の玉笛を盗み、後殿を走り回っている」と描写されている。(41) 鍾馗はこれを追いかけて喰らってしまうが、まさに、二条大路の呪符木簡に示された世界の物語化ともいえよう。『政事要略』巻二九 年中行事十二月下／追儺事に載る疫鬼の挿画は、方相氏に追われる褌姿の邪鬼となっているが、「小児」とはいえないながらこの文脈と重なるものだろう。

右にみる小児＝瘧鬼のイメージは、それでも未だ神霊的な印象を強く持っている。しかし一方、同時期の道教が提示する疫鬼の形象は、死を介しつつも現実の人間と結びつくものだった。例えば、五世紀の道教経典『太上洞淵神呪経』巻二遣鬼品には、「道（太上、道教における最高神のひとつ、太上老君）が仰るには、庚辰から辛巳、壬午、癸未、甲申に至る年には、天下に九二種の疫病が起こって、悪人を病死させる。自分で道を信奉しない者は、この疫病の害から逃れることは難しい。……このような者たちは、みなすべて疫鬼がやって来て悪人を殺害するものである。お前たちがもし三洞の経法（洞真経・洞玄経・洞神経）を受持するなら、私は天丁力士を派遣してこの疫鬼たちを駆逐させ、お前たちに害が及ばないようにする」[42]などとある。ここに説かれている甲申年の洪水・疫病説は、もともと劉宋の出現を予言する政治的言説であったが、広義の終末論として仏教にも共有されていった。六朝における道教・仏教の交渉を具体的に伝える説話集、『冥祥記』の逸文「宋広陵李旦」では、地獄に囚われた罪人が主人公の李旦にもたらす情報に、「甲申の年には、疫病を流行させて諸々の悪人を殺害する。仏家の弟子は八関斎戒を実践し、修心善行すれば回避することができる」[43]と語られる。同じく逸文の「宋司馬文宣」でも、主人公文宣の自宅に現れた鬼霊の告白に、「先世では尊貴な身分であったが、多くの悪行を犯したことで、その報を未だ受け終わらずこの鬼身に結果してしまった。先の寅の年、四百部の鬼が現れて盛んに疫病を流行させた。災禍を集中させたのは、道を信奉する者を害さないためである。しかし違反者が大変に多く、福善を攪乱している。よって、私が派遣され鬼を監察しているのである」[44]とあり、終末の干支は異なるものの、『太上洞淵神呪経』の疫鬼とほぼ同じ役割の課されていることが認められる。傍線部の語り口が、先に掲げた宮亭廟神のそれに酷似している点も注意したい。

疫鬼の正体が、どうやら悪死した人間の霊であると考えられていたことが分かるが、こうした認識が生まれてきた背景には、六朝江南の特殊な政治・社会的、宗教的事情が関連している。当時の南朝は、胡族王朝に追われ、あるいはこれを嫌って移住してきた北人（華北出身の貴族たち）による門閥政治が展開し、大部分の南人たち（江南の在地豪族）は世俗的栄達の欲求を充足できないでいた。加えて、北朝との絶えざる政治的緊張と武力衝突、南朝内部における皇位や政権をめぐる血腥《ちなまぐさ》い抗争などが、深刻な社会不安を招来していたことはいうまでもない。そうしたなか、南人寒門の一族のもとへ同族の死者が降り、冥界の様子を伝える憑霊現象が頻発するが、その語りからは、南人たちの官界への未練とその陰画としての隠逸の意志や、鬱屈した願望が、現実を投影／転倒した冥界の官僚組織を構築していることなどが示唆される。(45)例えば、東晋王隠撰『晋書』の逸文である『太平広記』巻三一九 鬼四／蘇韶では、中牟県（現河南省）の県令で死没した蘇韶が従弟のもとに現れ、冥界では、自分が孔子十哲の顔淵や子夏と肩を並べ修文郎という官職に就いていると告げる。同じ頃に発話されたと想定される『太平広記』巻三二一 鬼六／郭翻では、生前出仕を拒んでいた郭翻が死後息子に憑依し、神兵を統括する撫軍大将軍庾亮に乞われて司馬になった、と語っている。蘇韶が従弟に語った内容には、「今年の疫病の大流行はなぜ起きたのですか」との問いに対する、「劉孔才（劉邵）は太山公となり、反乱しようと考えていた。そこで、恣に生者の命を奪って死者とし、自分の徒衆に加えていた」といった冥界の風聞もあった。歴史上の人物が泰山公すなわち冥界の支配者となり、疫病を流行させて死者を増やしているとの発想は、『冥祥記』の事例と重なり合うものである。

類似の現象は道教の現場においても確認できるが、現在に至るまで大きな勢力を持つ上清派などの成立が、東晋の太和年間（三六三〜三七一）、寒門の許謐・許翻親子へ、霊媒の楊羲を通じ神仙の啓示のあったことを契機としている点は見逃せない。このとき残された記録は散佚してしまったが、やがて斉末（五〇〇年頃）、陶弘景の収集・施注を経て『真誥』という聖典へまとめられることになる。これによると、主宰神ともいうべき南嶽魏夫人をはじめ、男仙二三人、女仙一五人という大勢の神仙が託宣を下しており、女仙の多さにはジェンダー的な意味での価値観の転倒も認められる。(46)道教と盛んに交流していた仏教にもその影響は顕著で、前節で触れた〈神身離脱〉言説、〈護法善神〉言説の語られる僧尼の伝記類をみると、彼らに対する神々の告白や要請は、多く夢や禅観における感応体験のなかで認識されていることが分かる。[47] 梁の時代、九〜十五歳の六年間で二一種三五巻の経典を誦出したという僧法尼が、それらを「天に上って得たものである」あるいは「神から授けられたものである」と称しているのは、かかる点を如実に示していよう（『出三蔵記集』巻五 新集疑経偽撰雑録三／僧法尼所誦出経入疑録）。この事象を検証した僧祐は、「昔、建安年間の末、済陰郡（現山東省）の丁氏の妻が突然罹患し、巧みに胡の言葉を話すようになった。また、紙と筆を乞い求め、自ら胡の文字を書いた。西域からやって来た胡人にこの書をみせると、『これは経莂（授記。仏が修行者に対してなす、将来最高の覚りに達するとの予言）です』と云った」とのエピソードを類例として掲げているが、[48] 神霊（仏）の言葉を「胡語」「胡書」などと表現することも含め、前掲の蘇韶、郭翻などの事例と共通点が多い。当時の人々にとって僧法尼の経典誦出は、死者の憑霊事件と同質のものとみなされていたのである。

ところで、前掲「宋司馬文宣」などの事例において、仏教側が死者のもたらす災厄を免れる手立てとして掲げる八（関）斎戒は、五戒（不殺生・不偸盗・不邪婬・不妄語・不飲酒）に塗飾香髪・舞歌観聴・高広大床（または非時食）を加えた八戒を、三長斎月（正・五・九月の一〜十五日）、六斎日（毎月の八・十四・十五・二十三・二十九・三十日）、八王日（立春・春分・立夏・夏至・立秋・秋分・立冬・冬至）に遵守する行為である。斎日設定の根拠については阿含系経典や『大智度論』に記載があるが、例えば六斎日の場合、八・二十三日には四天王の使者、十四・二十九日には四天王の太子、十五・三十日には四天王自身が天下を廻り、人間活動の善悪（三帰五戒の遵守や父母への孝順などがなされているかどうか）を観察して帝釈天に報告するという。帝釈天はそれに応じて諸神を派遣、諸々の天災・人災から善行者を守らせ、寿命をも増益する。その魂は、臨終のときを迎えても、天上の七宝宮殿に迎えられてゆく。しかし逆に、悪行をなす者には過酷な報いが待ち受けており、天神の助けはなく悪鬼災害が日々襲いかかり、死んでも地獄・餓鬼・畜生に堕ちることになるのである。[49] このような人間の監視者・処罰者としての四天王のイメージも、甲申年の災害をもたらすという道教経典の太上や、志怪に登場する鬼神たちに重なってこよう。(50)斎日・斎戒を説く代表的な仏教経典には、北魏太武帝による大規模な廃仏を受けて編纂された曇靖撰『提謂波利経』があるが、これは儒教や道教との融和を図るものであり、「戒律を遵守し、違背がないかお互いに監督しあい、大規模に群集した」(51)(唐・道宣撰『唐高僧伝』巻一訳経篇/釈曇曜伝三)という斎会の様子には、道教の三尸説(のちの庚申信仰)も影響を与えているのかもしれない。

四天王信仰に基づく斎日・斎戒は、最上の善行である不殺生の応報を求める国家により、放生令・断屠令などと併せ護国の仏教的呪術として制度化されてゆく。(52)その根幹は隋唐の諸制度を通じて古代日本へも将来され、国家的なものとしては、まず、飛鳥寺西の広場における大王への服属儀礼へ結実する。(53)同儀礼では、蝦夷や隼人といった夷狄、南島の人々が、仏教的世界の中心をなす須弥山の石像の前で大王への服属を誓い、饗宴に参加する。かつては三輪山(『書紀』敏達天皇十〈五八一〉年閏二月条)、のちに飛鳥寺西の斎槻(『書紀』孝徳天皇即位前紀/皇極天皇四年〈六四五〉六月乙卯条)を前に、天神地祇を勧請し誓約の保証者として行われた儀礼が、仏教を基盤に再構成された形である。前二者に比して、こちらは宣誓の際に述べられたであろう言葉の記録がないが、恐らく同形式とみられるものの詳細が、『書紀』天智天皇十年(六七一)十一月丙辰条に見出せる。ここでは、父天智の死を受けた大友皇子が、壬申の乱へ至る政治的不安のなかで重臣たちとの結束を維持すべく、内裏西殿の織仏の前で誓約儀礼を実践している。

大友皇子は、内裏西殿の織仏の像の前にあって、左大臣蘇我赤兄臣、右大臣中臣金連、蘇我果安臣、巨勢人臣、紀大人臣が近侍していた。皇子は手ずから柄香炉を取り、まず立ち上がって誓盟をなして、「この六人は心を同じくして、亡き天皇の詔を受け、そのとおり奉仕することを誓います。もしこの誓約に違背することがあれば、必ず天罰を被ることになるでしょう」などといった。ここに、左大臣蘇我赤兄臣らも、手ずから柄香炉を取り、順々に立ち上がって、血の涙を流し誓盟をなし、「私たち臣下の五人は、殿下に従い、亡くなった天皇の詔のとおりにお仕え致します。もしこの誓約に違背することがあれば、四天王が我々を打ち、天神地祇もまた誅罰を加えるでしょう。三十三天は、どうかこのことをご了解ください。違背した者の子孫は絶え、家門は必ず滅びるでしょう」などと申し上げた。……[54]

『倶舎論』などの説くところによれば、須弥山は、金輪上の深さ八万由旬の大海より屹立し、中腹には四天王、山頂には帝釈天、上空には三十三天が位置する。内裏西殿の織仏が具体的に何を造形していたのかは不明だが、右の誓詞に、誓約の保証者・違反の処罰者として「四天王」「三十三天」がみえることからすれば、須弥山像であった可能性は高い。また、斎日・斎戒との関わりからすると、儀礼の行われた丙辰が六斎日の二十三日に当たること、誓約の作法に「血の涙を流し」（原文は「泣血」）とあることが注目される。前者はいうまでもなく、誓約が四天王に認知されることを意識し、わざわざ六斎日に実施をしたものだろう。後者については、恐らくは三品懺悔という懺悔の作法と関わりがあると思われる。スタイン本『仏説提謂経』巻下（S.2051）によると、五戒を授ける際、戒師はまず「三品懺悔法」を与え、生まれてから今現在に至るまでの「宿命罪」を除くという[55]。懺悔と斎戒とが密接に関連づけられているわけだが、その三品の意味するところについては、唐・善導撰『往生礼讃偈』日中讃／広懺が次のように説明している。

……懺悔には三つの品階、上・中・下がある。上品の懺悔は、身体中の毛孔から血を流し、眼の中から血を出す、これを上品懺悔と名づける。中品の懺悔は、全身を熱くして毛孔から汗を流し、眼の中から血を流す、これを中品懺悔と名づける。下品の懺悔は、全身を熱くして眼の中から涙を流す、これを下品懺悔と名づける。……[56]

実際に全身の毛穴や目から血を流すことが可能とは思われず、それゆえに三品懺悔は罪業を後悔する態度の理想型を示し、それを体現できないことで、より一層自己の拙劣さを自覚する効果があったものと推測される。いずれにしろこのように考えると、〈神身離脱〉の背景をなす非業の死者＝厲鬼による災厄、それを回避するための八斎戒、須弥山などを表象とする四天王信仰は、六朝期の中国から古代日本にかけて密接に繋がっていることになる。飛鳥の須弥山石は噴水施設であることが分かっており、三輪山前の儀礼でも、初瀬川に身を浸し口を漱ぐことが意識されていた。須弥山石と斎槻の至近を流れる飛鳥川の河原は、『万葉集』に、禊ぎの場としても歌われていた。前掲大友皇子の事例は清めを焼香で代替しているとみられるが、大津宮自体が琵琶湖畔に展開していることも無視できない。厲鬼による災厄が疫病もしくは洪水と考えられていたことを想起すると、水への執着の連鎖に不思議な印象を禁じえない。日本列島に浸透する四天王の形像には、多くその足下に邪鬼が踏みつけられているが、その邪鬼にこそ災禍なす厲鬼が投影されているのかもしれない。(57) また、服属儀礼の誓詞のなかに仏教的神格と天神地祇とが並置されていることは、「はじめに」で紹介した菱田哲郎氏の「泉が神仏を接近させる」との提言から、あらためて注目されてよい。氏は、天平期の悔過法会が清浄性を維持する泉水と結びついたことを指摘しているが、そうした意味での水への注目は、すでに、神仏の同居する七世紀の宣誓儀礼に見出せるのである。

三、〈神〉の概念をめぐる葛藤――〈神身離脱〉言説の日中比較――

以上のような背景を持つ四天王信仰の、古代日本における最も顕著な発現の形が、「金光明四天王護国之寺」なる正式名称を持つ国分寺である。平城京二条大路の溝へ瘧鬼祓除の呪符が廃棄された頃だろうか、朝廷は、のちの国分寺政策の起源となる命令を発している。「四畿内・二監と七道の諸国の僧尼に清浄沐浴させ、一ヶ月のうちに二、三度、『最勝王経』を読誦させよ。また、月の六斎日には殺生を禁断せよ」（『続紀』天平九年〈七三七〉八月癸卯条）。一見無関係にみえる厲鬼の災因論と四天王信仰とが、密接に結びついていることは明らかだろう。『類聚三代格』天平十三年三月乙巳勅（国分寺創建勅）の末尾に付された、「願わくは、将来（仏教国家の建設を阻む）悪君・邪臣がこの願を破棄したなら、彼は子孫に至るまで必ず災禍に遇い、未来永劫（果てしなく続く後世のいずれにおいても）仏教の存在しない世界に生を受けますように（救済を得られませんように）[58]」との聖武の願文、同じく天平勝宝元年（七四九）「勝宝感神聖武皇帝銅板勅書」の、「後代に不道の君主、邪な臣下が現れて、もし私の願いを犯し、破障して実行しなかったならば、その人は必ず破滅し、十方三世の諸仏・菩薩・一切の賢聖に罰を受け、ついに大地獄に堕ち、未来永劫にわたってそこから出離しえないようにして下さい。また十方一切の諸天・梵王・帝釈・四天大王・天龍八部・金剛密跡・護法護塔・大善神王、この普く全世界の大威力ある天神地祇、七代にわたる尊い祖霊、さらに王命を助けて功を立てた大臣・将軍の霊たちも、ともに大きな災禍を起こしその子孫を永久に滅し去るようにして下さい[59]」との誓願も、その延長線上に理解すべきであろう。聖武直筆の金字『最勝王経』を安置した国分寺の七重塔、蓮華座の花弁一枚一枚に須弥山世界の線刻を持つ東大寺盧舎那仏像は、いずれも須弥山の代替物でもある。「はじめに」で扱った、四天王を奉じる神雄寺の建設も、同じ思想的流れのなかにあることはいうまでもない。

かかる言説のなかにみられる神仏関係は、恐らくは仏教伝来の当初から存在するプラグマティックな並列意識、蕃神信仰などを基盤に、〈護法善神〉思想により強化されてきた。具体的には宇佐八幡宮の政治的な動きとも関わるが、大仏を飾る黄金の出現を天神地祇の加護によるものとする「天平感宝」「天平勝宝」改元、恵美押勝の乱鎮圧に基づく「天平神護」改元、道鏡政権を正当化する祥瑞出現に基づく「神護景雲」改元などに、その痕跡を辿ることができる。一で触れた〈神身離脱〉言説も同時期に散見するようになるが、近年鈴木実氏によって指摘されているように、これらも〈護法善神〉思想を基盤にしており、例えば延暦七年（七八八）「多度神宮寺伽藍縁起幷資財帳」（伊勢国桑名郡）には、国分寺創建勅の思想・文言を踏襲した願文が記されている。[60]また自然環境との関係で注意したいのは、この多度神が古くから水取の氏族らによって奉祀された、山の神＝水の神であったらしいことである。[61]このほか、気比神宮寺（越前国敦賀郡）、宇佐八幡神宮寺（豊前国宇佐郡）、補陀洛山神宮寺（下野国都賀郡）、高雄神願寺（山城国葛野郡）、若狭神願寺（若狭国遠敷郡）なども、山・水の聖地に併設されている。これは、幾つもの堂塔を備えた伽藍寺院が平地に建設されてゆく一方、須弥山に体現される山・水のイメージが重視されたことや、そしてもちろん中国の僧伝類にみる神仏習合の言説が、山の神や湖の神などを対象に語られていたことに基づくものだろう。しかし中国・日本の言説は、その内実や背景に至るまで同質のものといえるだろうか。若狭神願寺の縁起に当たる、『日本後紀』逸文／天長六年（八二九）三月乙未条を詳しくみてみよう。

若狭国比古神が、（私朝臣）宅継を神主とした。その宅継の辞によれば、「古記を調べてみますと、養老年間には疫病が頻発し、多数の病死者が出ました。降雨と晴天の巡ってくる順序が混乱し、一年の穀物もよく実りませんでした。私の曾祖父赤麿は、心を仏道に寄せ、身体を深山で鍛錬しておりました。大神はそれに感応して人に神懸かりし、『この地は私の住処である。私は神身を受け、その苦悩は大変に深い。仏法に帰依して神道を離れようと思うが、その願を果たせず、ただ災害を起こしてしまっているのだ。お前は、よく私のために修行を積むように』と託宣されました。そこで赤麿は道場を建てて仏像を造り、神願寺と名付け、大神のために修行しました。そののち、穀物も豊かに実るようになり、人々も夭死することはなくなりました」などという。……[62]

若狭比古神が神身の苦悩を語り、神願寺創建の作善を受けてそれから免れる基本的な文脈は、中国の〈神身離脱〉言説に共通するし、疫病と天候不順も厲鬼による厄災を連想させる。また、お水取りで東大寺と繫がる若狭比古社にも、多田ヶ岳と遠敷川の織りなす山水の景観、古い水の聖地である可能性など、他の神宮寺と同種の環境文化がうかがえる（図2。若狭彦神社、若狭神宮寺の東側正面を遠敷川が流れ、西側後背に多田ヶ岳が聳える）。しかし、神の苦悩している状態が疫病流行・気候不順・年穀凶作で表象される点、逆に救済された状態が年穀豊穣・夭死の停止で表象される点は、『書紀』や『風土記』に語られる〈祟り神〉言説（自然災害型）に等しい。[63] 先に掲げた六朝蔣侯神の創祠譚のように、祟り神の原型らしき物語も漢籍に散見するし、そもそも〈祟〉の文字・概念の成り立ちは、殷王朝の甲骨卜辞にまで遡りうる。[64] しかし、列島のそれには非業の死者の色彩はなく、自然災害の勃発の理由や対処法を説明し、社会不安を抑える災因論としての機能が主軸をなしている。やはり、神観念が中国ほど複雑かつ重層的に抽象化されておらず、地形・植生・気候等々からなる森羅万象のありようを、直感的に〈神〉と形象してきたからだろうか。祝詞や神話の字句・表現へ儒教・仏教・道教の漢籍が援用された結果、在来の神祇の造型も個別の人格神に近付きつつあったが、その根幹は大きくは変わらなかったといえよう。そこで回避された非業の死者のニュアンスは、同時期、御霊会の隆盛へ向けて形をなしてゆくことになる。貞観十一年（八六九）六月の祇園御霊会初修が、同年の疫病流行と、その僅か十日余り前に起こった貞観地震・津波（被害の質は洪水に等しい）を直接的引き金としたことは、偶然ではない。[65]

なお、作善を要請される私朝臣赤麿は、その曾孫である宅嗣が神主に任じられていることからすれば、若狭比古神を奉祀する共同体の首長層出身であったと考えられる。そのような人物が神に奉仕するという構造自体、神の子孫や祭祀方式に熟達した者が鎮祭を担う、〈祟り神〉言説の形式を踏襲している。同様の事例は、『古事記』中／崇神天皇段・『書紀』崇神天皇七年二月辛卯条〜八月己卯朔己酉条における三輪大物主神の子孫オホタタネコに始まり、『本朝月令』「秦氏本系帳」所引『山背国風土記』逸文の卜部伊吉若日子、『延喜式』神祇／祝詞「龍田風神祭祝詞」の「百の物知れる人」、『播磨国風土記』揖保郡広山里意此川条で中央から派遣された額田部連久等々、『肥前国風土記』基肆郡姫社郷条において姫社神より指命を受けた筑前国宗像郡人珂是古、『肥前国風土記』佐嘉郡総説（一云）において卜占により名指しされた土蜘蛛大山田女・狭山田女など、複数掲げることが可能である。そこでは時機に応じて、創造性（神託や夢告など）を伴う新たな説明の提示、より説得力ある段階への祭祀方式の更新が図られ、災害などの勃発による社会不安の鎮静化が促された。災害は祟りという形を与えられて、祭祀により対処可能なものへ変換されるのである。

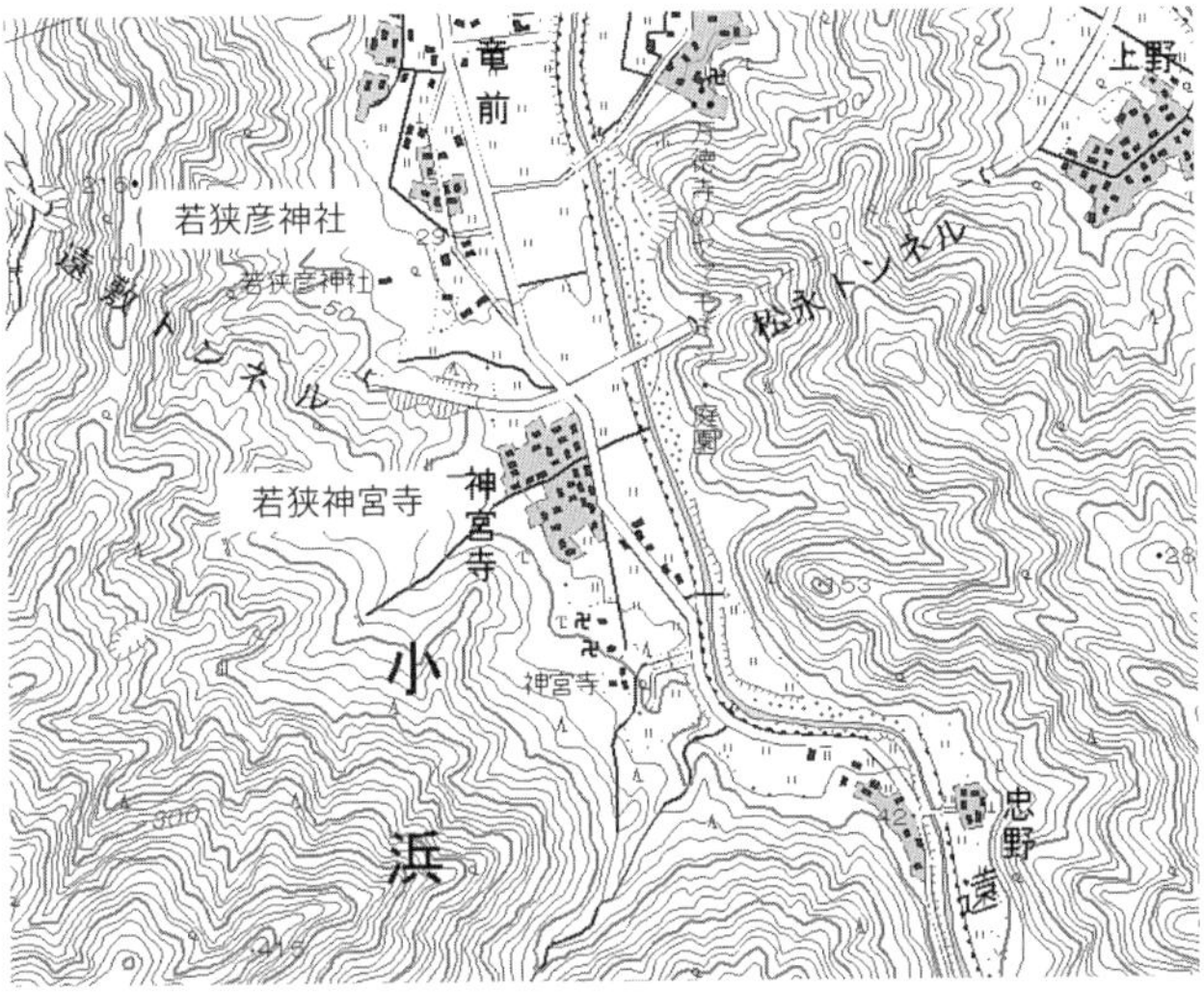

図２　若狭神宮寺周辺地図　（国土地理院の1/25000地図を元に筆者作成）

列島の〈神身離脱〉言説も、災害を神の苦しみと捉え、仏教という新たな祭祀方式で対応するもので（ゆえに鎮祭の主体は僧侶となる）、表面的には仏教の論理・形式を用いつつ、構造的には〈祟り神〉のそれと変わりがない。よって列島の〈神身離脱〉言説は、神祇が作善に基づきその悪身を離脱することにはならず、中国の事例のように社祠の断絶には帰結せず、むしろ護法善神として活性化されるのである。その意味で同言説は、神身の苦悩を除き善神へ転換する過程を述べた、〈善神転換〉言説とでもいいうる内容になっている。

　中国・日本の神仏習合のあり方が、同一の言説形式に基づきつつ微妙な相違を生じてゆくのは、やはり両者の神観念の相違によるところが大きいのだろう。次の『叡山大師伝』香春神宮寺創建縁起には、その傾向がまた異なる形式で表象されており注目される。

……昔、大師（最澄）が渡海されるとき、その途上で田河郡賀春山の麓に寄宿された。夜、夢に梵僧が現われ、衣を披いて自らの身をさらけだすのをみると、左半身は人に似ているが、右半身は石のようであった。その僧は和上に向かい、「私は賀春神です。伏して和上にお願いします。どうか、（一切の衆生を救おうと願う）海のように広大な和上の大慈悲心を被り、早く神道の苦患から救ってください。仏法の助けを求めるために、私は和上を昼夜守護します」といった。夜が明けた翌朝、その山をみると、右脇は崩れた岩が幾重にも落ち重なっていて、草木も生えておらず、あたかも夢に現れた梵僧の半身のようであった。そこで大師は法華院を建て、『法華経』を講読した。今、賀春神宮院と呼んでいるのは、この堂宇のことである。講会を始めてから、その山の岩が崩れた箇所にも段々と草木が生え、年を追って繁茂するようになった。近隣の村々の翁や嫗たちに、感嘆しない者はいなかった。賀春神はまた、「海中で難に遭われたときは、私が必ずお助けしお守り致しましょう。私の力かどうかをお知りになりたければ、光を出現させることで印としましょう」と託宣した。これによって、海難に遭う度ごとに、常に光が現れて助けてくれた。託宣には真実があり、祈願も虚しく終わることはなかった。大師は本願のとおり、比叡山にお入りになった朝から入滅される夕べまで、四恩のほかに、神々を手厚く救済された。……(66)

やはり、中国の〈神身離脱〉形式を踏襲するものだが、傍線部のように、香春岳そのものが神の身体として現れている点が注意される。同岳は、石灰岩質の三つの峰からなるが、近代以降は石灰の採掘地となっているため、現在、一ノ岳はその半分近くを喪失してしまっている（図3、また図4によれば、南側正面に金辺川、北側後背に香春岳と、香春神社も山水の構図のうちにあることが分かる）。山の斜面は地質学的にも、古代より常に崩落しやすい状態にあったのだろう。また、付近には古地名の「採銅所」が残っているほか、秦氏系統の勝姓氏族、秦人・秦部などにより、実際に銅の採掘が行われていた形跡がある。[67]『叡山大師伝』にみえる斜面の荒廃は、何らかの開発に起因するものだったのかもしれない。いずれにしろ重要なのは、この当時、そのように山地の荒れ果てたありさまを山神が苦しんでいる状態、草木繁茂の回復した様子を山神の救済された状態と捉える感性（そして、それを聞いて違和感なく理解できる感性）が存在したことである。中国の〈神身離脱〉言説にも、山川草木や自然現象、災害を表象する神格は登場するが、彼らの大部分はそれらを統御する神霊であって、山や川そのものではない。一で詳述した宮亭廟神が、蛇身としての死により「清浄な川や湖を穢してしまう」ことを恐れている点は、中国的神観念が自然環境との断絶を内包していることをよく示している。香春岳（図4）を神の身体と考える『叡山大師伝』の発想は、非業の死者の救済を基底とする中国的言説とは明らかに異なり、現実世界と神仏、真理の世界とを一体視する、のちの本覚論的なベクトルを持つものといえよう。

　右のような考え方が、縁起譚の主人公である最澄自身の思想であるかどうかは不明である。しかし、『延喜式』や『日本三代実録』が姫神と表象する香春神を「梵僧」としている点、若狭神願寺

図3（上）　昭和初期の香春岳（右から一ノ岳、二ノ岳、三ノ岳）
　　（下）　現在の香春岳（採掘開始から70年後の姿）
出典：http://www.geocities.jp/noyama3/gw/kawara_1.htm

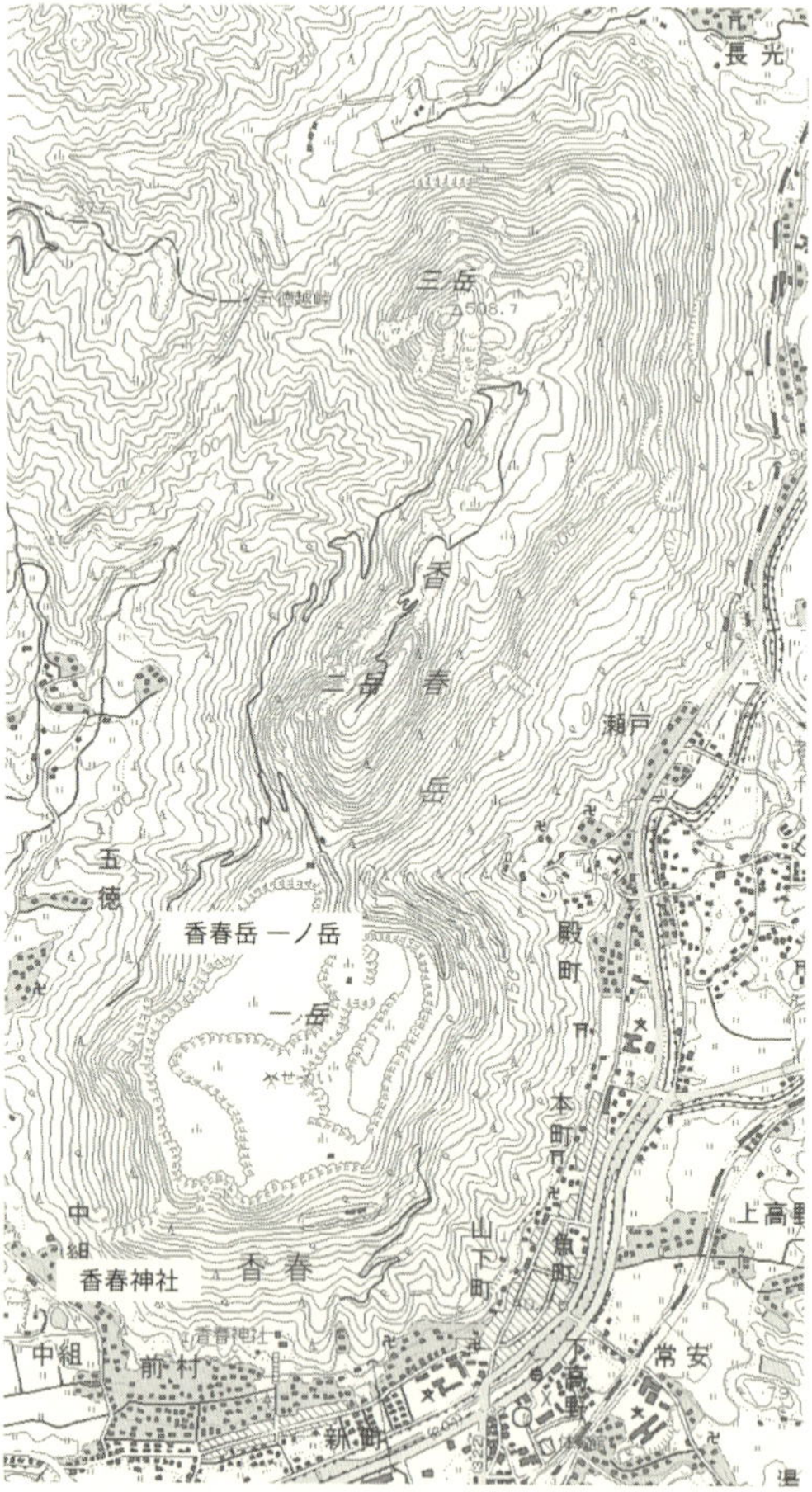

図４　香春神社周辺地図（国土地理院の1/25000地図を元に筆者作成）

の場合と違い、在地の文脈とは異なる位相のナラティヴであるのは確かだろう。最澄を嗣いだ二代目座主円澄と、中国天台の広修・維蠲らとの承和年間（八三四～八三七）の問答からうかがえるように、日本天台宗は草木に対し、仏教史上極めてユニークな思考を抱いていた。安然撰『斟定草木成仏私記』によると、円澄の疑問は、①無情（心のないもの）における知覚の有無、②無情の発心・修行・成仏の有無、③無情の伐採は波羅夷（犯すと教団から追放される最も重い戒律）になるか、の三点に集約されるが、(68) ここで論じられている「無情」とは草木のことにほかならない。実は、原始仏教から中国仏教に至るまで、草木は常に無情と位置づけられ、主体的に成仏しうる存在とはみなされていなかった。一般に、生きとし生けるものすべての成仏を意味するとされる『大般涅槃経』の

「一切衆生悉有仏性」も、「衆生」は有情のみしか含意せず、単に人間や獣の成仏を保証するに過ぎなかったのである。[69]天台宗の智顗・湛然、三論宗の吉蔵、華厳宗の法蔵といった中国仏教の巨人たちも、草木の成仏自体には触れるものの、多くは主体と器世間（環境世界）の相即不二を根拠に、前者の成仏から後者の成仏を導き出すのみであった。[70]結果、右の円澄の疑問に対する中国天台の返答も、分かりきったことばかりに祖師たちの議論を繰り返すに止まっている。しかし、円澄の視角は間違いなく草木自体を生命ある主体として捉えており、その背景には、草木自らが発心・修行・成仏するという考え方（〈草木発心修行成仏〉説）が存在した。中国天台は人間主体に固執してそれを理解しえず、正当な回答を与えることができなかったのである。このような広義の自然観、山川草木に向けた眼差しの相違は、両国の〈神身離脱〉言説の相違にも対応しているように思われる。[71]

おわりに――〈神身離脱〉言説と草木成仏――

草木成仏の問題は、その後も日本天台において折に触れて取り上げられ続けるが、なかでも第十八代座主良源の存在はひとつの画期をなしている。彼の草木成仏論を死後間もなくまとめたという覚運撰『草木発心修行成仏記』は、その事実性に疑問も残るものの、いわゆる応和の宗論（応和三年〈九六三〉）以降、良源が同宗内で草木成仏論の体現者として位置付けられてきたことを伝えてくれる。とくに同書には、草木における生・住・異・滅の四相をそのまま発心・修行・菩提・涅槃の姿と捉える、多分に本覚論的な立場が表明されていて注目される。[72]

良源の思想的影響が想定される源為憲撰『三宝絵』巻下は、洪水で近江国高島郡に出現した祟りなす樹木が、大和国当麻里で疫病を流行させるなどの遍歴を経て、沙弥徳道により長谷観音に造像されるまでを描いた「長谷寺縁起」（「徳道、〵明等ガ天平五年ニシルセル、観音ノ縁起幷ニ雑記等」）を載せている。まさに、〈神身離脱〉的論法で草木成仏そのものを扱った物語であるが、良源の出身氏族である近江国浅井郡木津氏とも関わりの深い、かつて東大寺の山作所が置かれていた高島、本覚論の大成者に仮託される良源の最も有名な弟子、恵心僧都源信の出生地当麻を舞台にしている点は見逃せない（すなわち同縁起は、天平五年〈七三三〉の記録というより、勧学会〜二十五三昧会の思想的系譜のなかに位置づけられる、天台系の言説だろう）。[73]また、洪水・疫病が併せて語られている点は、やはり中国六朝の災害観を想起させるし（直接的には欽明紀の災の記述に拠っている）、何より引かれては遺棄され災厄を呼ぶ樹木の仏像への転換は、災禍なす非業の死者の救済の相似形であろう。非業の死者＝厲鬼は、究極的には（その存続のために排除された）家制度の犠牲であり、それゆえに祟咎を下すように、草木、自然環境も、人間による開発の結果として災禍をなす。虐げられた客体と災厄をなす主体が結びつけられる、その心の動きの背景には、加虐した側の後ろめたさや負債感が存在する。木津氏出身の良源の目には、悲鳴をあげて伐り倒される樹木の姿が焼き付いていたに違いない。その意味で神身の罪業とは、これを表象する人間主体自身の罪業なのである。

列島に定着した〈神身離脱〉言説は、非業の死者を救済する本来の機能より転化し、自然環境を成仏させる理論として本覚論へ接続してゆく。そしてその「成仏」は、前身よりの離脱、輪廻からの解脱を意味せず、現状を肯定＝称賛することで自然環境への依存度を高めてゆく。〈神身離脱〉にしろ〈草木成仏〉にしろ、救済は現状に対する批判に裏打ちされていたはずだが、やがてそうした葛藤は欠落し、負債感を払拭する自己正当化の機能のみが強くなる。平安期から中世にかけて普及してゆく本地垂迹説など、護法善神的な神祇の全肯定を前提とし、罪業観の深まりを一切感じさせない。しかしやがて、そうした垂迹神が畜生とその生命を奪う人間の罪業を引き受ける殺生功徳論が生じ、狩猟神事や魚肉の供献を受ける神社の周辺で語られてゆくことを考えると、やはり列島に暮らす人々の動揺（環境からの搾取を正当化するベクトルと、相対化するベクトルとの葛藤）が無化されることは、ついに現在に至るまで実現しなかったのかもしれない。

注

（1）木津川市教育委員会『馬場南遺跡（神雄寺跡）発掘調査 現地説明会資料』（同会、二〇〇九年）、京都府埋蔵文化財調査研究センター『馬場南遺跡現地説明会資料』（同センター、二〇〇九年）、伊野近富a「山背国相楽郡神雄寺の発見――木津川市馬場南遺跡の検討――」（『木簡研究』三一、二〇〇九年）・b「馬場南遺跡第2次調査の成果」（『京都府埋蔵文化財情報』一〇九、二〇〇九年）・c「遺跡速報 京都府馬場南遺跡（神雄寺跡）の調査」（『考古学ジャーナル』五九七、二〇一〇年）など。調査と成果の概要は、のち、上田正昭監修・財団法人京都府埋蔵文化財調査研究センター編『天平びとの華と祈り――謎の神雄寺――』（柳原出版、二〇一〇年）、木津川市教育委員会編『神雄寺跡（馬場南遺跡）発掘調査報告書』（木津川市埋蔵文化財調査報告書一六、同委員会、二〇一四年）などにまとめられた。

（2）菱田哲郎「奈良時代の泉と仏堂」（上田監修注1書）。周辺の木津川沿いには良弁の開基伝承を持つ寺院も点在しており、それらの意義も再評価すべきではないか。拙稿「良弁の出自と近江国における活動」下（『芸林』四六―三、一九九七年）参照。なお、同遺跡と水との関わりは、飛鳥寺西の広場から東大寺に至る文脈のなかに位置づけられる。拙稿「ヒトを引き寄せる〈穴〉――東アジアにおける聖地の形式とその構築――」（『古代文学』四九、二〇一〇年）参照。

（3）浅井和春「法華堂本尊不空羂索観音像の成立」（『日本美術全集』四／東大寺と平城京、講談社、一九九〇年）一七三頁。

（4）例えば西宮秀紀、日本古代の歴史三『奈良の都と天平文化』（吉川弘文館、二〇一三年）は、初期神仏習合における〈神身離脱〉説に触れ、「……これらの言説は、古代中国文献の模倣という説もあるが、具体的な行為はいわば神がかり、いいかえればシャーマニズムの特徴的行為であり、中国以外に東アジアにも広くみられる行為である」と、時代・地域による差異を一切捨象して、近代的概念であるシャーマニズムへ還元してしまう。このような論法では、神仏習合という事象の特質はもちろん、中国や日本列島の共通点・相違点もまったくみえてこない。

（5）拙稿「日本列島の人びとと自然――伝統的農村風景を疑う――」（歴史科学協議会編『歴史の常識を読む』東京大学出版会、二〇一五年）参照。

（6）拙稿「過去の供犠――ホモ・ナランスの防衛機制――」（『日本文学』六一―四、二〇一二年）参照。また早川タダノリ『「日本スゴイ」のディストピア』（青弓社、二〇一六年）は、現代日本の自画自賛と昭和八年（一九三三）国際連盟脱退時のそれとを比較し、そのあまりの酷似に注意を促している。

（7）例えば、東洋大学国際哲学研究センターでは、二〇一三年にシンポジウム「共生思想としての神仏習合」を開催している。早稲田環境塾京都合宿の講義をまとめた、同塾編『京都環境学――宗教性とエコロジー――』（藤原書店、二〇一三年）などにも、同様の感性や発想が認められる。

（8）鎌田東二『神と仏の出逢う国』（角川選書、二〇〇九年）一四―一五頁。同書の帯に踊る、「山川草木、花鳥風月、森羅万象に祈りを捧げる日本人の神仏観。日本独自の神仏習合の文化を俯瞰する初めての書！」とのアオリ文句からは、出版社が本書をいかなる意図のもとに販売しようとしているか分かる。

（9）アルフレッド・クロスビー（佐々木昭夫訳）『ヨーロッパ帝国主義の謎――エコロジーから見た一〇～二〇世紀――』（岩波書店、一九九八年、原著一九八六年）。

（10）デイヴィッド・アーノルド（飯島昇蔵・川島耕司訳）『環境と人間の歴史』（新評論、一九九九年、原著一九九六年）。

（11）最新の通史といえる伊藤聡『神道とは何か――神と仏の日本史――』（中公新書、二〇一二年）は、外来説を前提に書かれているし、山川出版社の高校日本史教科書『詳説日本史B』（笹山晴生・佐藤信・五味文彦・高埜利彦編、二〇一四年）にも、「すでに中国において、仏教と中国の在来信仰の融合による神仏習合思想がおこっていたことにも影響を受けている」との脚注が加えられた（五七頁）。

（12）拙稿「祟・病・仏神――『日本書紀』崇仏論争と『法苑珠林』――」（あたらしい古代史の会編『王権と信仰の古代史』吉川弘文館、二〇〇五年）参照。

（13）これらの問題については、前掲注12拙稿のほか、吉田一彦氏が綿密な検討を加えている。吉田一彦『仏教伝来の研究』（吉川弘文館、二〇一二年）参照。

（14）近年では、曾根正人『聖徳太子と飛鳥仏教』（吉川弘文館、二〇〇七年）に詳しい。

（15）拙稿「神を〈汝〉と呼ぶこと――神霊交渉論覚書――」（倉田実編『王朝人の婚姻と信仰』森話社、二〇一〇年）で詳しく論じた。

（16）拙稿「渡来人と宗教文化の形成」（遠日出典編『日本の宗教文化』上、高文堂出版社、二〇〇一年）参照。

（17）拙稿「古代日本の神仏信仰」（『国立歴史民俗博物館研究報告』一四八、二〇〇八年）。

（18）このことに関連して、近年神道の側からも積極的な考究がみられる。神道宗教学会第六五回学術大会シンポジウム（二〇一一年）「神々の神仏関係史再考――カミを祀る担い手をめぐって――」（『神道宗教』二二八、二〇一二年。拙稿「コメント　担い手論の深化／相対化」を含む）、皇學館大学研究開発推進センター神道研究所公開学術シンポジウム（二〇一三年）「東アジア及び東南アジアにおける神仏習合・神仏関係」（『皇學館大学研究開発推進センター紀要』一、二〇一五年。拙稿「中国における神仏習合――六朝期江南における原型の成立と展開――」を含む）など。また、国家的神祇制度の貴族層による内面化から神道の形成過程を扱った三橋正『日本古代神祇制度の形成と展開』（法藏館、二〇一〇年）、漢籍からの受容過程を検証した吉原浩人「日本古代における「神道」の語の受容と展開」（ルチア・ドルチェ、三橋正編『「神仏習合」再考』

勉誠出版、二〇一三年）も重要。

(19) 桜井徳太郎「初期仏教の受容とシャマニズム」（同『日本のシャマニズム』下、吉川弘文館、一九七七年）、田村圓澄「尼寺と法師寺」（同『古代朝鮮仏教と日本仏教』吉川弘文館、一九八〇年）参照。

(20) 勝浦令子「東アジアの尼の成立事情と活動内容」（同『日本古代の僧尼と社会』吉川弘文館、二〇〇〇年）参照。

(21) 吉田一彦「多度神宮寺と神仏習合」（梅村喬編『古代王権と交流』四／伊勢湾と古代の東海、名著出版、一九九六年）。

(22) 拙稿「先達の物語を生きる――行の実践における僧伝の意味――」（藤巻和宏編『聖地と聖人の東西――起源はいかに語られるか――』勉誠出版、二〇一一年）。

(23) 以下の内容は、拙稿「神身離脱の内的世界――救済論としての神仏習合――」（『上代文学』一〇四、二〇一〇年）に基づいている。

(24) このあたりの経緯については、拙稿「死者表象をめぐる想像力の臨界――祭祀を求める者は誰か――」（『物語研究』九、二〇〇九年）・「鎮魂という人々の営み――死者の主体を語れるか――」（中路正恒編『地域学への招待』角川学芸出版、二〇一〇年）を参照。死者論は、東日本大震災を契機に大きく展開したが、その主流は情緒的な〈癒しの死者論〉であり、巨大な被害を招いた生者の価値観を強化こそすれ、相対化するような重要性には到達していない。龍谷教学会議二〇一三年度大会シンポジウム「宗教者の役割――災害の苦悩と仏教――」における筆者の報告「語ることと当事者性――災害における言説の暴力と宗教者の役割――」を参照（『龍谷教学（龍谷教学会議研究紀要）』四九、二〇一四年、とくに一六三―一六五頁）。

(25) 原文は、『大正新修大蔵経』五〇巻／史伝部二、三二三c～三二四a頁に拠った（宮亭廟の「宮」は「䢼」に作る）。現代語訳にあたっては、吉川忠夫・船山徹訳『高僧伝』一（岩波文庫、二〇〇九年、三九―四一頁）を参照した。以下、引用史料は、便宜上現代語訳（必要のある場合は書き下し文）を掲げる。なお、この物語の成立過程については、拙稿「東晋期中国江南における〈神仏習合〉言説の成立」（根本誠二・宮城洋一郎編『奈良仏教の地方的展開』岩田書院、二〇〇二年、初出二〇〇一年）で詳しく論じた。

(26) 前掲拙稿注25論文、一一―一五頁。

(27) 話数は二〇巻本のそれを記したが、原文は、李剣国輯校『新輯捜神記・新輯捜神後記』（中華書局、二〇〇七年）に拠った。現代語訳にあたっては、先坊幸子・森野繁夫編『干宝 捜神記』（白帝社、二〇〇四年、一五三―一五五頁）を参照した。

(28) 原文は、新釈漢文大系（鎌田正訳注、明治書院、一九七七年）に拠り、現代語訳も参照した。

(29) 原文は、新釈漢文大系（吉田賢抗訳注、明治書院、一九六〇年）に拠り、現代語訳も参照した。

(30) 前掲拙稿注16論文、二〇―二二頁。
(31) 福原栄太郎「天平九年の疫病流行とその政治的影響について――古代環境とその影響についての予備的考察――」(『神戸山手大学環境文化研究所紀要』四、二〇〇〇年)。
(32) 丸山裕美子「『医心方』の世界へ――天平九年の典薬寮勘文と太政官符――」(同『日本古代の医療制度』名著刊行会、一九九八年)。
(33) 原文は、新日本古典文学大系(青木和夫・稲岡耕二・笹山晴生・白藤禮幸校注、岩波書店、一九九〇年)に拠った。
(34) 『平城宮出土木簡概報』三一、三七頁。
(35) 大形徹「二条大路木簡の呪文」(『木簡研究』一八、一九九六年)二四六頁。
(36) 拙稿「野生の論理/治病の論理――〈瘧〉治療の一呪符から――」(『日本文学』六二―五)四五―五一頁。
(37) 拙稿「歴史叙述としての医書――漢籍佚書『産経』をめぐって――」(小峯和明編、アジア遊学一五九『〈予言文学〉の世界――過去と未来を繋ぐ言説――』勉誠出版、二〇一二年)・前掲注36論文参照。
(38) 佐々木聡「『女青鬼律』に見える鬼神観及びその受容と展開」(『東方宗教』一一三、二〇〇九年)参照。
(39) 原文は、新釈漢文大系(山田勝美訳注、明治書院、一九八四年)に拠り、現代語訳も参照した。
(40) 原文は、魯迅校録『古小説鈎沈』(斉魯書社、一九九七年)を参照しつつ、張国風会校『太平広記会校』巻三一八鬼三(北京燕山出版社、二〇一一年)に拠った(以下、『太平広記』からの引用はこれに基づく)。『太平御覧』巻七四三疾病部六にも同一の物語が収録されているが、多少の字句の異同がある。
(41) 原文は、胡道静校注『夢渓筆談校証』(中華書局、一九六〇年)に拠り、現代語訳は、梅原郁訳注『夢渓筆談』(平凡社東洋文庫、一九八一年)を参照した。
(42) 原文は、『正統道蔵』一〇巻/洞玄部、二三七上・下頁に拠った。
(43) 原文は、『法苑珠林』六道篇/鬼神部感応縁に拠り、周叔迦・蘇晋仁校注『法苑珠林校注』(中華書局、二〇〇三年)をもとに、『大正蔵』校勘記、『太平広記』(『太平広記会校』)、『古小説鈎沈』、『法苑珠林』所録『冥祥記』の本文校訂並びに選注選訳」(『真宗総合研究所研究紀要』二五、二〇〇七年。一澤美帆氏担当部分)の校勘記を参照して校訂した。
(44) 前掲注43に同じ。なお、「『法苑珠林』所録『冥祥記』の本文校訂並びに選注選訳」は、稲垣淳央氏担当部分。
(45) 都築晶子「南人寒門・寒人の宗教的想像力について」(『東洋史研究』四七―二、一九八八年)参照。
(46) 都築晶子「六朝時代の江南社会と道教」(『魏晋南北朝隋唐時代史の基本問題』汲古書院、一九九七年)・「六朝隋唐時代における道教と女性」(『名古屋大学東洋史研究報告』二五、二〇〇一年)など参照。

(47) 前掲拙稿注22論文。禅観における感応体験については、山部能宜「『梵網経』における好相行の研究――特に禅観経典との関連性に注目して――」(荒牧典俊編『北朝隋唐中国仏教思想史』法藏館、二〇〇〇年)、師茂樹「五姓各別説と観音の夢」(『仏教史学研究』五〇―二、二〇〇八年)・「占察経の成立と受容――なぜ占いが必要とされたのか――」(『日本仏教学会年報』七七、二〇一二年)、箕輪顕量『仏教瞑想論』(春秋社、二〇〇八年)など参照。

(48) 原文は、蘇晋仁・蕭錬子点校『出三蔵記集』(中華書局、二〇一三年)に拠った。『法苑珠林』巻十八敬法篇／感応縁／晋済陰丁徳慎と同じ逸話と思われるが、同記事にも載せる「建安」は晋の年号ではない。

(49) 拙稿「日本的中華国家の創出と確約的宣誓儀礼の展開――天平期律令国家を再検討する視点として――」(『仏教史学研究』四二―一、一九九九年)・「鎮護国家の仏教」(大久保良峻・佐藤弘夫・末木文美士・林淳・松尾剛次編『日本仏教の鍵』春秋社、二〇〇三年)・「説話の可能態――『日本霊異記』堕牛譚のナラティヴ――」(『歴史評論』六六八、二〇〇五年)など参照。

(50) とくに合致するのは、誓魔品に登場する三十六天の魔王である。これが仏教から流入した神格であるのは明らかで、かかる歴史的経緯からしても四天王との共通性は高い。

(51) 『大正蔵』五一、四二八a頁。

(52) 古代日本における放生・殺生禁断の展開については、野尻靖「律令制支配と放生・殺生禁断」(『続日本紀研究』二四〇、一九八五年)、三上喜孝「雑令六斎日条の成立」(『続日本紀研究』三〇二、一九九六年)、藤田琢司「古代における六斎日の殺生禁断について」(『鷹陵史学』二三、一九九七年)、平雅行「殺生禁断の歴史的展開」(大山喬平教授退官記念会編『日本社会の史的構造　古代・中世』思文閣、一九九七年)、前掲注49論文(「鎮護国家」「可能態」)、拙稿「人外の〈喪〉――動植物の〈送り〉儀礼から列島的生命観を考える――」(『キリスト教文化研究所紀要』三一、二〇一三年)など参照。

(53) この誓約儀礼の詳細については、前掲拙稿注49論文(「宣誓儀礼」)参照。

(54) 原文は、新編日本古典文学全集(小島憲之・西宮一民・毛利正守・直木孝次郎・蔵中進訳注、一九九八年、小学館)に拠り、現代語訳も参照した。

(55) 牧田諦亮「提謂経と分別善悪所起経――真経と疑経――」(同『疑経研究』臨川書店、一九七六年)一九九頁下段。

(56) 『大正蔵』四七／諸宗部四、四四七a頁。

(57) 長岡龍作「仏像の意味と上代の世界観――内と外の意識を中心に――」(『講座日本美術史』三／図像の意味、東京大学出版会、二〇〇五年)参照。

(58) 原文は、新訂増補国史大系に拠った。

(59) 原文は、『大日本古文書』一二巻、三九四―三九五頁に拠った。

(60) 鈴木実「古代における在地布教と『護法善神』」(根本誠二・秋吉正博・長谷部将司・黒須利夫編『奈良平安時代の〈知〉の相関』岩田書院、二〇一五年)。

(61) 鈴木実「奈良・平安初期における多度神宮寺の位相――「多度神宮寺伽藍縁起幷資財帳」願文にみる水の祭祀と王権――」(『続日本紀研究』四〇七、二〇一三年)。

(62) 原文は、黒板伸夫・森田悌編、訳注日本史料『日本後紀』(集英社、二〇〇三年)に拠った。

(63) 〈祟り神〉言説については、拙稿「災害と環境」(北原糸子編『日本災害史』吉川弘文館、二〇〇六年)・前掲拙稿注17論文参照。

(64) 拙稿「『日本書紀』と祟咎――「仏神の心に祟れり」に至る言説史――」(大山誠一編『日本書紀の謎と聖徳太子』平凡社、二〇一一年)。

(65) 保立道久『歴史のなかの大地動乱――奈良・平安の地震と天皇――』(岩波新書、二〇一二年)一二六―一四五頁。

(66) 原文は、佐伯有清『伝教大師伝の研究』(吉川弘文館、一九九二年)一六二―一六四頁に拠った。

(67) 加藤謙吉『秦氏とその民――渡来氏族の実像――』(白水社、一九九八年)一〇九―一一九頁。

(68) 末木文美士『平安初期仏教思想の研究――安然の思想形成を中心として――』(春秋社、一九九五年)掲載の校訂文を参照(七〇九頁)。

(69) 近年では、中村生雄「殺生罪業観と草木成仏思想」(同・三浦佑之・赤坂憲雄編『狩猟と供犠の文化誌』森話社、二〇〇七年)に詳しい。

(70) インドから日本に至る草木成仏論の流れについては、白土わか「草木成仏説について――その形成と展開――」(『仏教学セミナー』六八、一九九八年)、渡辺喜勝「草木成仏論の形成と意義」(『論集』(印度学宗教学会)』二七、二〇〇〇年)、拙稿「草木成仏論と他者表象の力」(長町裕司・永井敦子・髙山貞美編『人間の尊厳を問い直す』上智大学出版、二〇一一年)、末木文美士『草木成仏の思想――安然と日本人の自然観――』(サンガ、二〇一五年)など参照。

(71) なお、〈神身離脱〉言説ではなく〈護法善神〉言説に関することだが、中国の高僧伝類に好んで用いられた馴虎表現が、列島においてはほとんど使用されなかった点にも注意しておく必要がある。具体的には、山神の化身もしくは使者である二頭の虎の争闘を、高僧が仲裁し分離するというエピソードで、高僧の権威を喧伝する常套句となっている(『唐高僧伝』巻十六 習禅篇初/僧稠伝八・曇詢伝二十、同巻二十六 習禅篇六之余/釈恵明伝二十など)。虎は日本列島に棲息しないため、馴染みのなかったことが大きな理由かもしれないが、これを狼に移し換えて記述した例は、『書紀』欽明天皇即位前紀にみられる（ただし、神仏習合関係の記事ではない）。こちらは仏教、とくに人間である僧侶に完全に神祇が服従してしまう表現であるため、日本的神観念においては敬遠されたのだろうか。先の欽明即位前紀の事例も、仲裁主体である秦大津父が「貴神」である狼に祈願する形を採り、あくまで神を上位に置いた記述となっている。前掲拙稿注15論文、一五二―一五八頁。

（72）原文は、『大日本仏教全書』天台法華宗義集・天台小部集釈、三四五上頁に拠った。

（73）「長谷寺縁起」の成り立ちについては、拙稿「礼拝威力、自然造仏――『三宝絵』所収「長谷寺縁起」の生成と東アジア的言説空間――」（早島有毅編『親鸞門流の世界――絵画と文献からの再検討――』法藏館、二〇〇八年）、『寺院縁起の古層――注釈と研究――』（共編著、法藏館、二〇一五年）参照。

◉日本

火山信仰と前方後円墳

保立道久

前方後円墳は火山信仰、火山崇拝を表現している。前方後円墳が壺型墳であるという理解を確認し、火山を壺と観相していたことを示す火山噴火の風景を描いた史料などから、前方後円墳＝壺＝地母神＝火山という連想が十分にありうることを説明する。その上で、いわゆる天孫降臨神話の分析によって、倭国神話の主催神であるタカミムスヒが火山神であることを示す。歴史環境学を考える上で、神話論の問題は一度は通過すべき問題である。

はじめに

日本列島で、古くから地震と噴火が激しかったことはいうまでもない。とくに最近の知見によると、今から約二〇〇〇年前の紀元前後の時期も一つの「大地動乱の時代」であった可能性が生まれている。この時期は、この列島において文明と国家の形成がはじまった時であるだけに、この激動は倭国の神話の形成に大きな影響をあたえたのではないだろうか。

以下は、拙著『歴史のなかの大地動乱』（岩波新書、二〇一二年）で提出した前方後円墳は火山信仰、火山崇拝を表現しているのではないかという試論について、なぜそのようなことを考えたのかを論ずるものである。

一、前方後円墳＝壺型墳論

考古学の長い研究史のなかでも、前方後円墳の本質が火山の宗儀にあるという意見は存在しない。しかし、この仮説にとって重要なのは、三品彰英が提出した前方後円墳＝壺型墳説である。三品は「前方後円という異形の高塚古墳も巨大な一つの『壺』であり、またその石室の周囲に死者の御霊を護るがごとくに埋めてあるのも、これまた『壺』であります」と述べた（三品彰英「前方後円墳」『三品彰英論文集』第五巻、一九七三年）。巨大な壺型の墳形の中に入れ子のようになって壺が存在するという巧妙な説明である。ただ、残念ながら、三品の意見はおもに民俗学的な視点によった推論であって、そのままでは歴史学的な論証とはいいがたいものであった。

このような三品の見解の難点を払拭したのは、中国史の小南一郎の論文「壺型の宇宙」（『東方学報』第六一冊、一九八九年）であった。この論文は、東アジアの神仙思想の中に、死者の魂が壺や瓢箪あるいは竹筒のようなものに入って、そこから天上に上っていくという観念があることを明らかにした。これによって壺型墳説ははじめて本格的な検討の条件を獲得したのである。それをうけて、ジャーナリストの岡本健一が積極的な主張を展開し（岡本健一『蓬萊山と扶桑樹』思文閣出版、二〇〇八年）、辰巳和弘が『古墳の思想』（白水社、二〇〇二年）において「壺型説」を採用することを明示し、さらに山尾幸久が岡本説の重要性を指摘したことによって（山尾幸久『古代王権の原像――東アジア史上の古墳時代――』学生社、二〇〇三年）、壺型説は前方後円墳論においてきわめて重要な位置をもつにいたったということができる。

このような経過からして、問題の原点は中国における神仙思想の理解になるのであるが、まず取り上げるべきなのは、魏晋期の『神仙伝』巻五の費長房の伝であろう。小南の紹介によれば、それは費長房が薬売の壺公について壺の中に飛び込んだところ、そこは一つの別天地であったという物語、いわゆる「壺中天」の神話である。中国において「壺」は人々が幻想のなかで天と交通するためにもっとも適当な道具であり、形であったことは明らかである（なお、西村正身『壺の中の女——呉天竺三蔵康僧会旧雑譬喩経全記——』（渓水社、二〇一三年）によれば、この壺中天幻想は、本来は中央アジアから中国南部に、後漢の時代に入ってきたものだという）。

　このような観念は相当に早くから倭国に影響をあたえたものと考えられる。つまり、東海に不老不死の仙境があるとして、始皇帝が使者を派遣したというのは有名な話である。中国の神仙思想は、東の海には有名な蓬莱のほかに、壺の型をした山島があるという幻想を繰り返している。日本でも古くから知られていた『山海経《せんがいきょう》』に登場する「鍾山《しょうざん》」も似たようなものであろう。この「鍾」とは「壺」のことである。倭国神話に大きな影響をあたえた『列子』（湯問篇）にあらわれる「方壺《ほうこ》」という島もその一例であるが、この幻想が日本に受け入れられていたことは、九世紀、八六九年（貞観十一）の文章得業生試における「神仙」という策問に対する都良香《みやこのよしか》の答案に「三壺は雲のごとく浮かび、七万里の程に波を分かち」とあることでわかる（『本朝文粋』巻三、なお参照『和漢朗詠集』下五四三）。また仏教の側でも倭国を「壺」の神秘との関係で考えたことは、東大寺の草創期の名称が「金鍾寺」「金鍾山房」であったことにあらわれている。この「金鍾」とは、仏法上の聖王である転輪聖王が即位礼で使用する「金鍾」のことをいう。王は、「黄金の壺」に入った聖油によって聖別されるというのである。森本公誠によれば、この寺名は、華厳経の先行経典とされる鳩摩羅什《クマラジーバ》の十住経などに由来しているが（森本公誠「東大寺と華厳経」『南都仏教』八三号、二〇〇三年）、同時に中国の神秘思想に根をもつものであることはうたがいない。

　もちろん文献史料によって、このような問題を議論することには大きな限界がある。そもそも、これらの史料

写真２　五聯壺（出典：小南一郎「壺型の宇宙」『東方学報』第61冊、1989年）

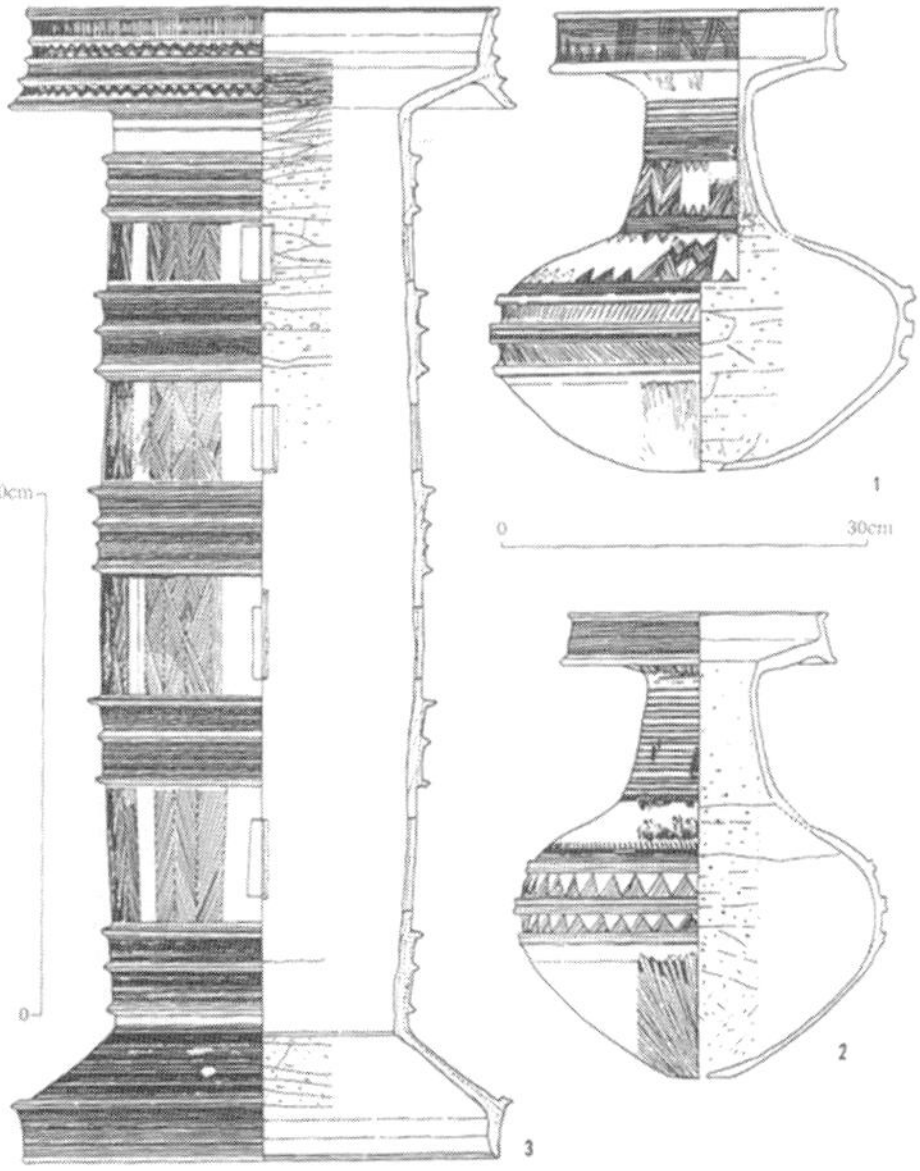

図１　特殊壺（右）と特殊器台
（出典：近藤義郎『前方後円墳の起源を考える』青木書店、2005年）

写真１　神亭壺
（出典：小南一郎「壺型の宇宙」『東方学報』第61冊、1989年）

写真３　子持ち台付壺
福岡市美術館所蔵（松永コレクション　出典：『装飾須恵器展』愛知県陶磁資料館、1995年）

は奈良時代以降のものであり、それを無前提にさかのぼらせることはできないのである。しかし、「物」の世界から、その様子を考える手がかりはある。つまり、小南によれば、中国には葬送儀礼で使用された神亭壺・魂壺などと呼ばれる壺がある（小南一郎「神亭壺と東呉の文化」『東方学報』第六五冊、一九九三年、写真1）。この種の壺は、三国から西晋時代にかけての時期、長江下流域の墓葬中にしばしば納められているという。しかもこれは後漢の時代の五聯罐といわれる壺の形に四つの小さな壺口をつけた壺（写真2）に由来するというから、この種の壺形の容器は古くから造られ、使用されていたのである。

筆者は、それとほぼ同じ形をした子持台付壺といわれる須恵器製の壺が、六世紀以降、近畿地方から西の古墳でしばしば発見されることに注目したい（『古代の造形美　装飾須恵器展』愛知県陶磁資料館展示図録、一九九五年、写真3）。もちろん、これらの子持台付壺は六世紀のものであるが、このような壺をめぐる観念は、古墳時代のもっと早い時期にも存在した。つまり、子持台付壺にせよ、その中国における原型である神亭壺などにせよ、その特徴は壺の基部・台にしばしば意図的に穴があけられていることにある。とくに中国の神亭壺に開けられた穴には蛇などがもぐり込んでいる様子が表されており、それは壺の胴体や基部が大地を象徴していることを意味するという。それと同じように解釈される土器の穴を、初期の前方後円墳に立てられる特殊器台（図1）や、古墳墳頂部に飾られる壺などにしばしばみることができるのである。これらは、相当に早くから、天との交通の媒体としての壺という中国的な考え方が倭国にも影響を与えていたことを示している。

二、前方後円墳の意匠と「天円地方」「壺」

壺形墳説は、近藤義郎が俗説にすぎないとしたように（近藤義郎『前方後円墳の成立』岩波書店、一九九八年）、長く考古学の側では受け入れられなかった。考古学の側の通説的な理解は「天円地方」説といわれるものである。興味深いのは、これを最初に指摘したのも中国史の研究者の西嶋定生であったことであろう（西嶋定生「古墳出現の国際的契機」『西嶋定生東アジア史論集』第四巻、一九六六年）。西嶋は、魏の明帝のときに、天を祭る圜丘《えんきゅう》に祖先の武皇帝（曹操）を配祀し、地をまつる方丘に武宣皇后（曹操夫人）が配祀されたことに注目し、この「天をまつる圜丘」と「地をまつる方丘」の結合から、「円と方の結合」という前方後円墳の形式はみちびかれたのではないかと議論を展開した。中国の葬制の問題としては様々な問題が残っているようであるが、ともかく、天の蒼穹は円球の形をもってそびえ立ち、それは陽であり、男性原理を象徴する。そしてそれに対して、大地はなだらかに四方に広がり、それは陰であり、母性原理、地母神を象徴するという訳である。幾何学的に整えられた前方後円墳は、このような意味での「円形」と「方形」を組み合わせた図形であることになる。

　このような二元論的な考え方は、単に前方後円墳という古墳の平面形状にあらわされているのみではない。たとえば考古学の広瀬和雄は古墳にしばしば副葬される後漢鏡の方格規矩四神鏡について、林巳奈夫によって、方格は「地」で人々の住む世界、外形の円は「天」で神の世界、そして地上世界と天上世界の間の四至を玄武・青龍・白虎・朱雀の四神が守護するという観念を示すものと説明している（林巳奈夫『漢代の神神』臨川書店、一九八九年）。実際に鏡の描き出す完全な円形と方形は、人々に、たんなる観念ではなく、独特な喚起力をあたえたに違いない。人間の認知のあり方を心理学的に考察する手法を開発しつつある認知考古学の考え方によると、野性的な社会においては、人工的な「円形」や「方形」は、それだけで特別な感情をもたらす一種の言語ともいえるものであったらしい（桜井準也「モノの形と社会の形」『季刊考古学』第一二二号、特集「心と知の考古学」二〇一三年）。

　このような円形と方形の組み合わせは、ただ鏡に刻まれているだけではなく、古墳の外表にも描かれていた。つまり、同じく広瀬によれば、奈良盆地東南の桜井茶臼山古墳の竪穴石郭のほぼ上部につくられた方形壇の縁辺に、あたかも縁石のように板石が並べられ、その外側の墳頂部縁辺には円形に壺がならべられている。そして、奈良県メスリ山古墳、京都府蛭子山古墳、さらに五世紀中ごろまでの多くの古墳で、同じような円形と方形を組み合わせる意匠が、埴輪などで後円部墳頂に描かれているという（広瀬和雄『前方後円墳国家』角川書店、二〇〇三年）。

古墳に埋納される鏡から墳頂部の意匠にいたるまで、「方形」と「円形」の意識的な組み合わせがみられるのである。私は前方後円墳を「前方後円」と呼称するのは江戸期にはじまった非学術的な形式分類的な思考の要素が強い用語法であって正しいとは考えないが、しかし、そこに「天円地方」観が存在したことは認められるべきであろう。その意味では、近年、寺沢薫が、前方後円墳の意匠の解釈としては、「天円地方」観か、「壺形墳」説のどちらかを選択するべきであろうと明言したのは正当であると考えるものである（寺沢薫「首長霊形象観念の創出と前方後円墳祭祀の誕生」『青銅器のマツリと政治社会――弥生時代政治史研究――』吉川弘文館、二〇一〇年、四六七頁）。

ただ、寺沢自身は「天円地方説」をとるのであるが、しかし、この二つの仮説は二律背反のものとは考えられない。両方が組み合わさって独特な前方後円墳の意匠が作り出されたのではないだろうか。そもそも中国の神仙思想において「天円地方」観と「壺」イメージは、その二元論的思考において密接な関係をもち、ほぼ一体的なものであったと考えるべきなのである。前方後円墳の意匠として直接的な意味があるのは、やはり「壺形墳」であろうが、それが「天円地方」という認識枠組を前提としたものであることも否定しがたい。

つまり、天円地方観の中にははっきりと地母神のイメージが含まれている。小南「壺型の宇宙」（前掲）は世界的には葫蘆《ひょうたん》が「母体を象徴し、人類を生み出す子宮であった」が、中国においてはそれと同時に「壺」が大きな意味をもっていたことを強調している。このような神仙思想における天円地方観と壺の観念のイメージの一体性を確認すると、そのどちらかを捨てて、どちらかを取るという判断は成立しがたいように思う。前方後円墳にそくしていえば、厳密にいえば、その前方部が「方形」ではなく、先が曲線的に開いて、いわゆる撥型になっていることが重要であろう（近藤義郎『前方後円墳を考える』青木書店、二〇〇五年）。この撥型は壺頸部の形状を示すのではないか。寺沢のいう纏向型前方後円墳の場合は短頸壺、箸墓古墳のような場合は長頸壺の頸部の形によく似ていると思う。四方に広がる大地が地母神の象徴であるといっても、より具体的な女性原理あるいは地母神のイメージとしては「壺」の位置が前面にでてくるのである。

　こうして、前方後円墳は壺型に帰着していったのであって、それは東アジア世界の幻想が列島社会に到達するなかで、徐々にその意匠を凝縮していったものといえるのではないだろうか。

三、火山山頂の「神院」と「壟＝鉢・瓮」

　筆者は、このように神仙思想の壺型の意匠が墳墓形式に凝縮していく上で、この列島が火山列島であったことが大きな影響をもたらしたのではないかと思う。すでに『歴史のなかの大地動乱』で述べたように、九世紀の伊豆神津島の噴火についての史料によれば、火山の形状を壺を基準にしてイメージする幻想が存在したように思われるのである。

　『続日本後紀』に残る神津島の火山噴火の風景幻想は華麗なもので、「壟《つか》」が聳え、周囲は「階」や「周垣」「門」などで囲まれ、閣室や石室が建ち並び、全体が「神院」と呼ばれている。このような火山山頂の風景に「神院」「神宮」をみるという幻想は、そのほか阿蘇や富士の山頂部などについても知ることができる。

　その中央には巨大な「壟《つか》」が聳えるのであるが、この「壟」の形状は「鉢」を伏せたとか、「瓮」（ほとぎ）を伏せたとかいわれている。二〇一三年に噴火を開始し、一五〇メートルほどの高さをもつようになった西之島の第七火口丘も、まさに同じ様子である。「鉢」を伏せたというのは円錐体の火山噴丘そのものを表現しているに相違ない。『今昔物語集』に、高野山の地主神の居所が「鉢を臥せたる如くにて廻りに峯八つ立ちて登れり」（巻一一の二五）とあるのも参考になる。そして神津島の事例が重要なのは、それを取り巻く神院なるものが、東西南北をもつ四角形と観念されていることである。「壟」＝「鉢」＝「瓮」は、その中央にそびえ立つのであるから、これは天円地方の観念に通ずるといってよいであろう。火山が天に通ずるものであることはいうまでもないから、この観念は火山の風景の認識を背景にしていたのである。

問題は、この「壟」の形状において、「鉢」と区別された「瓮」を伏せた形ということが何を意味するかにあるが、これは壺を横にして埋めた様子、つまり前方後円墳とほぼ同じ形といってよいのではないだろうか。もちろん、火山の形を壺型とみるという史料は、管見の限りではほかには確認できない。それ故に、火山を、一般にかならず壺型というイメージのもとにとらえていたということはできないかもしれない。しかし、この史料からして、火山の姿態が土器に引きつけて理解されていたことは確実である。そして、その火山＝土器の頂上には火口が存在し、そこには火を噴いて天にとどく通路が幻想されていた。そこにある原イメージは上でみてきたように中国に源流をもち、この国にも影響を及ぼしていた天と交流する「壺」という観念であったのではないだろうか。壺の観念は、倭国に存在する神異としての火山と結びついていったと考えられるのである。

このように「火山」＝「壺」という観念が存在したとすれば、それは「壺」＝「前方後円墳」という連想関係に結びついてくる。この点では、神津島噴火の史料で、火山噴丘が「壟」といわれていることが重大であろう。「壟《つか》」は『新撰字鏡』に「壟〈塚なり、豆加なり〉」とあるように、まさに墳墓、「陵・塚・墓」と同義の文字なのである。神津島火山の史料でさらに興味深いのは、噴丘＝「壟」の「片岸」には、「階」が四段ほど刻まれていて、そこには青・黄・赤・白色の砂が敷き詰められていたとあることである。このような「階」の構造は古墳でいえば墳丘の段築を示し、砂礫の敷き詰めは葺石であろう。噴丘の段築は前方後円墳にとって本質的な要素であるというから（都出比呂志『前方後円墳と社会』塙書房、二〇〇五年）、これは無視できないのではないだろうか。人々はたしかに「火山」と「古墳」をさまざまに共通するイメージのもとにみていたのである。「火山＝壺＝前方後円墳」という三位一体の関係である。

四、「天地鎔造」の神タカミムスヒと火山

以上は、意匠論的な観点から「火山＝壺＝前方後円墳」の三位一体を論じたものであるが、それと同じことは神話論の観点からも語ることができる。

かって益田勝実『火山列島の思想』（筑摩書房、一九六八年）は、日本の「神道」の基底部分に、火山の猛威に対する「忌み」の感覚があるとしたが、『歴史のなかの大地動乱』で、私は「神道」の発生基盤となった倭国神話それ自体のなかに火山神話（および地震神話）が体系的に存在したと述べた。火山の噴火の際には火山性の地震が発生し、噴火の噴煙には火山雷が宿る。火山神と地震神と雷神は三位一体であり、この列島では、この三者がもっとも驚くべき天変地異の神々として存在していたのである。

かって折口信夫は、このような天変地異の神々が、倭国神話の本来の至高神であると論じたことがある。つまりタカミムスヒなどの神々についての『古事記』『日本書紀』の記述は、多くを欠失した不完全なものであるが、彼らは「至上神」＝「元の神」として「豪雨・洪水・落雷」などの「天変地妖」を降すものと見られた（落雷に付した傍点は筆者。「道徳の発生」『折口信夫全集』第十五巻）と述べた。「地妖」とある以上、それは地震をも含意していたであろう。この折口の議論は、柳田が、その著名な論文「雷神信仰の変遷」において「それが皇室最古の神聖なる御伝えと合致しなかったことは申すまでもない」が、「かって我々の天つ神は、紫電金線の光をもって降

り臨み、龍蛇の形をもって此世に留まりたまふものと考えられていた時代があったのである」（傍点筆者、『定本柳田国男集』九巻、筑摩書房）としたことを最大の前提としていた。折口は神話の神々の中枢に雷神などの「天変地妖」の神をおいていたのである。

これは基本的に正しい捉え方であるが、柳田・折口の議論の問題点は、「天変地妖」なるものを構造的に考える視点がなかったことである。つまり、雷神の位置は、人々が、噴火の結果として火山噴煙に宿った雷電（火山雷）が、その稲妻と落雷によって火山の噴火を呼び起こし、また落雷による地面の揺れが地震を引き起こすと考えたであろうこととの関係で考えなければならない。もちろん、火山雷は火山噴火の結果であるし、落雷はたしかに地面を揺らすが、地震の発生は落雷の結果ではない。そこでは、人々の神話意識は結果と原因を取り違えている。しかし、人々は雷電が巨大な噴火や地震を引き起こすと幻想することによって、雷電の神の威力を絶対化したのである。

倭国神話における至高神タカミムスヒは、そのような形で巨大化した幻想をまといつかせた雷神であった。つまり、タカミムスヒの神の性格が「天地を鎔造した」神であるといわれているのは（『日本書紀』顕宗紀）、まずはタカミムスヒが巨大な稲妻の火の使い手であることを象徴している。しかし、それは同時に『荘子』（大宗師第六）に天地は「大鑪」（巨大なカマド、溶鉱炉）であると現れる観念に関わっており、鎔造とは、鋳型による鋳造を意味する。これは益田勝実『火山列島の思想』が注目した、八世紀、海底火山の噴火を、神が「冶鋳」の仕業を営むと表現している史料と同じことである。つまりタカミムスヒという雷神は火山の噴火を引き起こすような巨大な火焔と稲妻の使い手として巨大化していったのである。

拙著『物語の中世』文庫版あとがきで書いたように（講談社学術文庫）、高千穂への天孫降臨神話も、この文脈で理解すべきものである。つまり、よく知られているように、タカミムスヒは天孫瓊瓊杵尊《ニニギノミコト》を真床追衾《マドコオブスナ》で覆って、天磐座《アマノイワクラ》を押し離し、天の八重雲をおしわけ、稲穂を投げちらし、「稜威之道別道別而《イツノチワキチワキテ》」、天の浮橋に「うきじまりそりたたして」、日向の高千穂峯に天降ったという。この真床追衾というのは、史料で「綿のごとき」物などといわれるスポンジ状の火山噴出物でハワイ火山でみられるペレーの毛のようなものであり、稲穂は神津島噴火の火山灰が「米花」といわれたのと同じこと、そして天磐座を押し離すというのは、天に存在した巨大な磐座が天から切り離され墜落していくというイメージであろう。そして、八重雲は噴火の噴煙を表現したもの、また「稜威之道別道別而」というのは、「厳しい威力をもった道が分岐し、さらに分岐して」ということで、火山雷のイナズマの描写であろう。天の浮橋が岩石の梯子を意味するというのは松村武雄の古典的研究、『日本神話の研究』第二巻（培風館、一九五五年）がいうところであって、火山性の岩雲や岩流を表現するといってよい。そして、「うきじまりそりたたして」というのは、「浮いたり縮んだり、反り返ったり、立ったりして」ということで、噴煙、火砕流、溶岩流の様子の描写であろう。

　ようするにタカミムスヒは雷神として火山噴火を引き起こすような神であったのである。しかし、噴火にせよ、地震にせよ、その実態は大地の運動にあったことはいうまでもない。それ故に、そこにはタカミムスヒとは区別された独自な神格が幻想された。たとえば、イザナミの国生《くにうみ》・神生は噴火を象徴するものであるという松村の指摘が重要であろう。神津島噴火の史料において、神津島火山の神が女神・阿波神とされていることは、この神がオオゲツ姫、さらにはイザナミと共通する火山の地母神であったことを示している。

　ここで詳論する紙幅はないが、これに対して、このような地母神に甘え続ける乱暴な神が地震神スサノヲであり、また母を傷つけてしまう火の神がカグツチであり、さらには、硫黄の爆発力を表現する神がスクナヒコナということになるのではないだろうか。柳田はスクモという言葉が泥炭あるいは硫黄をふくむ可燃物をいうと説明しているが、スクナとは、そのような「ナ」をいうのであろう（柳田「燃ゆる土」『定本柳田国男集』三〇巻、筑摩書房）。

「ナ」とは「土」のことをいう。神津島の阿波神には「物忌奈乃命」という御子神がいたが、この「奈」も同じ意味のものであり、さらにそれはオオナムチ（大国主の自然神としての名）の「ナ」に通じていくのである。

倭国神話の中枢には、このように雷神・火山神・地震神が存在したのであって、そのような三位一体という意味をふくめて、タカミムスヒの祭祀は火山の祭祀を中枢にもっていたのである。

五、タカミムスヒの祭祀と「特殊器台」

さて、前方後円墳祭祀は、ふつう三品の指摘にそって「天的宗儀」であったとされている。そうだとすると、倭国神話の至上神が天神タカミムスヒである以上、前方後円墳はタカミムスヒの祭祀であったということになるはずである。そして、タカミムスヒ祭祀が火山祭祀を中枢にもつ以上、前方後円墳はたんに意匠の問題ではなく、神話意識においてもタカミムスヒを祭る「山」として火山に擬せられたのが当然ということになるだろう。

これは文献史料の側からもあとづけることができる仮説である。つまり、文献に明瞭に登場するタカミムスヒ祭祀の事例は、唯一、イワレヒコ（「神武」）が大和侵入にあたって実施した「厳瓮《いつへ》」の呪禱の事例である。『日本書紀』によれば、このとき、イワレヒコはまず香具山の「土」を入手して瓮をつくり、榊を切ってきて神を呼びおろし、その威力を自分の身につけようとした。『日本書紀』には「今、高皇産靈尊《たかみむすひ》をもって、朕親ら顯齋を作さむ。汝を用《もっ》て齋主《いわいのうし》として、授くるに嚴媛《いつひめ》の號を以てせむ。その置ける埴瓮《はにへ》を名けて嚴瓮とす。また火の名をば嚴香來雷《いつのかぐつち》とす。水の名をば嚴罔象女とす。粮の名をば嚴稻魂女とす。薪の名をば嚴山雷とす。草の名をば嚴野椎とす」とある（巻三神武天皇即位前紀戊午年九月戊辰）。

ようするに、イワレヒコ自身がタカミムスヒに扮装し、大伴氏の祖先神である道臣命に「厳媛」という名をあ

写真4(右)　灰陶加彩雲気文鐘　愛知県陶磁美術館所蔵
写真5(左)　箸墓古墳　赤色立体鳥瞰図　写真提供：奈良県立橿原考古学研究所、撮影：アジア航測㈱

たえて女装させ齋主にして「顕齋」を営なんだのである。タカミムスヒは天から降臨してイワレヒコの身を依座《よりまし》とし、それに対して道臣命が仮装した厳姫が奉仕をしたのであるが、これは道臣命が「厳姫」として大地の女神となったということであろう。

右に引用したように、『日本書紀』は、二人の間には、祭具として「厳瓮《いつへ》」が置かれ、それを前にした「嚴媛」が、厳香来雷《いつのかぐつち》と称する「火」、水を厳罔象女《いつのみずはのめ》と称する「水」、そして厳稲魂女と称する「粮《かて》(米)」を使って呪禱を行ったとしている。地母神の奉仕によって、イワレヒコは大地の賜物の米を食べることによって神力をえるという訳である。天上の雷神と地上の女神の間には「厳香来雷《いつのかぐつち》」という火から発する巨大な火気・火焰が幻想されていたということになる。厳瓮は火を宿す「壺」として地母神の身体の象徴であるとともに、火を宿す火山の象徴でもあったに違いない。

ここで、『日本書紀』が、「これより始めて厳瓮の置物あり」と、厳瓮の本縁を説いていることが興味深い点であって、それはこの厳瓮なるものが、八世紀になっても何らかの形で継続していたことを意味している。この厳瓮は、『万葉集』に「奥山の賢木の枝に白香つけ木綿とり付けて、齋瓮《いはひべ》を　齋《いは》ひ穿《ほ》り居《す》ゑ　竹珠《たかだま》を　繁《しじ》に貫《ぬ》き垂《た》り、鹿猪じもの膝折り伏せて、手弱女のおすひ取り懸け、かくだにも、われは祈ひなむ」（『万葉集』巻三、三七九番）とうたわれた「齋瓮」と原理的には同じものであるに相違ない。

そして、この齋瓮について岡田精司が「古い形式の古墳では埴輪の原型にあたるものとして、壺を並べている例がある」としていることが問題の理解において決定的な意味をもっている（岡田精司『神社の古代史』大阪書籍、一九八五年）。つまり、このように立論してくると、『日本書紀』（神武紀）にでる「厳瓮」とは、形成期の前方後円墳、箸墓古墳や吉備の古墳にみることができる「壺」、いわゆる「特殊壺・器台」と呼ばれるものであるということになるのである。「特殊壺・器台」は、一方では円筒埴輪に転化し、一方では中国の神亭壺などを原型とする子持台付壺などとつらなるものであろうが、前述のように、それは前方後円墳の意匠そのものであった。雷神と地母神のあいだに存在した「瓮」は、前方後円墳祭祀においては人工の「瓮」のような壟を作り出し、それは火山の「伏瓮」の形を背後イメージとしてもっていたということになるのである。

なお、「特殊壺・器台」の典型的な画像を図1に掲げたが、私が注目しておきたいのは器台の方にみえる斜線の模様である。他の器台（あるいは石造物）には孤帯文といわれる円形の模様もみえるが、これらの模様は、最近紹介されるようになった前漢期の石棺などに刻まれた墳墓祭祀画像の図柄（同心円や対角線・縞状の斜線）と非常によく似ている。佐竹靖彦はこれらの抽象的な画像の中枢には中国において「永生」の観念をあらわす璧玉の図案化があるとするが、それと孤帯文が類似することも注意されるところである（佐竹「漢代墳墓祭祀画像における天上世界、人間世界、地下世界」『人文学報』三一五号、二〇〇一年、東京都立大学人文学部）。佐竹は墳墓祭祀画像は地下世界を表示するものであるとするが、もしそうだとすると縞状の斜線などは地層を表現するのであろうか。

いずれにせよ、このような「特殊壺・器台」の幾何学的文様は銅鐸の文様を引き継いだものとされており（寺沢薫前掲書）、この類似が偶然的なものとは考えられない以上、これは「天円地方」「壺」などに関わる意匠観念が長期にわたる歴史的経過のなかで、前方後円墳関係の意匠に影響していたことを傍証するものである可能性があると思う。

さて、『歴史のなかの大地動乱』では、このような古墳（陵墓）と火山の同一性を、おもに九世紀の史料によって、古墳も鳴動し、火山も鳴動し、さまざまな祟りをもたらすという点で同一性をもっているという、一種の三段論法で論定した。本稿は、それをより神話論にそくして考えてみたというものである。論述は多岐にわたったが、歴史環境学を考える上で、神話論の問題は一度は通過すべき問題であると考えている。

付記　本稿脱稿後、「石母田正の英雄時代論と神話論を読む――学史の原点から地震・火山神話をさぐる――」（中部大学編『アリーナ』十八号、二〇一五年十一月）を執筆した。本稿で説明不足となっている神話論それ自体については、そちらを参照ねがいたい。

◉中国

歴史学と自然科学
始皇帝陵の自然環境の復元

鶴間和幸

秦の始皇帝陵の地下宮殿については『史記』に記述があるが、考古発掘は『史記』に記述されていない世界を明らかにしている。さらに始皇帝陵の自然環境を衛星画像からさぐっていくと、始皇帝陵が驪山《りざん》という自然丘陵の北麓に築かれた理由が明らかになってくる。歴史学は自然科学の力を借りながら、新たな世界を掘り起こすことができる。

はじめに

中国史上最初の皇帝、始皇帝の時代（前二五九～前二一〇、在位前二四七～前二一〇）の歴史は司馬遷の編纂した『史記』の秦始皇本紀を中心に記録されている。それによって治世三十七年の歴史はほぼたどることができる。さらに近年では始皇帝の時代の出土文字史料によって司馬遷の残した情報とは別のものを得ることができるようになった。すなわち地方官吏の墓に埋蔵した法律文書や井戸跡に投棄した竹簡や木簡の行政文書が大量に出土し

写真1　**始皇帝陵**　始皇帝陵の墳丘は一辺350メートルの方錐台形、背後に自然丘陵の驪山が見える。

たことで、地方の政治社会の実態が明らかになった。秦の皇帝の側と地方の政治の側の記録を対比させることによって秦の時代の政治を深く理解できるようになったのである。

始皇帝の時代の文字史料以外の考古資料は、一九七四年に発見された始皇帝陵の陪葬坑《ばいそうこう》である兵馬俑坑に代表される。しかし始皇帝陵には始皇帝の遺体を埋葬した墳丘を中心に、皇族や女官や近臣などの多くの陪葬墓と、厩《うまや》、車馬、動物、甲冑などの陪葬坑が配され、兵馬俑坑もその一つにすぎないことがわかってきた。人間にしても動物にしても、生きた人間や動物を埋葬する場合と、陶器や青銅器などの俑を埋蔵する場合がある。始皇帝の埋葬施設全体を陵園といい、その全体の構造をとらえようとする研究が近年進んできた。

始皇帝陵の墳丘の真下に位置する地下宮殿の発掘はまったく始まっていない（写真1）。周辺の陪葬墓と陪葬坑の発掘作業だけで数十年という時間が費やされてきた。兵馬俑坑だけでも四十年もかけて発掘と保存研究が進められている。そこで地下宮殿の調査には地球物理学の手法を導入し、発掘せずに地表から地下宮殿の構造をとらえるリモートセンシング（中国語では遙感《ヤオカン》）の方法を用いたのである。

筆者はリモートセンシングの一つである衛星画像を用いて始皇帝陵の自然景観の復元の共同プロジェクトを行った。学習院大学東洋文化研究所を中心に東海大学情報技術センター、秦始皇帝陵博物院、西北大学文博学院の研究者が加わった共同研究である。本論ではこの事例を紹介し、歴史学と自然科学の融合がどのような学問的な成果をもたらしうるのかを見てみたい。古代の人々にとっては自然科学の知識を十分もったうえで陵墓を建設していたはずである。私たちの歴史学でも自然科学の知識を得ながら文献史料を読み直していくことが求められている。

一、地下宮殿の史料と調査

始皇帝の遺体は巡行の途中の沙丘の平台から密かに都咸陽に運ばれ、始皇三十七年（前二一〇）の九月に酈山《りざん》に埋葬された。始皇帝が即位したときから陵墓を建設し始め、天下を統一してからは、天下の刑徒七十余万人を送り込んだ。『史記』秦始皇本紀にはその地下宮殿の様子が伝えられている。三層の地下水脈の深さまで掘り下げ、地下水が浸透しないように銅で固めて槨室にし、宮殿と官庁にあった奇器珍怪を地下の空間に満たした。さらに工匠には機械仕掛けの弩《いしゆみ》と矢を作らせ、盗掘して近づく者があれば発射するようにした。そして水銀で百川・江河（長江と黄河）・大海を再現し、機械仕掛けで流れるようにし、上には天文、下には地理を描いた。人魚の膏で燭台を作り、いつまでも消えないように灯そうとした。

二〇〇二年、始皇帝陵をリモートセンシングと地球物理学という最先端の技術によって探査する研究が、中国の国家プロジェクト八六三計画として始まった。二〇〇三年九月に第一期の調査は終了し、十一月二十八日、秦始皇帝陵考古隊隊長の段清波が一年におよぶ調査結果を北京で報告し、二〇〇五年にその成果が出版された。(1)

地下宮殿は地層を掘削して築いているので、地表から地下に人為的に刺激を与えることによって自然の地層とは異なる反応を得ることができる。地上からハンマーを叩いて人工的に起こした弾性波（地震波）を複数の地震測定器で計測すれば、地下空間の深さを確認することができる。地下探査レーダーの信号（電磁パルス）を地中に送信し、その反射信号を受信すれば、地下埋蔵物の所在を確認することができる。電極を地中に挿入して電流を流せば、電流は抵抗の少ない通路を選ぶので、地下宮殿の空間や版築で固めた地層は抵抗が高く、水分を含む自然の地層は抵抗が低い。電磁波による電気伝導度の測定から金属物の有無を確認し、電波は地下水を確認することができる。熱赤外線によって地表面の温度を測定すれば、地下空間の上の土壌は高温度であるので、地下空間の構造を読み取ることができる。一方地下から放出される岩石磁気、放射線ラドン（上昇する気体ラドンから地下空間の確認）、重力（重力差から地下空間の確認）、水銀、ガンマ線（岩盤の亀裂や地下水の所在確認・ガンマは地磁気の測定単位）などの情報を地上で読み取る方法がある。鉄分を含む土・粘土・岩石は弱い磁性を帯びているが、土や粘上を焼いた場合には強い磁性を帯びる。考古学では地下探査の方法はこれまでも採られてきており、物理探査考古学として実際の調査に使用されている。(2)

とくに地表の水銀量の調査は『史記』秦始皇本紀の「水銀を以て百川・江河・大海を為る」ことを実証しようというものであった。常温で液体の水銀は辰沙《しんしゃ》という水銀の化合物として採掘され、とくに秦の時代には巴の地方の丹穴（水銀の鉱床）が知られている。辰沙を加熱して冷却すれば水銀の液体が得られる。比重一三・五は鉄よりも重いので、水よりも重々しく流れる。常温の液体では一部蒸発もするが、永遠に涸れることのない水である。河川や海を表現するほどの水銀量はかなりの容量となる。一九八一年の中国科学院地質礦産部物化探研究所の調

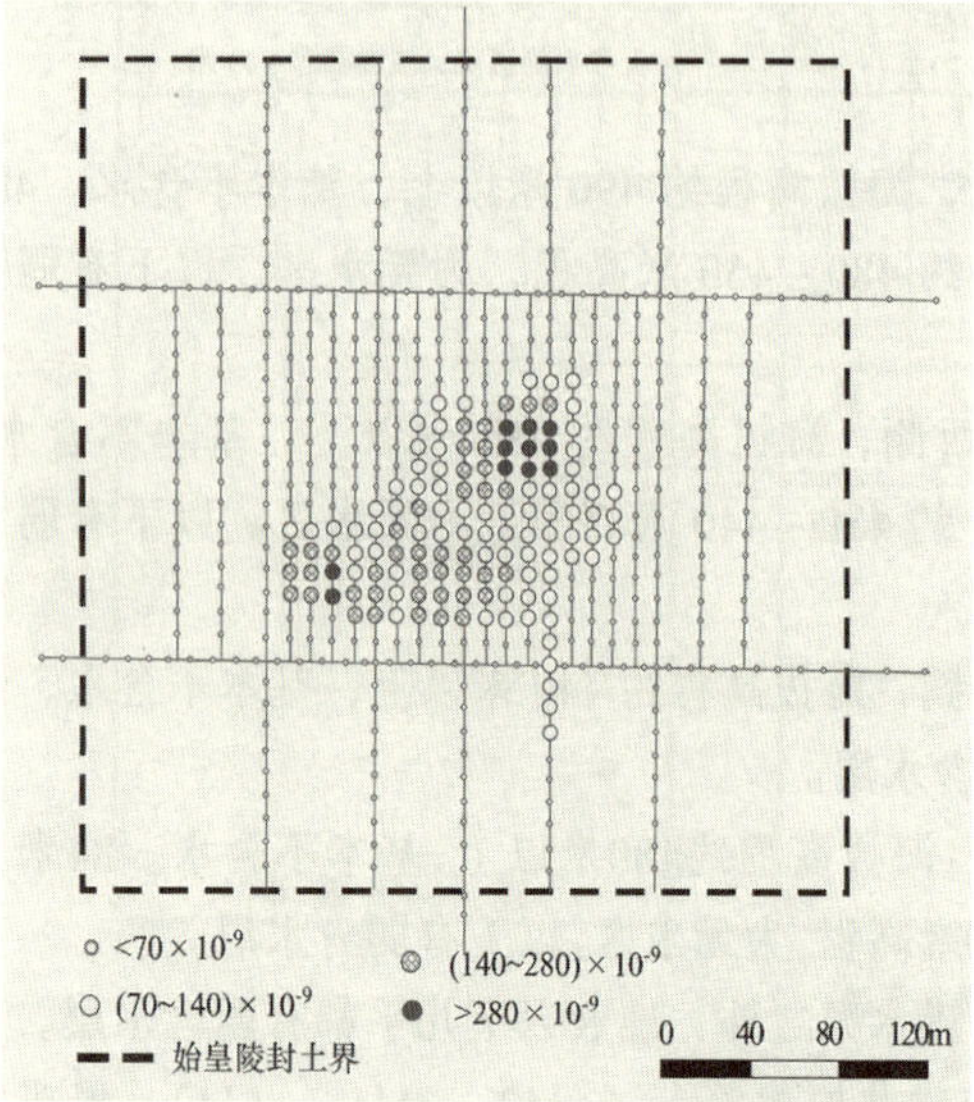

図1　**始皇帝陵の水銀量の分布**　墓室と地下宮殿の上部の土壌から微量だが濃度の高い水銀量が検出された。(出典：『秦始皇陵地宮　地球物理探測成果與技術』)

査では、地下宮殿の範囲内、とくに墓室内の東北部上部の土壌で二八〇ｐｐｂの水銀量が検出された（図1）。一グラムの土壌中に二八〇ナノグラム（ナノは十億分の一グラムという微量の単位）の割合である。地下宮殿の周辺の土壌では七〇ｐｐｂ、地下宮殿の範囲では南部に偏っている。(3) 大量の液体水銀が現在でも残されている可能性があり、二二〇〇年かけて一部が約七〇メートル上の地表にまで蒸発して達したのであろう。地下宮殿の南には地下堤防が築かれており、その北側に水銀分布がおさまっていることも見過ごせない。

以上のような結果、地下宮殿の空間は東西一七〇メートル、南北一四五メートルの大きさの長方形であることがわかった。墓室は地下宮殿の中央三〇メートルの深さにあり、東西約八〇メートル、南北約五〇メートル、高さ一五メートルの空間である。ここに始皇帝が埋葬されているはずである。この墓室の周壁は石灰岩で守られ、周囲は一六〜二二メートルの厚い版築の土壁で覆われている。また地上の墳丘内部に階段状の版築壁がコの字形に対面していることもわかってきた。これまでは地上の墳丘は地下宮殿を封印したのちに、版築で築きあげたものであると考えられてきたが、二段階の工事過程があったことがわかった。現在の墳丘上の中腹部に一つの段差があることはこれまでもわかっていた。現在の墳丘はザクロとエンジュが植樹され、原形をうかがいにくくなっているが、一九〇七年に足立喜六が撮影した古写真では、明確に段差を確認できる[4]（写真2）。その理由は墳丘中腹に回廊の建築があったというよりは、墳丘内の階段建築に起因することがわかった。

写真2　**始皇帝陵**　足立喜六が1907年に撮影した始皇帝陵、墳丘の原形が確認できる。中腹に段差がある。（出典：『長安史蹟の研究』）

二、陵園の自然景観

始皇帝陵は墳丘直下の地下宮殿だけではない。東側に八千体も埋めた兵馬俑坑、西側に銅車馬坑、南に文官俑坑、東南に石鎧坑、百戯俑坑、東北に青銅製水鳥坑などがある。全体を陵園といい、まだまだその全貌はわからない。秦始皇帝陵は墳丘を囲む内外城を中心に、現在まで四一八の陪葬墓、一八〇の陪葬坑、陵邑《りょうゆう》（墓守の都市）が配置されていることがわかってきた[5]（図2）。漢代の皇帝陵・陪葬坑・陪葬墓・陵邑の陵園空間の起源をなすものである。皇帝陵の墓葬施設全体の陵園については『史記』も語っていない。中国古代の皇帝を埋葬するにあたって最大の使命は、遺体を腐乱させないことにある。地下三〇メートル、地上は人工の山丘で覆われた空間は、地上の気温湿度の変化とは無縁の地下の世界を作り出している。

『史記』秦始皇本紀始皇三十七年条の記事では、始皇帝陵

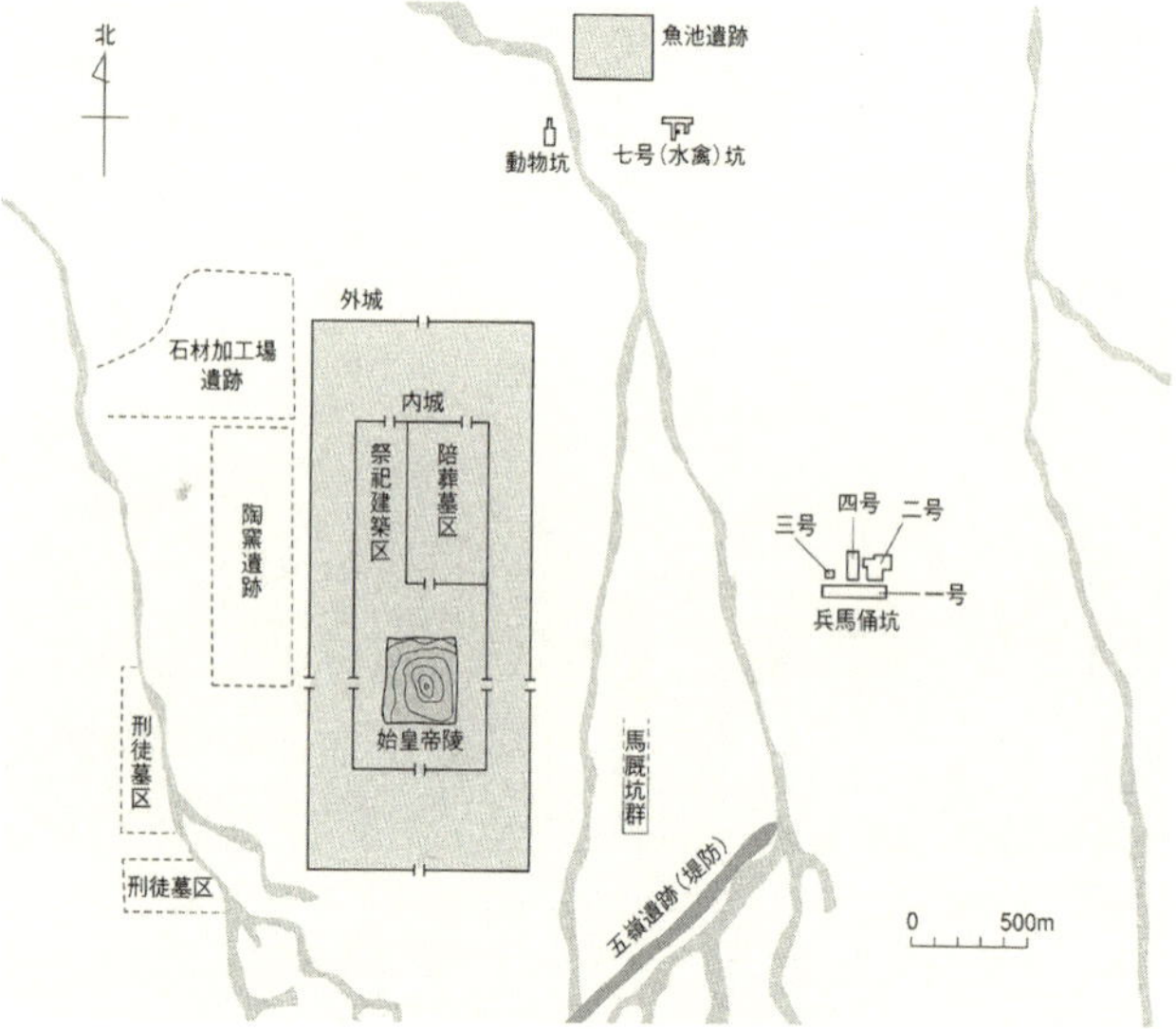

図２　**始皇帝陵の陵園**　二重の城壁に囲まれた始皇帝陵、外城内、内外城間、内城内に陪葬墓・陪葬坑が分布している。

の自然景観について三点重要な記述がある。「始皇を酈山に葬った」ということと、「三泉を穿《うが》ち、銅を下し而して槨《かく》を致した」こと、そして「草木を樹え以て山に象《かたど》った」というものである。始皇帝を酈山に埋葬し、地上には草木を植えて自然の山に象った墳丘を作り、地下は三層の地下水脈まで掘り下げ、水が入らないように銅で塞ぎ、槨室を作ったというものである。驪山の北麓に人口の山を作り、地下宮殿は地下水脈まで掘り下げた、このことの意味はなんであろうか。

学習院大学東洋文化研究所のプロジェクト「衛星データを利用した秦始皇帝陵と自然景観の復元」は、東海大学情報技術センターとの共同研究である。東海大学情報技術センターは一九七四年に開設され、画像情報の解析・処理・収集・記録を行い、研究活動と教育啓蒙活動を推進してきた。すでにエジプト考古学などで成果をあげている。今回始皇帝陵周辺の衛星画像、AVNIR2・PRISM・PALSAR（宇宙航空研究開発機構が二〇〇六年に打ち上げた陸域規則技術衛星だいちＡＬＯＳエーロスの画像）、コロナ（偵察衛星）、ランドサット、ＳＲＴＭ（ＮＡＳＡスペースシャトル立体地形データShuttle Rader Topography高精度三次元地形図）、クイックバード（アメリカデジタルグローブ社、二〇〇一年打ち上げ、高性能観測衛星）を利用して分析した。また私たちは独立行政法人宇宙航空研究開発機構（JAXA）の陸域観測技術衛星（ALOS）の研究公募「衛星画像データを利用した秦始皇帝陵と自然景観の復元」の研究を始めている。

始皇帝陵は自然の丘陵驪山の北麓に位置している。秦始皇本紀の「始皇を酈山に葬った」「草木を樹え以て山に象《かたど》った」ことの意味は、自然の驪山という山岳の地勢を理解してはじめて判明する。始皇帝陵の名称は漢代以降のものであり、同時代には驪山・酈山・麗山と呼ばれた。始皇帝陵の人工の墳丘そのものも驪山というが、大きく見れば驪山の丘陵に埋葬されたと理解した方がよい。

前漢文帝（在位前一八〇～前一五七）は遺言としてみずからの陵墓には墳丘を築かないように命じた。覇陵という陵墓は西安市東の白鹿原の自然の丘陵に「山に因《よ》て陵を為し」て作られた(6)。前漢皇帝陵のなかで唯一の自然山陵である。この文帝の覇陵は実際には最終段階で復土将軍のもとに三万人以上の兵士を動員するほどの大土木工事を実施した。しかし後世文帝の治世の評価が高いこともあって薄葬も評価されて先例となり、その対極には厚葬の始皇帝陵が置かれるようになった。三国時代魏の曹操（一五五～二二〇）、曹丕（文帝在位二二〇～二二六）父子も漢文帝の覇陵を受け継いでみずからの薄葬を命じ、墳丘を築かず、樹木を植えなかった。唐の二代皇帝太宗（在位六二六～六四九）も薄葬を実行した。自然の嶺の九嵕《きゅうそう》山（一一八八メートル）を囲むようにして昭陵を築き、「山に因て陵を為す」方式をとった。唐代の皇帝陵では人工の墳丘式はわずかに四陵しか見られない。初代の高祖李淵（在位六一八～六二六）の献陵がわざわざ漢の高祖劉邦（在位前二〇二～前一九五）の長陵にならったものであることを除けば、残る三陵は十六代、十八代、二十一代の皇帝権力が弱化した時期のものである。墳丘も一辺が四～五〇メートルの小規模なものであり、けっして厚葬とはいえない(7)。墳丘式は陪葬墓一般に見られる形式であり、皇帝陵の墳丘式は山陵式よりもむしろ質素なものであったといえよう。唐皇帝の山陵式は十四陵にも及び、昭陵などは石灰岩をくりぬく大土木作業が必要であった。墓室への副葬次第で、山陵式の方が厚葬であったといえる。豪

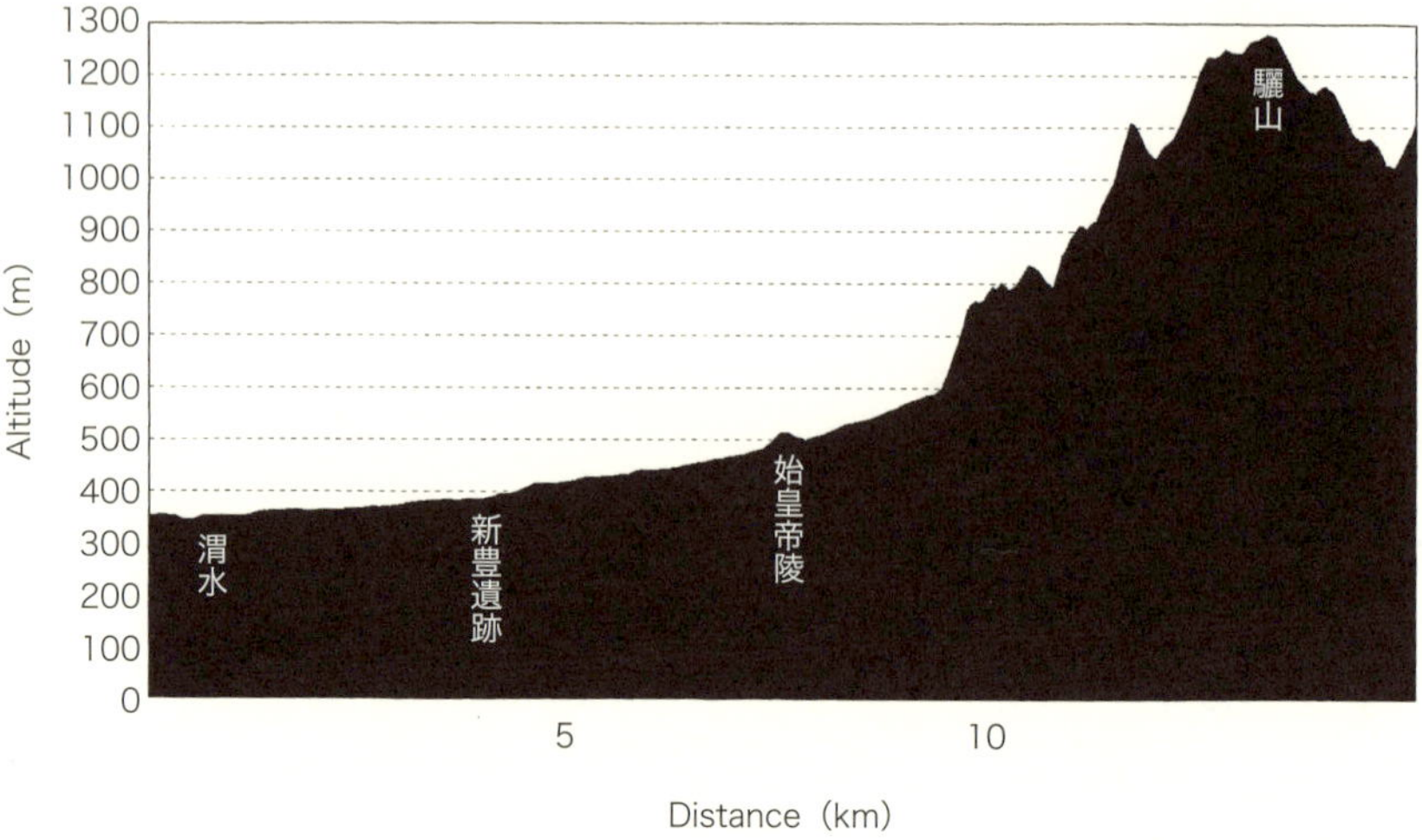

図３　新豊遺跡―秦始皇帝陵―驪山 断面図（SRTM / DEM）（東海大学情報技術センター恵多谷雅弘作成）　始皇帝陵の南北線の断面図。驪山から渭水の斜面に始皇帝陵が位置する。

奢であったかどうかというよりも、自然の山に埋葬することの意味をさぐるべきであろう。

始皇帝陵は驪山全体に目をやれば、山陵式と墳丘式を兼ね備えたものといえる。衛星画像から始皇帝陵の南北（渭水から驪山まで）と東西線の地形断面図を作成した（SRTM／DEM断面図東海大学情報技術センター恵多谷雅弘作成。図3）。東西方向よりも南北方向の傾斜度は高く、墳丘を囲む外城間の傾斜は二度、墳丘南の内城・外城間の傾斜は二・七度にもなる。二度を超える傾斜は現地を歩いて十分体感できるものであり、始皇帝陵は驪山の北斜面の複合扇状地の斜面に位置することがわかる。渭水《いすい》に近い平坦な段丘ではなく、傾斜の斜面を墓葬地に選んだことには理由があった。

さらにランドサットの衛星画像から驪山周辺の三次元景観図を作成した（東海大学情報技術センター中野良志作成。写真3）。始皇帝陵の位置が渭水と驪山丘陵のもっとも接近する地にあることは一般の地形図によっても明らかであったが、三次元景観図では始皇帝陵の位置が、驪山丘陵のきわめて特異な位置を選択していたことがわかる。

驪山丘陵は海抜一三〇二メートルの山頂を中心に南に傾斜が緩く、北に急峻な地勢をもっている。とくに山頂は丘陵全体の北端にあり、その北側には急峻な斜面が約東西一〇キロメートルに広がっている。西は唐の玄宗の保養地として知られる温泉の湧出する華清池、東は項羽が陣を置いた戯水、その間は屏風のように広がり、その中間に始皇帝陵が位置する。自然の驪山に比べれば、始皇帝陵は小さな墳丘にすぎない。驪山の地形の特徴は『水

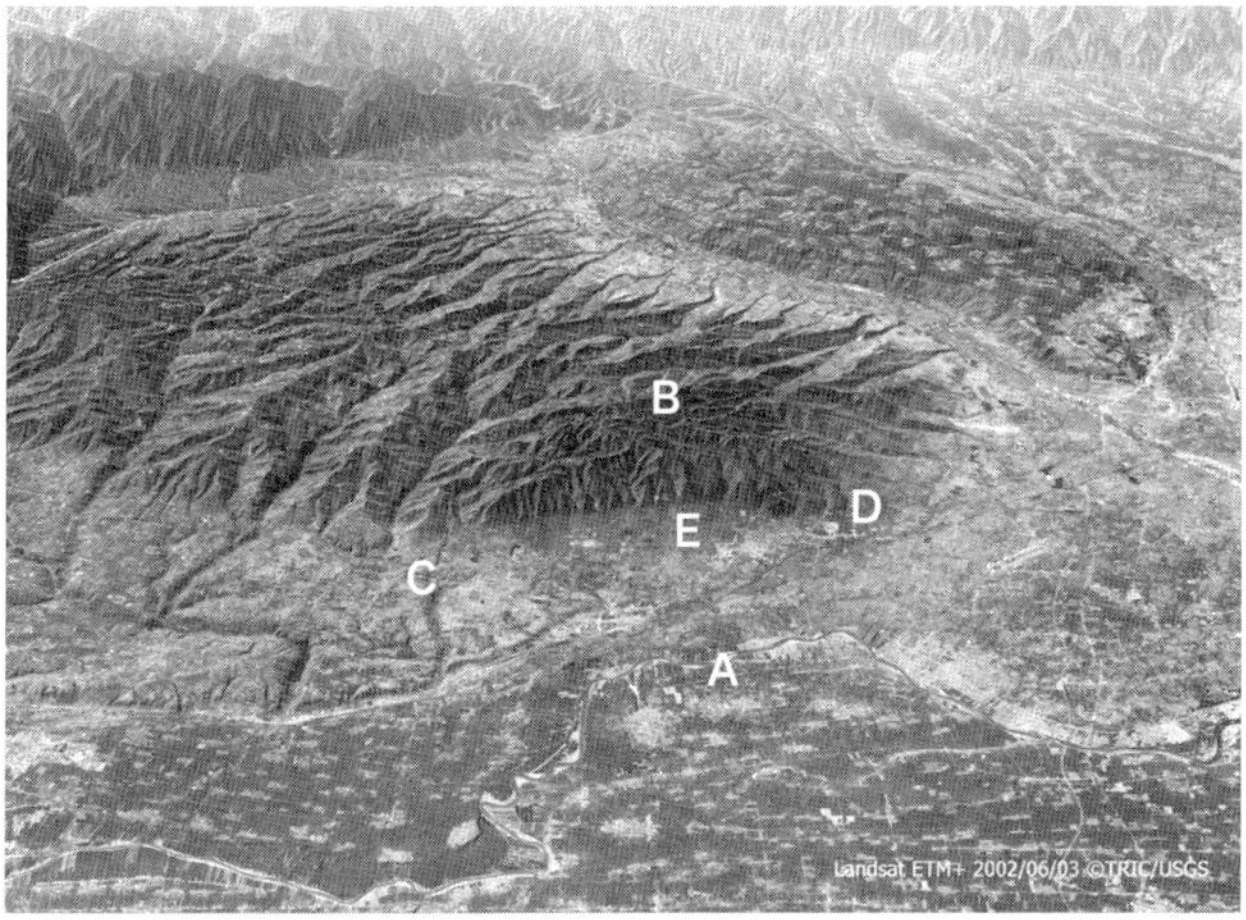

写真３(上)　驪山と始皇帝陵(東海大学情報技術センター中野良志作成)
北の渭水（A）から南の驪山（B）を俯瞰する。戯水（C）と華清池（D）の間の屏風のような驪山の北壁の中間に始皇帝陵（E）が位置する。

写真４(下)　始皇帝陵と兵馬俑と驪山
始皇帝陵の墳丘と兵馬俑1号坑の位置（F、1969年のコロナの画像ではまだ発見されていない）を確認できる。驪山北麓は複合扇状地で小河川の河道が見える。

経注』巻十九で「其の陰は金多く、其の陽は玉多し（驪山の北は金を多く産出し、南は玉を多く産出する）」と述べられており、驪山の特徴をよくとらえている。藍田の玉は驪山の南の緩斜面で産出されたものである。

驪山の北斜面には水が流れていない小河川が多い。コロナの衛星画像で追ってみると、西北方向の斜面に流れている（写真4）。驪山に多量の降雨があれば、河道には水が流れる。始皇帝陵南の村落には土砂災害を警告する看板があり、そこには家屋が水没するような水害の写真が掲示してあった。そのような洪水を防ぐために、始皇帝陵の東南には堤防（五嶺遺跡）が走っており、現在でも確認することができる。その堤防によって驪山の麓から流れる小河川は始皇帝陵の墳丘を避けて流れていく。

驪山北麓の地表の傾斜は地下水脈の傾斜にも対応している。始皇帝陵北の新豊鎮の秦代の古井戸では一七・七メートルで水脈に達する。始皇帝陵の墓室の深さは三〇メートル、当然地下水脈を超えた深さになる。地下水は平地であれば地下に滞留する。傾斜であることが地下水の滞留も避け、地下宮殿を超えて北に流れることになる。地下宮殿の南側には、地下堤防が築かれている。この堤防は阻排水渠と呼ばれ、地下宮殿の工事中には排水渠として水を溜め、地下宮殿の工事終了後には土を埋めて地下堤防（阻水渠）となり、地下宮殿への浸水を阻止した。秦は地上では鄭国渠の灌漑施設を造成していたが、始皇帝陵の陵園にも地上と地下に堤防を築いていたことは興味深い。

おわりに

歴史学は文字史料から歴史を読み取る学問である。文字史料はかならず書き手の意志が込められるものであり、私たちは史料批判を十分行いながら、史料の意味をさぐっていかなければならない。漢代の人々は始皇帝という帝王を、統一を実現した君主として評価し、一方で焚書坑儒で思想弾圧し、長城の過酷な建設を民衆に酷使したとして非難した。漢代の人々はすでに始皇帝という実像から離れてしまい、漢から秦という時代を総括してしまった。そのこと自体は当然のことであり、歴史というものはまさに時代の要請に応えたものである。

しかし私たちは実像と離れた歴史事象をそのまま受け継ぐことはできない。始皇帝陵の建設からすでに二百年、前漢末の成帝（在位前三十二〜前七）が始皇帝陵の近くに寿陵を建設しようとしたが、劉向は戒めた。始皇帝ほど奢侈を極めた陵墓はないという理由である。北魏（三八六〜五三四）の地理書『水経注』でも、始皇帝は大いに厚葬を興したが、項羽が三十万人を動員して三十日かけて陵墓の埋蔵物を運び出しても運びきれなかったという。厚葬の面だけが強調され、始皇帝陵がどのような自然環境のもとに建造されたのかは、まったく忘れ去られてしまった。

衛星画像は始皇帝陵がいかに自然環境を活用して造営されたのかを明らかにしてくれる。(8) 歴史学と自然科学の融合によって新たな事実が浮かび上がってくる。歴史学が総合科学である側面は私たちも自覚してきた。したがって歴史学では人文科学、社会科学などさまざまな学問が必要である。そしてさらに物理・化学・生物など自然科学との結合も必要であることを自覚する必要がある。

注

（1）劉士毅主編、呂国印・段清波・袁炳強副主編『秦始皇陵地宮　地球物理探測成果與技術』（地質出版社、二〇〇五年）。
（2）アンソニー・クイン（北島功訳）『考古学のための地下探査入門』（雄山閣出版、一九九六年）。
（3）常勇・李同「秦始皇陵中埋蔵汞的初歩研究」（『考古』一九八三年第七期）。
（4）足立喜六『長安史蹟の研究』東洋文庫論叢二〇之一、二（一九三三年）。
（5）陝西省考古研究所・秦始皇兵馬俑博物館編著『秦始皇帝陵園考古発掘（一九九九）』（科学出版社、二〇〇〇年）、陝西省考古研究所・秦始皇兵馬俑博物館編著『秦始皇帝陵園考古発掘二〇〇〇』（文物出版社、二〇〇六年）。陝西省考古研究院・秦始皇兵馬俑博物館編著『秦始皇帝陵園考古発掘二〇〇一～二〇〇三』（文物出版社、二〇〇七年）。

（6）劉慶柱・李毓芳（来村多加史訳）『前漢皇帝陵の研究』（学生社、一九九一年）。

（7）『大唐皇帝陵』奈良県立橿原考古研究所附属博物館特別展図録第七三冊（二〇一〇年）。

（8）鶴間和幸・惠多谷雅弘監修他『宇宙と地下からのメーセージ――秦始皇帝陵とその自然環境――』（D－CODE、二〇一三年）。惠多谷雅弘・鶴間和幸他「衛星データを用いた秦始皇帝陵の陵園空間に関する一考察」（『中国考古学』第一四号、二〇一四年）。

◉中国

環境と人間の生活の通時的かかわり

中国海南島の事例より

梅﨑昌裕

環境とそこに生きる人間の生活を共時的に関連づけて分析するのは不適切である。現在の環境には過去の人間の生活の影響が刻まれ、現在の人間の生活には過去の環境の影響が刻まれているからである。本論では、中国・海南島における、人間と環境のかかわりについての通時的な検討事例を紹介する。

一、現場での観察の通時的再検討

中国大陸の南側、香港とベトナムの中間あたりに、海南島という九州くらいの大きさの島がある。行政的には、海南島の全体が中国三十四省のひとつ海南省であり、中国では珍しい亜熱帯にあることもあって、北京、上海、香港などからたくさんの観光客が訪れる。島の沿岸部には外周高速道路が建設され、島の北部にある省都海口、南部の中心都市でリゾートホテルの建ち並ぶ三亜、そして国際会議場のある博鰲などを結んでいる。

はなやかに発展を続ける沿岸部とは対照的に、海南島の内陸部には経済開発が相対的に遅れた農村地帯が点在している。そのひとつ五指山市のリー族の集落を、筆者が二〇〇〇年にはじめて訪ねたころ、人々は、二期作の水田耕作と水田周辺に生育する可食野草の採集を中心とする生業に従事していた。農閑期には山の中でリスやネズミ猟がおこなわれていた。[1] 村落周辺にひろがる水田には緑色の稲が育ち、道を子供にひかれた水牛が歩き、遠くの山にはサンラン米と呼ばれる在来種の陸稲もみえた。村で飲む酒は自家製のものであり、つまみには水田周辺で採集したさまざまな野草や野ネズミ、オタマジャクシ、トンボの幼虫がだされた。村の周辺にはフウ（マンサク科の落葉高木）の優占する美しい森が広がっていた（写真1）。人々と暮らし、美しい森を眺めていると、その「素朴な」生活は自然と調和しながら持続的に続いてきたのかと感じてしまう。

写真1　紅葉するフウ

しかしながら、人間の生活は自然環境を変化させ、またその自然環境の変化は人間の生活を変化させるものである。人間の生活と自然環境が関連することなくそれぞれ独立に変化することもあるだろう。そういう意味では、私たちが調査地で観察する環境と人々の生活をそのまま関連づけて分析するのは不適切である。現在の環境には過去の人間の生活の影響が刻まれ、現在の人間の生活には過去の環境の影響が刻まれているからである。人間の生活と環境のかかわりを理解するには、どうしても通時的な検討が必要である。

二、衛星データによる検討

五指山市の調査では、手始めに一九八〇年に撮影された衛星データ（ランドサットMSS）の分析をおこなった。このタイプの衛星データは、地上解像度が八〇メートルなので詳細な土地利用の分析は難しいとしても、地上のどこを車道が走り、どこに森林、水田、草原が分布していたかを推定することはできる。衛星データを分析したところ、一九八〇年ごろ、調査の対象とした集落周辺は、ほとんどが草原だったとの結果が得られた。しかも、草原は集落周辺にとどまらず、隣接する広い地域にひろがっていた。二〇〇〇年に調査をおこなった時点で、集落周辺は美しいフウの森林となっており、衛星データの分析結果が正しければ、フウの森林はわずか二十年間のうちに形成されたことになる。

このことを村の人々にきいてみたところ、一九八〇年ごろ、確かに、村の周辺はすべて草原だったという。当時は、屋根材であるチガヤが大量に必要だったことから定期的に火入れがおこなわれていた。草原は村から遠くまで拡がっており、その外側に残る森林のなかにも焼畑をつくっていた。ところが、一九八〇年代後半に、村落の近隣にある五指山の周辺が自然保護区に指定されたのにともない、村落周辺部の草原における火入れが全面的に禁止され、草原のあった場所にフウがたくさん生えてきたのだという（写真2）。火入れの禁止によって焼畑も放棄され、そこにはアカメガシワなどの広葉樹が生えた。いまでもそのような植物を探せばどこに焼畑があったかわかる。

明らかになったことは、一九八〇年頃を生きたリー族の人々は、フウの森林ではなく、チガヤの草原をながめながら暮らしていたということである。五指山周辺を自然保護区として管理し、観光資源として活用するプロセスで、ドイツ政府の協力（GTZという、日本でいえばJICAに相当する組織を通じたもの）により、自然保護区を象

写真2　五指山遠景　手前の二次林はかつて草原だった場所である。

徴するロゴマークがつくられた。ロゴマークは、フウの葉っぱの形をモチーフとしており、GTZが自然保護区の入り口につくった料金所、あるいはGTZが寄付したバイクなどいろいろな場所にそのシールが貼られていた。しかし考えてみれば、フウが五指山周辺に優占するようになったのは、自然保護政策により草原での火入れが禁止されてからのことであり、フウは五指山に残されていた自然ではなく、管理された自然の象徴である。「現代の自然保護には絶え間ない人間の管理が必要であり、火入れを禁止し美しいフウの森をつくりだしたことを成功体験として、それをロゴマークに表現した」と考えるのは、おそらく深読みであろう。最初に村を訪れたときに私が感じたように、GTZの活動にかかわったドイツの人々も、美しいフウの森林とそこに生きる人々の「素朴な」姿、その向こうにみえる五指山の頂に感動したことだろう。フウは、五指山の自然と人々の文化を象徴する樹木として捉えられたのではないか。

三、過去の民族誌による検討

二〇〇〇年に五指山の村落で住み込み調査をおこなったときに印象的だったのは、世帯ごとの経済格差が少ないことであった。全ての世帯が、水田耕作をおこない、その後背部にある斜面畑にはバナナなどの換金作物がわずかに植えられていた。高収量品種米（ハイブリッド米）とそれに対応した農薬・肥料・除草剤の導入、水利システムの改善によって、米の生産量は過去五十年間で六から九倍に増加した。結果的に生産される大量の余剰米（生産量から消費量、必要経費としてつかう米の量を除いたもの）を、人々は行商人がバイクで村にもちこむ肉や魚と交換することができた。冬の農閑期には、河川の近くの畑で栽培した白菜や大根を鍋料理にして食べ、春には野生化した茶の新芽を摘み「水満茶」として出荷した。テレビは行政村の主任の家にある一台だけであり、夜はそこに人々が集まりメロドラマ（時には反日戦争映画）をみるのが習慣となっていた。

世帯レベルの平均収入で判断するならば、この村落は海南島のなかでも「貧困地域」の部類にはいる。海南島の沿岸部で農民に多額の収入をもたらしたパラゴム、ライチ、ロンガン、コーヒーなどの換金作物は、標高が六百メートルをこえる五指山周辺ではうまく育たない。バナナ、エキチ（実が漢方薬の材料になる）、茶など、この地域で栽培可能な換金作物からの収入は限定的であった。世帯主が政府の役人として働くいくつかの世帯にしても、その収入は決して多くはなく、彼らの日常的な生活が他の世帯のそれと大きく異なるということはなかった。ただ、現在の生活をどのように感じているのかという、筆者の質問については、ほとんどの村人が、肯定的な回答をするのが印象的だった。すなわち、米の収量は飛躍的に増加し、食べるに困らないばかりか、余剰米を使って肉や魚を手に入れられるようになったこと、余剰米をつかって好きなだけ酒を造り、飲むことができるようになったこと、除草剤の導入によって農作業が楽になったことなど、人民公社時代の重労働、食料の不足などを回想しながら、現在の生活が昔に比べていかによくなったかが強調された。

この観察を通時的に再検討するためには、一九四九年に新中国が成立する以前、あるいは、その後の人民公社などを単位とする集団経営がおこなわれた時代における村落生活を知ることが必要である。ところが、この地域は中国のなかでは辺境であり、リー族の人々が自分たちの文字をもたなかったこともあり、かつての生活を推しはかる資料はすくない。ほとんど唯一の資料は、一九三〇年代に海南島を旅行したドイツ人の民族学者であるスチューベルによる民族誌であった。(2) この民族誌には、当時のリー族の人々の日常的な生活についての資料が叙述されている。

民族誌のなかで五指山周辺の村落について触れた部分に、以下のような記述をみつけることができる(以下、カギ括弧内が翻訳原文、括弧内は筆者の補足説明。一部、旧字体を常用漢字に改めた)。すなわち、当時、五指山地域は「宝のでる地方」であり、「原始林地帯が拡がっており、高価な木や高貴薬となる動植物があって、最も大きい富をあげることができる」。したがって、「好んで支那商人の訪れるところとなって」おり、「支那商人の家族の多くはすでに数代、リー族といとも親しくしてこの地に住んでおり、普通非常に尊敬を受けている」。「五指山の西麓にある部落の住民の半ばは一年の大部分を、原始林の真ん中にある開墾地に住んでいる。人々は二月に開墾地に行き三月に種を蒔く。五月に再び開墾地に行き、鳥や猿や畑荒らしを防ぎ、六、七月に収穫する。毎年新しい森を焼いて開き、そのため高価な潤葉樹(広葉樹)と大きな槇のある立派な五指山の原始林はだんだん明るくなる。一度開いたら六年しないと再び畑にすることができない。しかし、畑にはチガヤがたいそう早く蔓延して二度耕作にすることはなく、そうかといって再び森になることもめったにない」。「この地方の山村にはリー族の地主がいる。かれらは税を払う必要がない。北にある村では四分の一が地主で四分の三が小作人である。小作料は収穫高の半分である」。

現在は、海南島のなかでも開発の遅れた地域である五指山周辺の地域は、一九三〇年代には漢族の商人が山の宝をもとめて頻繁に訪問するような場所だったこと、複数の漢族商人の家族は数世代にわたり村に暮らしていたこと、村に地主のリー族と小作のリー族が暮らしていたことなど、そこには、現在の生活からは想像できないほどに異なるリー族の姿が描かれている。

五指山周辺地域に居住するリー族は、自分たちの出自を、「福建省から海南島に移住してきた漢族である」と説明することがおおい。この説明は、リー族の出自にかんする伝説と解釈するのが一般的ではあるが、現在、リー族として住民登録されている人々のなかに、一九三〇年代には漢族としてのアイデンティティをもっていた個人の子孫が含まれることもありうるだろう。実際、一九七〇年代終わりから一九八〇年代初めにかけて、中国で農業経営システムが人民公社による集団経営から世帯請負制による世帯経営に移行したとき、それまで人民公社によって管理されていた水田は、それぞれの人数に応じて各世帯に耕作権が分配された。ところが、山地については世帯によって分配された場所と面積がまちまちであり、広大な山地を請け負った世帯もあれば、ほとんど請け負った山地のない世帯もあった。大きな山地を請け負った世帯には、一九三〇年頃に漢族としてのアイデンティティをもっていたと考えられるものがおおく、人民公社が成立する以前の村落社会における構造が、一九八〇年代に山地の耕作権が分配される際に、ある程度、反映されたのは間違いないと思う。

調査をした村落では、二〇〇〇年頃から五指山の自然と「伝統的」なリー族文化を資源とした観光開発が本格化した。観光開発に関連して、この村落を紹介するテレビ番組が作成され、全国ネットで放映された。番組のなかでは、中央政府の幹部が村落を訪問し、薬草に詳しい男性を「民族医」としてたたえる場面があったという。その後、「民族医」となったその男性は有名人となり、現代医学にみはなされた重病人が海南島の都市部から薬をもらいにくるようになった。そして、ついには都市部に漢方薬の店を開店するに至った。

人々の話によると、この男性の妻がもともと地主の娘であり、地主階級が糾弾された一九六〇年代には大変苦労したらしい。彼女は、その母親から薬草についての詳細な知識をうけついだ。実際に薬草を山から集めるのはこの女性であり、「民族医」となった男性は、その薬草を対外的に売るのが役割だという。ひとつの解釈としては、彼女の先祖は、一九三〇年代には、五指山の「山の宝」をあつかう漢族商人であり、薬となる樹木・草本についての広範な知識を有していたという可能性がある。その後、人民公社による農業経営の時期を経て、薬草にかかわる知識は経済的な価値を失った。それが一九九〇年代になって、中国が全体として環境保護に政策の舵をきったことで、「自然」にたいする経済的な価値が生まれ、それを活用した観光開発によって、薬草にかかわる知識は、再び「山の宝」を集めるための意味をもつようになったのではないか。彼らが都市部に開店した漢方薬の店で売る薬草が五指山の森林で採集されたものではなく、漢方薬の業者から仕入れたものであるのは、皮肉なことである。

四、野生資源利用にかかわる規範

最後に、野生資源利用にかかわる規範について、通時的に検討してみたい。対象とした村落では、たとえば、ご飯のおかずとなる水田周辺の可食野草は、だれの水田で採集しても良いとされていた（写真3）。また、森の中にある野生化したお茶の新芽も誰が採集してもよい。畑のなかに生えている野生のお茶の新芽も誰が採集しても良い。人々の好物であるクマネズミを獲るには、畑の中にはさみ罠を仕掛けるのが一般的であるが、はさみ罠は誰の畑に仕掛けてもよく、畑を耕作する個人に特に許可をとる必要はない。五指山に高価なランを採集にきた町の人に請われれば、リー族の人々はランがたくさん生えている場所を教える。「生えたもの」「育てたもの」はいくらでもあるのだから、誰がどう使おうとも問題にならないと人々は言う。

人々の説明を要約すれば、野生資源の利用にかかわる規範として重要なのは、自然に「生えたもの」「育ったもの」と、「植えたもの」「育てたもの」を区別することである。(3) 自然に「生えたもの」「育ったもの」は誰が利用してもよい資源であり、「植えたもの」「育てたもの」は、それぞれ植えた人と育てた人だけが利用するべき資源であるとされる。私が調査をした集落から北西に一〇キロほど離れた集落で調査した篠原徹と西谷大は、以下のような事例を紹介している。(4) すなわち、五指山周辺では焼畑の跡地など攪乱環境に生育するテルミノイヌホオズキが重要な可食野草である。篠原徹と西谷大が調査した集落は、筆者が調査した集落に比べれば相対的に自然保護政策の影響が少ないために、二〇〇〇年ごろも小規模ながら焼畑がおこなわれていた。その際、焼畑の跡地に生育するテルミノイヌホオズキは、「生えたもの」なので、誰が採集しても良いとされる。しかしながら、世帯によっては焼畑に生えたテルミノイヌホオズキを家のそばの菜園に移植するものもあり、その段階で、そのテルミノイヌホオズキは「植えたもの」となり、採集する権利は個人に帰属することとなる。

写真３　水田周辺で採集された可食の野草

また、畑の中にある樹木の洞につくられたミツバチの巣は、その畑を耕作する人のものではなく、それを発見した人のものである。したがって、筆者が調査した村落では、自分の畑にある樹木につくられたミツバチの巣の採集権を主張するために、畑の耕作者はその樹木にサイザルヤシの葉をまきつけた。野生のお茶も、ある個人が畑に移植した時点より「植えたもの」となる。

ここで整理しておかなければならないのは、「生えたもの」「育ったもの」は、人間の需要が供給に比べて圧倒的に少ない状況では経済的価値がないか、経済的価値があって採集についやす努力に見合わないほど小さい場合は、そもそも資源利用にかかわる規範の対象とする意味がないという可能性である。たしかに、人々の日常生活に登場する「生えたもの」「育ったもの」のなかで、水田に棲むヤゴ、カニ、タニシなどの小動物、ワラビなどの山菜、川の小魚、一般的な薬用植物、農作業につかう雨合羽の材料となる椰子の葉、家具や家をつくる材木などは、いくらでも存在し、経済的価値もほとんどない。また、外部の業者が一匹あたり五元（日本円で約六十五円）で買い取るオオクワガタ、やはり外部の業者が買い取る細竹（マメ栽培で蔓をからませる棒として使う）には経済的価値があるものの、一年のなかでもごく短期間にのみ需要が生じる資源であり、資源利用にかかわる規範が生じにくいと考えられる。

ここで再び、スチューベルの民族誌をみてみよう。「生えたもの」については、水田あるいは焼畑周辺の野草を頻繁に食べることの記述があるものの、その利用規範について触れた部分はない。一方、「育ったもの」については、以下のような記述がある。すなわち、「支那人は山主として普通五年間の年期でリー族に山を貸す」。そして、「山を借りたリー族は、その山で獲れた動物を買い取る権利を有する」。「（リー族が獲った）山馬という大きな鹿の皮、腱、骨は五十六弗で売れ、角のない牝の子鹿は二四〇文である。大きなルーザ（シカの一種）の皮、腱、骨は三四〇弗する」。

五指山周辺の「育ったもの」のうち「山の宝」については、それを買い取る権利を貸す人、権利を借りる人、それを獲って売る人という三つのアクターがかかわる利用規範があったことがわかる。再び、想像をたくましくするならば、調査中に観察された理解しがたい複数の事例——かつて祖父が地主だったといわれる個人が、外部の会社に対して村落の共同管理地の使用権を現金と引き替えに譲り渡したことに、他の村民が表立って意義をとなえなかったこと（この個人の家系はかつての山主か、山主から権利を借りたのではないか？）、外部の業者へ細竹を販売する際の村落側のとりまとめを、現在の行政的責任者ではなく、祖父が地主だったとされる個人が引き受けていたことなど——は、過去に存在したはずの村落の構造と資源利用にかかわる規範と関連づけることでうまく解釈できる可能性もある。もちろん、文化大革命における地主の糾弾を経験した村落で、このようなデリケートな問題を聞き取りで明らかにすることには限界があり、解釈の蓋然性は不明である（写真4）。

写真4　水牛は観光開発とともに、村から一頭もいなくなった。

五、人類生態学における歴史的視点の意味

著者の専攻する人類生態学では、人間と環境のかかわりを解明するために研究がおこなわれてきた。かつては、文化生態学の平衡モデルの影響をうけ、自給自足的な生活を営む社会を閉鎖系とみなし、人間と環境のかかわりを分析する研究がおおくおこなわれた。しかし、グローバル化する世界のなかで、平衡モデルを仮定することのできる社会は急速に減少し、現在では、人間と環境のかかわりを通時的に捉える視点が一般化している。

本論で紹介した海南島の村落が中国という国家の体制・政策に

大きな影響を受けてきたのは自明のことである。それでも、現地調査をおこなう場合、私たちが得る情報は、過去のものよりも現在のものに著しくかたよるために、対象とする村落における人間と環境のかかわりを理解する前提として、知らず知らずのうちに「平衡モデル」を仮定しがちなのも事実である。現地調査をおこなう研究者が意識しなければならないのは、できるだけ過去の情報を収集し、通時的な分析をおこなうことであろう。本論で紹介した衛星データは、それぞれの国の事情にかかわらず、ユニバーサルにデータが入手・分析できるという意味で有力な過去の情報源となりうる。また、対象地域の過去の様子がかかれた民族誌などの文献は、人間と環境のかかわりを考えるにあたっては欠くことのできない情報である。

そういう意味では、文献情報を研究の対象とする環境歴史学者と人類生態学者は理想的な共同研究パートナーとなり得るのだろう。ただし、その場合には、環境歴史学者も、自分が分析する情報が過去のものに偏ることを認識し、現在の情報を意識的に分析にとりこむ努力を期待されることになる。

注

(1) 梅﨑昌裕「環境保全と両立する生業」(篠原徹編著『中国・海南島——焼畑農耕の終焉——』東京大学出版会、二〇〇四年)九七—一三五頁。

(2) スチューベル・H(平野義太郎編、清水三男訳)『海南島民族誌——南支那民族研究への一寄與——』(畝傍書房、一九四三年)。

(3) 前掲注1梅﨑論文。

(4) 篠原徹「野生と栽培をつなぐ植物たち」(『人間と文化』一七、二〇〇二年)四一—五三頁。

◉中国

生態環境史の視点による地域史の再構築
生物多様性の歴史的変化研究のための史料について

上田　信

生物多様性条約の会議が日本で開催された。歴史学も生物多様性に関する研究を進める必要がある。しかし中国史においては、研究が少ない。テーマの一つに、絶滅が確かとされるアモイトラの歴史がある。東南山地丘陵地域の生物多様性について拠るべき史料群として、族譜と地方志がある。その研究動向を紹介する。

はじめに

二〇一〇年十月に愛知において生物多様性条約（Convention on Biological Diversity, 略称CBD）第十回締約国会議（通称COP10）が開催され、SATOYAMA（里山）イニシアティブなどの資源の持続可能な利用に係る決定が採択された。生物多様性条約は、一九九二年のリオデジャネイロ地球環境サミットに向けて採択された条約である。その前文に「生物の多様性が有する内在的な価値並びに生物の多様性及びその構成要素が有する生態学上、遺伝上、社会上、経済上、科学上、教育上、文化上、レクリエーション上及び芸術上の価値を意識し、生物の多様性が進化及び生物圏における生命保持の機構の維持のため重要であることを意識し、生物の多様性の保全が人類の共通の関心事であることを確認し、……生物の多様性がある種の人間活動によって著しく減少していることを懸念し、生物の多様性に関する情報及び知見が一般的に不足していること並びに適当な措置を計画し及び実施するための基本的な知識を与える科学的、技術的及び制度的能力を緊急に開発する必要があることを認識」[1]すると掲げられている。歴史学もまた、生物多様性に関する知見を研究のなかで深め、そして社会に対して発信していく知的な営為の一翼を担うべきだと、私は考えている。

一、生態環境史の視座

歴史学が生物多様性に取り組もうとしたとき、これまでの研究者が犯しがちな誤りがある。人と生物との関係を、対立的に捉えてしまうという誤りである。こうした視点に立つと、生物の多様性を保持するためには、人類はその場から退出するしかない。

こうした問題点を抱えている著作としては、マーク＝エルビンの大著 *The Retreat of the Elephants*[2]がある。この著作においてタイトルから期待される内容に関する記述は、第二章のみに現れる。そのなかで、「四千年前、現在の北京（北東区域）やその後中国となった大部分の地域には、ゾウが生息していた。今日、中華人民共和国では南西区域のビルマとの国境地帯（雲南省・シーサンパンナ）に点在する保護区にわずかしか野生のゾウは生息していない」と述べ、「その原因をはっきりというならば、長く続く人間との戦争でゾウが負けたということだ。時間と空間の両面からうかがわれる後退の傾向は、いわば、中国の拡張と開拓の増大とは反転したイメージだ、ということになる。中国の農民とゾウは共存し得ない」と結論づける。

そこに見られる空間のイメージは、野生動物の領域と人類の領域とが、背反するというものである。エルビンは環境史という枠組みのなかで、次のように述べる。「ゾウが後退していく地図は、空間的にも時間的にも、中国の農業経済が発展していく過程を反転させたものとなる。より厳密にいうならば、中国においてゾウによって生きられていた空間は、人が支配していた空間と対をなしていた。その見取り図はまた、自然環境の豊かさが失われ、人の定住が優位になっていく過程を象徴している」。このように生物と人類とを、空間的に背反するものであるとすると、生物多様性を取り戻すためには、人類はその場から退出せざるを得ない。

野生動物と人類との関係について、私はかつて拙著『トラが語る中国史』(3)のなかで論じた。トラを研究対象とした当初は、私もエルビンと同じような空間観に基づいて議論を立てた。しかし、「生態学的にまとまりを持った空間」という新たな視点を得ることで、生物多様性を保全することと、人類の生存とをともに成り立たせる路を見出せたように思う。それは「地域史」という観点を、研究に投入することによって得られた知見であった。

トラは中国の森林において食物連鎖の頂点に立つ生物であるために、トラと人間活動との関連を歴史的に調べることにより、生物多様性の変化の見取り図を描き出すことが可能である。また、トラは漢族の文化のなかで特異な位置をしめる象徴的な動物であったために、史料に残りやすい。これらの点から、トラを研究の対象とした。しかし、振り返ってみると実証という点で、不十分なところが少なくない。今後、あらためてトラ、とくに自然の環境のなかではすでに絶滅したと推測されているアモイトラ（中国名〈華南虎〉、学名*Panthera tigris amoyensis*）を軸にして、生物多様性の変化を歴史的に解明する研究を進めようと考えている。

この拙著の副題を、「エコロジカル・ヒストリーの可能性」とした。生態環境史（ecological history）とは、自然環境と人間社会とを区分して論じる環境史（environmental history）とは異なり、動植物の生息とヒトの活動とを通貫して流れる物質とエネルギーに着目して、地域をひとつのシステムとして描くことを目的としている。地域の範囲はアプリオリに設定されるものではなく、研究することで立ち現れるシステムとしてのまとまりに即応して、作業仮説として設定される。たとえば起伏に富んだ地域を研究対象として抽出しようとする場合、ヒトの活動に力点を置くときには、「盆地」を一つの地域とし、山地丘陵はその境界とすることが有効であろう。他方、野生動物、たとえばトラの視点から描くときには、「山地丘陵」を一つの地域とし、盆地底部はその周縁に位置づけられる。このように拠って立つ視点に応じて、地域の切り取り方は変わってくる。

アモイトラは主に中国東南山地丘陵地域に生息していた。この地域は、浙江省東南部・安徽省南部、福建省・江西省それぞれの全域、広東省北部からなる標高二〇〇〇メートル程度の山地、一〇〇〇メートル程度の丘陵を大地の骨格とし、そのあいだに河川の流域に形成された盆地からなる空間を指す。植生のうえからみると、その極相は常緑広葉樹林（照葉樹林）となっている。さらに社会の構成が漢族であるために、日本と比較することで漢族社会における生態環境の特色を浮かび上がらせることが可能となる。現在ではその住民のほとんどが漢族である。自然の条件は、日本の西南部と類似している。筆者は、これまで長期にわたり当該地域でフィールドワークを実践してきたが、そのなかで自然的な条件がほぼ同じであるにも拘わらず、その山地丘陵に展開されている景観が、日本と中国とのあいだで大きく異なることが明らかとなってきた。

この地域の生物多様性を支える生態システムを歴史的に研究する史料の一つに、村落に集住する宗族集団が、その祖先との関連を編纂し継承してきた族譜と呼ばれる史料群がある。族譜は数十年ごとに再編集されることで、ときには千年以上も前の情報が記載されている。その信憑性についての検討が加えられれば、数百年にもわたる生態環境史を再構築することが可能となると考えられる。

研究の視座は、現在の景観に置かれる。いまある生態システムがどのようにして形成されてきたのか、という問いの立て方となる。族譜を用いた研究の多くは、祖先から子孫に向かう記述を採る。たとえば祖先が決めた族規が、子孫をどのように拘束しているのか、という問題の立て方となる。これに対して生態環境史として族譜を扱う際には、現在を生きている人々の立ち位置から、祖先に遡及するという方向になる。こうした問題意識を最初に提示した論考に、報告者は「地域の履歴」という表題を冠した。「履歴」という言葉には、いまある景観の生い立ちを、過去にさかのぼって明らかにするという意味が込められている。過去から時代を一枚ずつ積み重ねて現在に至るという「歴史」ではなく、現在を説明するために過去をひもとくという対比となる。

本報告では、まず基本資料となる族譜について、現在の研究の水準を確認する。ついで、もう一つの史料として、地方志（後述）を取り上げる。そのうえで、漢族社会における生態環境史研究の方向について、私見を述べることとする。

二、族譜にもとづく地域史研究の到達点

私は、一九八〇年代に中国浙江省の東部、山地と丘陵がつらなり、そのあいだに大小多数の盆地が点在する浙東と呼ばれる地域を対象にして、親族集団である宗族と地域との関連を研究し、いくつかの論考を発表してきた。(4)素材とした資料は、主に地方志にまとめられた「氏族志」および日本で収蔵されていた族譜である。「氏族志」は主に民国時期に地方志を編集する際に取材された族譜に基づいて、その地域に居住する宗族集団がいつ、どこから移住し、何世代を経過しているかなどを表としてまとめたものであり、これも間接的には族譜が情報源となっている。一九八〇年代の中国では改革開放政策が進められ、文化大革命の影響は希釈されつつあったものの、宗族的な社会結合については封建的であり反社会主義的であるとの認識が一般的であった。社会のなかでは人民

公社が解体され、あらたな人的な紐帯を切望する機運が広まるなかで、同族的な結合が復活する傾向が現われてはいたが、湖南省などでは族譜の編纂は摘発の対象となっていた。福建省や広東省など海外に華僑を送り出し、海外の華裔・華人からの送金などが経済的に重要な意味を持っていた地域では、海外の華人との絆をたどり、経済的なチャンネルを強化するために、宗族としての活動が黙認されてはいたとはいえ、おおっぴらに族譜を編集することははばかられていた。この宗族への政治的な評価のもとで、図書館に収蔵されている族譜についても、閲覧は容易ではなく、中国国内における宗族研究は停滞せざるをえなかった。

この状況は一九九〇年代に入って、大きく変化する。一九八九年の天安門事件を契機として、民主化要求などの政治的な不満を社会・経済的な自由化によって解消するという方向が明確となり、政治化さえしなければ統制を控えるという風潮が一般化した。そのもとで族譜の編集も盛んに行われるようになり、図書館もこうした要望に応えて閲覧を広く認めるようになった。祖先を敬うことは「中華民族」の統合を強化するものと位置づけられ、孔子をはじめとする儒家思想の再評価が進められた。中国での宗族研究も活況を呈するようになってきている。

中国における宗族研究の空白時期に私が発表した論考は、しばしば参照されており、[5] その主要なものは中国語に翻訳されている。[6] しかし、一定の影響を与えてはいるものの、研究の水準からみると、私の研究は完全に時代遅れとなっている。研鑽を日本で積んだ中国出身若手研究者の鍾翀は、地域研究を行うに当たって、公的機関で閲覧が可能となった当該地域の族譜を網羅的に利用すると共に、宗族の活動が活発となっている地域においてフィールドワークを実践し、個人収蔵の族譜や関連資料を収集したうえで、研究を行っている。このレベルから「一九八〇年代以降になると、東南中国をフィールドとした宗族や宗族村落に関する研究もようやく行われ始め、その中には、筆者と研究対象地域を一部同じくし、文化人類学的手法も取り入れる上田信の研究もあるが、そのような研究にも、族譜の利用や資料批判という点で、十分ではないという問題がある」と指摘している。[7]

鍾翀によれば、上海図書館に収蔵されている一万一七〇〇種十万冊もの膨大な族譜を中心にし、さらに内外諸機関および個人が所蔵するものを加えると、鍾が研究対象とした東陽県北江盆地の族譜は五二二種に達するという。この族譜が対象とする姓氏は七〇、宗族集団の数は一五〇となる。当該地域に居住する人口のほとんどが、族譜を有する宗族集団のいずれかに属していると推定される。これらを精査し、検討を加えた鍾の研究の精度は、上田の水準をはるかに超えるものである。(8) さらに族譜に記載された情報を検証する方法として、一つの族譜をその周辺に居住する宗族の族譜と突き合わせることを提唱している。「各宗族は、おのおの異なった時点で独立的・自主的に族譜を編集しており、宗族の間での意図的な族譜の照合などは、決してなかった」とし、族人の婚姻記録に着目して族譜に記載されている内容に検証を加えている。

今後、族譜を用いて研究を行うとするならば、この中国で達成された族譜研究のレベルに到達することが要請されている。

三、地方志にみる山区経済と生態環境

主に福建省の山地で生物多様性が現在に至るまで維持されている区域について、その多様性が維持されるプロセスを検討した結果、宗族がその村域や墓域の風水を維持するために継続的に生態環境の保全を行っていたことが明らかになった。この点は拙著『風水という名の環境学――気の流れる大地――』(9) において、指摘した。歴史的には宗族が残した族譜のほかに、それぞれの地域社会の歴史を記した地方志が、重要な情報源となっている。地方志は中央から派遣されてくる知県などの地方長官などに、その地方の統治に欠かせない情報を伝達することを主な目的として作成された。清代中期以降はそれぞれの地域で「郷紳」などと呼ばれる有力者が、組織的に編

纂をにない、施政の指針を後世に残すという意図がこめられるようになっている。江西省と湖南省との省境の山地について、一つの地方志から事例を紹介しておこう。

この山地の生態環境史の研究において、特筆すべき点は、湖南側の山地において「山区経済」という問題提起が最初になされたということである。明清時代の社会経済史を開拓した中国の歴史学者の傅衣凌は、中国において内発的に資本主義的な産業が成立する可能性を指摘したことで知られる。この研究は主に地方志に題材を求めながら、独創的な指摘を多く出している。その一つに、山地という辺境では封建社会の根幹をなす地主制度が脆弱であるために、封建的な抑制から自由な産業が成立し得たというものであった。この山区経済という論点は、経済的先進地である長江下流域の江南で新しい発展が見られるはずであるという常識を覆すものであった。山区経済という概念を提起したときに用いられた史料の一つが、湖南省の『桂陽直隷州志』に収められた「貨殖伝」であった。(10)

「貨殖伝」を読み直すと、その一節に、「州は山谷の間に居し、民は山によって糧となす。稲穀を待たずして、民の食はもとより乏しからず」とし、山からの湧水をためて魚の養殖をおこない、水辺ではヒシやマコモの栽培を行い、〈藕芋〉（食用カンナ）などの栽培も少なくないとある。これらの山地の特産はおもに商品として売りに出された。果樹では桃・李・枇杷などが商品として収穫され、加工品としては竹紙・桐油の生産も行われたとある。(11)野生動物と山地住民との関係については、「群山には熊・羆・虎・兕（野牛か？）・野彘（イノシシ）・豪貆（ムジナ）の属、鹿・貍（タヌキ）・鳧（カモ）・雉が調理台に山盛りとなる。藍山の民は狩猟にたけており、火槍（鉄砲）で禽獣を取るときに、〈鉄砲が〉響けば外れることはない。その高い技術によって富をなし、耕地がなくても獲得する物が多い」とある。こうした生態環境と共存する経済を、資本主義の萌芽という文脈ではなく、生物多様性の保全という観点から、あらためて評価する必要があろう。

おわりに

生物多様性条約COP10が日本で開催された二〇一〇年十一月は、寅年にあたる。前回の二十世紀最後の寅年（一九九八年）は、WWFなどが中心となってトラ保護のキャンペーンが展開されたので、印象に残る年であった。また私がエコロジカル・ヒストリーの考えをまとめた著作『森と緑の中国史』[12]の原稿を仕上げた年にも当たっているために、個人的にも記憶が鮮明である。二〇一〇年には、ロシアのサンクトペテルブルクで世界トラ保護会議「トラサミット」が開催されている。しかし、こうした国際的な取り組みにもかかわらず、これら二つの寅年のあいだに、自然界でのアモイトラは絶滅してしまったと考えられる。

中国では動物園で飼われていたアモイトラを福建省上杭県の山中に開設された梅花山華南虎繁育研究所に集め、繁殖させていずれは自然に戻そうとしている。二〇〇七年一月に私はこの研究所を訪ねた。そのときの日誌を引用しておこう。

古田の町から出ると、すぐに山に入る。ちょうど、道路を舗装している工事のさなかで、対向車とすれ違うのが困難。山麓は毛竹（孟宗竹）の林。竹を積んでいるトラクターとすれ違う。標高が上がるに従って、毛竹と広葉杉の混交林となる。いずれも人工栽培によるものであろう。尾根には広葉樹林があるようであるが、霧のためにはっきりと確認することが出来ない。古田から虎保護センターまでは一八キロメートル。そのちょうど中程に歩雲鎮があり、小さな盆地となっている。そこから急な登りとなるが、道は完全に舗装されていて、かえって進みやすい。

十時半にようやく梅花山華南虎繁育研究所に到着。柵の前に立っていたら、トラが出てくる。とととと、写真だ、ビデオだと、気は焦る。霧の向こうに目をこらしてみると、五頭ほどのトラが悠然と寝そべっている。一頭の雄とあとは雌の組み合わせのようである。ときどき、ネコがじゃれ合うように重なり合っている。展望台の上に登ると、個別の柵の中にもトラがいる。ときどき吠え合いながら、互いの存在を確かめているようである。その裏手には、餌になるのであろう、ニワトリが飼われている。

ようやく出会えた華南虎に、ひとしきり感動した後に、当番で居残っていた傅文源さんから、話を伺う。元旦と二日に、続けて二頭ずつ、仔が生まれた。それぞれ雄と雌の組み合わせだという。しかし、正式に出生と認められるのは、三ヶ月後。華南虎の最大の問題点は、近親による交配が続き、遺伝的な要因によって出生後ほどなく死亡するケースが多いところにあるという。現在、二四頭のトラがセンターにいるが、いずれも近親であるという。現在の目標は、繁殖。野生化はトラの頭数が増え、トラが自然繁殖できる生態環境の条件が整い、確実に自然の状態で子孫が増える見通しが立ってからということとなり、まだまだ先の話であるという。

話に一区切り付いたところで、獣医の林開雄さんにともなわれて、隣の部屋に入ると、三日前に生まれたばかりのトラの仔。まだ眼も開いていない。しわがれた声を上げながら、兄妹でモゾモゾと動く。まだ足は立たない。しかし、毛並みはしっかりとトラの模様。

インターネットで検索する限りでは、このときに引き合わされたトラの仔はその後、スクスクと育ったようである。

アモイトラを自然に放すまでに増えるのか否か、困難が予想される。しかし、もしこのプロジェクトが次のステップに進んだとき、東南山地丘陵地域にトラの生息を支える生態系が存続している必要がある。こうした生物多様性回復の動きに歴史学が貢献できるのかどうか、私たち研究者も自省するときであろう。

注

（1）環境省自然環境局自然環境計画課生物多様性地球戦略企画室ホームページに生物多様性条約の全文が掲載されている。
http://www.biodic.go.jp/biolaw/jo_hon.html

（2）Elvin, Mark, *The Retreat of the Elephants: An Environmental History of China*, Yale University Press, 2004.

（3）上田信『トラが語る中国史――エコロジカル・ヒストリーの可能性――』（山川出版社、二〇〇二年）。

（4）主な論考は、「地域の履歴――浙江省奉化県忠義郷――」（『社会経済史学』四九―二、一九八三年）、「地域と宗族」（『東京大學東洋文化研究所紀要』九四、一九八四年）、「村に作用する磁力について（上、下）」（『中国研究所月報』四五五・四五六、一九八六年、のち橋本満・深尾葉子『現代中国の底流――痛みの中の近代化――』行路社、一九九〇年に所収）、「明清期・浙東における生活循環」（『社会経済史学』五四―二、一九八八年七月）、「中国地域社会と宗族（リニージ）――一四～一九世紀の中国東南部の事例――」（二宮宏之『〈世界史への問い　四〉社会的結合』岩波書店、一九八九年十二月）、およびこれらの論考を取り入れた単著『伝統中国――〈盆地〉〈宗族〉にみる明清時代――』（講談社、一九九五年）など。

（5）たとえば銭杭『血縁与地縁之間――中国歴史上的聯宗与聯宗組織――』（上海社会科学院出版社、二〇〇一年）などがある。

（6）「地域与宗族――浙江省山区」（劉俊文主編『日本中青年学者論中国史〈宋元明清巻〉』上海古蹟出版社、一九九五年）、「危機状況下的同族団体――以浙江省同姓村中的細菌戦受難者為例――」（『史林』第七二期、上海社会科学院歴史研究所、二〇〇三年）、鍾翀訳「地域的履歴――浙江省奉化県忠義郷――」（『杭州師範学院学報』二〇〇四年第二期・第三期）。

（7）鍾翀「浙江省東陽県北江盆地における宗族の歴史地理――族譜資料の分析を中心として――」（『人文地理』五七―四、二〇〇五年）。

（8）「浙江省東陽県北江盆地関連送付目録の作成と若干の考察――東南中国の宗族に関する歴史地理学的研究の一部として――」（『地域と環境』第五号、京都大学大学院人間・環境学研究科、二〇〇四年）。「東南中国における宗族社会の歴史的変遷に関する一考察――浙江省東陽県北江盆地における宗族の発生と展開をめぐって――」（『地域と環境』第六号、二〇〇六年）。「東南中国における宗族形成に関する一考察――北江盆地における族譜編纂史の検討を通じて――」（『漢字文化研究年報』第一号、京都大学人文科学研究所、二〇〇六年）。なおこれらの論考並びに、それを集成した学位申請論文に基づき、中国で『北江盆地――宗族、聚落的形態与発生史研究――』商務印書館、二〇一一年を上梓している。『東南中国における地域社会の形成とその構造に関する歴史地理学的研究――浙江省東陽県北江盆地の宗族社会を中心に――』（未発表）は、鍾翀氏のご厚意により、通読することができた。

（9）『風水という名の環境学――気の流れる大地――』（農山村漁村文化協会、二〇〇七年）。

（10）「中国封建后期湖南山区商品生産的一個実例――読王辺運『桂陽直隷州志・貨殖伝』――」（『抖擻』（香港）一九八一年第四三期）。拙稿「中国における生態システムと山区経済――秦嶺山脈の事例から――」（溝口雄三ほか編『〈アジアから考える六〉長期社会変動』東京大学出版会、一九九四年）を参照のこと。

（11）『桂陽直隷州志』巻二十「貨殖伝第十」。

（12）『森と緑の中国史――エコロジカル・ヒストリーの試み――』（岩波書店、一九九九年）。

◉中国

雲南地域住民の天然資源保護・管理

十八世紀後半〜十九世紀前半の元江流域・メコン河上流域を事例として

クリスチャン・ダニエルス

元江流域・メコン河流域では漢族移民の経済活動が天然資源の減少・枯渇を引き起こすと、地域住民が山地利用を制限する取り決めを設定した。本稿において、⑴取りまとめで明記された保護・管理の具体的な内容、⑵保護・管理措置の効力などを明らかにし、保護・管理が生態環境史にもつ意義について論じる。

はじめに

これまで中国環境史では、生態環境の劣化が中心課題であった。劣化を引き起こした最大の要因として、人口密度の増大と土地開発の拡大が挙げられており、多視点からその劣化を実証する作業が推進されてきた。人的要因が動物界に及ぼした影響を明示するため、近年、古代から二十世紀まで中国の生態環境がどのように変化したかを虎や象の生息空間の減少から詳述する、創意工夫に富む研究まで刊行されるようになった。(1) 生態環境の劣化は史実ではあるが、伝統社会において地域住民が劣化を食い止めるために払った努力は研究対象となることが少ない。そのような努力があったとしても、成功を収めたかどうかはあまり検討されない。これまで人間活動の「負」の側面が強調されてきたが、本稿においては「正」の側面から地域住民が天然資源を保護・管理する事例を通じて生態環境の劣化を考えたい。

　本稿が対象とする元江流域・メコン河上流域は、中国雲南省、ラオス、ミャンマー及びタイ王国の四ヵ国につながっている。ここは中国西南部と東南アジア大陸部をつなぐ地域であり、歴史上、ここの生態と人文は国境線によって分断されず、連続している。十八世紀前半以前、ここは主に非漢族が居住する地域であり、人口が比較的少なく、盆地で水稲耕作、山地で焼畑農耕という従来の土地利用法に圧力はかかっていなかった。しかし、十八世紀後半から十九世紀前半にかけて、雲南の人口が急増して、当該地域では漢族移民・商人が山地に進出して茶や木綿のような換金作物を栽培するなど市場経済を持ち込んだ。[2] それにともなって非漢族が土地を喪失する事態も発生した。例えば、一七八〇年代にはメコン河以東の六茶山の一つ易武《えきぶ》において茶園の所有者は非漢族から漢族に移行した事例が知られている。[3] このような漢族移民の経済活動は元江流域・メコン河上流域に限定されていたのではなく、雲南省で広くみられていた。

　雲南の推定人口は十八世紀までは二〇〇万人を超過しなかったが、十八世紀半ばごろ以降急激に上昇した。一三九三年の推定人口は約一二〇万人で、一五二一年になっても約一七〇万にとどまっていたが、一七七六年には約七八八万人に膨れ上がったのである。一八六五年までにはほぼ倍増の一三三七万人に上昇した。[4] この人口増加は主に中国内地からの漢族移民の絶えざる入植によるものと考えられるが、その結果、鉱山採掘や山地開墾などの経済開発にともなって自然環境の劣化が起こった。[5] 山地開発にともなって漢族移民と非漢族・先住漢族との間に軋轢が生じ、環境の劣化に起因する反乱が頻発するようになった。一八一七～一八年に元江流域（臨安府）において、ハニ族が中心となった高羅依の反乱が、また一八二〇～二一年に雲南西北の永北庁北勝土知州においてリス族の反乱が勃発したが、後者の背景には非漢族の土地喪失と漢族移民による略奪的シイタケ栽培があった。[6] さらに、一八五五から一八七三年までイスラム教徒による大反乱、いわゆる杜文秀の乱が雲南全土を揺るがした。この反乱の背後には、漢族移民と非漢族・先住漢族による天然資源をめぐる競争の激化があった。元江流域・メコン河流域で漢族移民の経済活動が天然資源の減少・枯渇を引き起こすと、非漢族を含む地域住民が自己の生活を維持するために自ら環境保護対策を講じ、天然資源の管理に乗り出すようになった。地域住民は山地利用を制限する取り決めを制定して積極的に対処した。本稿において、(1)取りまとめで明記された保護・管理の具体的な内容、(2)保護・管理措置の効力などを明らかにし、保護・管理が生態環境史にもつ意義について論じる。

天然資源の保護・管理を目的とした地域住民の取り決め

地域住民が自らの意志によって積極的に天然資源の保護・管理をするにはどのような動機があったであろうか。図式的にいうと、次の論理がはたらいている。人間は自然環境と均衡を保ちながら生活を営むことが大原則だが、人間の営為によってそのバランスが一旦崩壊すれば社会は被害をこうむる。バランスの崩壊は人口増加にともなって、土地、水、動植物といった天然資源の利用に競争原理が持ち込まれることによって引き起こされる。天然資源をめぐる競争は人的要因によって激化する。人口増加など人的要因は天然資源の減少、自然環境の劣化を引き起こすが、保護規定の導入など人的要因は資源環境の回復を可能にする。したがって、人間社会が悪影響をこうむると、人間が天然資源の持続的利用を確保するために保護・管理に乗り出すのは容易に理解できるであろう。

これから紹介する取り決めはこのような論理によって決定された。身の回りの自然環境の保護を開始する地域住民は、まず問題となっている天然自然の利用について話し合いをして規定を定めた。利用規定はまず住民が集合して口頭によって取り決められたと考えられるが、のちに周知徹底を図るため文字化された。元江流域・メコン河流域では取り決めの内容を記録する碑文が現在なお存続している。(7) これらの碑文が提示する取り決めの事例を詳しくみてみよう。

【事例1】山林伐採と風水

民間と官憲がそれぞれ碑文を建立するが、その区別は碑文の篆額《てんがく》などにみえる告白と告示の字からも窺い知れる。告白とは民間による掲示であり、告示とは官憲による通達である。民間による取り決めは告白を冒頭に記した碑文で公表されることが多い。

具体例として、広南県旧莫郷湯盆寨(標高一四三四メートル)老人庁前の左側に立っている「湯盆寨《とうぼんさい》告白保林碑」を紹介する。(8) 文末の人名の第一字「布」と「博」からみて、湯盆寨はチワン族の村落であったと推測される。碑文は道光四(一八二五)年に建立されたが、その内容は左記の通りである。

告白

言い伝えによれば、人材を育成するには、風水を整えることが最も重要であり、また風水を整えるためには、山林を管理することが最も重要である。それは山林が風水にかかわり、風水もまた人材にかかわるからである。

わが寨《むら》は昔からこの地にあり、かつては文化が栄え、産物も豊富であった。わが寨から優れた人材が輩出されたのは、林が茂り、山が深く水が豊かであったためであろう。しかし、今では文化も産物も衰退してきた。これは、山林が風俗と人材の育成にかかわっていることを知らない恥知らずの輩が伐採を行い、時には、あたりの山に分け入って樹木を盗伐するからである。優れた人物を輩出する土地柄ではあっても、樹木がそこなわれれば人材が育たなくなる。

われわれ子孫は、この状況を目の当たりにして、みな心を痛めた。古い規《とりきめ》に基づいて樹木を保護・育成することにし、寨中《そんちゅう》すべての山林を封鎖した。もし寨中に一株でも伐採する者がいれば、罰金として銀三両を科し、さらに重さ五十斤の豚一頭、酒百碗、米百碗及び塩一斤を公用に入れる。盗伐を目撃して通報しない者は、盗伐する者と同罪とする。もしこれに遵わない者がいれば、みなで集まってその者を官に送り処罰する。通報した者には銭五百文を与え、禁樹人《きんじゅじん》にも五百文を与える。

今後、家を立てる人は、みなに申し出れば、二十株の伐採を許す。それより多く伐採する場合は、寨の人と山に登り、樹木の本数に基づいて一株につき代金として若干の銭を取る。以上のことは、今すでに寨中ではっきりと取り決めているので、知らなかったというのは通用しない。謹んでこれを石に刻む。

布英　布正　布用

寨老　布富　布渭　博胖

陸崇髙　題　布拿　博湯　農正清　同立

禁樹人陸輔清　陸秉清

博扮　博言　博刀

道光四（一八二四）年十二月吉旦

内容は明白である。昔から樹木伐採を禁止する取り決めがあるにもかかわらず、「恥知らずの輩」が山地で盗伐し続けるため、湯盆寨では人材が輩出しなくなり、産物も衰退してきた。村びとは再度取り決めを確認した上、山林の伐採を禁止することにした。山林減少によって風水が整わなくなり、人間に禍が及ぶからである。この碑には、取り決めに違反した場合の罰金規定（銀三両と豚、酒、米、及び塩）が記されているが、建築用木材の伐採は条件付きで認められる措置が盛り込まれている。

【事例2】　山林伐採と土砂災害

民間人が自発的に決定する取り決めは、「禁約《きんやく》」や「郷約《きょうやく》」と呼ばれる。その対象は多岐にわたるが、[9] 元江流域ではこのような取り決めが石碑として掲示されることが多かった。具体例として、寧洱《ねいじ》県把邊《はへん》郷把邊村道路脇に立っている「把邊村砍《かん》樹禁約碑」（写真1）を挙げる。[10] この碑文は嘉慶十三（一八〇八）年に建立されたが、その内容は左記の通りである。

昔、把邊の來龍である後山《こうざん》では樹木が乱伐され、山地が耕作されたので、山が崩れて、土砂が箐溝《たにま》を埋めた。嘉慶九年九月初十日（一八〇四年十月十三日）に箐水《たにみず》が氾濫して公館、廟宇、街坊《がいぼう》、房屋が押し流された。頭人《とうじん》と郷耆《きょうき》が会合してみなで合議して、以下のこのような禁約を書き定めた。それは後山附近のあらゆる場所では樹木を伐採して焼畑をしてはならないということである。

数年以來、災害がほとんどなくなった。ただ恐れているのは、日が経つにつれて無知の輩が相変らず夜間に後山に焼畑を行なうことにより、人々が再び水害をこうむるということである。このため、再び禁約を定めて、把邊の漢・夷人らに告知し、今後禁約に遵い、後山附近の左右、山頂と山すそ及び水田一帯において薪や樹木を伐採し山地を耕作してはならないとした。

これはただ後山の來龍を保護するためだけではなく、今後永遠に後山が崩れて房屋を押し流すような災害の発生を防ぐためでもある。これにより将來みなが平安な幸せを享受することができる。もし禁約に遵わず、引き続き後山で薪や樹木を伐採したり、山地で焼畑をしたりするようであれば、調査した上で報告せよ。頭人と郷者の論議をへて銀六両の罰金を科して、廟の公金に充てよ。協議で決めた罰則規定に遵わない人がいれば、ただちに官に報告して追及せよ。ここに改めて禁約を定めて告知する。

嘉慶十三年九月二十一日（一八〇八年十一月九日）

みなで立てる

十九世紀初めには、把邊街（標高八七〇メートル、現在の郷政府所在地）一帯の山間部が耕作されるようになったが、一八〇四年の雨季に耕作に起因する土石流が発生して町の建物が洪水で流された。災害の再発防止策として、顔役の立会いのもと住民全員が合議して、今後の山地での山林伐採と焼畑耕作を禁止する取り決めをしたが、密かに山地での焼畑や樹木伐採が行なわれたため、一八〇八年に再度取り決めの内容を確認し、さらに罰金規定（銀六両）を盛り込む形で、取り決めの由来と内容を記したこの碑文を建立した。

写真１　「把邊村砍樹禁約碑」の原文（拓本）

この二つの事例にあるように、取り決めは官憲の意向ではなく、地域住民が独自にその内容を決定している。民間による対応であったため、取り決めの運営も地域住民の中から選出された役人が担当した。これら選挙によって選出された行政組織末端の役人は、役職として取り決めの遵守や治安維持などの実務を司った。右記の事例では、「寨老《さいろう》」「頭人」や「郷耆」の民間役人の役職名がみえるが、「郷約《きょうやく》」、「火頭《かとう》」なども碑文や地方文書などに登場する。(11) これら末端役人の任務は、取り決めに明記された罰則規定にしたがって違反者の処分などを包含していた。

自然環境保全担当の役職

このような役人の中には郷約のように官憲から公認された場合があった。公認にあたり、官憲は任職文書である執照（＝辞令書）を発給していた。道光二十三年（一八四六）年十二月十六日、蒙化府直隷庁防浪滄江巡政庁の責任者から四里という場所で新しく就任した郷約に交付された辞令書には左記のように明記している。(12)

　里内の郷約は昔時《せきじ》から年ごとに交代することになっている。現在、四里の老民である畢香らによれば、王相が公選によって道光二十三年の郷約一名に充当されたので、辞令書（執照）を発給する。規定どおりここに王相に交付して受領させる。役職に就任したのちは、官庁のすべての公事労役に供する人夫《にんぷ》と馬などの公務は、必ず用心して実行せよ。命令どおり任務を遂行すれば、本庁は必ず奨励する。厳粛に遵守して違えてはならない。ここに辞令書を交付するものなり。

　右、四里の郷約王相に交付す、このとおり行え。

官憲はさらに「公選」によって選出された新郷約に対して木製の印鑑を交付したことが知られている（図1）。郷約には国家権力の後押しがあるので、影響力が大きかったといえよう。

しかし、郷約など末端の役人は自然環境保全の専門職ではなかった。右記の辞令書に明記されたように、郷約の職務は「公事労役に供する人夫と馬などの公務」であり、行政側から自然環境の保護の任務を与えられていなかった。村落内で森林資源を担当した役職として碑文に記録されたのは、禁樹人《きんじゅじん》（【事例1】）と箐長《せいちょう》である。これらの役職の起源は不明だが、一九世紀前半において、元江流域の地域住民が森林資源を管理する役職を設置した事例が知られている。例えば、元陽県にあった伍寨という集落の住民は、遷移してきた四川と貴州出身の漢人による森林の乱伐と水田収量の激減を食い止めるため箐長を任命している。これを記録した碑文では、道光二十（一八四〇）年において住民は「ともに禁規について公議して、箐長を設立して、伐採を監視することにしたと」と記している。[13] 住民は自己の暮らしに欠かせない森林と水源林を保護する目的で、村有林を監視・管理する役職を新設したということであった。重要なのはこの役職の新設が官憲からの指導によるものではなく、住民が自発的に環境保全を行うために導入した点である。

図1　左より
「光緒14（1888）年分阿林寨郷約羊芝之戳記」と
「25年分東水龍里三八甲郷約趙擧戳記」の影印

おわりに――取り決めの限界性――

住民による取り決めには、民間から選出された役職者が参加しており、民間が独自に科す罰金規定も用意されていたため、一種の民間主導型環境保全運動と見做せるが、取り決めがどれほどの効力を発揮できたかについては不明である。【事例１・２】にあるように、森林の伐採を禁止したにもかかわらず、遵守しない連中がいるため、取り決めを再度決定する場合が少なくなかったと思われる。石碑によって掲示された取り決めは、参与者全員が合意した上で作成はされたにみえるが、遵守されなかった事実を確認すると、参与者が果たしてどの程度同意していたのかが問題になる。

文面から判断すれば、参与者全員が取り決めの内容に合意してその規定を遵守することになっているが、寺田浩明が指摘するように、(14) 取り決め（禁約）は自然発生した結果ではなく約束行為であり、参与者は呼びかけ人の主張に触発されて参与している。このような仕組みでは、呼びかけ人が有力者であった場合、参与者の意志を「まとめる」力量を発揮しうると想定できる。右記の辞令書には「公選」という表現があったが、その場合でも参与者全員が候補となる選挙ではなく、有力者の中から役職を選出すると考えたほうが自然である。いずれにしても、碑文には役職を有する人物が呼びかけ人となっており、その姓名が文末に羅列されている。例えば、右記の【事例1】には「寨老」九人と「禁樹人」五人の姓名が上がっている。

地域社会の有力者が役職に就任して、取り決めを促進したり、違反者の処分を行ったりする。有力者だからこそ、住民の合意はまとめやすくなると考えられる。【事例2】には、「頭人と郷者が会合してみなで合議して、以下のこのような禁約を書き定めた」とあり、また罰金を科す場合は「頭人と郷者の論議をへて銀六両の罰金を科して、廟の公金に充てよ」と明記している。この事例では、頭人と郷者が会合して議定した内容に参与者が同意していることになっている。頭人と郷者が取り決めの内容を決定しており、また違反者の処罰を監視するといった構造から、頭人と郷者は指導的ともいえる強い影響を参与者に与える立場にあったとみることができる。有力者が強い影響力をもてば、参与者全員が本心から取り決めに合意しているとはいい難い。

強制された参与者の場合は、取り決めが自己の利益に反することになれば、遵守しない可能性が生じる。最初の取り決めが遵守されなかったため、再度取り決めをした【事例2】はまさにこのような状態であった。取り決めの仕組みからして、参与者の全員の合意は得られているようにみえるが、実際には全員の遵守を約束するほどにはなっていなかった場合が多かったと考えられる。また、元江流域では森林資源の利用に対して異なる慣習をもつ非漢族が漢族移民と雑居していることが、取り決めのまとめを一層難しくしていた。
これらの諸要因を総合すると、取り決めは天然資源の有効利用を管理・規制する重要な方法であったが、その強制力には限界があった。このような取り決めのみでは、天然資源の減少を完全に食い止めることは困難であったといわざるを得ない。

注

（1）上田信『トラが語る中国史』（山川出版社、二〇〇二年）、Elvin, Mark, *The Retreat of the Elephants: an environmental history of China*, Yale University Press, 2004.
（2）クリスチャン・ダニエルス「雍正七年清朝によるシプソンパンナー王国の直轄地化について――タイ系民族王国を揺るがす山地民に関する一考察――」（『東洋史研究』第六二巻第四号、二〇〇四年）九四―一二八頁、武内房司「一九世紀前半、雲南南部地域における漢族移住の展開と山地民社会の変容」（塚田誠之編『中国国境地域の移動と交流――近現代中国の南と北――』有志舎、二〇一〇年）一一七―一四三頁。
（3）前掲注2武内論文、一二二―一二四頁。
（4）曹樹基『中国人口史』第五清時期（上海、復旦大学出版会、二〇〇〇年）、クリスチャン・ダニエルス「序論」（秋道智彌監修、クリスチャン・ダニエルス編『地域の生態史』第二巻、弘文堂、二〇〇八年）四―六頁。
（5）野本敬・西川和孝「漢族移民の活動と生態環境の改変」（秋道智彌監修、クリスチャン・ダニエルス編『地域の生態史』第二巻、弘文堂、二〇〇八年、一五～三四頁）、増田厚之・加藤久美子・小島摩文「茶と塩の交易史――19世紀以降の雲南南部から東南アジアにかけて――」（秋道智彌監修、クリスチャン・ダニエルス編『地域の生態史』第二巻、弘文堂、二〇〇八年）五五―八〇頁、清水享・立石謙次「碑文が語る生態史――地域住民からみた生態環境の変化――」（秋道智彌監修、クリスチャン・ダニエルス編『地域の生態史』第二巻、弘文堂、二〇〇八年）三五―五三頁。
（6）武内房司「清代雲南焼畑民の反乱――一八二〇年永北リス族蜂起を中心に――」（『呴沫集』七号、一九九二年）二七六―二八八頁。
（7）唐立編『中国雲南少数民族生態関連碑文集』（総合地球環境学研究所、二〇〇八年）はこの地域の碑文史料五一基を収録している。

（8） 前掲注7唐書、一二八―一三一頁。

（9） 三木聡「長関・斗頭から郷保・約地・約練へ――福建山区における清朝郷村支配の確立過程――」（山本英史『伝統中国の地域像』慶応義塾大学出版会、二〇〇〇年）一二七―一六六頁。

（10） 前掲注7唐書、一六六―一六九頁。

（11） 前掲注7唐書、一一―一四頁。

（12） 前掲注7唐書、二三六―二三七頁。

（13） 前掲注7唐書、六二―六五頁。

（14） 寺田浩明「明清法秩序における「約」の性格」（溝口雄三・浜下武志・平石直昭・宮嶋博史編『アジアから考える［4］社会と国家』東京大学出版会、一九九四年）六九―一三〇頁。

参考文献

西川和孝「雲南省紅河州元陽県の「森林禁砍碑」の立碑とその背景――中国周辺地域の一事例――」（『人文研紀要』第六一号、二〇〇七年）一〇一―一二九頁

Daniels, Christian, “Environmental Degradation, Forest Protection and Ethno-history in Yunnan: The Uprising by Swidden Agriculturalists in 1821”, *Chinese Environmental History Newsletter*, 12, 1994, pp.8-11.

南アジアの〈環境—農耕〉系の歴史展開

応地利明

南アジアの本体は、ユーラシア大陸からインド洋中央部にむけて打ち込まれたほぼ逆三角形の巨大な半島である。その内部の地形は、三つに大区分できる。第一は北辺を囲む第三紀褶曲《しょうきょく》山脈列、第二はその南に円弧状につらなるインダス・ガンガー川流域平原、第三は半島本体部のデカン高原である。これらの大地形区は、南アジアの〈環境—農耕〉系の展開舞台であった。その展開を粗描することが、ここでの目的である。

一、二つの農耕類型と南アジアの農耕古層

世界には、大きくみて二つの農耕がある。一つは種子繁殖農耕で、種子を播いて栽培・繁殖させる農耕である。その代表は、穀物作物だ。もう一つは栄養繁殖農耕で、作物体の一部を切って、それを挿し芽や挿し木して栽培する無性繁殖農耕である。イモ類やバナナを代表とする。この二つの農耕は、種子が保存性に富むのに対して、イモやバナナは保存性に乏しいという相違がある。当然、遺物として残りやすいのは種子だ。そのため農耕起源

論は、主として種子繁殖農耕の起源論として提起されてきた。そのなかにあって少数ではあるが、生態環境論をもとに栄養繁殖農耕を対象として提起された農業起源論がある。

その代表例が、アメリカの文化地理学研究者サウアーの説である。[1] 彼は、豊かな水と水辺に恵まれ、栄養繁殖農耕と漁撈とを同時におこないうる地帯で農業が起源したとして、旧大陸でのその起源地を南アジア北東端から東南アジア大陸部にまたがるベンガル湾岸一帯にもとめている。生食用の種《たね》なしバナナの栽培化は、「太古」としか言いようがないほど古い時代に東南アジアの湿潤熱帯で達成されたとされている。しかし湿潤熱帯の高温多湿な気候は、腐敗と微生物の活発な分解作用によって有機物をすべて土に返してしまう。そのため、湿潤熱帯での遺物の発見可能性はきわめて低い。サウアーのベンガル湾岸説をふくめて、農業の起源地を湿潤熱帯にもとめる議論が生態的な状況証拠の指摘以上に発展しえない理由は、この点にある。これに対して遺物・遺跡の保存状況がきわめてよい乾燥地帯では、発掘成果をもとに農業の起源また初期農耕を論じることができる。この事情は、南アジアにおいても同様である。

メヘルガル遺跡

南アジア最古期の農耕遺跡は、中部パキスタン西端の乾燥地帯にあるメヘルガルで発見されている。[2] メヘルガルは、バルチスターン山地東端のボーラン峠東麓平原に位置する。同峠は、歴史をつうじてメソポタミアからイラン高原をへてインダス平原へと通じる交通の要衝であった。その東麓に南アジア最古期の農耕遺跡が所在するのは、西アジアで成立したムギ農耕文化複合が東方へと伝播していくにあたっても、ボーラン峠ルートが重要な役割を果たしたことを物語る。

メヘルガルからは、紀元前六〇〇〇年紀から三〇〇〇年紀中期までの遺跡・遺物層が発見されている。最古層のI期は、農耕は始まっているが、土器をともなわない「先土器・新石器文化」に属する。その出土遺物は、栽培作物がオオムギ・コムギの圧痕、炭化ナツメヤシなど、飼養動物が家畜化されたヒツジ・ヤギ・ウシの遺存体である。メヘルガルI期にみられる〈無土器＋冬作物のムギ＋有蹄群棲家畜〉の組み合わせは、紀元前九〇〇〇年紀に西アジアの地中海東岸部で成立した。当時は、ヤンガー・ドリアスとよばれる極度の寒冷期であった。それへの適応として〈温暖から寒冷への急激な環境変化↓採集狩猟活動の難化↓食料確保の難化↓人口維持の難化↓新たな食料基盤の模索〉というサイクルが発動していき、それが、農耕成立への重要な契機となったとされている。

しかし紀元前八〇〇〇年紀からは、西アジアの気候は温暖化していく。メヘルガルへの「先土器・新石器文化」伝播の背後には、温暖化とともに活発となったボーラン峠ルート経由のヒトの移動と相互交渉があったであろう。メヘルガルでは、土器は、紀元前五〇〇〇年紀末のIIA期に出現する。IIA期には、採集狩猟はほとんどみられなくなると同時に、土器の出現、集落規模の拡大、ムギにくわえてワタの出現、ウシ・スイギュウの重要性の増大がみられるという。こうした安定的な村落生活の拡充の背後には、紀元前四〇〇〇年紀後半までつづいたヒプシサーマルとよばれる顕著な温暖化があったであろう。

二、インダス文明の農耕的意味

メヘルガルの最終居住期は、インダス川中流域平原を核心地帯としてインダス文明が成立する直前の時期であった。インダス文明は紀元前二六〇〇年ころに成立し、紀元前一八〇〇年ころに解体したとされている。成立期における同文明の食料基盤は、メヘルガルIIA期で検出された農牧複合とおなじであった。ここで、図1に示した南アジアの降水量と降水の季節性の分布図をみていただきたい。同図は北西部のバルチスターン山地一帯が降水量のごく少ない沙漠性の「冬・春雨型」に属していること、その東麓にひろがるインダス文明核心域は沙漠性ではあるが「夏雨型」へと移行していく地帯に属していることを示す。このことは、同文明域が、非灌漑であっても、冬作だけでなく夏作の穀物作物も栽培可能な地帯であることを物語る。

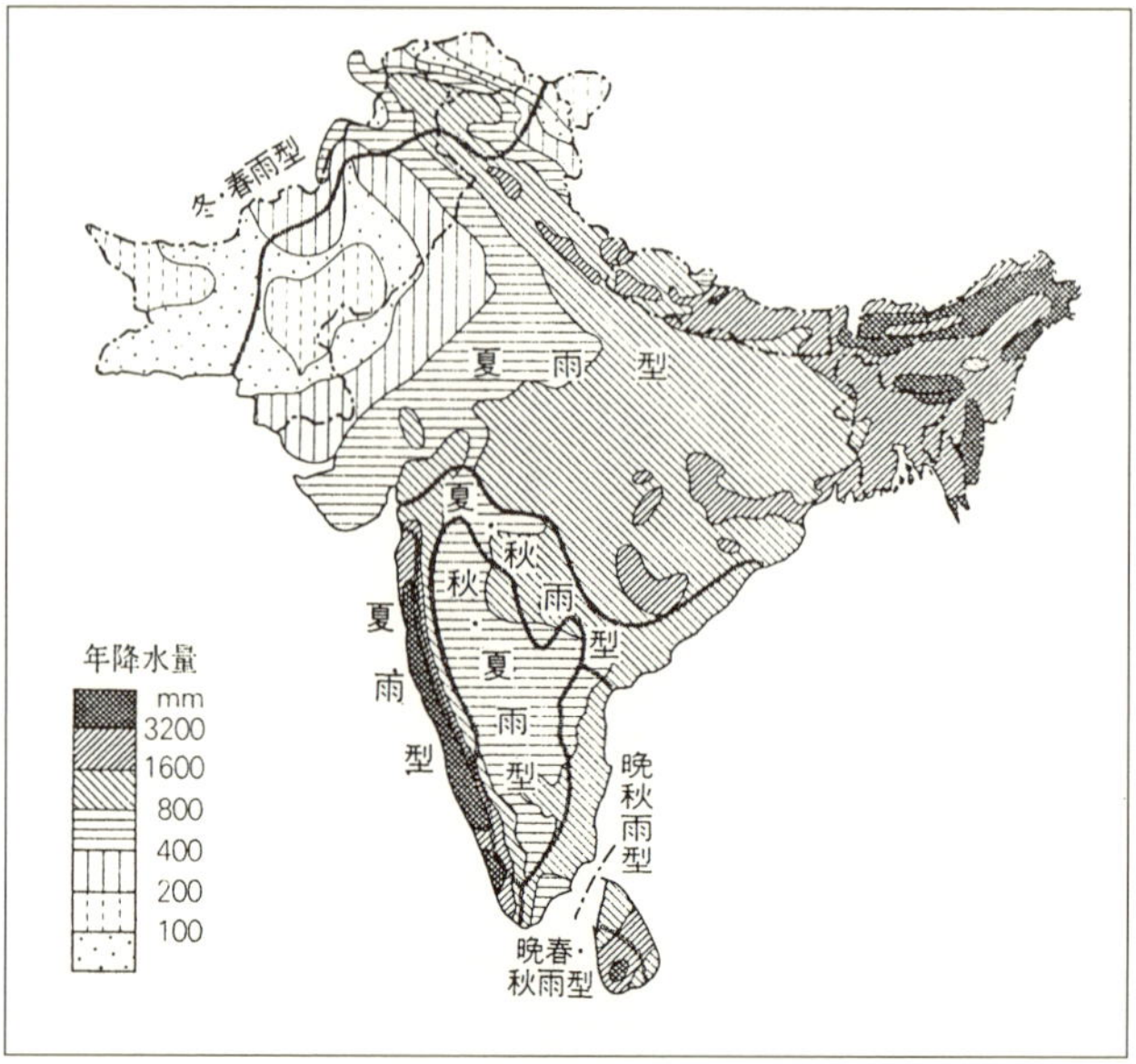

図1　降水量と降水型の分布

夏作穀物作物による農耕拡充

インダス文明期に、夏作穀物作物の受容と普及が実現される。それをつうじて、南アジアの農耕基盤は大きく拡充されていく。その基軸作物は、イネとミレット（雑穀）であった。両者は、ともに南アジアの原産ではない。ムギの原産地も、西アジアの北西部であった。つまりインダス文明期に出そろい、それ以後、南アジアの主食作物の地位を占めることになるムギ・イネ・ミレットは、いずれもが南アジアへの外来作物であった。インダス文明は、メソポタミア・エジプト・華北とならんで古代の四大文明の一つとされる。他の三つの文明がともにその文明域の内部あるいはごく周辺に主要穀物作物の原産地をもつのに対して、インダス文明は外来作物を食料基盤としていた。これも、インダス文明の特質の一つである。

南アジアの初期イネ

かつては、南アジア北東部のオーディシャー州カタック周辺、ベンガルあるいはシッキム地方などをイネの原産地とする説が有力であった。それは、四〇〇〇品種以上ともいわれる多様なイネの存在と野生種の群生を主要な根拠としたものであった。また一九七〇年代には、アッサムから中国のユンナンにいたる一帯をイネの原産地とする説が提唱された。しかし現在では、イネは中国の長江中・下流域の低湿地帯で原産したとの説が有力視されている。ただしこれは、短粒種のジャポニカ米のイネについての説明である。よく知られているように、現在の南アジアのイネは圧倒的に長粒種のインディカ米である。インディカ米のイネの起源地についても、かつてはベンガルの低湿地とされてきた。これに対して、インディカ米はジャポニカ米を父とし、未確定の亜種を母として熱帯アジアで成立したとの提唱がある。しかしその成立場所に関しては、単数なのか複数なのかをふくめて不明である。いずれにせよインディカ米の成立は、ジャポニカ米の熱帯への普及以後ということになる。(3)

南アジアで発見されている最古期のイネは、ガンガー川中流域のアラハーバード県チョパーニー・マーンド遺跡から発見された紀元前九～八〇〇〇年紀の焼成圧痕である。しかしそれは、野生種とされている。栽培イネは、グジャラートをふくむインダス文明域の諸遺跡から出土している。その年代は、ほとんどが紀元前二〇〇〇年前後とされている。(4)イネは、ガンガー川下流域から北西進してインダス川流域へと拡散していったのであろう。他の古代文明とは異なったインダス文明の特質は広域性と文化的均一性にあり、その背後には広域的なネットワークの存在があった。イネの北西拡散も、同ネットワークの所産であった。

アフリカ原産ミレットの到来

ミレットとは、イネをのぞく小粒性の夏作穀物作物の総称である。そのなかには、サーメやコドなどのように南アジア原産のものもある。南アジアは華北とならんでアジアを代表するミレット栽培地帯で、モロコシ・トウジンビエ・シコクビエの三つを中心作物とする。それらの原産地は、いずれもアフリカとされる。このなかでアフリカから南アジアへの伝来のルートと時期を推測できるのは、モロコシのみである。それは、アラビア半島南東端のヒリ遺跡E文化層からモロコシの圧痕が発見されているからだ。(5) したがって〈アフリカ大陸北東岸↓アラビア半島南岸部↓オマーン半島↓インダス川下流域〉を、モロコシの南アジアへの伝来ルートとしうる。このモロコシのルートは、二重の意味でモンスーンの賜物であった。

一つは、少ない降水が冬に集中する西アジアのなかで、アラビア半島南岸部のみが例外的な夏雨地帯であることだ。それは、インド洋を吹きわたる夏の南西モンスーンの所産である。この夏雨モンスーン・ベルトの存在が、モロコシのインド洋横断を可能にした。もう一つは、オマーンがインダス川河口部とペルシア湾とをむすぶ海上交易・交流の重要な中継拠点であったことである。その海上交通も、やはりモンスーンの風を利用したものであった。ヒリ遺跡E文化層の年代は、紀元前二五〇〇〜二四〇〇年に比定されている。それは、インダス文明の形成期に相当する。インダス文明域では、モロコシはアーハール遺跡から検出されていて、その時期は紀元前一七〇〇年ころとされる。おそらくモロコシは、紀元前二〇〇〇年前後の時期にインダス文明域に伝来したと考えうる。モロコシの伝来ルートと伝来時期は、おなじくアフリカ原産のトウジンビエとシコクビエにも妥当しよう。

三、インダス文明の解体と農耕的連続性

紀元前一八〇〇年ころから、インダス文明は解体期にはいる。その解体をめぐっては、同文明の発見以来、異民族の侵入・破壊説、主として乾燥化を含意する気候変化説、土壌の塩害化説などが唱えられてきた。しかし現在では、それらは否定されつつある。とくに気候に関しては、当時も現在もほぼ同様の気候条件であったとする説がつよく、むしろ局地的な環境変化を強調する方向へとシフトしつつある。たとえば、①〈インダス川河口部の隆起→流速の鈍化と滞水→インダス文明核心域での水位上昇と水害の頻発〉、また②〈インダス・ガンガー両川分水帯での撓曲《とうきょく》運動による地盤変動→同分水帯での河川争奪→ヤムナー川による旧サラスヴァティー川上流の奪取→旧サラスヴァティー川の流量激減→同川流域のチョーリスターン一帯でのインダス文明都市の放棄〉という二つのサイクルに起因する水文環境の変化を強調する立場である。その変化によって、インダス文明の広域的な展開をささえてきた交易・交流ネットワークが弱体化し、それが同文明の解体を促進した。当然、その解体は都市を直撃した。そのためインダス文明の解体は同文明都市の解体であって、村落を基盤とする農耕・牧畜活動は解体以後も持続したとされる。(6)

農業地図の塗りかえ

インダス文明の解体以後、南アジアは紀元前一〇〇〇年ころに鉄器時代へと移行する。しかし鉄器の本格的な普及は、紀元前六～七世紀になってからである。(7) 鉄製用具とりわけ鉄製の斧と犂の普及は、林地の開拓・開墾を容易にした。それによって、南アジアの農業地図は変化していく。その変化は、北インドでは連続的であった。前述したようにインダス文明の解体以後も、村落は持続していたからである。しかし栽培穀物作物に関しては、

不連続であった。インダス文明を支えた穀物作物は、ムギを主作物としていた。しかし冬を作期とするムギは、この農業地図の塗りかえを主導できる作物ではなかった。

この点を、図1に示した降水量とその季節性の相関図から説明したい。ムギは、同図北西端の「冬・春雨型」と「夏雨型」とにまたがる降水量四百ミリ以下の乾燥地帯での主作物であった。その広がりは、インダス文明の範域とほぼ一致する。そこから東方と南方に向かうにつれて降水量は増大し、降水時期も、デカン高原西部をのぞいて「夏雨型」へと変化していく。しかもそこは、亜熱帯の高温帯に属する。「夏雨型」高温湿潤は、「冬雨型」冷涼乾燥を好むムギにとっては敵対的ともいえる環境であった。広大な「夏雨型」高温湿潤帯への農耕拡大にあたって基軸となったのが、夏作穀物作物のイネとミレットであった。それらによる農業地図の塗りかえは、（1）ガンガー川流域平原一帯へのイネの拡散、（2）デカン高原一帯へのミレットの拡散と要約できる。

ガンガー川流域平原への農耕拡大――イネ――

（1）のイネの拡散は、鉄器時代になって進行したガンガー上・中流域のおそらくは焼畑農耕から水田農耕への転換とともに進行した。紀元前五～二世紀に同川中流域で成立した仏典（『ジャータカ（本生経）』）は、「田が方形状に並び、列状に並び、堤防で区画され、十字状に交わっている」[8]と、区画化された水田景観を語っている。

ガンガー川にそって東進していくと、図1が示すように、降水量が増大していく。それは、同時に雨季の延伸であった。たとえば夏のモンスーン期間を比較すると、ガンガー川上流域のデリーでは六月下旬～九月中旬の約八十日、同川最下流のコルコタでは六月初旬～十月中旬の約一三〇日となる。それによって、〈環境―農耕〉系が変化していく。デリー周辺では、冬の気温低下もあって、作物は夏作物（カーリフ）と冬作物（ラービー）に二分される。イネは夏作物、コムギは冬作物である。しかしガンガー川中・下流域では、この作期区分もあるが、延伸する雨季に対応したイネの民俗分類がより重要となる。ベンガルでは、イネをカーリフ作物として一括しないで、アウス（秋イネ＝雨季作の早生種）・アマン（冬イネ＝雨季作の晩成種）・ボロ（春イネ＝乾季作の早生種）の三つに分類する。この三分類は、すでに紀元前二〜紀元後二世紀の著作とされる『アルタシャーストラ』でも語られている。

デカン高原への農耕拡大——ミレット——

（2）のミレットのデカン高原への拡散は、イネにくらべて明確ではない。同高原南部のカルナータカ州ハルール遺跡からは炭化シコクビエが出土しており、その年代は紀元前一八〇〇年ころと推定されている。[9] しかし紀元前二〇〇〇年紀には、デカン高原へのミレットの拡散は限定的なものであったとされ、[10] その本格的な拡散はイネとおなじく鉄器時代以降であろう。

ミレットは南アジアでもアフリカでも非灌漑で栽培されるので、そのデカン高原への拡散にあたっては、インダス文明域と類似する生態環境の存在が重要であった。図1は、その存在を示す。それは、デカン高原内部にヨコ実線で図示された「秋・夏雨型」ベルトである。そこは年降水量四〜八〇〇ミリの半乾燥地帯で、植生でいえば、アカシアのように乾季に落葉する小葉の有棘性灌木地帯である。同ベルトは、北方のインダス文明域の周辺から南方のデカン高原へと連続して分布している。非灌漑の夏作物であるミレットは、この共通の生態環境を〈北↓南〉にたどって、デカン高原へと拡散・普及していったのであろう。

デカン高原南部は、熱帯高温帯に属する。ガンガー川下流域でイネが独自の民俗分類で認識されていたように、デカン高原南部のミレット農耕も、北方とは異なった〈環境—農耕〉系を発展させた。北方では、前述したように作物は夏作物と冬作物に二分され、季節の推移つまり気温の高低に応じて夏作物から冬作物へとタスキを受け

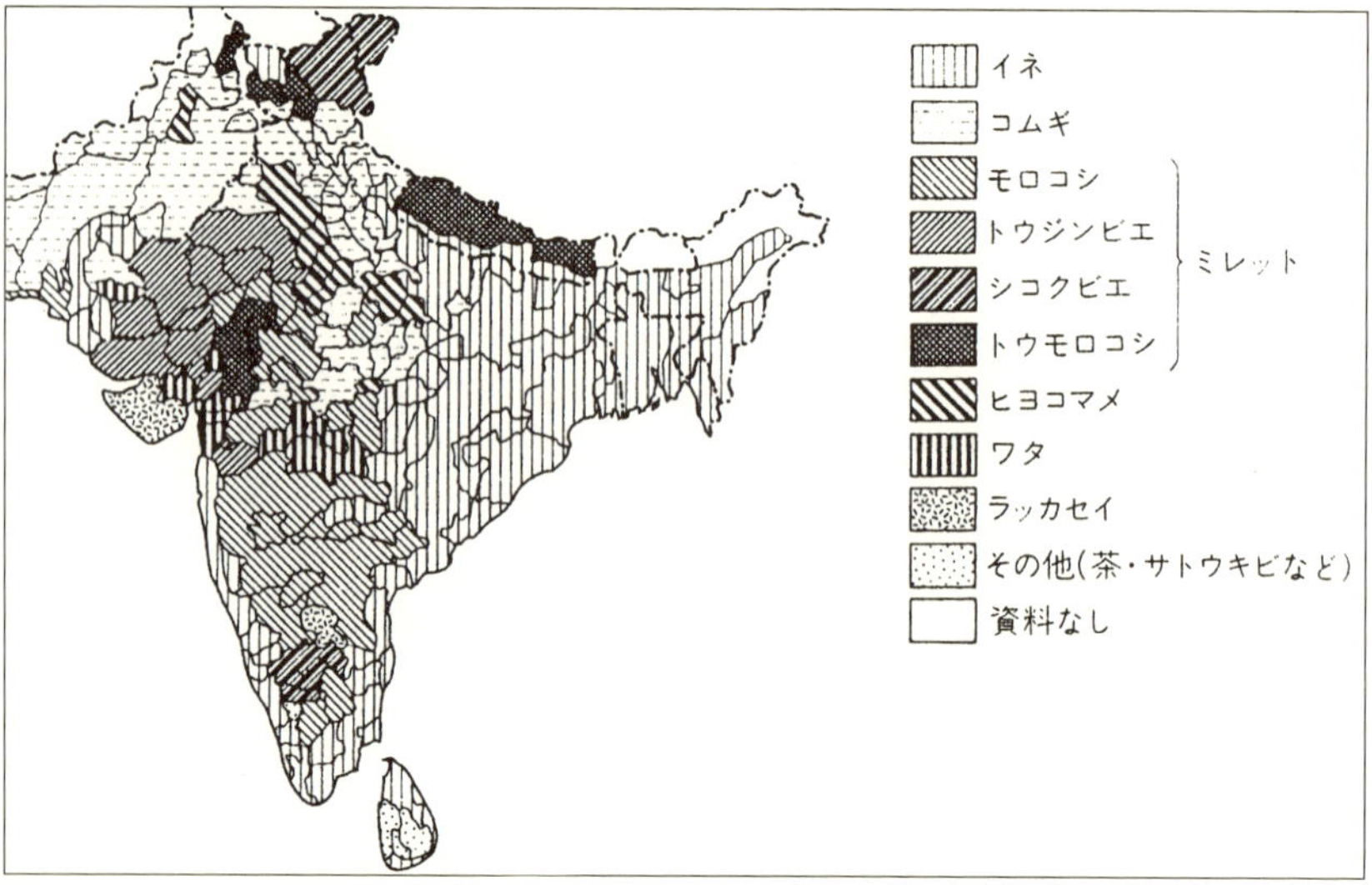

図2　南アジア各国の県別にみた作付面積第1位作物の分布　（1960年代）

渡すように作付けされる。これは、リレーあるいは駅伝方式の農耕である。しかし年間をつうじて高温なデカン高原南部のミレット農耕では、おなじ耕圃に、多い場合には〈ミレット作物＋各種のマメ＋飼料用の青刈ミレット＋油料作物＋トウガラシ〉が同時に混播・混作される。そして収穫期をむかえたものから順に、刈り取られていく。これは、全走者が一斉にスタートし、早く走った者から順にゴールインしていくマラソン方式の農耕である。夏作物と冬作物の区別はなく、また二毛作や輪作という季節にもとづく作付順序とも無縁の農耕である。マラソン方式の混作農耕は、デカン高原のミレット農耕がつくりあげた〈環境―農耕〉系の特質といえる。

図2は、一九六〇年代、いいかえれば動力揚水井戸による小規模灌漑と「緑の革命」が普及する直前の時期をとって、南アジア各県の作付面積第一位の作物を示したものである。同図は、ムギさらにはイネとミレットからなる南アジアの主穀作物に関する農業地図の最終的な帰結を示す。つぎに、図2の背後に、どのような〈環境―農耕〉系の展開をよみとりうるかについて考えたい。

四、「南アジアはモンスーンの賜物」

この問題を考える際に、ただちに連想されるのは気候変動との関連である。その研究がもっとも蓄積されているヨーロッパをとると、そこでの過去二千年間の気候変動は、〈紀元前二〜紀元後三世紀＝温暖期、四世紀〜八世紀＝寒冷期、九世紀〜十四世紀中期＝中世温暖期、十四世紀中期〜十九世紀後半＝小氷河期、十九世紀後半〜現在＝温暖期〉と要約できる。

低緯度・高温帯と気候変動

ここにみられるように、従来の気候変動研究の中心テーマは気温の変動であり、それにもとづく温暖期と寒冷期の措定であった。たしかにヨーロッパのように中・高緯度に位置する地方においては、気温は、農業生産さらには社会変動とも関係する重要な気候要素である。しかし南アジアでは事情が異なる。南アジアは低〜中緯度にあって、基本的に高温帯に属する。しかも北辺を画する第三紀褶曲山脈列が冬の内陸アジア高圧帯からの寒風の吹き出しをさえぎるため、北部一帯は中緯度に属するにもかかわらず、同じ緯度の地方とくらべて冬も温暖である。前述したイネとミレットの〈環境—農耕〉系の展開においても、イネ農耕では雨季の延伸に対応した夏の作期分化の進行、ミレット農耕では栽培型の駅伝方式からマラソン方式への転換を指摘した。それらは、ともに高温熱帯という生態環境が可能とした転換である。このように中〜高緯度地方とは異なって、南アジアでは気候要素としての気温の重要性は相対的に小さい。図1と図2の対応関係が物語っているように、南アジアの〈環境—農耕〉系は気温よりも降水量と相関する。

南西モンスーンと食料生産

南アジアの降水の多くは、アラビア海から吹きよせる夏の南西モンスーンによってもたらされる。同モンスーンは五月中旬ころに南インド南西部のアラビア海沿岸部に到達し、そこからデカン高原を横断してベンガル湾に入る。さらにこの時期にヒマラヤ山脈北西部に出現する低圧帯に引きよせられて、ガンガー川水系を遡上するようにして内陸へと拡大していく。それによって北インド一帯は、図1が示すように、「夏雨型」湿潤地帯に染めあげられていく。しかしこれは正常年における南西モンスーンの動きであって、それから逸脱する年も多い。

南西モンスーンの変動は、農業生産の変動と直結する。デカン高原では、「二十年に一度は大飢饉、七年に一度は小飢饉」との言葉がある。この言葉は、前述した小規模灌漑が普及する一九七〇年代以前に、とりわけ同高原の乾燥~半乾燥地帯での農耕の不安定性を語る際によくもちいられた。これらの飢饉・食料不足の発生には、降水の約八〇パーセントを占める南西モンスーンの変動が大きく関わっている。よく語られる「エジプトはナイル川の賜物」になぞらえれば、「南アジアはモンスーンとりわけ南西モンスーンの賜物」である。しかしナイル川の場合とはことなって、その賜物は年によって異常に膨張したり、また逆に異常に収縮したりする。とくにその収縮は「モンスーンの不調」とよばれ、前述したように旱害さらには飢饉を頻発させてきた。

五、南アジアの長期気候変動

ここで気候変動の観点から「モンスーンの不調」について考えたい。気象観測データが利用できない時代の気候を探究する際に、一般にもちいられる方法はプロキシ（proxy）分析とよばれるものである。それは、気象と密接な共変関係にある長期事象を見いだし、それを気象の代替データ（プロキシ）として分析する方法である。よく知られた気候プロキシとしては、樹木の年輪がある。

南アジアでも、プロキシ分析にもとづく気候変動の研究がなされている。その一つを、ここで紹介することにしたい。それはシンハなどによる研究で、インド共和国北東部のチャッティースガール州に位置する鍾乳洞で採集した石筍にふくまれる酸素同位体比をプロキシとする研究である。[11]

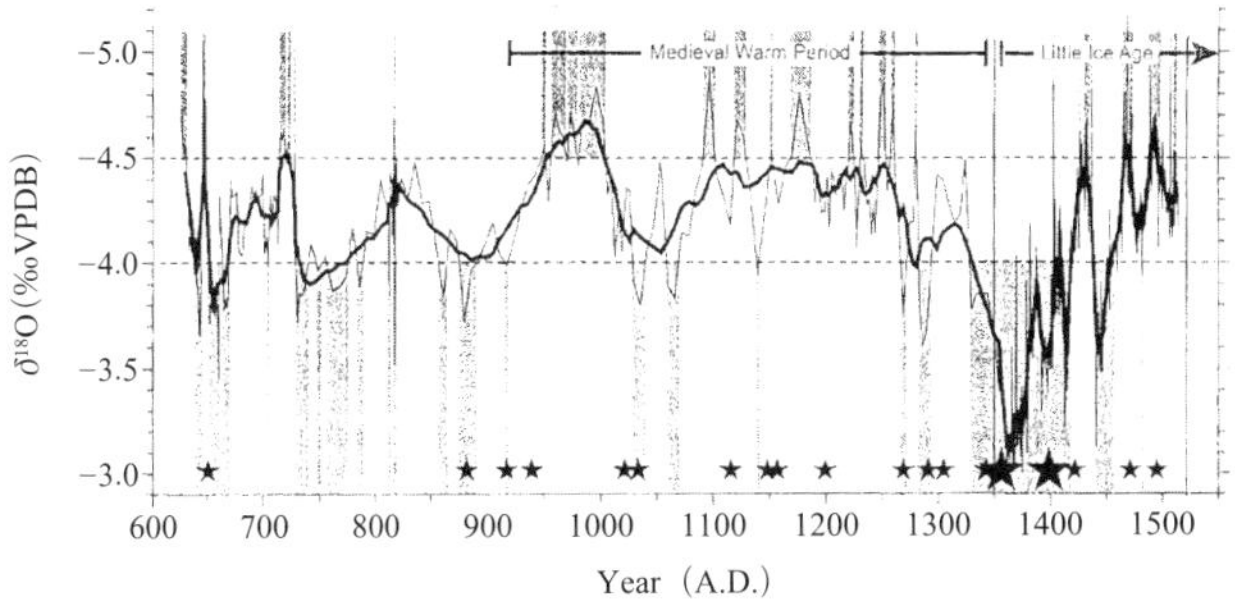

図3　南アジアの長期気候変動　AD600年〜1500年
（シンハほかによる）

彼らが対象したのは、西暦六〇〇年から一五〇〇年までの九〇〇年間である。その分析結果を、図3に示す。同図は、縦軸に石筍の酸素同位体比の偏差、横軸に年代をとっている。同位対比の多くは、偏差値マイナス四・〇からマイナス四・五の範囲に分布する。これを、ここでは平年範域とよぶことにする。同図は、平年範域を基準として、偏差値マイナス四・五以下と同マイナス四・〇以上の逸脱年をアミかけして強調している。また細実線は試料の得られた各時期の酸素同位対比の時系列変動、また太実線は直近九時期の移動平均を示す。一般に酸素同位体比は降水量のプロキシとして使用され、降水量が増大すると同位体比は低下するとされる。[12]図3でいえば、縦軸の下方から上方にむかうにつれて、降水量が増加していくことを意味する。

同図で上方と下方にアミかけされた時期と太実線の推移に注目すると、対象とする九〇〇年間は、つぎの四時期に区分できる。

Ⅰ　七世紀中期〜十世紀初頭——同位体比の逸脱はマイナス四・〇以上の時期が多いが、多くは平年範域に収まる。降水量におきかえると、全体として降水量の中位安定期であるが、降水量の顕著な減少年も多かったことを意味している。

Ⅱ　十世紀初頭～十四世紀中期――同位体比は平年範域内に収まる年次が多く、逸脱もⅠとは逆転してマイナス四・五以下となることが多くなる。降水量の中位安定期が継続し、Ⅰとは異なって平年範域からの逸脱はすくなく、その逸脱ベクトルも降水減少から降水増加へと大きく変換する。

Ⅲ　十四世紀中期～十五世紀中期――同位対比は激変し、平年範域に収まる年次は皆無に近いだけでなく、逸脱ベクトルもマイナス四・〇以上へとⅡとはまったく逆転する。太実線の推移も鋭角的な折れ線へと変わり、ごく短期間で激しい変動がくり返されたことを示す。降水量の激減と激動が常態化した異常気象の時期といえる。

Ⅳ　十五世紀中期～十六世紀中期――同位対比は平年範域の年次が多くなり、逸脱ベクトルもマイナス四・五以上へと回帰する。しかし変動振幅の短期化と激化というⅡの傾向は持続している。降水量が中位の年次が多いが、その振幅は激しく安定とはほど遠い。逸脱ベクトルも、Ⅲの降水減少から降水増加へと転じる。

この章の冒頭で紹介したように、気候変動研究を先導してきたヨーロッパでの分析をもとにユーラシア北西部の気候は、ほぼ九世紀から現在まで〈中世温暖期→小氷河期→温暖期〉と変動してきた。これにあてはめると、Ⅱの降水量の中位安定期は中世温暖期、またⅢの降水量の激減・激動期は小氷河期の開始期、Ⅳの降水量の中位・変動期は小氷河期盛期とほぼ一致する。このように主として気温を指標としてヨーロッパで提唱された気候変動は、亜熱帯に属する南アジアにおいても降水量の増大・減少と共変動しているといえる。

南アジアの降水は、前言したように、約八〇パーセントまでが夏の南西モンスーンによってもたらされる。Ⅲの十四世紀初頭から十五世紀中期の降水量の激減・激変は、当時、「南西モンスーンの不調」が頻繁にくり返されて常態化していたことを意味していよう。その「不調」は、ただちに旱害・凶作さらには飢饉と直結した。図3の最下端に記入された★記号は、記録に残る飢饉の発生年を示す。その多くは、酸素同位体比偏差がマイナス四・〇以上の時期、つまり大規模な「南西モンスーンの不調」の出現時期と一致している。

同図の★記号のなかで、とりわけ大きく記入されたものが二つある。それらは、六〇〇年以上を経た今日にも語りつがれている激甚な飢饉を示す。まず両者が、Ⅲの降水量の激減・激変期に発生していることに注目したい。そのうち最初のものは、一三四四～四五年に西および北インドを襲った「インド大飢饉」、もう一つは「ドゥルガーデーヴィー飢饉」にあたる。後者は、一三九六年から一四〇七年までの十二年間も連続した大飢饉で、デカン高原からガンガー川流域一帯の乾燥～半乾燥地帯を襲い、餓死者は数百万人以上におよんだと伝えられている。

近代の気候変動——小氷河期から温暖期へ——

ここでプロキシ分析をはなれて、気象観測データを利用できる近代に目を転じることにする。南アジアは、アジアでは最初に気象の定期観測が開始された地域である。その歴史は、一七八五年にコルカタに観測施設が開設されたことに始まる。しかしほぼ南アジア全域をカバーして気象観測データが利用できるようになるのは、十九世紀後半になってからである。

インド共和国熱帯気象研究所（I.I.T.M., Indian Institute of Tropical Meteorology）は、全土に設置された三〇六観測所での観測データをもとに、一八七〇年以降の南西モンスーンの降水量を公表している。[13] それによると、この間の全インド加重平均は八六六ミリメートルとなる。

同研究所は、この加重平均を基準として、南西モンスーンの降水量がそれよりもマイナス一〇パーセント以上の減少年を旱魃（drought）年、マイナス九～プラス九パーセントを平常年、プラス一〇パーセント以上の増加年を洪水（flood）年と分類する。しかしこの数値は長期加重平均値からの逸脱を示すにすぎないので、それをもってただちに旱魃年あるいは洪水年とみなすことはできない。ここでは、その逸脱の大きさを含意して、乾燥年は

表1 1871年以降の南西モンスーンの逸脱年

期　間	強寡雨年	計	強多雨年	計
1871–1894	1873 *1877* *1899*	3	1874 1878 1892 1893 1894	5
1895–1919	1901 1904 1905 1911 *1918*	5	1910 1916 1917	3
1920–1944	1920 1941	2	1933 1942	2
1945–1969	1951 1965 1966 1968	4	1947 1956 1959 1961	4
1970–1994	*1972* 1974 1979 *1982* 1985 1986 *1987*	7	1970 1975 1983 1988 1994	5
1995–2014	*2002* 2004 *2009* 2014	4		
計		25		19

注　1）イタリックは旱害被害面積が耕地面積の40％以上であった激甚乾燥年
　　2）二重下線はエルニーニョの発生年
　　3）一重下線はラニーニャの発生年

強寡雨年、洪水年は強多雨年とよぶことにする。

観測データの得られる一八七一年を始期として、現在にいたるまでの一四四年間を四半世紀ごとの六期に分けて、強寡雨年と強多雨年の出現年次を掲げると、**表1**のようになる。全期間のうち強寡雨年は二五、強多雨年は一九で、両者をあわせると四四となる。その比率は三一パーセントとなり、ほぼ三年に一年が南西モンスーンの異常年となる。

日本では、平年降水量からのプラス・マイナス一〇パーセントくらいの変動は異常とはいえず、問題とするほどのものではないと思われるかもしれない。しかしそれは、全土が湿潤かつ安定降水域に属する国での見方である。インド共和国では、国土のほぼ半分にあたる東経八〇度線以西は年降水量七五〇ミリメートル以下の地域に属している。このような半乾燥～乾燥地域では、夏の南西モンスーンのプラス・マイナス一〇パーセント前後の降水変動といえども、農耕に大きな影響をおよぼす。

表1で、強寡雨年と強多雨年の出現年をたどっていくと、そこに一定の時系列傾向性を観察できる。それらの出現回数と出現率を三期にわけて整理すると、以下のようになる。

①一八七一年から一九二〇年までの五十年間――強寡雨年＝九回

（五・六年に一回）、強多雨年＝八回（六・三年に一回）。

②一九二一年から五十年までの三十年間――強寡雨年＝一回（三十年に一回）、強多雨年＝三回（十年に一回）。

③一九五一年以後の六十四年間――強寡雨年＝十五回（四・三年に一回）、強多雨年＝八回（八年に一回）。

出現率に注目すると、強寡雨年と強多雨年ともに、②がもっとも少ない。とりわけ一九二一年から四十年までの二十年間には、それぞれ一回と二回しか出現していない。強寡雨年また強多雨年の出現頻度は、②を低位期、その両側の①と③を高位期とするサインカーブを描いて変化している。

このことは、南西モンスーンの加重平均からの逸脱が無作為的に発生するのではなく、一定の周期性をもって出現することを意味していよう。その逸脱が顕著であった最初のサインカーブの山は、①つまり一八七一年～一九二〇年にあった。これを図3に掲げた一五〇〇年までの九〇〇年間の長期気候変動と関連づけると、つぎのようにいえよう。

すでに図3をもとに、酸素同位体比が十四世紀中期から十五世紀前半に大きく変化すること、その変化は中世温暖期から小氷河期への移行という北半球の気候変動と連動するものであったと考えうること、の二点を指摘した。小氷河期は一九世紀後半まで持続し、それ以後、気候は急激な温暖期へと変化していく。表1の一八七一年を起点とする最初の四半期は、その急激な温暖期への移行期にあたる。

図3は、中世温暖期から小氷河期への移行が、降水量の激減と変動の拡大・激化という顕著な気候変動を随伴していたことを示す。①の一八七一年～一九二〇年における南西モンスーンの強寡雨年と強多雨年の頻発は、小氷河期から温暖期への気候変動の一環であったと考えうる。②の一九二一年から五十年に南西モンスーンの顕著な逸脱がほとんどみられなくなるのは、温暖期が恒常・安定状態に入ったことを反映するものであろう。

異常気象と飢饉・洪水害

表1に記載した二五の強寡雨年は、すべて旱害面積が二〇パーセントを越える大規模な被害をもたらした年であった。なかでもイタリックで表記した八年次は、いずれも南西モンスーンの降水減少が二〇パーセント以上、それによる旱害面積が四〇パーセント以上という激甚な「モンスーンの不調」年であった。

このような不調年には、とりわけ二十世紀前半までは、単なる旱害ではなく凶作さらには飢饉へと直結することが多かった。飢饉による犠牲者数は、推定ではあるが、一八七七年と一八九九年の両年が一〇〇〇万人、一九一八年が二〇〇万人とされている。もちろん飢饉は、すべて極端な「モンスーンの不調」という自然的要因だけに原因があるわけではない。食料供給・医療をふくむ救援活動の不全など、社会・政治・経済にまたがる人的要因も大きくはたらく。飢饉は、人災という側面をつよくもっている。その典型が、一九四三年に現在のバングラデシュをふくむベンガル地方を襲った飢饉である。

表1が示すように、一九四三年は強寡雨年でも、強多雨年でもなかった。サイクロンの来襲はあったが、それによる被害は激甚な飢饉と直結するほどのものではなかった。当時のベンガルとりわけ都市部では、主食である米の供給はミャンマー（当時は英領ビルマ）に依存していた。その前年の一九四二年に日本軍が英領ビルマを攻略し、それによってベンガルへの米穀供給が途絶した。しかし時の英領インド政府は傍観し、ベンガルへの代替的な食料補給また買い占め防止のための対策などを講じなかった。一九四三年のベンガル飢饉による死亡者は、約四〇〇万人と推定されている。その背後には、当時の植民地政府の無為無策があった。

南アジア諸国は、一九四七年に独立を達成する。表1にみられるように悲惨な飢饉が頻発したのは、独立以前の英領インド時代であった。同表は、独立後も強寡雨年が四回あったことを示している。しかしそれらは、いずれも悲惨な大規模飢饉とむすびつくことはなかった。この間における輸送インフラの拡充などがあったとしても、この相違は、逆に植民地支配の性格また独立とはなにかを照射している。

つぎに、表1・右欄の強多雨年について検討したい。強多雨年の定義も、強寡雨年とおなじく、当該年の降水量が、対象とする全期間の加重平均よりもプラス一〇パーセント以上の逸脱年をいう。その出現年数は一九で、強寡雨年の二五にくらべて少ない。過剰と過少の基準値はおなじであっても、両者の出現年数はかなり相違する。南西モンスーンに対しては、降水の増大よりも減少のベクトルがより強く働くことを示していよう。一九の強多雨年はすべて大規模な洪水年であって、それらの犠牲者はいずれも一〇〇〇～一万人に達している。

激甚な旱害が強寡雨年にほぼ限られているのに対して、大規模な洪水害は強多雨年ではない平常年にも発生している。それは、洪水害の原因が南西モンスーンの過剰のみではないからだ。たとえば、一九七〇年と九一年は、ともに強多雨年の基準値である加重平均プラス一〇パーセント前後であって、全インド的にはとりわけ多雨な年ではなかった。そのため、表1は一九九一年を強多雨年とはしていない。

しかし両年ともに、ガンガー・デルタ一帯を襲った風水害によって一九七〇年には約三十万人、一九九一年には約一四万人におよぶ犠牲者を出した。その犠牲者数を、二十世紀に起こった世界の災害のなかに位置づけると、前者は第一位、後者は第六位という悲惨な災害であった。それらの発生因は巨大サイクロンによる暴風雨と高潮による洪水害にあり、南西モンスーンの降水過剰はごく副次的な要因にすぎなかった。

ここで注目されるのは、表1では一九九五年以降二〇一四年の四半世紀には、強多雨年が発生していないことである。この間に加重平均値よりプラスへの逸脱の最大値は、二〇〇九年のプラス七パーセントであった。同表・左欄は、おなじ期間の強寡雨年が四年で、二十世紀末から二十一世紀初頭にかけて南西モンスーンによる降水に対して減少への逸脱ベクトルが働いていることを示す。これらは、一九九五年以降、洪水害の発生が減少していることを予想させる。

しかし南アジアでは、直近の四半世紀にも大きな洪水害が頻発している。犠牲者数を（　）内に併記して、それらの発生年を列挙すると、つぎのようになる。一九九八年東インド・バングラデシュ（三八〇〇）、二〇〇二年ネパール（四〇〇）、〇四年東インド・バングラデシュ（三一〇〇）、〇五年デカン（一五〇〇）、〇七年パキスタン（二〇〇）、〇八年北インド（二四〇〇）、一〇年パキスタン（一八〇〇）、一三年北インド（五七〇〇）、一四年カシミール（四〇〇）であって、その発生頻度はほぼ三年に一度に達する。

これらは、〇七年をのぞいて、いずれも南西モンスーンの多雨を要因としている。しかし前述したように、この四半世紀をつうじて、南西モンスーンの寡雨―多雨ベクトルは寡雨傾向に働いている。寡雨傾向と南西モンスーンに起因する洪水害の頻発は、どのように説明できるのだろうか。それは、寡雨傾向と洪水害の発生との空間規模の相違によると考えうる。

南西モンスーンの寡雨傾向は、全インドをカバーする降水観測データが示す傾向である。いわば亜大陸レベルの空間規模で確認できる全域的な傾向といえる。これに対して洪水害は、前掲した発生地域の地名が物語るように、局地的・地方的な規模での強多雨によってもたらされている。それは、最近、日本でも頻発するゲリラ豪雨に似た降水による被害である。日本のゲリラ豪雨が地球温暖化と関連づけて議論されるように、全般的な寡雨傾向のなかでの局地的な洪水害の頻発という現下の南西モンスーンをめぐる状況も、やはり地球温暖化に要因をもとめうるのではないかと推測しうる。

六、モンスーンと〈大気―海洋〉相互作用

十九世紀後半から二十世紀初頭はモンスーンの逸脱が頻発した時期であったが、同時に気象観測データが蓄積

され、モンスーンの本格的な研究が開始された時期でもあった。当然、その目標は、モンスーンとりわけ夏の南西モンスーンの逸脱をもたらす要因の探究、さらにはモンスーンの長期予報への模索にあった。この課題に対して重要な貢献をなしたのが、一九〇四年に英領インド気象局長官に就任したウオーカーであった。彼は、南アジアをふくむ熱帯域の気象データを解析して、太平洋の赤道周辺海域の東部と西部のあいだで、海水面気圧がシーソーのように振動しあう現象を見いだした。この両海域間での海水面気圧の反比例的な変動は、彼にちなんで「ウオーカー振動（Walker Circulation）」と名づけられた。研究の進展につれて「ウオーカー振動」は、〈海水面気圧変動―卓越風の風向変動―卓越風による吹送海流の流路変動―海水面気圧変動〉という循環的・累積的な〈大気―海洋〉変動の説明へと拡充され、現在では「南方振動（Southern Oscillation）」とよばれている。

さらに「南方振動」は、太平洋の熱帯海域の海水温分布の東西間変動と連動していることがあきらかになった。具体的には、西方のインドネシア周辺海域と東方のペルー沖海域とのあいだで、海水の温度分布もシーソーのように変動することが判明した。数ヵ月以上の長期にわたって、海水温の分布が顕著な西低東高のときをエルニーニョ、逆に顕著な西高東低のときをラニーニャとよぶ。エルニーニョ／ラニーニャ現象は太平洋の熱帯海域での海水温の東西分布、また同現象に起因する「南方振動」は同海域での海水面気圧の東西分布のシーソー的変動現象である。両者は密接に関係しあっているので、あわせて「エルニーニョ・南方振動（エンソENSO、El Niño Southern Oscillation）」と総称する。

エンソは太平洋の熱帯域での気象現象ではあるが、ウオーカーが洞察したとおり、同現象は南西モンスーンの逸脱と密接に関係している。表1は、強寡雨年と強多雨年の双方についてエンソとの関係を示している。出現年次に付した下線は、二重線の場合はエルニーニョ、一重線の場合はラニーニャの発生年を示す。同表を一覧すればあきらかなように、エルニーニョは強寡雨年に、またラニーニャは強多雨年にみられる。「強寡雨年＋ラニーニャ」また「強多雨年＋エルニーニョ」という結合は皆無である。このことは、歴史をつうじて飢饉を惹起してきた南西モンスーンの降水過少、また洪水害をもたらしてきた南西モンスーンの降水過剰が、それぞれエルニーニョとラニーニャと相関していたことを推測させる。

しかし強寡雨年二十五のうちのエルニーニョ年は十三（五二パーセント）、強多雨年十九のうちのラニーニャ年は九（四七パーセント）で、その比率は両者ともおよそ五〇パーセント前後にとどまり、高いとはいいきれない。それは、南西モンスーンの逸脱に対してエンソ以外にも重要な要因が介在していることを物語る。そのことを検討するために、同表が扱う全一四四年間に対象をひろげると、その間のエルニーニョの出現年は二十五、ラニーニャの出現年は二十六をかぞえる。前言したように、強寡雨とエルニーニョとの一致年は十三年、強多雨とラニーニャとの一致年は九であった。とすると、エルニーニョ発生年のうち強寡雨と一致する年の比率は五二パーセント、ラニーニャ発生年の同比率は三五パーセントとなる。それらの比率も、すべてのエンソがモンスーンの逸脱と相関していないことを示す。

南アジアの「南西モンスーンの不調」による強寡雨と太平洋の熱帯海域のエルニーニョは、遠く離れた範域での気象現象である。このような遠隔地間の気象相関は、一般にテレコネクション（teleconnection）とよばれる。しかし前言してきたように、「南西モンスーンの不調」がエルニーニョとのテレコネクションだけでは説明できないとすれば、別の説明を探究していく必要がある。

インド洋ダイポール現象の提唱

その際の重要な視点は、南アジアの地理的位置にある。南アジアの本体部は、ユーラシア大陸の中央部から南方のインド洋にむけて楔状に打ちこまれた巨大なインド半島である。インド半島の南方にひろがるインド洋熱帯域の大気・海洋相互作用が解明されると、「南西モンスーンの不調」の発生因への説明力を高めることができよう。それへの重要な研究成果が、東京大学の山形俊男らによって一九九九年に発表された。

それは、インド洋熱帯域の東と西の両海域のあいだにも、太平洋の「南方振動」と類似した大気と海洋の相互作用現象が存在するとの提唱である。この場合の東・西両海域とは、東はスマトラ島西方、西はアフリカ東方の赤道周辺海域をいう。山形らは、両海域間での大気・海洋相互作用をインド洋ダイポール（IOD、Indian Ocean Dipole）現象と名づけ、それを正と負の二つにわける。海水温の変動のみをとりだしていえば、西高東低の場合を正のダイポール、また西低東高の場合を負のダイポールとする。正のダイポールが発生すると、赤道周辺の東アフリカ沖で、〈海水温の上昇―海面蒸発の増加―雲量の増大―降水量の増加―南西モンスーンへのプラス効果〉という大気・海洋相互作用がはたらき、夏期の南アジアに降水をもたらす。しかし負のダイポールの場合には連鎖は逆転し、「南西モンスーンの不調」と寡雨ベクトルがはたらく。

さきに、過去一四四年のうちエルニーニョの発生年は二十五であるが、そのうち十三が強寡雨年であって、残りの十二年はそうではなかったことを指摘した。もちろんエルニーニョの強弱も大きく作用するが、この無相関であった十二年について、太平洋のエルニーニョがもつ寡雨ベクトルがインド洋の正のダイポールがもつ多雨ベクトルによって相殺された可能性も考えうる。しかし現在の段階では、太平洋のエンソとインド洋のダイポールとのテレコネクションには未解明の部分も多い。ここでは両者が相殺しあう場合も、また相乗しあう場合もあるのではないかという推測を述べるにとどめておきたい。

インド洋の温暖化とサイクロン

ここで強多雨年に話題を移すことにしたい。さきに強多雨年十九のうち、太平洋のラニーニャの発生年と一致するのは九年であること、その比率は強寡雨年とエルニーニョとの一致年よりも小さいことを指摘した。強多雨年の場合にも、正のインド洋ダイポールによる南西モンスーンの活性効果もはたらいていよう。

しかし強多雨年の発生には、もう一つの有力な気象現象がはたらいている。それは、これまで何度か言及したサイクロンである。サイクロンとは、ベンガル湾の低緯度海域で発生した熱帯低気圧が発達したもので、東アジアの台風にあたる。ベンガル湾の熱帯低気圧も、台風と同様に、海面水温の高い海域を北上しつつ多量の水蒸気を吸収して、広大な暴風雨域をもつ巨大低気圧へと発達する。最終的にはインド亜大陸北東部、とくにバングラデシュからオーディシャー、アーンドラ・プラデーシュ両州の海岸地帯に上陸して、進路にそって風水害をもたらす。多くの場合、暴風雨だけでなく高潮を発生させて、冠水被害を内陸部へと広げていく。

ベンガル湾北半部はサイクロンの常襲地帯であって、一九九〇年以降の約二十五年間をとっても、巨大なサイクロンは一九九一、九九、二〇〇七、〇九、一三、一四年に来襲している。これらの来襲年を一覧しても、近年、サイクロンの来襲頻度が高まっている。その背後には、インド洋とりわけ東部海域での海水面温度の上昇がある。二〇世紀をつうじてインド洋の水温は摂氏一・二度上昇したとされ、その上昇は台風の発生域である太平洋西部海域をうわまわっている。サイクロンの頻発と巨大化の背景には、地球温暖化にともなうインド洋の海水温の上昇がある。さらに、その背後には、サイクロンの発生域である赤道以北のインド洋北部海域の特質がある。おなじく大洋とされる太平洋と大西洋の北半球部分と比較すると、いろんな点で、同海域のインド洋は顕著な特質を示す。

まず、海域規模の大きな相違がある。北半球の部分に注目すると、太平洋と大西洋にくらべて、インド洋の面域ははるかに小さい。さらに太平洋と大西洋が北極圏にまで達する大洋なのに対して、赤道以北のインド洋はほぼ北回帰線以南という低緯度に位置する海洋であり、基本的に「熱帯の海」である。さらに太平洋と大西洋の北辺はともに北極海へと通じていて、冷たい北極海との海水循環が発生する。しかし北半球のインド洋は、北辺をアジアとアフリカの両大陸で閉ざされていて、このような海水循環とは無縁である。そのことを象徴するのが、赤道以北のインド洋には寒流がまったく存在しないことだ。

これらの条件が相乗的に作用しあって、おなじ緯度帯の太平洋と大西洋よりも、サイクロンの発生域である赤道以北のインド洋の海水温がより高温化しているのは当然といえる。それが、近年のサイクロン頻発の背景にある同海域の特質である。

おわりに

現在の南アジアの穀作農耕は、ムギ・イネ・ミレットの名で包括できる三つの作物群を基本とする。その重要な特徴の一つは、これらの作物群が、少数の例外をのぞいて、いずれも南アジアの内部で原産したものではなく、南アジアにとっては外来作物だという点にある。それらが南アジアに伝来して農耕として整序されたのは、インダス文明期であった。同文明の解体と鉄器時代の到来とともに、「大開拓時代」ともいうべき農耕拡大が南アジアの全域で展開する。その基軸となったのは、ガンガー流域一帯へのイネ、デカン高原一帯へのミレットの拡大であった。これに、従来からの北西部のムギをくわえると、現在へとつづく穀作農耕の地帯分化、さらには南アジアの基本的な農耕地図が成立する。

その成立への重要な基盤は、主として気候と地形からなる自然環境であった。なかでも「南アジアの農耕はモンスーンの賜物」とよびうるように、気候とりわけ夏の南西モンスーンが穀作農耕の地帯分化を主導する役割を果たした。これを、南アジア農耕に対する南西モンスーンの肯定的役割とすると、同モンスーンは同時に否定的役割をあわせもっていた。それは、南西モンスーンの長期的また短期的な変動が南アジアの農耕生産の成否を規定してきたことである。つまり南西モンスーンは、南アジア農耕にとって肯定と否定という両義的役割をもつ存在であった。

このうちの否定的役割を長期的に明らかにするために、北東インドの鍾乳洞の石筍に含まれる酸素原子の同位体比をプロキシ・データとする西暦六〇〇年から一五〇〇年までの九〇〇年間の気候変動を紹介した。そのなかで十四世紀中期～十五世紀中期は、降水量の激減が常態化した異常気象の時期にあたり、南アジア史で悲惨な大飢饉として記憶されている「ドゥルガーデーヴィー飢饉」(一三九六～一四〇七年)などの飢饉もこの時期に集中的に発生している。北西ヨーロッパでの気候変動研究と対応させると、この時期は小氷河期の開始期にあたる。

南西モンスーンの変動と農耕生産との関係をさらに詳細に検討するために、亜大陸の全域規模で気象データが得られる一八七〇年以降をとりあげて、南西モンスーンの降水量変動を分析した。ここでも、一八七〇～一九二〇年には、南西モンスーンの変動を意味する強寡雨年と強多雨年が頻発し、この時期が前記の小氷河期から温暖期への気候変動期であったことを示している。ここで注目されるのは、激甚な凶作さらには飢饉の発生年が南西モンスーンの強寡雨年と対応し、同時に、それらの年の多くが太平洋の熱帯海域でのエルニーニョ・ラニーニャ現象の発生年でもあるという事実である。このことは、南アジアのモンスーンと農耕生産の変動が、太平洋の熱帯海域という遠隔地でのエルニーニョ・ラニーニャ現象と連関していることを物語る。くわえて近年では、インド洋海域においても同現象と類似するインド洋ダイポール現象の発見と研究がすすめられ、南西モンスーンの変動のより多面的な説明への努力が試みられている。これらモンスーンの変動研究の進展は、南アジア農耕に対して肯定と否定という両義的意味をもちつづけてきた南西モンスーンの研究が新たな段階に入りつつあること、その動向は南アジア農耕の環境史研究に対しても新たな地平を拓く可能性をもつことを示している。

注

（1）サウアー（竹内常行・斎藤晃吉訳）『農業の起源』（古今書院、一九八一年（原著一九五二年））。
（2）A・Hダーニー（小西正捷・宗台秀明訳）『パキスタン考古学の新発見』（雄山閣、一九九五年（原著一九八八年））。
（3）佐藤洋一郎『イネの歴史』（京都大学術出版会、二〇〇八年）。
（4）応地利明「インド稲作の性格」（渡部忠世編『稲のアジア史』2、小学館、一九八七年）。
（5）阪本寧男『雑穀のきた道』（日本放送出版協会、一九八八年）。
（6）近藤英夫「インダス文明」（山崎元一・小西正捷編『南アジア史』1、山川出版社、二〇〇七年）。
（7）B・K ターバル著（小西正捷・小磯学訳）『インド考古学の新発見』（雄山閣、一九九〇年（原著一九九〇年））。
（8）山崎元一「仏典に記述された古代インドの村落」（松井透編『インド土地制度史研究』東大出版会、一九七一年）。
（9）Randhawa, M.S., *A history of agriculture of India*, Vol.1, I.C.A.R., New Delhi, 1980.
（10）小磯学「南アジア最初の住人たち」、前掲注6所収。
（11）Sinha, A. et al., A 900-year (600 to 1500 A.D.) record of the Indian summer monsoon precipitation from the core monsoon zone of India, *Geophysical Research Letters*, 34, L16707, 2007, pp.1-5.
（12）Clark, I. D.and Fritz, P., *Envirommental isotopes in hydrogeology*, 1997, Boca Raton, p.328.
（13）I.I.T.M., All-India Summer Monsoon (June-September) Rainfall Anomalies during 1871-2014.

◉南アジア・東南アジア

南インドの環境と農村社会の長期変動

水島　司

南インドの近世までの発展の特徴は、パルス的気候条件の下で多くの人口を維持する過少資源適応型発展であった。他方、植民地化以降に急激な人口増大が達成されたが、それは土地、水という農業生産のリソースを利用し尽くす開発の産物であった。今後、リソースの枯渇を前提とした持続的な生産への方向転換が必須である。

一、経済発展の多径路とインド

大分岐論

イギリスと中国・日本の先進地域が近世まで変わらぬ発展を遂げ、と同時に同様な制約に直面していたにもかかわらず、その後の歴史発展がなぜ大きく分岐していったのかという問題をポメランツ（Pomeranz, Kenneth）が二〇〇〇年に著した書『大分岐――中国、ヨーロッパ、そして近代世界経済の形成――（*The Great Divergence: China, Europe, and the Making of the Modern World Economy*）』（Princeton University Press, 2000）で論じたことを契機に、十八世紀半ばを境として、ヨーロッパとアジアの位置関係がどのように変わったのか、あるいは変わらなかったのかをめぐる議論が多くの歴史研究者を巻き込んで進んでいる。そこでは、人口、土地、生産、賃金、物価、生活水準などに関する長期間にわたる情報の蓄積が重要な意味をもち、多くの研究者の努力がそうした基礎的なデータの収集と分析に向けられている。また、そこでの議論では、単にヨーロッパとアジアとの差異だけではなく、ヨーロッパ内部における偏差、アジアの内部における発展の差異にも関心が向けられている。それらは、続々と生み出される個別研究の大海の中から、今一度共通性と差異性を篩い分け、地域それぞれの発展のあり方に積極的な意義を見いだそうとする発展の多経路性を確認する試みである。それはまた、混迷する歴史学に、今一度新たな生命力を与えようとする試みの一つであるとも言えよう。

産業革命と勤勉革命

環境という、地球の生成とそれぞれの空間に生きる人々が作り上げてきた状況は、こうした歴史発展の共通性と個性を導く重要な要素である。地域発展の個性に注目する議論として、たとえば近年のグローバル・ヒストリーの研究潮流の中で、産業革命と勤勉革命を対比的に論ずる速水融や杉原薫らによる日本発の議論が国際的な関心を呼んでいる。(1) すなわち、西ヨーロッパは、農業においては畜力や機械の導入など、労働節約的な発展がみられ、工業においても、産業革命に代表されるように、機械の導入によって労働力を減らし、一人当たりの生産を高めていくという資本集約的・労働節約的な産業革命型発展を遂げたのに対し、東アジアの場合は、機械や畜力をできる限り節約し、労働力をより多く投入して一人当たりの生産を高めるという資本節約的・労働集約的な勤勉革命型発展として特徴付けられる。そうした主張の背景として、モロコシ、落花生、サツマイモなどの作物の新大陸からの流入が農業の人口扶養力を高め、その結果、十八世紀の中国の人口が一億数千万から四億五〇〇〇万人前後に三倍増したという事実、あるいは、江戸時代前半の日本で、耕地の外延的拡張とともに、人口が十七世紀はじめの一二〇〇万から十八世紀半ばの三〇〇〇万に増加し、また江戸時代の後半においても、人口や耕地面積が停滞しつつも人々の生活水準が高まったという事実があった。[2] 重要なのは、このような東アジア型発展が、産業革命によって生活水準を高めていった西欧とは別の形での経済発展であり、勤勉革命も産業革命と同様に、世界史発展の重要な径路の一つであると評価されていることである。

このように、ヨーロッパとアジアを対比しながら、それぞれの地域の歴史発展の特性を評価するという研究が進んでいる一方で、先に記したように、それぞれの地域の内部における差異についても議論が起き始めている。北西ヨーロッパと南ヨーロッパとの差異や、中国と日本の差異を明らかにしようとする斉藤修の研究[3]などが、そうした例である。

このような地域発展の個性についての議論は、土地、労働、資本の三つの要素から経済成長を考えるという経済学的な視角から議論されることが多いが、発展の個性的な展開が、気候条件や地形、土壌、日照、あるいは位置などの環境条件とも連関しているであろうことは容易に想像しうる。とりわけ、農業が生業の中心にあり、農業人口が圧倒的に多い近世までの時期であれば、自然環境の差異が地域差をもたらす大きな要因であることには異論がないであろう。

本稿の課題は、インドの発展の個性を、世界史全体の中にどう位置づけ、その個性が環境のあり方とどのように関係しているかを論ずることである。ただし、このように環境を重視するからと言って、環境のみが社会のありかたを定めるという環境決定論に与しているわけではない。環境自体が歴史的に形成されてきたものであり、と同時に、歴史と共に変化していくものであるからである。したがって、環境自体が社会変化とどのように対応しながら変化を遂げてきたのかという点も、本稿の議論の対象となる。

二、近世までの発展の個性と環境

パルス型環境

インドの発展の個性と環境の問題を論ずるとき、まず最初に記しておかなければならないのは、地形や気候の極端な多様性である。そこは、高峻なヒマラヤ山脈やカシミール高原から、デカン高原、ガンジス平原、マラバール海岸、さらにはタール砂漠までが含まれる。気候的には、たとえばデリーであれば、夏の五〇度近くにまで上る耐え難い高温と、冬の零度以下にまで下がる凍死者を出す低温が繰り返され、他方、南のチェンナイでは、ホット、ホッター、ホッテストという暑いだけの気候が続く。雨も、一気に集中豪雨的に降るかと思えば、その後焼け付くような乾期が長く続く。空間的にも時間的にも、極端と極端の間に何もない。筆者は、これをパルス型環境と呼ぶ。白と黒の間の灰色部分がない環境という意味である。

過少資源適応型発展

ここからの議論の対象は、南インド（タミルナード州に相当するインド南東部）である。同地域の環境と生業の特徴を概観すると、以下のようである。まず、雨は短期間に集中して降るものの、総雨量はせいぜい七〇〇～八〇〇ミリに過ぎず、残りの季節はほとんど降雨がない。つまり、雨期と乾期が交互に繰り返されるというパルス的気候条件下にあるものの、全体としては過少な水資源をもつに過ぎない。一部のデルタ地域では大河をせきとめて分流する水路が縦横に走り、またそれ以外の土地にも古くから貯水池が多数分布しているが、水資源の量的制約から、通年灌漑ができる土地はわずかである。一七七〇年代のチングルプット地域（現チェンナイを囲む形で広がる二〇〇〇村前後の地域）に関する数値から、非農家も含めて一戸あたりの耕作面積を算出すると、灌漑地が三・八七エーカー、非灌漑地が一・八七エーカーの計五・七五エーカー（一エーカーは四〇四六・八六平米相当）となり、面積的には比較的余裕があった数値となる。加えて、全土地面積の四分の一が荒蕪地（二一パーセント）あるいは非作付地（一四パーセント）として残っており、耕作拡大の余裕が十分あった。耕地では、非灌漑地と灌漑地とがモザイク・タイル状に入り組んで分布し、灌漑状況に対応した混合型の農業生産技術が近世まで発展を遂げてきた。農業技術の高さは高い人口扶養力を意味し、古くから、インドは世界人口の二割前後を抱えてきたという。(4)

こうした状況の下での経済活動として、近世の南インドには、大工や鍛冶をはじめとする各種職人や僧侶、農民、牛飼い、役人など、さまざまな生業に従事している者が存在した。上と同じく、チングルプット地域の二〇〇〇村前後の村落資料から、そこに分布する六万二五二九戸について職業構成を見てみると、農民は五五パーセントを占めるのみで、非農業戸数が全体の四五パーセントにも上る。一八〇〇年前後に関するヨーロッパ各地の農村人口と全人口中の農業人口についてのアレンの研究(5)によれば、一八〇〇年時点の農村部における農業従事者割合は、イギリスが五一パーセントと低いが、オランダは六二パーセント、ドイツとフランスはいずれも六八パーセント、イタリア、ベルギー、スペイン、それぞれ七四パーセント、七七パーセント、七九パーセントである。これらの数値をそのままここでのインドの五五パーセントという数値と比較してよいかどうかは、都市と農村との分類の方式など、慎重な検討を要するが、単純に並べればイギリスに次いで低いことになる。そのことは、インドの当時の農業が高い人口扶養力をもっていたことを示唆する数値と解釈できるであろう。

さて、それらの非農業世帯の生業構成を大まかに分類すると、宗教関係者が一四パーセント、工業・手工業関係者が一三パーセント、商人が七パーセント、軍人が三パーセント、役人が三パーセントという割合であり、それぞれの内部は、いわゆるカースト制として知られているような婚姻・会食・信仰・服飾その他の規制によって統制されている数多くの専門職グループに分かれている。十八世紀の時点では、もっとも高度な分業を遂げていた地域の一つであったと言っても過言ではないだろう。ただし、そこでの分業の特徴として注意しておくべきは、市場を通じての商品交換関係の下で発展してきたものではなく、もっぱら在地社会の再生産を目的とした直接のサービス交換関係として成立してきたという点である。具体的には、床屋であれ洗濯人であれ、それぞれが在地社会の構成員に対して特定のサービスを提供し、他の構成員からも別種のサービスを受け、そうしたサービスの交換によって自身の再生産と在地社会全体の再生産が果たされたわけである。遠隔地市場をもつ一部の綿業従事者を除き、この特徴は非農業従事者に概してあてはまるものであった。

このような分業のあり方は、実はパルス的環境と大いに関連があった。なぜなら、それらのサービス交換関係に携わる者には、在地社会の生産物全体から一定割合が配分される方式がとられていたことである。つまり、生産が大きく変動したとしても、常に全生産物が一とされ、そこから一定割合で在地社会の再生産に従事する者達に生産物が分配されることにより、在地社会全体と在地社会に生きる人々全体の再生産が保障されたわけである。

このように、南インドでは、生産から消費に至る全ての過程が、過少な資源の下でのパルス的環境に対応する形で成立していた。そのことによって、極めて厳しい自然環境にもかかわらず、あるいは年毎の変動、季節毎の変動が極めて大きかったにもかかわらず、多くの人口を辛うじて抱えることができたのである。このような発展のあり方を、過少資源適応型発展とここでは呼んでおきたい。

南インドのこのような近世までの環境と歴史発展のあり方に対して、十九世紀前後の植民地化以降現在に至る開発の歴史は、極めて対照的なものであった。それは、一言で言えば、資源をぎりぎりまで開発し尽くすという性格をもつものであり、過少資源適応型発展と形容しうるそれまでの南アジアのあり方とは根本的に異なるものであった。次に、植民地化以降の南インドの発展の個性と環境の問題について見ていくことにしよう。

三、植民地化以降の発展と環境

土地開発

十八世紀後半から十九世紀初めにかけて、インドの多くの地域はイギリスの植民地支配下に入ったが、そこでの農業開発について見ていきたい。

植民地期の農業開発のリソースとして、南インドで重要なのは、土地（荒蕪《こうぶ》地開発）、水（地表水↓地下水）、および技術（単位収量増）の三つである。まず土地開発についてであるが、特に重要なのは荒蕪地開発の進展である。南インドの荒蕪地開発は、多くの場合、東南アジアの多くの地域に見られた米やゴムのプランテーション開発のような、手つかずの広大な辺境地域を開発するフロンティア開発ではなかった。むしろ、既存の村落空間の内部にある耕地と耕地の狭間や、既存の農村部の周縁部での開発が進んだ。一般的に言えば、それらの荒蕪地は既存の耕地と比較すれば劣等地であり、生産性、安定性ともに劣った土地であった。したがって、たとえ開発が進んだとしても、安定した農業生産は期待できず、降雨量の変動に大きく影響されるものであった。

こうした土地開発進展の制度的背景としては、なによりも、イギリス植民地政府が導入したライヤットワーリー制がある。ライヤットワーリー制の大きな特徴は、村落における人と人との関係、あるいは人とリソースとの関係を、個々の地片への関係へと転換したことにある。すなわち、環境の中にある様々なリソース（風、雨、水の流れ、森、陽の光、地味、土地の傾き、草、動物等々）の中から地片のみを切り離し、それに個別排他的な所有権を設定した。そして、人と国家、および人と人との関係を、この地片の所有権をめぐる関係へと収束させたのである。

このような制度的改変が植民地支配の下で上からおこなわれたことの意味は決定的であった。先に述べたように、近世までのインド社会においては、在地社会に生きる人々が、在地社会と自分たち自身の再生産のために様々なサービスを提供し、提供され、在地社会全体から生み出される生産物を一定割合で分配されていた。しかし、植民地的土地制度においては、在地社会やそれを構成する村落のいずれもが、数百から数千の地片へと分解され、社会空間としての役割を喪失させられたからである。他方、在地社会空間に存在したさまざまなリソースの内、地片のみが選択され、そこに空間を縦に区切った形で土地所有としての権益関係が設定されたために、一部の者に独占的に権益が集中し、他方サービス交換によって自己の再生産を図ってきた人々は無権利状態に落とされた。後者が、その後そうした境遇の変化に気付き、地片の獲得を渇望するようになったのは蓋し当然である。

このような変化は、環境に対しても大きな変化をもたらした。荒蕪地、未開発地の個別的開発の急速な進展がそれであった。後に検討するように、十九世紀以降、従来集落が存在しなかった地域に多くの新規開拓村が生まれたし、筆者が調査してきたタミルナード州ティルチラパッリ県のある村では、十九世紀以降荒蕪地開発が大きく進展し、二十世紀初頭まで村の全土地の三分の一が耕作可能な荒蕪地であったが、一九二四年には九パーセントへと減少し、事実上、耕作可能な土地は全て耕地と化していた。

水資源開発

土地開発の余裕が仮にあったとしても、それがそのまま農業開発に余裕があったことを示すわけではない。砂漠や岩の上での農業が不可能なことを思い浮かべれば、そのことは容易に理解しうる。南インドの場合、決定的に重要なのは、水利用の可否である。

先に指摘したように、南インドは、灌漑の有無によって対照的なエコロジカル・ゾーンを形成してきた。年降雨量は七〇〇ミリ前後であり、もっとも安定し、かつ雑穀と較べて数倍の単位収量を期待しうる米作は、天水だ

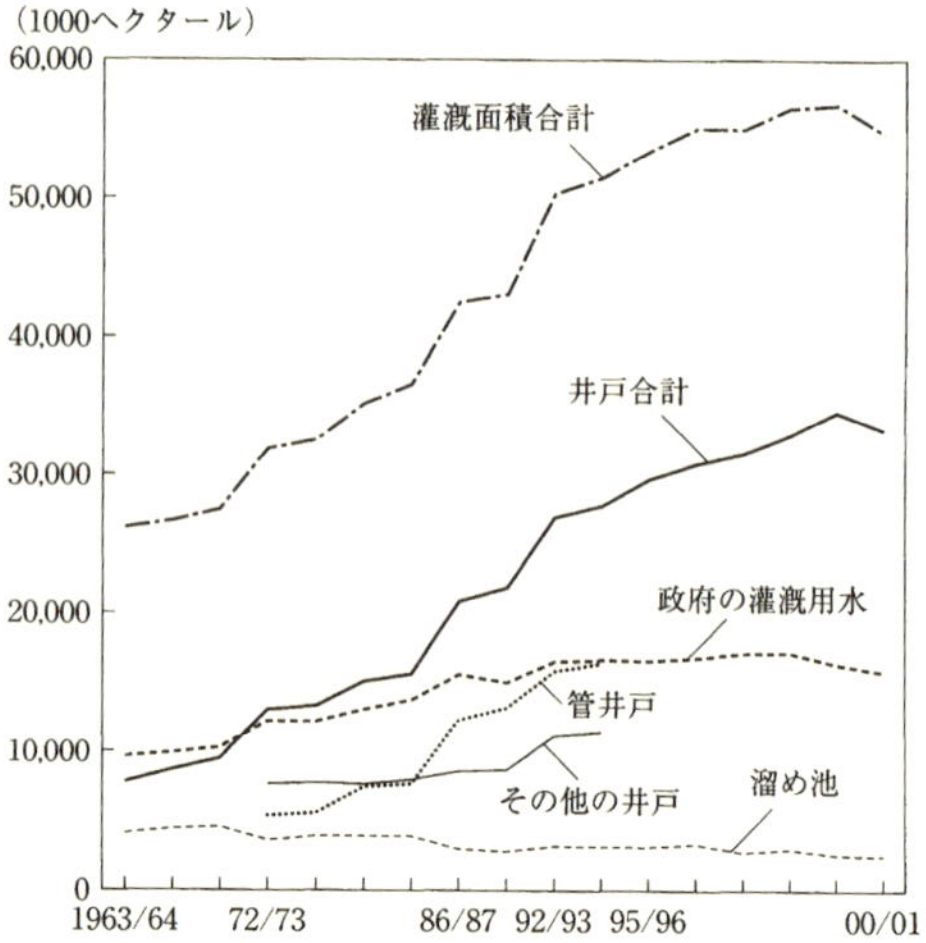

図1　インドの灌漑源構成
出典：内川秀二編『躍動するインド経済：光と陰』（アジア経済研究所、2006年、51頁）

けでは不可能である。そのため、南インドは、古代から水路や貯水池などの灌漑基盤を営々と築き続け、米作拡大への道を歩み続けてきた。その結果、人工灌漑によって灌漑農業が行われる地域とそうでない地域のコントラストが生みだされてきたわけである。たとえば、中村尚司が指摘するように、南アジアの大河カーヴェリが生み出した灌漑網では、最終的には一滴の水もインド洋に逃すことがない。また、河川灌漑が期待できない地域においても、土地の傾斜を利用して膨大な数の貯水池を築き、それらをつなぎながら地表水を徹底的に利用するシステムを作り出してきた。南インドのほとんどの村は、場合によっては野球場よりも広い面積の幾つかの巨大な貯水池を有するが、そうした営みの中に、過去に払われた膨大な労苦が示されている。

水路や貯水池による灌漑は、しかし、次第にその重要性を低下させてくる。そもそも、一滴の水も無駄に海には流さないという方向で、マキシマムまで地表水を利用するシステムを作り上げてきたわけであるから、限界に突き当たるのは当然である。代わって重要性を増してきたのが、井戸による地下水利用である。たとえば、筆者が調査してきている村では、十九世紀の終わりからの百年間で二百の井戸が掘削されてきた。同様に、南インド（というよりはインド全域）でも、井戸を中心とする個別的で私的な地下水源開発が進んできたのである。図1は、インドの灌漑源の構成を示したものであるが、井戸灌漑、近年ではとりわけ管井戸の比率が急速に上がってきていることが見てとれるであろう。

こうした水資源の利用と開発は、南インドだけではなく、インド全体の農業にとっても重要な要素であるが、地表水に限界があると同様、地下水にも限界がある。上述の村では、従来の大きな箱形に地面をくり抜くタイプの井戸の底部や側部に穴を穿ち、管井戸と折衷するタイプの井戸が増えたが、その穴も、数年に一度はさらに深くしていかなければならない状態となっている。地下水自体の容量が降雨と連動して限られているのであるから、あるいは、いわゆる化石水という再補充のきかない蓄えを掘崩している可能性もないわけではないのであるから、井戸が増えれば増えるほど枯渇していくのは当たり前で、今はやりの持続可能な開発という概念とはほど遠い現実が進行しているわけである。

技術開発

植民地化以降の農業開発の最後のリソースは、技術開発である。土地の生産性をあげる技術開発には、労働力をより多く投下する労働集約的なものや、より多くの肥料の投入やより高収益の作物への置き換え、あるいは改良品種を投入する資本集約的なものがあり、他方、労働生産性をあげるものとしては、トラクターやハーヴェスターの導入があろう。インドの農業技術の開発は、基本的には土地の生産性を上げる方向で展開してきた。先に述べたように、雑穀から米作への転換への動きは古来から見られるものであるが、より短期で急速な動きは、一九六〇年代からの緑の革命であろう。それ以前からも、インドでは品種改良をはじめとするさまざまな努力が重ねられてきたが、緑の革命は、インド農業の資本集約化を一気に加速させる役割を果たした。

その緑の革命の成果を基礎として、一九八〇年代以降大きく進展してきているのが、管井戸掘削や機械化に見られる資本集約的で労働節約的な技術開発である。それは、ひとつには農業生産の安定化と単位労働あたりの生

図２　ポンネリ地域の衛生画像
出所：東大工学部都市工学科岡部研究室作成

産の増加を目指す努力の現れであるが、より基層をなしているのは農民の農業離れである。先進国の農業が、さまざまな補助金で支えられているのと同様に、インドでも電力や税などの優遇措置によって農業は支えられている。既に農産物輸出国へと変身したインドの農業に、あるいはその従事者に、自身の将来を託せる未来はないのである。

四、インドの経済発展と環境

過剰開発と農業生産の不安定性

植民地化以降、現在に至るインドの経済発展は、以上のような制度とリソースのありかたのもとで成し遂げられてきた。そこでの一貫した性格は、いずれも個々の農民が単位となってなされてきたという点であろう。荒蕪地開発、井戸掘削、技術改良など、いずれも個々の農民の地片、および個々の灌漑源のような個別的生産基盤を前提として展開してきたものである。

このような開発や生業のあり方が、近世までのそれとは根本的に異なることは、明らかであろう。そして、そのことが、インドの経済発展と環境に深刻な負荷をもたらしていることも、既に紹介したとおりである。以下、この問題について、別の角度から整理することにしたい。

現在までのインド農業の発展のあり方を一言で形容するとすれば、過剰開発という言葉が適当であろう。この点を、衛星写真と十八世紀の集落分布図から確認しよう。図2は、二〇〇〇年代に入って撮影された衛星写真から作成された南インドのタミルナード州北部の画像である。この地域に現地調査で訪れた最初の年には、どの領域を訪れても、道路という道路全てが刈り取られた収穫物で埋まっていた。舗装された道路は、格好の脱穀場であり、農民達がそこに収穫物を並べて、通り過ぎるバスや自動車を脱穀機代わりに利用するのである。ところが翌年の同じ時期に同地を訪れると、そうした状況は一変していた。降雨の少なかったこの年、多くの地域で耕作が放棄されたからである。図2は、その年の衛星写真であり、周縁部の白っぽい部分は、農業が壊滅した地域である。他方、中央部は、この年も降雨不足を乗り切り、なんとか生産を確保していた。

この中央部と周縁部のコントラストを、十八世紀末の集落の分布を示した図3、貯水池・河川・水路の分布を示した図4、および、二〇〇一年現在の集落分布を示した図5と並べてみたとき、非常に興味深い事実が明らかに

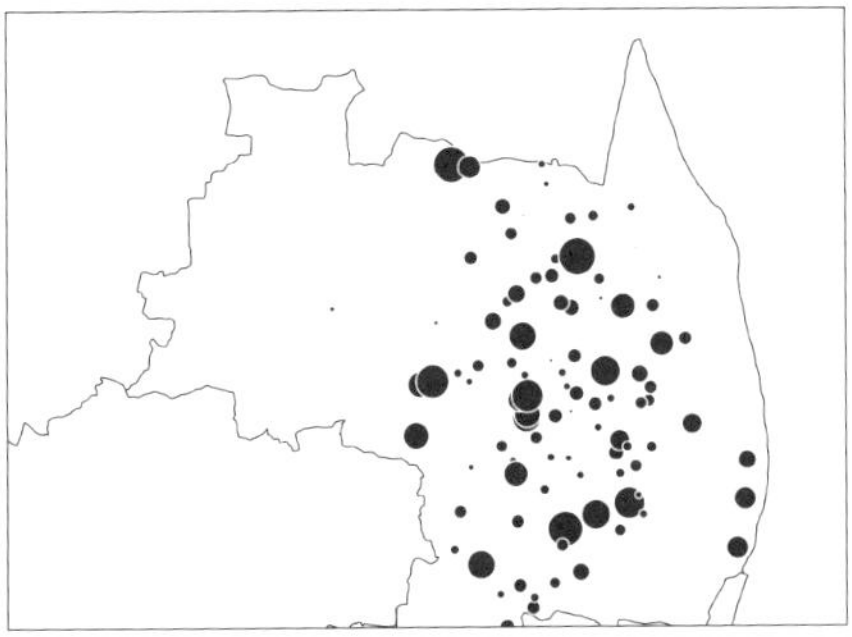

図3　18世紀末の集落分布図　注：円の大小は、戸数の大小を示す　出所：『バーナード報告』より作成

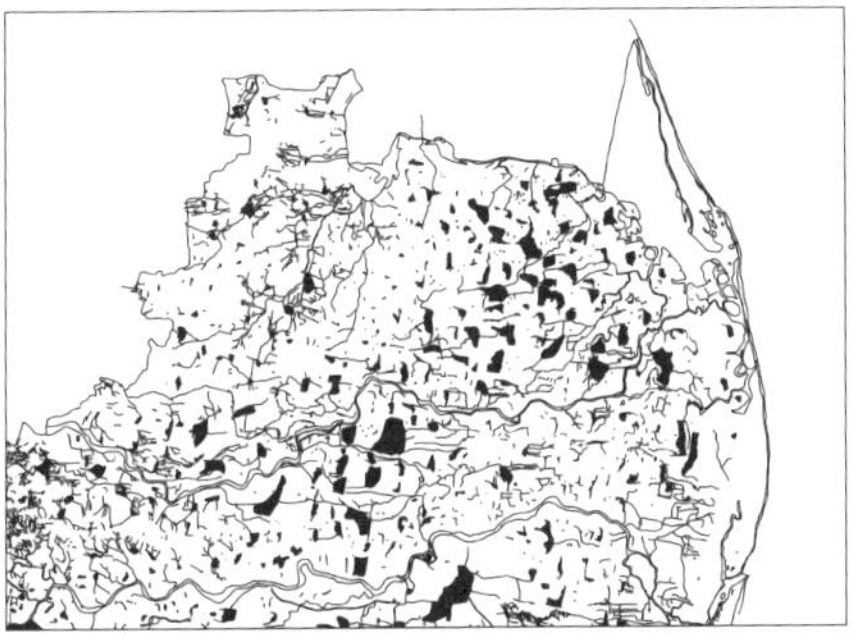

図4　貯水池・河川・水路の分布図
出所：1960年代の郡地図より作成

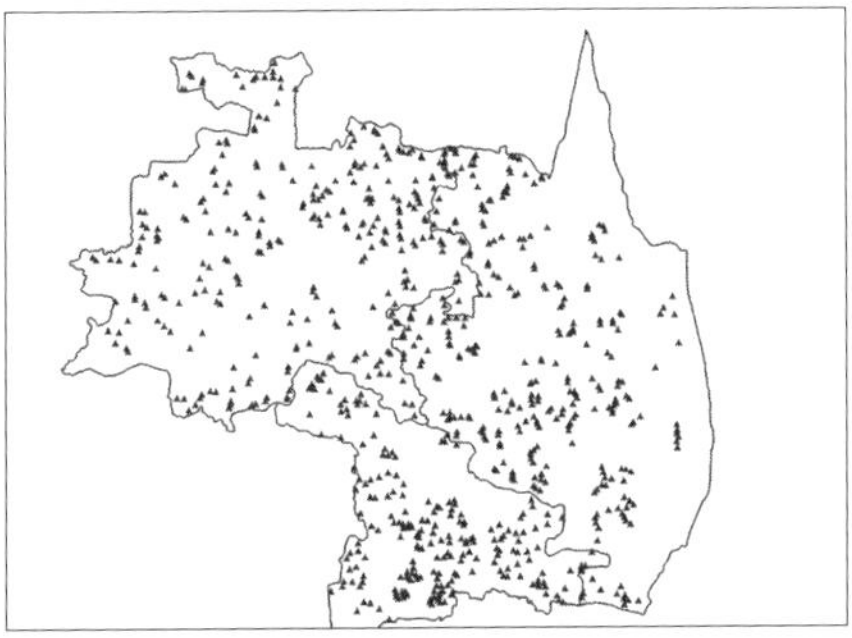

図5　2001年の集落分布図　出所：Water and Drainage Department, TamilnaduのGIS情報より作成

表C　ポンネリ地域120村の作物別作付け面積表
（土地台帳1877年）

作物名	作付面積(acre)	割合
米	31,017	74%
カシュアリーナ	3,293	8%
シコクビエ	2,373	6%
粟	1,418	3%
ヴァラグ	1,209	3%
アルヴェッリ	458	1%
胡麻	421	1%
そらまめ	340	1%
インディゴ	309	1%
バナナ	223	1%
椰子	213	1%
ビーテル	24	0%
黒豆	17	0%
ナス	72	0%
チッリー	106	0%
チョーラム	121	0%
ココナッツ	19	0%
豆	5	0%
花卉	13	0%
緑豆	2	0%
落花生	42	0%
イルッパイ	11	0%
カラマニ	74	0%
ランプ油脂	1	0%
マンゴー	2	0%
タマネギ	1	0%
豆	19	0%
カボチャ	8	0%
サマイ	14	0%
サトウキビ	1	0%
ココヤシ	1	0%
パルミラ椰子	1	0%
その他樹木	1	0%
野菜	135	0%
ヴェッリ	101	0%
計	42,065	100%

表A　ポンネリ地域の地目構成（1770年代）
（『バーナード報告』）

地目	面積（acre）	%
丘陵・河川	48,012	5%
荒蕪地	113,014	11%
塩田	5,573	1%
灌漑源	134,072	13%
森林	173,951	17%
果樹	19,358	2%
住居地	32,037	3%
非耕作地・灌漑地	78,027	8%
非耕作地・非灌漑地	67,327	6%
耕作地・灌漑地	242,289	23%
耕作地・非灌漑地	117,132	11%
その他	5,454	1%
計	1,036,246	100%

表B　ポンネリ地域の地目構成
（『ザミンダーリー制報告』1801年）

地目	面積(acre)	%
家屋・園地面積（灌漑地）	220	0%
家屋・園地面積（非灌漑地）	3,293	4%
灌漑施設面積（灌漑地）	2,732	4%
灌漑施設面積（非灌漑地）	10,820	14%
森林・山地面積（灌漑地）	13	0%
森林・山地面積（非灌漑地）	6,608	9%
古免税地面積（灌漑地）	4,317	6%
古免税地面積（非灌漑地）	315	0%
新免税地面積（灌漑地）	879	1%
新免税地面積（非灌漑地）	9	0%
課税地中の耕作地（灌漑地）	21,169	27%
課税地中の耕作地（非灌漑地）	3,904	5%
課税地中の非耕作地（灌漑地）	10,143	13%
課税地中の非耕作地(非灌漑地)	8,245	11%
荒蕪地面積（灌漑地）	334	0%
荒蕪地面積（非灌漑地）	4,717	6%
計	77,720	100%

なる。図3から明らかなように、生産が比較的安定している中央部は、十八世紀末の時点で既に集落が存在していた地域であった。そこはまた、図4でしめされているように、貯水池が密に分布している地域であった。それに対して、衛星画像図2で周縁部の白色となっている部分は、十八世紀末の時点ではほとんど集落が存在していない。現在の集落の分布を示した図5に示されているように、現在は周縁部にも集落が分布している。周縁部は、十八世紀末以降現在に至る間に新たに開発された開発地である。つまり、条件のよい農業生産の安定した中央部は近世までに既に開発が終わり、それに対して、周縁部の生産条件の悪い土地は、生産限界地にもかかわらず急速に開発が進んだ地域であると言えよう。そのことは、いわば、過剰開発が進んだことを意味している。

　過剰開発という問題は、単に耕地の外延的な拡大だけにとどまらず、灌漑の問題に関してもあてはまりうる。表A、表Bは、ポンネリ地域に関し、それぞれ一七七〇年代、一八〇一年の地目構成を示しており、表C、図6は一八七七年の作付構成を村別に示したものである。詳しい説明は省くが、要は十八世紀まで、中央部においても非灌漑地あるいは非灌漑作物が一定割合――全体の三分の一前後――残っていたのに対して、一八七七年にな

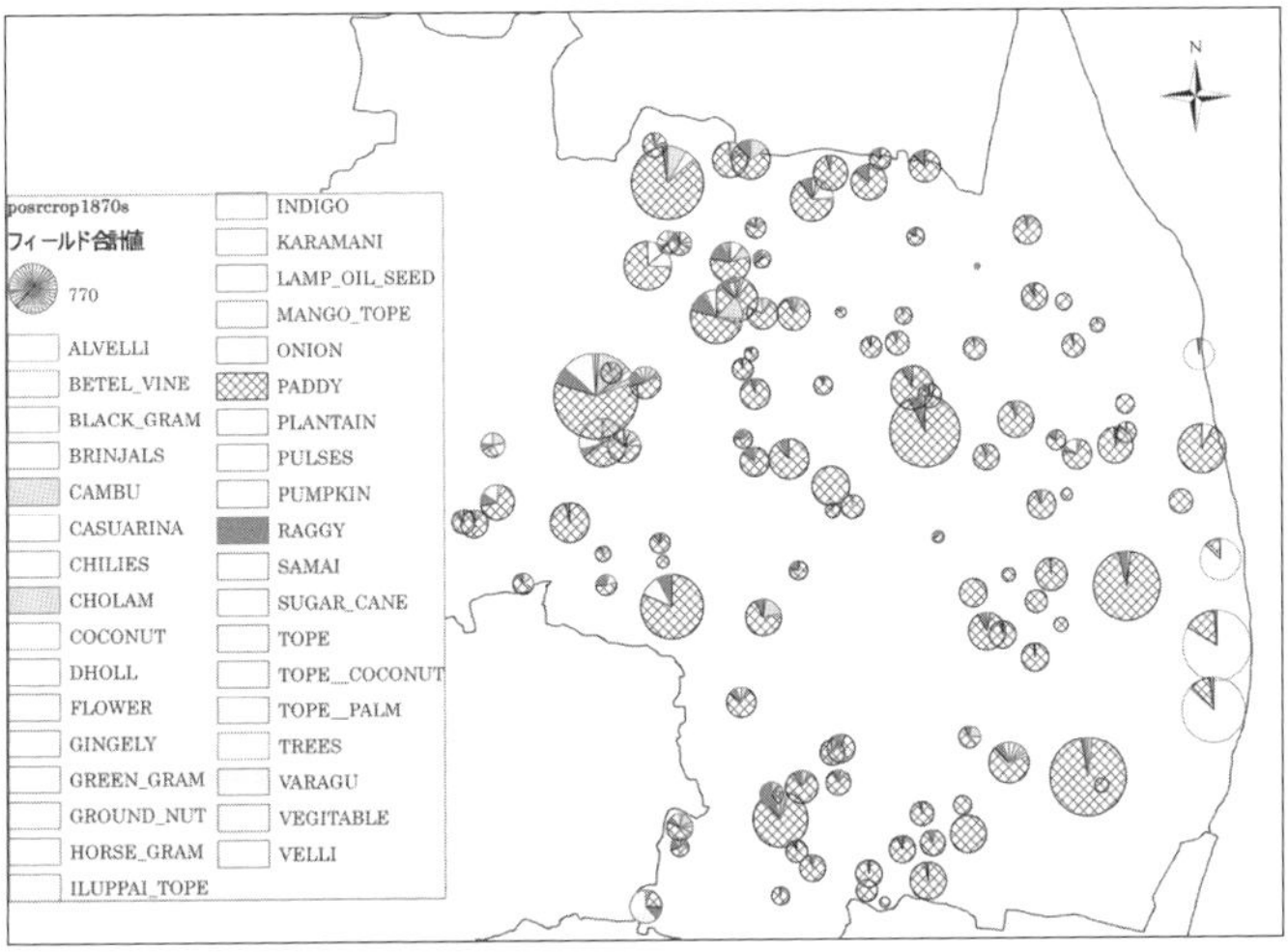

図6　ポンネリ地域の作物別作付面積構成
出所：1877年の村別土地台帳より作成

ると、米作の比率が圧倒的になり、特に中央部は米作一辺倒になったということである。灌漑作物への移行が、では無理なく行われているのかというと、決してそうではない。図7は、同じポンネリ地域における、一九九一年の時点での村毎の灌漑状況を示し、図8は、同じく灌漑地の灌漑源を示したものであ

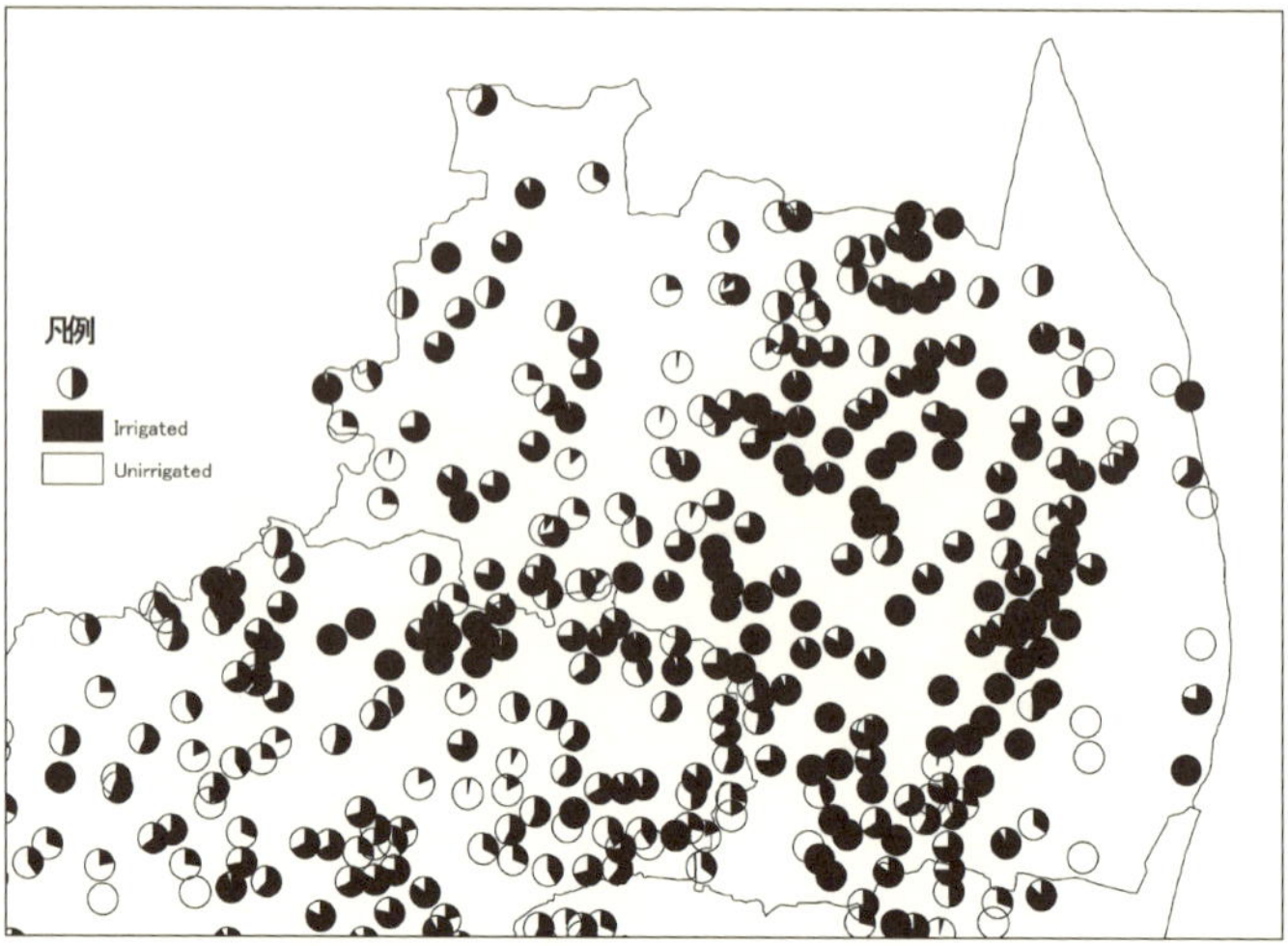

図7　ポンネリ地域の村別灌漑状況
出所：1991年センサスより作成

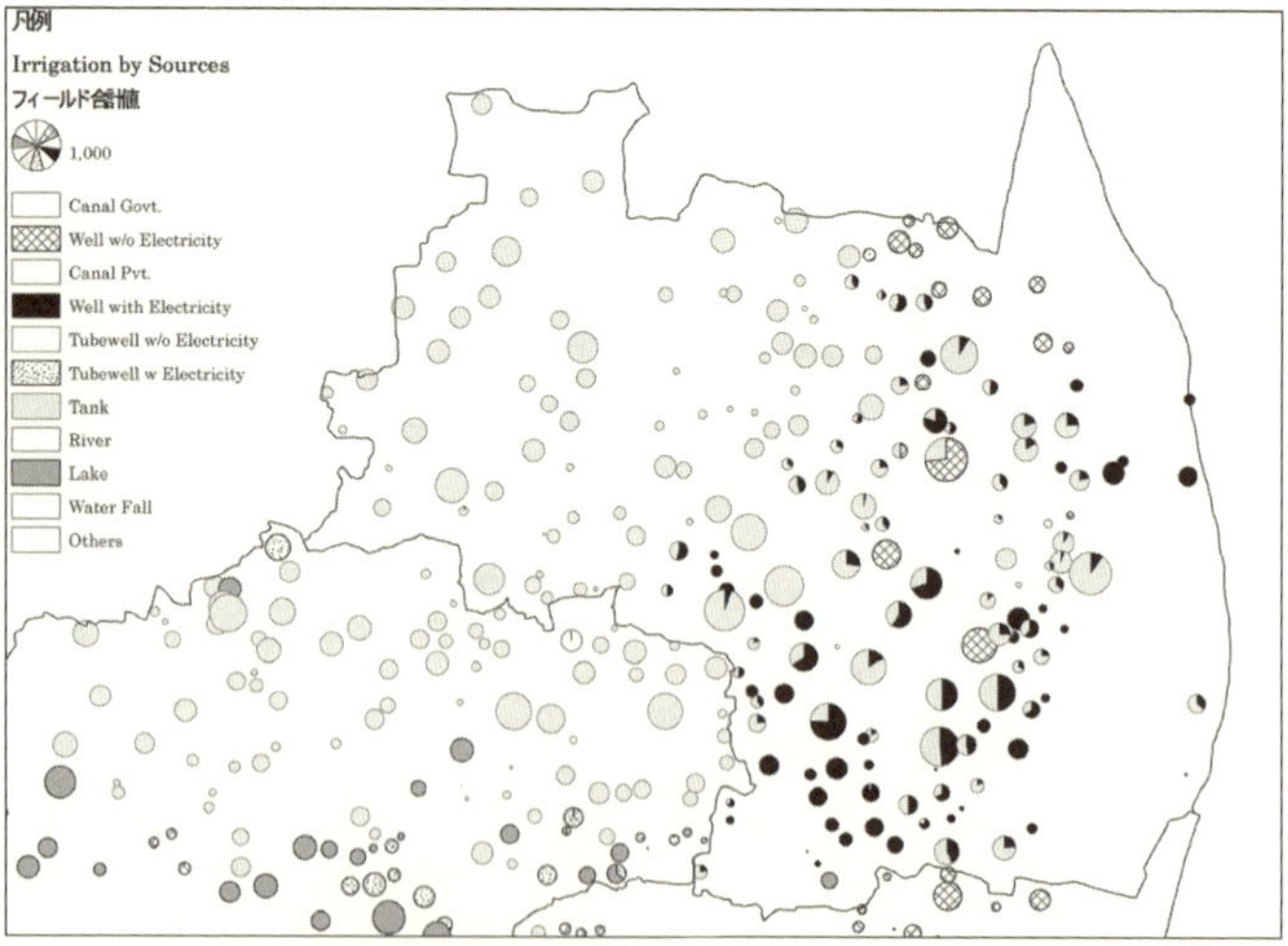

図8　ポンネリ地域の灌漑源
出所：1991年センサスより作成

る。図7に見られるように、中央部では確かに灌漑の占める割合が大きいが、図8にあるように、そこでの水源は水路灌漑もあるものの、かなりの部分は電気モーター付きの井戸で汲み上げている地下水である。近世までの貯水池、その後の水路灌漑に加えて、個別の井戸による地下水の利用によって、高い比率での灌漑農業がようやく維持されているわけである。

おわりに

インドは、全般的には過小な資源状況の中で、過小と過多が空間的にも時間的にも併存し、または繰り返されるパルス型環境である。その下で、近世までのインドは、生産、消費のいずれの部門でも、過小な資源環境に対応したシステムを作り上げ、極度の変動に適応しうる社会システムを形成してきた。それに対して、植民地化以降のインドは、その有するリソースをぎりぎりまで利用し尽くす形で経済発展を遂げてきた。その結果、耕地開発という点では、村域内においても、従来集落が存在しなかった地域においても、生産限界地にまで耕地が広がり、極めて大きな生産の上下動は現在に至るまで継続している。他方、より高い土地生産性を実現するために、雑穀から米作への移行を進めようと安定性のある地下水利用に灌漑源の重点を移してきた農業も、地下水源の枯渇という現実に直面しつつある。確かに、十九世紀に入ってから二十世紀末にかけての開発は、土地と水をぎりぎりまで利用していくことで生産を増大させ、と同時に、低い消費水準を維持することで膨大な人口を扶養しかつ増加させてきたし、一九六〇年代からの緑の革命を経て、近年では重要な穀物輸出国に変身するまでになっている。しかし、そうした発展の径路が行き着いた先の現在のインド農村が、ゴムが伸びきった、極めて環境適応性の低い硬直した社会となっていることは確かである。それが、在地社会の解体と資源の分断・個別化いう植民地的土地制度の導入を制度的背景とするものであることも、指摘したとおりである。

最後に、インド農村の今後の見通しと環境の問題に触れて、本論を閉じたい。インドが現在の高度経済成長を持続させる鍵は、パルス的環境の中で、現在の農業生産レベルを維持しつつ、かつ、牛や豚などの肉食への移行をおさえた現在の資源節約的な食料消費のあり方を維持していくことが必要であろう。農業部門からの労働を吸収しうる労働集約的で資源節約的な産業を育てることも、もちろん必要である。しかし、なによりも、限られたリソースをいかに持続的に利用するかについて、地域社会の中で議論し、その合意を実現していくシステムをつくりあげていくことが肝要である。

注

（1） 水島司『グローバル・ヒストリー入門』（山川出版社、二〇一〇年）。

（2） 杉原薫「東アジアにおける勤勉革命径路の成立」（『大阪大学経済学』五四―三、二〇〇四年）。

（3） 斉藤修『比較経済発展論』（岩波書店、二〇〇八年）。

（4） Christian, David, *Maps of Time: An Introduction to Big History*, Berkeley, Los Angeles, London : University of California Press, 2004, pp. 344-345.

（5） Allen, Robert C., "Economic Structure and Agricultural Productivity in Europe, 1300-1800", *European Review of Economic History*, 3, 2000, pp.1-25.

参考文献

水島司「空間の切片」（杉島敬志編『土地所有の政治史』風響社、一九九九年）

水島司『前近代南インドの社会構造と社会空間』（東京大学出版会、二〇〇八年）

水島司「長期変動のなかのインド」（水島司編『激動のインド』第一巻、日本経済評論社、二〇一三年）

水島司・高橋昭子「人口の長期変動と開発」（水島司・川島博之編『激動のインド』第二巻、日本経済評論社、二〇一四年）

水島司「農村社会構造の歴史的位相」（柳澤悠・水島司編『激動のインド』第四巻（日本経済評論社、二〇一四年）
水島司「人口・耕地・農業の長期変動——不安定性の拡大から「緑の革命」へ——」（水島司・柳澤悠編『現代インド』第二巻、東京大学出版会、二〇一五年）
Bajaj, J.K. and Srinivas,M.D., "Indian Economy and Polity in the Eighteenth Century: The Chengalpattu Survey: 1767-74", *Indian Economy and Polity*, Madras : Centre for Policy Studies, 1995.

東南アジアにおける森林管理をめぐる環境史

田中耕司

植民地期以降におけるクミリという有用樹の「資源化」の過程を紹介して、森林景観の形成にはたした樹木作物の役割を明らかにするとともに、インドネシアにおける社会林業政策の導入に至る過程を紹介して、東南アジアにおけるこれからの人と森林との関係を考えるうえで、環境史的なアプローチが有効であることを指摘する。

一、環境史としてのアプローチ

東南アジアにおける人と森林との関わりを、環境史という枠組みのなかで考えていくことができないか。これが本稿の問題意識である。そのために、ひとつの有用植物をとりあげることとする。その「資源化」された植物を通じて人は森林をどう管理してきたのか。また、当該の植物だけでなく、森林という資源の配分や分配をめぐって人はどのような関係を社会のなかでつくってきたのか。そして、そのような関係の総体が、巡りめぐって現在の森林景観の形成にどんな役割をはたしてきたのか。このような疑問に答えつつ、環境史というアプローチ

写真1　クミリで覆われた山腹　東インドネシアの島々ではクミリが重要な油料作物として栽培される。全山がクミリに覆われた景観に出会うこともある。

の有効性について考えてみたい。

「純粋な自然環境が存在するものではなく、いつの時代においても自然景観は人間活動によって創られてきた」[1]ことを如実に感じたのは、もう四半世紀も前のことである。

インドネシア南スラウェシ州のマロス地方の山間部の谷筋を通りかかったとき、街道沿いに村々が点在するなか、低地には水田が広がり、その両側の山腹は深い森林に覆われるという景観に遭遇した。その森林は、見た目には、いかにも手つかずの熱帯林という趣きであったが、そのなかにはさまざまな有用樹が植わっていて、なかには、まとまった林分が一つの樹種の純林になっているところまであった。聴くところによると、それは現地名でクミリという樹木で、その果実が灯明として使われ、またさまざまな料理にも使われるという。まるで自然のように見えた森林が、実は、村人が古くから利用する樹木が植えられた、人為によって管理される森林であることを知った最初の機会であった（写真1）。

その後、スラウェシだけでなく、東インドネシアの島々を訪ねる機会があるたびに、クミリが植わっている林を観察することになった。そして、各地域の各民族がクミリを在来の用途に利用しているだけでなく、それが商品化されて、家計の助けになっているという話を聴くことができた。その一方で、この樹種が、近年、熱帯林を管理するうえでも重要な役割を果たしていること、とりわけ劣化した森林地帯の修復にあたってこの樹種を含むさまざまな有用樹が緑化のための樹種として採用され、地元住民の参加を謳う社会林業政策を実施するうえで重要な役割をはたしていることを知るようになった。

本稿では、人と森林との関係を環境史という枠組みで考えるために、このクミリとよばれる樹木作物をとりあげることとする。人とクミリとの関係を植民地期以前から現代までの時間幅のなかでとらえ、それを事例としつつ、東南アジアにおける熱帯林管理の現代的課題に迫ることができればと考えている。

二、有用植物の資源化

博物学的関心から有用植物探索へ

クミリ（*Aleurites moluccana*）は、東南アジア島嶼部からメラネシアにかけて広く分布するトウダイグサ科アブラギリ属の常緑高木で、油脂含有率の高い子実（胚乳）が灯明、民間薬（外傷、歯痛、熱病、腫れ物の治療薬）や調味料に、固い殻をもった核果が儀礼のお供えや子供の遊技に、材が燃料に、そして樹皮は煎じて赤痢などの治療に用いられた（写真2）。

このようなクミリ利用の在来知識は、ヨーロッパにおける博物学の勃興と世界各地での植物探索の開始以前から各地の住民がもっていたものであるが、それが文字記録として残るようになるのは、植民地期以降のことであ

写真2　クミリの果実　熟して落下した果実が収穫される。1つの果実（写真右）に3つの種子（中央）があり、堅い殻を割って油脂を含む仁（左）を取り出す。

る。十九世紀末にまとめられた*Economic Products of India*（Watt, G. 1889）は、イギリス領インドおよびその周辺地域の経済的に有用な動植物や鉱物などの博物誌で、そこには、クミリが「マレー群島から導入された樹木で、今では南インドの各地で栽培され、野生化しているものもある」と記され、核果に含まれる油脂が灯明や食用に利用されるとの記載がある。蘭領インド（現在のインドネシア）の有用植物をまとめた『蘭領インドの有用植物』（Heyne, 1927）でも、クミリのさまざまな利用法とともに、調味料としてジャワに多量に運ばれていたことが記され、工業原料としての資源的価値が示唆されている。

灯明として利用されることがほとんどなくなったいまでも、つい数十年前まではWattやHeyneが述べたようなさまざまな在来の利用法があったことが老人などの話から確認することができる。さらに、その有用性のゆえに、クミリの利用に関わる共同体内でのさまざまな約束事があったこともうかがえる。

かつて焼畑が行われていた地域の山地では焼畑と休閑地としての二次林とがモザイク状に展開する景観が広がり、山地全体が共有地として村人により管理されていた。そこで焼畑が開かれると、その土地は焼畑を開いた人の管理下におかれ、火入れのあとに自然に生えてきたり植えられたりしたクミリはその人の所有木として認知され、休閑後も排他的に利用できた。その一方で、収穫時期が終わるころになると、共有地としての山地は村人全体に開かれて、落果したクミリは誰が拾ってもよい、いわゆるコモンズとしての利用が可能になる土地になったという。焼畑が行われなくなり、クミリなどの有用樹が生える山地が個人の所有地になってからも、所有者が拾い残した落果は村人の誰がとってもよいという慣習の残るところが少なくない。

この例が示すように、クミリが在来の利用にとどまっていた時代には、焼畑とクミリなどの有用樹が育つ二次林からなる土地利用のもと、慣習的利用によって山地の景観が維持されていた。

クミリの資源化

二十世紀になって、オランダによる植民地経営がジャワ島以外の外島の森林管理にまで及んでくるにしたがって、クミリ油脂の工業原料としての有用性への関心が高まっていった。同時に、森林管理のうえでもクミリが荒廃した森林の修復に役立つ樹種として認識されるようになってきた。こうして、有用植物としてのクミリが資源として対象化される時代へと移っていくこととなった。

その背景として、オランダ植民地政府の森林官たちが焼畑耕作による森林地帯の荒廃に危機意識を抱いていたことをあげることができる。森林官たちには、焼畑耕作が森林を破壊する元凶と映っていたようである。一九二三年に、南スラウェシ州の山地を巡検した森林官の報告では、ロンポバッタン山の山腹は焼畑によってすっかり森林がなくなっており、特に南麓と東麓では標高二〇〇〇メートルあたりまで焼畑が開かれ、標高一〇〇〇メートルあたりから森林との境界地域まではすっかり荒れ地になっていたことが報告されている。そのうえで、標高五〇〇メートルくらいの山麓谷筋にはたくさんのクミリが植えられており、この樹木を焼畑跡地の荒れ地修復のために活用することを提案している。同様の報告が他の森林官からも提出されており、住民が行っているクミリ栽培を荒れ地修復のために導入すべきという意見が多く出されている。(2)

森林官たちは、荒れ地修復への利用だけでなく、その経済性についても言及している。乾性油としての特性を生かした工業原料として子実に含まれる油脂を利用することを指摘したり、材がマッチの軸として有用であるとの提案が出されたりしている。効率的に苗を供給するために、種子の発芽試験や苗の栽植試験、他の樹種との間作法の開発など、さまざまな栽培試験も試みられた。実際に、荒れ地を修復するためにクミリによる植林事業が進められており、南スラウェシ州の各地で栽培試験が行われた（同前）。

二十世紀に入り、クミリの栽培面積が拡大した。それは、在来の需要に加えて、子実に含まれる油脂成分が注目され、植民地政府が栽培を奨励したためと推測されるが、もう一つの要因は、ジャワ島における人口増大とそれにともなう調味料としてのクミリ需要の増大であった。そして、クミリの流通を促す、道路網や海上交通の整備もまたクミリ栽培の拡大を促していった。

資源化されることによって、クミリそのものを対象とした栽培が始まることになった。これまでは、焼畑地に有用樹の一つとして栽培され、焼畑放棄後も休閑地に残っているにすぎなかったクミリであったが、外需の増大にこたえて、果実の生産を目的としたクミリ栽培が始まることになった。おそらくマロス地方の谷筋で見たようなクミリの純林は、その頃にはじまったものと考えられる。

住民によると、ずっと昔からいまのようにクミリを栽培してきたという答えが返ってくるが、クミリ栽培拡大の一つの画期が植民地期の森林管理政策の導入にあったことは十分に推測される。クミリの資源化は、焼畑と焼畑跡地の二次林からなる山地の景観に、これまで以上に大きな景観構成要素としての位置をクミリに与えるとともに、新たな景観としての有用樹の林地を登場させることになった。

三、クミリ栽培と森林政策

「開発の時代」におけるクミリの新たな役割

植民地期のクミリの栽培拡大は、独立後にも引き継がれていった。クミリだけでなく、他の有用樹種を含めて村落の経済基盤を強化するために有用樹による植林が進められた。

フローレス島エンデでは、この地域で「5K」とよばれる植林事業が導入されたという。ココヤシ（kelapa）、カカオ（kakao）、クミリ（kemiri）、カポック（kapok）、コーヒー（kopi）を栽培して、荒れ地の緑化を進めようとする政策であった。当時のフローレス島山間部では、道路事情が悪く、クミリを収穫しても外部に売りに出すことはなかったが、こうした植林事業の推進とともに道路の建設が進んで、クミリの商品化が進んでいったという。

スハルト体制のもとでの森林政策も、クミリ栽培をさらに拡大させる要因となった。一九六七年に制定された森林基本法にもとづいて政府が管理する森林地帯が線引きされたために、その区域内で行ってきた焼畑耕作は事実上閉め出される結果となった。そのため、森林地帯内で実質的に農地として利用されてしまっている土地の利用をめぐって、政府と地元住民とのあいだで問題が頻発するようになってきた。また、森林地帯が囲い込まれたために、新たな農地を外延的に拡大することが困難となった地元民や外部からの移住者が森林地帯に侵入し、農地を開墾して定住しはじめるようにもなった。

森林地帯への農地の拡大が顕著になり、住民の侵入が無視できなくなって打ち出されたのが、クミリなどの有用樹を違法入植地に植林させて、実質的には農地であっても、有用樹が植わる林地として森林地帯を保持しようとする政策であった。森林地帯にある農地を認めるわけにはいかない林業省の苦肉の策ではあったが、既成事実に現実的に対応しようとする積極策の導入でもあった。こうして、森林地帯であっても、クミリのような有用樹を植えれば農業活動を法的に認知しようとする仕組みが導入されていった。

森林地帯の違法な農地で有用樹を栽培させるだけでなく、劣化した森林や森林地帯周辺の荒れ地を緑化する政策にもクミリなどの有用樹が利用されるようになった。従来、林業省の植林事業はギンネムやアカシア、ユーカリなどの早生樹種を使って実施されていたために、植林作業を担う地元住民に利益が還元できず、その成果はきわめて限定的であった。そのため、植林用の樹種としてクミリなどの有用樹が使われるようになった（写真3）。

「開発の時代」は、森林を政府が集権的に管理して、森林資源を国家が独占しようとする森林政策が強力に進められた時代であった。しかし、その時代にあっても、森林地帯の周辺部では、土地利用をめぐる政府と地元住民とのさまざまな対立と妥協というゲームが繰り返されていた。そうしたゲームで、クミリなどの有用樹は両者の利害を調整する重要なアクターとしての役割を担っていたのである。(3)

写真3　植林事業で植えられたクミリの苗　クミリは社会林業事業を実施する際の有力な緑化樹種でもある。

社会林業政策の導入と住民参加

一九六七年の森林基本法のもと、森林地帯に侵入した農地の利用や劣化林あるいは森林地帯内外の荒れ地修復のための植林事業のなかでクミリやその他の有用樹が果たしてきた役割を述べてきたが、このような有用樹を森林政策のなかに位置づけようとする動きは、森林の管理主体である国家の役割が相対的に低下せざるをえなくなったその後のインドネシアの森林政策にも反映されることとなった。スハルト体制が崩壊し、地方分権化が強化されるようになって森林政策が大きく転換するとともに、森林管理に地元住民の参加を促す社会林業政策が導入されるようになってきた。

一九六七年の基本法に代わって、一九九九年に新たに制定された森林基本法では、国家の管理地としての「国家林」(これまで述べてきた「森林地帯」と同じ)のなかに「慣習林」という区分を設けることができるようになった。また、「慣習法社会」や「住民参加」に関する記述が増えており、これまでのような政府が実施する植林事業の客体(たんに苗木を植えるだけの賃金労働の提供者)としてではなく、森林管理に関与する主体としての「住民」という記述が増えるようになった。(4)

この新しい基本法の制定につながるような法律は、スハルト政権時代にすでに社会林業政策として制定されていた(一九九五年のコミュニティ林[*Hutan Kemasyarakatan*]に関する林業大臣決定)が、住民の関与という面ではまだ不十分なものであった。そして、住民をコミュニティ林実施区域における森林の主たる管理主体と位置づける画期的な法律となったのが、スハルト退陣後に制定された大臣決定(一九九八年)である。ところが、実際には、この決定によってコミュニティ林実施許可を得た農民グループは限られており、その後は、大臣が代われば社会林業に関する法律が変わると言われるほど、めまぐるしく改定されていった。このことからも、森林地帯にある農地の管理主体を決めることがいかに困難な課題であったかがうかがえる。

紆余曲折があったものの、二〇〇七年九月には、コミュニティ林に関する林業大臣規則が新たに制定され、保安林と生産林における三五年間の「コミュニティ林利用事業許可」と、生産林における住民が植林した樹木の伐採を可能とする「コミュニティ林木材利用事業許可」を政府が住民グループに与えることができるようになった。すでにこの規則にもとづいて森林地帯のなかでコミュニティ林としての事業実施許可を取得したグループが現れており、国の集権的管理下にあった森林地帯において、住民を主体とした森林利用・管理を認めるというこの法律が実施に移されるようになっている。

四、新たなコモンズとしての混合樹園地

有用樹の再資源化と住民のエンパワーメント

社会林業政策の導入とその法整備は、森林地帯に違法に侵入した農民としてこれまで排除の対象であった人たちを森林の管理主体として参加させ、その管理能力を強化しようとする目的をもっている。その一方で、この法整備は、森林地帯に開墾した農地に有用樹を植えさえすれば、その土地を三十五年間にわたって利用する権利を与える法律の導入でもあった。森林の持続的な管理につながる法整備となるのか、あるいはなし崩し的に森林が農地に転換されていくのか、将来の方向はまだ見えていない。

両方の可能性が想定されるものの、現時点では、あくまでもその土地は国家の管理する森林地帯であり、事業許可を申請し、許可を取得するためには、さまざまな要件を満たす必要がある。たんに金もうけのための作物を短期間のあいだ投機的に栽培している状態では、その許可を得るのが困難であることは容易に想像できる。こうして、クミリのような有用樹が土地利用権取得のための新たな資源として登場してくるのである。

これまで、住民の経済活動を支える資源としてその有用性が利用されてきたが、今度は、その樹木としての作物特性が利用されることになる。有用樹がかなりの程度に栽植され、そのなかに樹木以外の農作物も栽培される混合樹園地、あるいはさまざまな有用樹が混栽される混合林地ともいうべき農地において、クミリのような常緑高木は、土地利用権を申請するための強力な切り札としての役割が期待できるからである。

新たなコモンズとして

一九九九年の新たな森林基本法が規定する慣習林は、「現実に、当該の慣習法社会が今なお存在し、その存在が認知される限りにおいて、設定される」森林で、慣習法にもとづいて森林を持続的に利用している共同体にその管理が委ねられる森林である。一方、クミリなどの有用樹が植えられるようになった森林地帯の農地は、かつては、焼畑慣行のなかで開かれる慣習的な土地利用であったとしても、現状ではすでに個人が管理する土地となっている。しかもその多くは、違法に開墾した農地である。そのため、たとえクミリのような有用樹が植わっていても、その土地を慣習林として認知させるのは困難であろう。

では、このような農地を、二〇〇七年に新たに制定された規則のもとで、いかにして住民の利用権が保証される土地とするのか。そのためには、新たなコモンズとしての土地管理のあり方を模索する必要があるのではないだろうか。個人の所有地としての樹園地は別としても、森林地帯に開墾されて、いまとなっては元の森林に戻すことができないような実質的な農地については、「暗黙にあるいは契約によって地域住民によって共同管理(collective management)されている」[5]土地として、地域の農民の合意のもとでその利用に一定の規制を設定するような方策をたてることが必要になってくるであろう。すでにそのような共同管理を目指す農民グループが形成されており(田中前掲論文)、各地でこのようなグループ形成の動きが出はじめている。そのようなグループでは、一定の割合でクミリのような有用樹を植えて「森林らしい」農地景観を保つことを義務づけているところもある。このように、森林地帯に位置するこれら農地を新たなコモンズとして位置づけ、その現代的な価値を付与していくこともこれから必要になってくるであろう。

五、景観からみる環境史

有用樹クミリを通して人と森との関係を概観してきた。現在のクミリの林を見ると、その林床にはカカオが植わっているところが少なくない。しかし、つい数十年前、そこにはカカオはなかったはずである。南スラウェシ州ではカカオブームが一九八〇年代後半からはじまったからである。同様なことがクミリの林についてもあてはまるのであろう。「開発の時代」まではそこにはクミリがなかったかもしれない。さらに二十世紀初頭まで遡れば、クミリの林ではなく、クミリが散在する焼畑跡の二次林でしかなかったかもしれないのである。このような景観の「地層」を一つひとつ剝いでいくような作業、それが私にとっての環境史としてのアプローチではないかと思う。

森林景観や農業景観が絶えず変化していることは頭では理解しているが、いざある景観を眼前に見ると、それがあたかも昔からずっとそうであったように思いがちである。しかし、クミリのような非常にマイナーな油料作物のレンズを通して見ても、資源化というチャネルを通じてこの百年ほどのあいだに大きな土地利用上の変化があったことが見てとれる。歴史を環境からみる、あるいは逆に環境から歴史をみる。どちらのアプローチであっても、比較的長期間の時間軸のなかでさまざまなモノを通して土地利用変遷の実態に迫ることが可能であろう。そして、もちろんその変遷に関わったさまざまなエージェントに多様なアプローチで迫る。これもまた環境史的なアプローチの特徴ではないかと考えている。

熱帯林管理の焦眉の課題である森林地帯周辺部の土地の利用と管理主体のあり方を考えるとき、樹木作物をその問題解決の一つの当事者として扱うような視点が導入されてもよいのではないだろうか。人と森林との関係を、それを媒介する植物や動物の視点から考えてみる。環境史というアプローチであれば、そんな視点にも到達できるのではないかと期待している。

注

（1）池谷和信「序 地球環境史研究の現状と課題」（同編著『地球環境史からの問い』岩波書店、二〇〇九年）。

（2）*Indonesian Forestry Abstracts: Dutch Literature until about 1960*, Center for Agricultural Publishing and Documentation, 1982.

（3）Tanaka, K. "Kemiri（*Aleurites moluccana*）and forest resource management in eastern Indonesia: An eco-historical perspective", *Asian and African Area Studies*, No. 2, 2002, pp.5-23.

（4）田中耕司「森林と農地の境界をめぐる自然資源とコモンズ」（池谷和信編著『地球環境史からの問い』岩波書店、二〇〇九年）。

（5）井上真・宮内泰介『コモンズの社会学』（新曜社、二〇〇〇年）。

気候変動とオスマン朝
「小氷期」における気候の寒冷化を中心に

澤井一彰

十六世紀後半は、世界が「小氷期」と呼ばれる寒冷期に入った時期とされる。この時代に、オスマン朝とそれを取り囲む「地中海世界」においては、気候の寒冷化がどのように進行し、またそれにともなう自然災害の発生は社会にどのような影響を与えていたのだろうか。こうした問題を、同時代に作成されたオスマン語史料からあきらかにする。

はじめに

本稿は、十六世紀後半のオスマン朝における自然環境がいかなる状況にあったのかという問題について考察するものである。この時代において、オスマン朝は、地中海と黒海との結節点にあたるイスタンブルに都をおき、地中海世界の約三分の二以上を自らの領土としていた。そのため、ここで検討の対象とする地理的範囲もまた、地中海世界の東部から南部一帯にかけての地域とほぼ重なる。すなわち十六世紀後半のオスマン朝ついて考察することは、とりもなおさず同時代の地中海世界における状況をあきらかにすることにもつながるのである。ただし、かぎられた紙幅のなかで、三大陸に跨る広大な領域を六二〇年以上にわたって支配したオスマン朝のすべてを論じることは不可能である。そこで本稿では、十六世紀後半のオスマン朝に見られた自然環境の変化、とりわけこの時代の大きな特徴であるとされる気候の寒冷化やそれを背景にした自然災害の発生に注目し、これらの問題について詳しく検討していきたい。

これまで、環境や気候といった事象についての研究は、かならずしも歴史学の主流とはされてこなかった。しかしながら、本稿で考察する十六世紀後半を含めて、生産と流通の過程の大部分を自然エネルギーに依存していた工業化以前の社会においては、自然環境や気候の変動が社会に及ぼす影響は、現在とは比較にならないほど大きな重要性を有していたことは疑いない。なかでも、この時代に地中海世界を襲ったとされる気候の寒冷化は、農業生産力の低下の原因となっただけでなく、収穫された物資の集積や輸送をも困難にした可能性が高い。

近年、地球環境の危機が声高に叫ばれるようになり、それに呼応するようにして、ようやく歴史学の分野においても環境史や気候変動についての研究が見られるようになった。たとえば二〇〇九年、我が国における代表的な学術雑誌のひとつである『史林』において「環境」特集が組まれたことは、特筆に値しよう。[1]

こうした潮流は、オスマン朝史研究の分野においても、わずかではあれ確認することができる。たとえば『ケンブリッジ・トルコ史』シリーズには「オスマン朝の生態学（エコロジー）」をとり扱ったヒュッテロートの論考が収録されており、これはオスマン朝の自然環境を対象とした研究の、ほとんど最初の試みである。[2]また、我が国におけるオスマン朝史についての最新の概説書においても、気候変動や環境の変化が歴史に与えた影響についての言及がなされている。[3]

ただ、こうした歴史学のゆっくりとした歩みとは対照的に、この間の自然科学の諸分野における研究の進展は、急速かつ目覚ましいものがある。とりわけ近年では、年輪分析や極地で採取された氷柱の分析によって、我々は過去数千年にわたる気候変動と気温の変化についての非常に多くの知見を共有することが可能となった。以下においては、こうした先行研究の成果を踏まえた上で、十六世紀後半に見られた気候変動とりわけ気候の寒冷化という問題に注目し、それがこの時代にあたえた影響について考えてみたい。

一、十六世紀後半の地中海世界における気候の寒冷化

十六世紀後半の地中海世界において気候の寒冷化が進行していたことは、これまでも多くの研究によって指摘されてきた。この問題について歴史学的手法を用いてもっとも体系的な研究を行ったのはフランスのル・ロワ・ラデュリであり、[4] また気候変動の存在を膨大なデータを用いて証明したのはイギリス人気候学者のラムであった。[5] さらに、やや概説的ではあるものの、気候変動や気候の寒冷化についての従来の研究を網羅した最近の研究として、ドイツのベーリンガーの著作がある。[6]

他方、自然科学の諸分野においては、年輪分析、氷柱分析、湖や海洋の堆積物のデータ分析などについての膨大な数の研究の蓄積が存在する。ここでは紙幅の関係から、最近の代表的な研究成果のひとつであり、『ネイチャー *Nature*』誌に掲載されたモーベルグらの研究を挙げるにとどめる。[7] この研究は、低分解能と高分解能の双方の代理指標データを用いて、過去二千年の北半球における気温の変動を再構築したものであり、その結果、十六世紀後半においては、図1に見られるような急激な気温の低下が存在していたことを指摘している。

以上の先行研究は、いずれも一般に「中世温暖期 Medieval Warm Period」と呼ばれる時代の後にあたる十六世紀後半において、気候の寒冷化が認められることをあきらかにしたものである。ただ、現在のところ、気候の寒

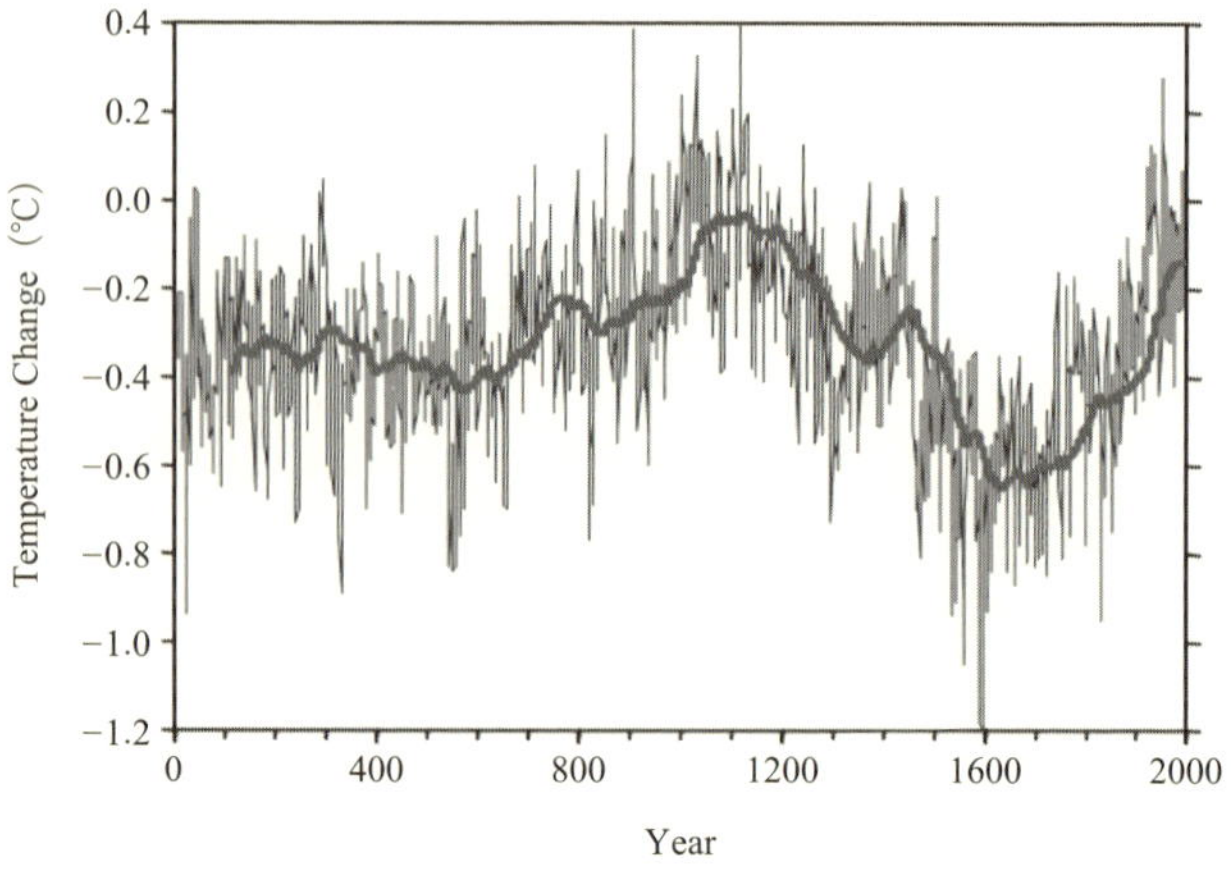

図1　過去2000年間の気温の変化（出典：注(7)Moberg et al. 2005）

冷化の原因についての決定的な定説は打ち出されていない。しかしここで重要なことは、少なくとも本稿の検討対象である十六世紀後半には寒冷化の進行が明確に確認されるという事実である。環境史や気候史を研究する者の多くは、こうした気候の寒冷化は一五五〇年ごろからその極期、すなわち「小氷期 Little Ice Age」に入ったと考えており、この寒冷化の傾向は、その後も十九世紀中頃まで継続したと主張している。

一方で、環境や気候の変化についてオスマン朝そのものを対象とした研究は、ほとんど存在しない。僅かな研究の蓄積のなかで、もっとも重要なものは、一九九七年にギリシアのレスィムノ Rethymno においてクレタ大学地中海研究所の主催で開催された国際学会の成果をまとめた論文集である。『オスマン帝国における自然災害』と名づけられた同書には、十七におよぶ論文が収められている。(8) しかし、その大部分を占める十四の論文は地震についての専論であり本論文で考察の対象とする機構の寒冷化の問題とは直接の関係性はない。このような状況の中で行われた例外的な研究が、先に挙げたヒュッテロートの論考である。しかし、ヒュッテロートは、十六、十七世紀に生じたとされる気候変動の影響は、大きなものではなかったと主張する。ヒュッテロートによると、この時代の気候の変化は、農業生産の諸条件に影響を与えない程度の「気候の振幅 climatic oscillation」にすぎなかったという。

しかしながら、ここで重要となる問題は、ヒュッテロートが確たる史料的根拠を提示することなく「気候の振幅」であると片づけてしまっている気温の低下、すなわち数値としては摂氏一度に満たないような一見すると極めて微小な気温の変化が、結果として当時の社会にいかなる影響をもたらしたのかを同時代史料にもとづいて実証的に検証することである。

それでは十六世紀後半のオスマン朝において、気候の寒冷化は、どの程度進行していたのであろうか。年間降水量や年平均気温の精確な記録が存在しない以上、この問いに対する答えを、歴史学的手法にもとづいて数値として導き出すことは非常に困難である。一方で、自然科学の手法を用いた場合、一定の幅はあるものの、より信頼性の高い推定値を提示することが可能となる。年輪のデータと湖や海洋の堆積物のデータを詳細に分析した前述のモーベルグらの研究によると、十六世紀の平均気温は、中世温暖期にあたる九〜十世紀に比べると、おおよそ〇・六度から〇・九度低いものであったという。

現在、我が国の気象庁が定める冷夏の基準が、北日本でその年の気温が平年（過去三十年間の平均気温）を〇・六度、東日本で同〇・五度、西日本に至ってはわずか〇・二度程度下回るものであることを考えるならば、十六世紀後半は、それ以前に比べると、はるかに厳しい冬と冷涼な夏とが継続していた時代であると考えられるのである。

二、十六世紀後半のオスマン朝における気候の寒冷化と自然災害

以上の議論を踏まえて、ここからは枢機勅令簿と呼ばれる史料を用いて、十六世紀後半のオスマン朝に見られた気候の寒冷化や自然災害の発生について検討していきたい。枢機勅令簿は、前近代のオスマン朝において、記述内容の高い信頼性と長期間にわたる連続性とをあわせもつ稀有な史料である。(9) 以下においては、枢機勅令簿に

記録された気候の寒冷化や自然災害の発生の記述に注目しつつ、十六世紀後半のオスマン朝において、気候の寒冷化がどのように生じ、また自然災害がいかなる影響を及ぼしていたのかを見ていきたい。[10]

十六世紀後半のオスマン朝における気候の寒冷化

まずは、十六世紀後半のオスマン朝各地で見られた冬の厳しさについての記述に注目したい。枢機勅令簿における厳冬についての最初の記述は、一五六五年四月のものである。[11] これ以降、一五六〇年代の末を除いて一五八〇年に至るまで、枢機勅令簿には、ほぼ毎年のように激しい降雪や厳しい寒さについての記録が確認される。たとえば一五六五年の冬には、オスマン朝における製鉄業の中心地であったブルガリアのサマコフにおいて、この年の「異常な降雪」によって鉄製品の製造や輸送に大きな困難をきたしたことが記録されている。[12] つづく一五六六年には、東トラキアに位置するイプサラにおいて、現地の住民が同地のカーディー（イスラーム法官）に対して、「今年は厳冬となったために、我々の耕作地からは僅かばかりのものしか収穫されなかった。」と述べて食糧供出の減免を願い出ている。[13] この「厳冬 şiddet-i şita」という言葉は、十六世紀の後半を通じて、この後も何度となく枢機勅令簿で繰り返されることになる。

このように、一五六四年から六五年にかけての冬と翌一五六五年から六六年にかけての厳しい冬は、大雨と大雪に特徴づけられるものであった。これらの冬には、おそらく大雨や大雪の原因となる大きな低気圧が地中海東部に停滞していた可能性が高いと考えられる。それを裏付けるように、一五六四年から六五年にかけての冬には、暴風による三件の海難事故が報告されている。[14] また、翌年の一五六五年から六六年にかけての冬にも、同じく三件の海難事故が発生しており、この二年間の冬には、例年には見られないほど多くの暴風に起因する海難事故が記録されているのである。[15]

一五六七年十二月には、同じくトラキアのディメトカにおいて、激しい雹のためにその年の穀物は収穫できなかった。[16] また同じ頃には、ブルガリア北部のスィリストレからオスマン朝の副都であったエディルネに送られるはずの食糧が、厳しい寒さによってバルカン山脈を南に越えることが不可能となった。[17] 翌一五六八年は、アナトリアにおいて早い時期から寒さが厳しさを増した。枢機勅令簿には、いまだ九月末であったにもかかわらず、アナトリア中部の都市スィヴァスでは寒さが非常に厳しく、耐えきれないほどであるという現地からの報告が記録されている。[18]

一五七〇年代に入ると寒さは一層厳しさを増した。地中海でオスマン朝の捕虜となり、ガレー船の漕ぎ手として、ちょうどこの頃イスタンブルにいたハイデルベルグ出身のミカエル・ヘベレルによれば、一五七二年には冬の寒さによってボスポラス海峡さえも凍結したという。[19] 一五七三年二月には、やはり通常は凍りつくことのないはずのドナウ川が凍結した。[20] この年の異常な寒さは、オスマン朝の都であったイスタンブルにおいても猛威をふるった。当時、ハプスブルク大使に随行してイスタンブルに長期滞在していたステファン・ゲルラッヒは以下のような記述を残している。

この日（一五七三年十月十二日）我々は、ここ（イスタンブル）で猛烈な吹雪を経験した。暴風は、あたり一面を厚い雪の層で覆ってしまった。多くの木々は根もとから引き抜かれ、枝は引きちぎられた。そして夜半には、海上に投錨していた約三百隻の船舶が、船内にあった積荷とともに沈没した。さらにコンスタンティノポリス（イスタンブル）の港にあった六隻のガレー船もまた水に沈んだ。[21]

同年十二月には、イスタンブルにおいて降雪にともなうパンの値上げをめぐって騒動が発生した。この時の天候を前述のゲルラッヒは、「(一五七三年）十二月九日は猛烈な嵐となった。その後に降った雪は、あらゆる場所を覆いつくした。」と書き記している。[22]

一五七五年の十二月には、アンカラ方面からイスタンブルに送られていた食料が、猛烈な冬のために前進できなくなり[23]、同じ頃には、ブルガリアのプロヴディフにおいてもイスタンブルのために準備された米が厳しい冬のために輸送不能となった[24]。翌一五七六年の十二月には、前述のイプサラにおいて大雪が降って凍結が発生したうえ、トゥンジャ川とマリッツァ川が氾濫したことから、この年のイスタンブルへの食料輸送は免除された[25]。一五七七年十二月には、イラン遠征に向かっていたオスマン朝の軍団が、寒さのために西アナトリアのキュタフヤにおいて立ち往生し[26]、翌年春のモルダヴィアでは四月も末になったにもかかわらず雪が溶けず、例年送られていた貢納金の輸送は延期された[27]。

一五八〇年二月には、アナトリアの主要都市であるトカトやアマスヤにおいて大雪が降り[28]、一五八四年十一月にはイラン遠征に赴く軍団が、厳しい冬のためにアナトリアのカスタモヌにおいて越冬を余儀なくされた[29]。しかし、この頃から厳冬についての記述は、一五九〇年にいたるまでの数年間にわたって枢機勅令簿から姿を消す。これは、おそらくはオスマン朝における冬の厳しさが、一五八〇年代半ば以降に小康を取り戻したためであると考えられる。

十六世紀後半のオスマン朝における大雨と洪水

以上のように、十六世紀後半のオスマン語史料からは、当時の気候の寒冷化を示唆する多くの記述を確認することができた。しかしこれまで見てきた冬の厳しさは、気候の寒冷化の一側面に過ぎない。すなわち気候の寒冷化は、冬期には厳冬としてあらわれるが、夏期においては冷夏として表面化する。とりわけ気候の寒冷化と深く関係する冷夏や長雨、それに起因する洪水は、冬の厳しい寒さと同様あるいはそれ以上に、農業生産や収穫物の輸送に大きな影響を与えた可能性が高い。そこでつづいては、同じく枢機勅令簿の記述をもとに、十六世紀後半のオスマン朝の各地で見られた大雨や洪水の状況について詳しく検討していきたい。

枢機勅令簿に現れる洪水についての最初の記録は、一五五九年の十月三十日のものである。この時は、ドナウ川の河口付近に氾濫の危険性があることから、同地を支配し、オスマン朝に従属するワラキア公にしかるべき対策を講じるように命令がなされた(30)。翌一五六〇年五月には、ドナウ川と並ぶ大河であるティグリス・ユーフラテス川が氾濫し、この洪水によってイラク支配の中心地であったバグダードでは城壁が破壊された(31)。

一五六〇年代に入ると、厳冬の増加と連動するようにして、大きな被害をもたらす洪水が頻発し始める。一五六三年には、史料に記録された数多くの自然災害のなかでも、おそらくもっとも大きな被害をもたらしたと考えられる洪水が、イスタンブルとその郊外を含む広い地域を襲った(32)。この時の大洪水の凄まじさについては、著名な年代記である『セラーニキー史』の冒頭で非常に詳細に伝えられている。

(ヒジュラ暦)九七一年ムハッラム月末日(一五六三年九月十九日)非常な強風とともに、一昼夜にわたって猛烈な大雨が止むことなく降り続いた。巨大な雷が七十四回にわたって落ちた。そして、昼の礼拝(の時間)の後に、ハルカルの谷から(33)、まるで海のように流れ吹き出る洪水が発生し、その流れ行くところにいた人も動物も、すべて流し去った。(中略)その夜、止むことなく降り続いた雨による大洪水は、新たに築かれた水道橋のアーチにある空洞の部分を、破壊したものやゴミで埋め尽くし、すべての谷は海のごとくとなり、澱んだ水は水道橋の上を覆って流れ、建物に被害をもたらして破壊した。(中略)そして、(洪水の水は)イスタンブルの金角湾にある港やガラタの海峡におさまりきらず、沿岸にある城壁やバルコニーのある家々は、耐え切れずに崩壊して、廃墟、廃屋となった(34)。

つづく一五六五年は十月後半に、各地で大雨と大雪が降り続いた。この大雨と大雪が農業に与えた影響は大きく、多くの農作物の立ち腐れを引き起こした(35)。翌一五六六年には、スレイマン一世が陣中で没することになる最後の親征が行われた。しかし、降り続く大雨と、それによって生じた多くの洪水によって進軍は困難をきわめた。前線からはドナウ川とサヴァ川が氾濫していることが知らされ、[36] さらに後にはドラヴァ川も氾濫したことがあきらかとなった。[37] このときの三つの大河の氾濫によって、中欧一帯には甚大な被害が生じたものと考えられる。

一五六八年には、エーゲ海沿岸部が大雨とそれにともなう洪水の被害を受けた。四月にテッサロニキの西方五十キロメートルに位置する川が氾濫した他、[38] 五月には、アナトリア西部の重要拠点であるマニサにおいて街を流れる川が氾濫して、十の泉亭、一つのモスク、四つの橋、二つのマドラサ（イスラーム学院）を破壊した。[39] さらに同年十二月には、テッサロニキの北東五十キロメートルに位置するデミルヒサールにおいて、クルチャイと呼ばれる小川が大雨によって洪水を引き起こし、大きな被害をもたらした。[40] ちなみにクルチャイは、「涸れた小川」を意味することから、このときの北部ギリシアは、通常はほとんど水が流れないようなワーディー（涸れ谷）が氾濫するほどの集中豪雨に見舞われたと考えられる。

一五七〇年三月には、アドリア海沿岸部のヘルツェゴヴィナ地方において長雨による飢饉が発生した。[41] 翌一五七一年三月には、アルバニア南部のデルヴィネにおいて、激しい降雨によって城壁の壁が六尋（約一一・五メートル）にわたって崩壊し、[42] 同じ頃には、西トラキアの港町であるカラス・イェニジェスィでは橋の橋脚のうち二つが洪水によって流し去られた。[43] さらに同年九月には、ティグリス川が再び氾濫した。[44]

一五六八年にマニサで発生した洪水が街に甚大な被害を与えたことはすでに述べた。その五年後の一五七三年一月にもマニサは再び洪水に襲われ、家屋や店舗は破壊されて堀は埋没した。[45] また同年の八月には、やはり一五六八年にも洪水があったデミルヒサールにおいて、再び河川が氾濫して大きな被害が発生した。[46]

このように、一五七三年に生じた洪水の分布は、一五六八年に各地で被害をもたらした洪水の傾向ときわめて類似している点において興味深い。この類似性は、そこに氾濫しやすい河川があったというだけでなく、局地的な集中豪雨が特定の場所において繰り返し生じていた可能性をも示唆するものである。

同様の傾向は、イスタンブルについても指摘し得る。すでに述べたように、一五六三年にイスタンブルは未曾有の大洪水に襲われ、甚大な被害を受けた。しかし一五七四年に、イスタンブルは再び大洪水に見舞われる。この年の六月八日、降り続いた大雨に起因する大規模な洪水の発生によって、イスタンブルには再び大きな被害が生じたのである。(47)

このように一五六〇年代と七〇年代を通してオスマン朝の各地で大きな被害をもたらした大雨や洪水であるが、一五八〇年代に入ると、その記録は枢機勅令簿にほとんど確認されなくなる。この傾向は、厳冬についての記述の減少とおおよそ軌を一にしており、一五八〇年代には冬の厳しい寒さがやわらぐとともに、大雨とそれにともなう洪水の被害も次第に減少したものと考えられる。枢機勅令簿から収集したデータにもとづいて作成した図2は、このことを証明している。

図2からは、十六世紀後半のオスマン朝における寒冷化の傾向が、おおよそ一五八〇年を境にして微妙に変化していたことを確認することができる。しかし一方で、十六世紀後半におけるオスマン朝を全体として眺めた場合、その気温は十六世紀後半をつうじて相対的に現在よりも低い状態で推移していた可能性がきわめて高いと考えられる。

統計的な資料が存在しない前近代において、当時の気温の変化を正確な数値として拾い上げることは非常に困難である。しかし一方で、同時代に記された旅行記には、当時の平均気温の低さを示唆するかのような記録が数多く存在する。たとえば、前述のヘベレルは、十六世紀後半のイスタンブルにおいては冬期に大量の降雪があり、そうした雪を保存して夏に利用するため、多くの氷室が存在していたことを記している。ガレー船の漕ぎ手として捕らえられていたヘベレルは、実際に降り積もった雪を氷室に運搬するという重労働に従事させられていた。(48)

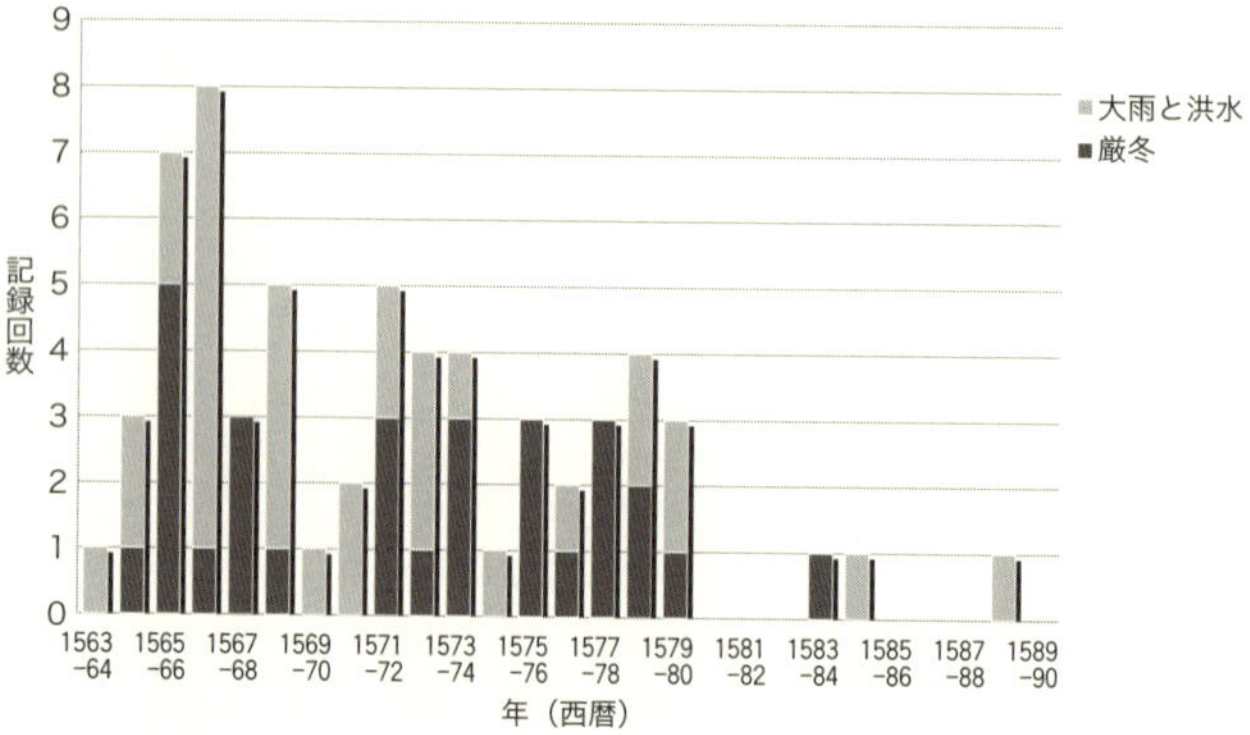

図２　枢機勅令簿に記録されたオスマン朝における厳冬と大雨、洪水（1564～1590年）

また同じくヘベレルは、ブルサ近郊のオリンポス山（現在のウルダー山）について、「雪がまったく絶えることのないこの山は、つねに真っ白に見えるのである。」と書き記しており、十六世紀後半においては、標高約二五〇〇メートルとそれほど高いとは言い難い山にも万年雪がたたえられていたことを伝えている。(49) これらの記述は、十六世紀後半の気温が現在よりも低かった可能性がきわめて高いことを如実に物語るものであると言えよう。

おわりに

これまで見てきたように、枢機勅令簿の記録からは、十六世紀後半のオスマン朝やそれを取り巻く「地中海世界」において、厳しい冬の寒さがつづく気候の寒冷化の影響が各地で確認された。同時に、長雨とそれに起因する洪水などの自然災害の発生も頻繁にみられたことがあきらかとなった。一方で本稿では、長い十六世紀後半のなかでも、とりわけ一五六〇年代と一五七〇年代に多くの記録が集中していることも指摘し得た。自然科学分野における諸研究が提示した十六世紀後半における気候の寒冷化は、同時代史料からも一定程度、裏付けることができたと思われる。

環境の歴史を研究する際に、先行する自然科学の研究成果を利用していくことが必要不可欠であることはもはや言うまでもない。しかし一方で、過去に生きた人々が環境の変化による影響をどのように受けていたのか、あるいは環境の変化にどのように対応しようとしていたのかという問題を考える上では、歴史学が果たすべき役割もまた大きい。なぜなら、ここであらためて述べるまでもなく、当時の人々の思いや声は、同時代に作成された文字史料にこそ記録されているからである。

この小論は、そうした試みのひとつである。オスマン朝史の枠組みにおいては、史料的制約によって、これ以前の時代の自然環境の諸相をあきらかにすることは容易ではない。しかし、十七世紀以降については、研究の進展を期待し得るだけのより豊富な一次史料が存在している。今後は、十七世紀以降におけるオスマン朝の寒冷化の進行や自然災害の状況をあきらかにするとともに、環境と人間との関係性により着目した研究を行っていきたい。

注

（1）史学研究会『史林』第九二巻第一号（二〇〇九年）。
（2）Hütteroth, Wolf-Dieter, Ecology of the Ottoman Lands, *The Cambridge History of Turkey*, vol. 3, Cambridge, 2006, pp.18-43.
（3）林佳世子『オスマン帝国五〇〇年の平和』（講談社、二〇〇八年）四一、二一〇頁。
（4）Le Roy Ladurie, Emmanuel, *Histoire du climat depuis l'an mil*, Paris : Edition Flammarion, 1982.
（5）Lamb, H.H., *Climate, History and the Modern World*, London : Rou Hedge（2.ed.）, 1995.
（6）Behringer, Wolfgang, *Kulturgeschichte des Klimas von Eiszeit bis zur globalen Erwärmung*, München : C.H. Beck Verlag, 2007.（ヴォルフガング・ベーリンガー（松岡尚子ほか訳）『気候の文化史――氷期から地球温暖化まで――』丸善プラネット、二〇一四年）。
（7）Moberg, Andres, et al., Highly Variable Northern Hemisphere Temperatures Reconstructed from Low-and High-Resolution Proxy Data, *Nature*, 433, 2005, pp.613-617.
（8）Zachariadou, Elizabeth ed., *Natural Disasters in the Ottoman Empire*, Rethymno : Crete University Press, 1999.
（9）枢機勅令簿について詳しくは、澤井一彰「トルコ共和国総理府オスマン文書館における「枢機勅令簿Mühimme Defteri」

の記述内容についての諸問題――一六世紀後半に属する諸台帳を事例として――」（『オリエント』四九―一、二〇〇六年）一六五―一八四頁。
（10） 以下、典拠として枢機勅令簿を示す際には、MDと略記する。その後に該当する巻数と勅令番号を付して、例えば第三巻、勅令番号一二番の場合［MD3: 12］のように表記する。
（11） ［MD6: 1003］
（12） ［MD5: 459］
（13） ［MD7: 196］
（14） ［MD6: 383, 581, 671, 825］
（15） ［MD5: 633, 651, 660］
（16） ［MD7: 575］
（17） ［MD7: 505］
（18） ［MD7: 2164］
（19） Heberer, Michael（Noyan, Türkis, tr.）, *Osmanlıda Bir Köle*, Istanbul, 2003, p.249. ボスポラス海峡の凍結は、一六二一年にも見られた。この時には一月二十四日に、まず金角湾が完全に凍結し、さらにその十六日後の二月九日にはボスポラス海峡も完全に凍結して、アジア側のウスキュダルにさえ人が歩いて渡れるようになったという。
（20） ［MD21: 259］
（21） Gerlach, Stephan（Noyan, Türkis, tr.）,*Türkiye Günlüğü*, Istanbul, 2007, p.91
（22） Ibid., p.110.
（23） ［MD27: 330］
（24） ［MD27: 404］
（25） ［MD28: 1026］
（26） ［MD31: 468］
（27） ［MD34: 394］
（28） ［MD41: 1069］
（29） ［MD41: 1069］

（30）［MD3: 470］
（31）［MD3: 1189］
（32）一五六三年に発生し、イスタンブルの各地域と、とりわけ複数の水道橋によって支えられていた都市への給水システムに甚大な被害を与えた、この大洪水については、澤井一彰「一五六三年のイスタンブル大洪水――大河なき都市を襲った水害――」（『歴史評論』七六〇、二〇一三年）二〇―三四頁を参照されたい。
（33）イスタンブル西方にある小チェクメジェ湖の北東に位置する。二〇〇九年九月九日にイスタンブルに大きな被害をもたらした洪水が、セラーニキーの記述とほぼ同様に、ハルカル周辺の四つの谷の氾濫と高潮によるものであったことは、過去と現代とのつながりを考える上できわめて興味深い。
（34）Selaniki, Mustafa（Ipşirli, Mehmet, ed.）, *Tarih-i Selaniki*, Ankara, 1989, 1f.
（35）［MD5: 459］
（36）［MD5: 1747］
（37）［MD5: 1802］
（38）［MD7: 1344］
（39）［MD7: 1405］
（40）［MD7: 16］
（41）［MD9: 214］
（42）［MD12: 228］
（43）［MD12: 161］
（44）［MD12: 893］
（45）［MD21: 139］
（46）［MD22: 433］
（47）［MD26: 128］
（48）Heberer, op.cit., p.192
（49）Ibid., p.305

付記　本稿は、日本学術振興会特別研究員奨励費による研究成果の一部である。

◉西アジア・中央アジア・アフリカ

ナイルをめぐる神話と歴史

加藤　博

「エジプトはナイルの賜物」とは、紀元前五世紀のギリシアの歴史家、ヘロドトスの言葉である。この言葉に象徴されるように、エジプトはいつの時代においても、ナイルの水に依存する水利社会であった。その特異な環境との関係は、これまでに多くのナイルやエジプト社会に関する「神話」を作り上げてきた。エジプトについての歴史研究とは、これらの神話との格闘のなかから、「事実」を探り出す作業である。

一、歴史が堆積するエジプト

エジプトは特異な魅力をもった国である。周辺を海と砂漠に囲まれ、比較的外界から遮断されているため、独自な歴史を歩んできた。気候は地中海沿岸部を除けば、ほとんど雨は降らない。しかし、エジプトは古来、地中海世界における一大穀倉地でもあり、西アジアと地中海世界で覇を唱えた政治勢力はその征服と占領を試みた。

エジプトを乾燥気候にありながら、緑豊かな穀倉地帯としたのは、ナイルであった。まさに「エジプトはナイルの賜物」であり、砂漠のオアシス地域を除けば、生活のすべてをナイルの水に依存する水利社会であった。ナイル河岸全体がオアシスのようなものであり、往来するすべてを飲み込んだ。

かくて、エジプトには何千年にもわたる歴史が積み重なることになる。それも、ほぼ同じ地点で、歴史層は折り重なっている。それは、後述するナイル氾濫の特徴から、集落は氾濫時に冠水しない高いところに立地し続けたからである。実際、現代に生活していても、いたるところで過去を実感させてくれるのがエジプトである。

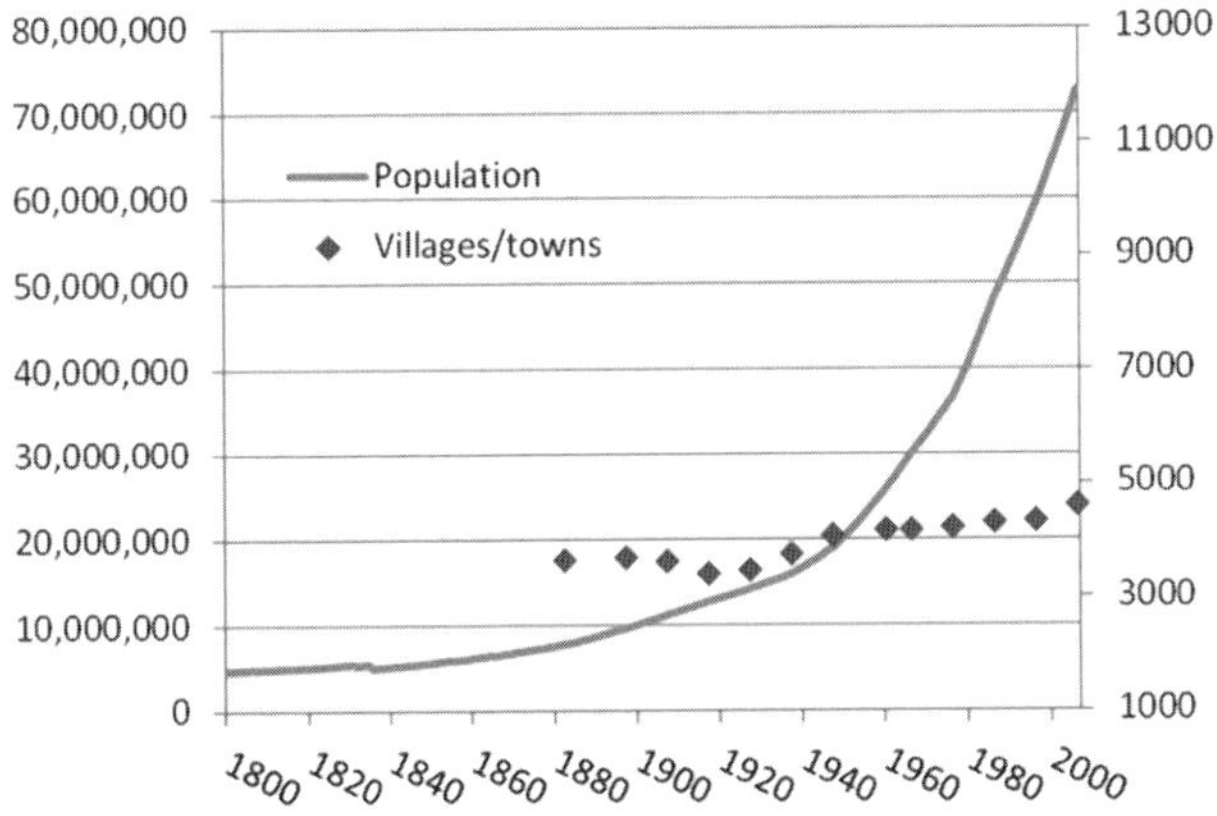

図1　エジプトにおける人口数と集落（町と村）数の推移（1800-2006）

しかし、そのエジプトは近代になって、ドラスティックな社会変化を経験した。灌漑システムが、年一回のナイルの氾濫に基づく灌漑システムから、運河を縦横に張り巡らし年間を通して農耕ができる灌漑システムへと移行したからである。現在、ナイルはもはや増え続ける人口を養えないところまで来ている。

図1は十九世紀以降の近現代エジプトにおける、人口数と集落数の推移を示しており、地図1、2、3は下エジプト・デルタ地方における、それぞれ十九世紀初頭、二十世紀初頭、二十一世紀初頭での集落の立地分布を示している。[1] 図1から、二十世紀後半以降における村の人口密度の急速な上昇がうかがわれ、三つの地図によって、集落の立地からみた、近現代エジプトにおける社会変容が可視化されている。

二、エジプトはナイルの賜物

資源の有限性、経済成長の限界、地球規模での深刻な環境問題が指摘されるようになって久しい。そのようなか、エジプトの将来は地球社会の将来と重なる。こうしたエジプトの長い歴史の変化を記述資料だけで跡づけるのは難しく、実証的な裏付けのないまま、多くの「神話」が人口に膾炙することにもなる。とりわけ、エジプトがナイル抜きでは語れないこともあって、ナイルをめぐる「神話」は多い。以下で論じるのは、こうしたナイル「神話」の一つである。

さて、エジプトの生活はナイルに全面的に依存してきたが、紀元前三〇〇〇年、四〇〇〇年の古代王朝の時代

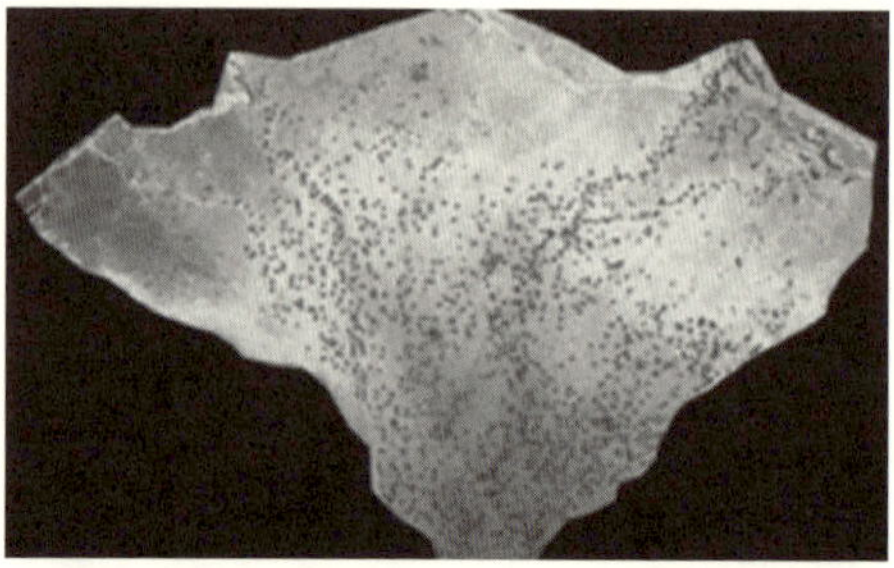

地図1　19世紀初頭の集落分布地図

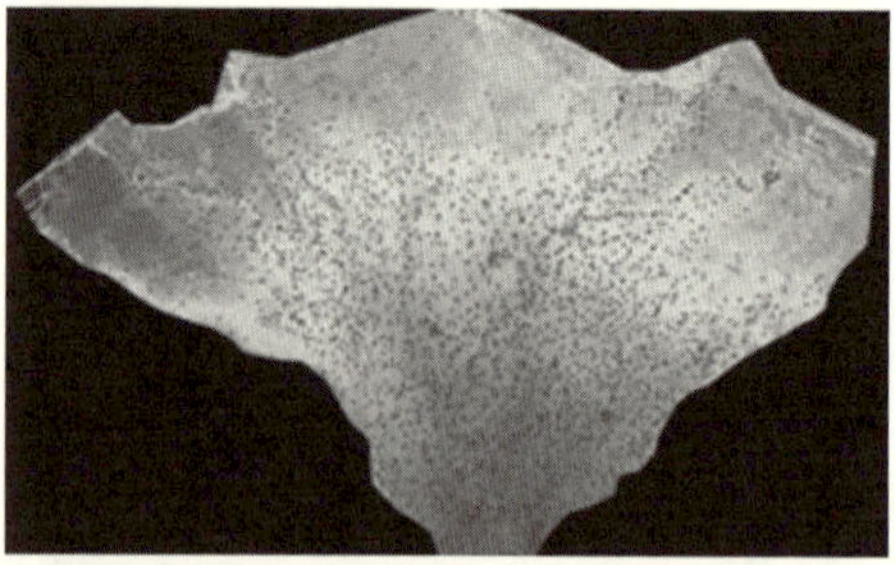

地図2　20世紀初頭の集落分布地図

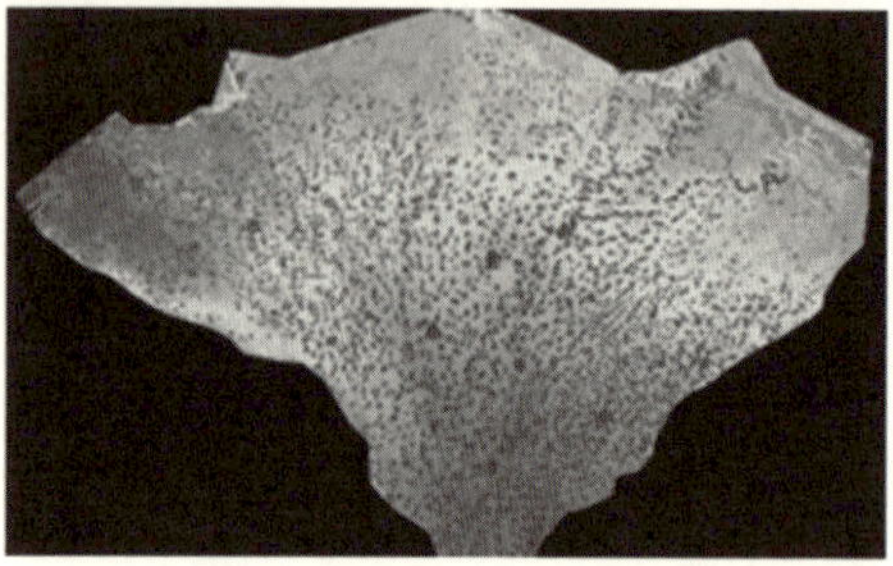

地図3　21世紀初頭の集落分布地図

から十九世紀の近代まで、ナイルの水を使った灌漑は、「ベイスン灌漑」と呼ばれてきた。それは、年一回、氾濫するナイルの水を、堤（ジスル）に囲まれた広大な耕地区画（ベイスン、アラビア語でハウド）に引くシステムである。

したがって、エジプトのその年の作物の生産高は、その年における氾濫時のナイルの水位によって決まった。それゆえに、氾濫時のナイルの水位は、エジプトの統治者にとって、最大の関心事の一つであった。たとえば、灌漑についても一家言を持っていた十九世紀の文人官僚アリー・ムバーラクは、彼の大著『新地誌』(2)第十八巻のなかで、六四一年のアラブ・イスラム軍によるエジプト征服から一八八二年のイギリス軍によるエジプト軍事占領までの期間における、ナイルの毎年の水位に関するデータを記載している。

ナイルは、中央アフリカとエチオピア高原の二つを水源とする。それゆえに、この水源地方の気候は、その年のナイルの水位を決定づける要因であるといってよい。そして、その気候の変動を見るに、紀元前六〇〇〇年頃にエジプト文明が成立して以降、エジプトにおいて気候の大きな変動は見られなかったというのが気象学での通説である。ということは、エジプトにおける基本的な自然環境と生態系は、悠久の昔から変化がなかったということになる。

このことは、歴史家に厄介な問題を突きつけることになる。なぜならば、歴史学は変化の学問であると考えられているからである。もちろん、歴史の経過のなかで、エジプト社会がナイルに依存する形は変化した。たとえば、現在では、ナイルはロゼッタ、ダミエッタの二つの支流を持つだけであるが、かつては複数の支流を持ち、支流、さらにはナイルそのものの流れに変化があったことが指摘されている。

また、エジプト文明からイスラム時代へと至る過程で、アレクサンドロス大王による前三三二年のエジプト支配に始まるヘレニズム時代において、ギリシア文化の影響から、エジプトの生活文化に大きな変化があったことは、エジプト考古学者の長谷川奏[3]が近年強調しているところである。

この点、西洋文化の影響の下、十九世紀以降のベイスン灌漑システムから通年灌漑システムへの移行として知られている灌漑システムの変更は、エジプトの歴史において、もっともドラスティックな生活の変化をもたらした。なぜならば、このことによって、エジプトの農耕システムの基本が、ナイルの年一回の氾濫を利用し耕地（ベイスン）に水を引き入れるものから、ナイルの水位を水門などで管理し、用水・排水運河を縦横に張り巡らせることによって、ナイルの水を一年を通して利用するものへと変化したからである。つまり、エジプト住民とナイルとの関係は、ナイルに従うものから管理するものへと、一八〇度転換したのである。

しかし、だからといって、エジプトの自然環境と生態系の基本が、それで大きく変わったのだろうか。そうではないであろう。たしかに、灌漑システムの変化は住民とナイルの関係を一八〇度変化させた。そして、その結果、多くの環境問題が引き起こされた。しかし、そのことによって、エジプト社会がナイルの水に依存してしか存立できないという事実が変わったわけではない。

また、時代とともに、エジプトの生活文化に変化が見られたことは確かであろう。しかし、それは生活の技術にかかわるものであって、ナイルの水に依存する生活様式に変化があったわけではない。そして、この生活様式がナイルをめぐる環境によって規定されてきた以上、エジプトの歴史研究者にとってナイルをめぐる環境は、そこから研究・叙述を開始させざるを得ない、いわば所与として与えられた初期条件である。

自然環境はエジプト社会の本質的な特徴を刻印する「徴（しるし）」である。このことを雄弁に論じたのが、孤高のエジプトの地理学者、ガマール・ヒムダーン（一九二八〜九三）である。かれは大著『エジプトの個性』[4]のなかで、エジプトの「地域」としての特性、つまりかれの言う個性（シャフスィーヤ）とは何かを問い続けた。その議論は、立地と位置という二つの概念をめぐって展開している。立地（マウディウ）とは、地域固有の特徴をつくりだす規模・資源をもった環境を指し、位置（マウキウ）とは、土地、人口、生産の分布との関係によって、また外部との諸関係に規制された、地域の相対的な特徴を意味する。

ヒムダーンの言葉によれば、立地が、「触れることのできる内部的土着的な特殊性をもつ」のに対し、位置とは、「直接見ることのできない幾何学的な思想であり」、この立地と位置という地域のもつ二つの側面の相互作用によって、歴史的段階それぞれの地域的個性が生み出される。そして、エジプトの場合、立地のうえでは、「ナイルの賜物」の言葉に象徴される、ナイルの水に依存する水利生態系が、位置のうえでは、アジア、アフリカ、ヨーロッパの三大陸の結節点という地政学的な重要性が指摘された。

ところで、かれの議論を一読して印象深いのは、エジプト社会における立地、つまりナイルに依存する水利生態系の影響力である。それは、エジプト社会におけるカイロの圧倒的な存在感に象徴される。実際、カイロはナイルを管理するのに絶好な地点、つまりナイルが支流に分かれ、デルタが始まる地点に位置している。かくて、ヒムダーンは「エジプトの個性」を、「カイロが赴くところエジプトも赴く」という言葉に表現される、「尋常ならざる首都への集中性（中央集権性）」であるとする。(5)

ガマール・ヒムダーンはステレオタイプ化されたエジプト社会像を批判し、エジプト社会の多様性の主張に苦闘した研究者であった。かれがエジプト社会の分析のために設定した立地と位置という対抗概念は、エジプト社会の多様性を主張するための手段であったろう。しかし、かれの議論のなかで、位置という概念は色あせて見える。それは、位置が量的な差異に換言されるような相対的な基準に留まり、立地に見られる存在論的重量感がないからである。わたしには、このことがヒムダーンの地理学、ひいては「エジプトの個性」論の限界のように思われる。

三、近代におけるナイル神話

このヒムダーンの「エジプトの個性」論に端的に示されるように、エジプトの場合、ナイルの存在は圧倒的である。そこから、ナイルをめぐる神話が生まれ、それがエジプトをことさら変化のない社会であるとのイメージを固定させることにもなる。その典型が、ベイスン灌漑をめぐる言説である。

十九世紀以降の近代エジプトにおけるベイスン灌漑から通年灌漑への移行の完了は、一九六〇年代前半のアスワンハイダムの建設によって完結した。この移行がエジプト社会に決定的な変化をもたらしたことは疑いない。そのため、この移行によってエジプト社会がどのように変化したかを明らかにすることは、近代エジプト史研究における最大の課題の一つである。ところが、この課題解明の出発点となるべき、ベイスン灌漑での農耕の実態が良く分からないのである。

前近代のイスラム時代に関しては、農村での統治システムや租税制度の研究が中心であり、農耕の実態については史料の不足から、限られた研究しかない。佐藤次高の研究[6]はその克服を目指したものであるが、そこでも、ベイスンを囲むジスル（堤）に関する詳細な記述は見られるものの、その農耕システムがベイスン灌漑という形で自覚的に分析されているわけではない。それは、通年灌漑を経験していない時代において、ベイスン灌漑は当たり前の灌漑システムだったからであろう。

そもそも、エジプトの灌漑システムの特異性がことさら言及されるのは、イブン・バッツータ（一三〇四～六八／九）の『旅行記』[7]（コラム1）で見られるように、ほかの灌漑システムと比較されるときにおいてであろう。ベイスン灌漑という名称そのものも、十九世紀以降展開した通年灌漑との対比において、近代において作り出されたものではないかと考えられる。

こう考えると、これまでベイスン灌漑を解説する際、おもに依拠されてきた文献が紀元前五世紀のギリシアの歴史家ヘロドトス（前四八四？～前四二五？）の『歴史』[8]（コラム2）と、二十世紀初頭のイギリス人灌漑技師W.ウィルコックス（一八五二～一九三二）の『エジプト灌漑』[9]の二つである、というのも理解できる。この二つの文献は、ともにエジプトのベイスン灌漑を体系的に叙述しているからである。

しかし、かかる事態は一見して奇妙である。というのも、この二つの文献の間には、なんと二四〇〇年の月日が流れているのである。エジプトのベイスン灌漑が稀に見る安定的なシステムであったことは、その通りであろう。しかし、その現実といえば、基本的なシステムは同じだとしても、運営の詳細は地域、時代によって異なったものであったに違いない。

ともかく、二四〇〇年はあまりにも長い時間の経過である。そのため、もしエジプトの灌漑が何千年にもわたって変化しなかったという言説が普及しているのならば、そこに、この長い時間の流れを凍結する「神話」が紛れ込んでいるに違いないと考えることは自然である。そして、事実はその通りであったと思われるが、神話はエジプトの灌漑システムが近代において、ベイスン灌漑から通年灌漑へと移行する過程の中で形成された。そして、この神話の中心に、ヘロドトスの「エジプトはナイルの賜物」という言葉がある。そもそも、この言葉は、エジプトはナイルが運ぶ泥土によって作られた国であるという即物的な意味で使われた[10]。つまり、ヘロドトスにとってエジプトとは、カイロから地中海にかけて展開する下エジプト・デルタ地域のことであった。それが、その後、この言葉は、ナイルの水によるエジプトの豊かな農業資源を象徴する表現となる。

水利社会としてのエジプトの神話化はすでに中世に見られたようであるが[11]、少なくとも現在に伝わる形での神話は、エジプトでの本格的な近代を告げた一七九八年のナポレオンによるエジプト遠征とその後のフランスのエジプト占領（一七九八～一八〇一）、そしてその知的遺産である『エジプト誌』（*Description de l'Égypte*）を端緒として

コラム1

このナイル川の不思議なことの一つは、それが増水を始めるのは、他の諸河川が減水したり、涸れたりする大暑の頃であって、それが減水を始めるのは、他の諸河川が増水したり、洪水を起したりする時期と一致していることである。……ナイルが増水を開始する時期は、ハズィーラーンの季節、つまり六月である。その増水が一六ズィラーゥに達する場合には、スルタンのハラージュ税（地租）は［過不足のない］完璧な量に達する。さらに一ズィラーゥずつ多く増水すれば、［エジプトの］その年は豊作となり、万事に安泰な年となる。しかし一八ズィラーゥに達すれば、田畑に損害を与え、疫病を引き起こす。反対に、もし一六ズィラーゥより1ズィラーゥでも足らなかったならば、スルタンのハラージュ税は減少することになる。そして、もし二ズィラーゥが不足したならば、人々は雨乞いをしたり、大変な災害を引き起こす。[15]

コラム2

（1）ナイルが国土に氾濫すると、水上に現れているのは町々だけとなり、その様はエーゲ海上に浮ぶ島嶼さながらである。すなわちエジプトの全土は大海と化し、町々だけが水上に現われているのである。このようなことになると、水を渡るにももはや河流に沿うことはなく、平野の真唯中を行くことになる。例えばナウクラティスからメンピスへ遡航するのに、実にピラミッドの傍を通って船が進むのである。[16]

（2）実際現在のところは、この地域の住民は、あらゆる他の民族やこの地域以外に住むエジプト人に比して、確かに最も労少なくして農作物の収穫をあげているのである。鋤で畦を起したり、鍬を用いたり、そのほか一般の農民が収穫をあげるために払うような労力は一切払うことなく、河がひとりでに入ってきて彼らの耕地を灌漑してまた引いてゆくと、各自種子をまいて畑に豚を入れ、豚に種子を踏みつけさせると、あとは収穫を待つばかり。それから豚を使って穀物を脱穀し、かくて収穫を終えるのである。[17]

コラム3

ほとんど雨が降らず、その存在をナイルの水に全面的に依存している国としては奇妙に思われるかもしれないが、一八八五年以前のエジプトには、灌漑に関する法律は事実上存在しなかった。しかしながら、一方では、堤、水路の建設・維持、および氾濫期におけるその管理のため、農村は労働力を賦役として提供しなければならないこと、他方では、利用可能な水を分配し、土地が耕作可能となるよう計らい、さらに灌漑地にその地味に応じた土地税を課すのは政府であること、以上の二点はそれまでにも一般的に認められていた。[18]

形成されたものであろう。

そして、この神話は、近代におけるエジプトにまつわる二つの言説、つまり一つはエドワード・サイードが非難してやまないオリエンタリズム(12)(東洋学)と、もう一つはウィットフォーゲル(一八九六〜一九八八)に代表される水利社会論(13)が結びついて形成された。二つのエジプトをめぐる言説のうち、前者はヘロドトスにまで遡る「エジプト奇譚」を、後者は「近代技術への信仰」を生成の糧としている。

後者の近代技術への信仰は、とりわけベイスン灌漑をめぐる神話の形成において大きな影響力を持った。それが近代ヨーロッパからの輸入イデオロギーとしてだけではなく、近代エジプトの国家建設のためのイデオロギーとしても大きな役割を果たしたからである。それは具体的には、十九世紀中頃における後期サンシモン学派によるエジプトでの理想的産業国家建設の試みであり、その延長線上に、十九世紀末から二十世紀初めにおけるイギリスによるエジプト植民地統治の一環としての近代的な灌漑管理システムの導入がある(コラム3)。

四、ジスルはどこにいったのか?

事実、近代におけるエジプト灌漑の現実は、ベイスン灌漑をめぐる「神話」に曇らされている。しかし、さりとて、ベイスン灌漑の現実を知ろうとしても、先に述べたように前近代についてはもちろんのこと、十九世紀の近代についても、その具体的な現実をうかがわせる資料や文献は少ない。それでは、かかる限られた資料状況のなかで、繰りかえし立ち現れる神話と向かい合いながら、どうベイスン灌漑の歴史を研究すべきであるか。

現在、わたしが模索しているのは、何の新味もないが、こと近代のベイスン灌漑に関しては、歴史学がもっぱら依拠してきた記述資料のほか、考古学者や自然科学者の協力を仰ぎつつ、地図や絵画・写真などの映像資料を

写真1　19世紀末から20世紀初めにかけてのカイロ近郊の村

写真2　19世紀後半における遊牧ジャワーズィー族首長の「オマルの館」（ミニア県・サマヌード郡）の壁に残るナイルの氾濫の跡と「オマルの館」（円で囲んだ地点）の名前がみえるミニア県地図。かつては、ナイルの氾濫時、「オマルの館」の地点まで水が来ていたという。「オマルの館」については、加藤博『ナイル――地域をつなぐ川――』（刀水書房、2008年、100-101頁）を参照のこと。

利用した学際的な研究の試みである。というのも、『エジプト誌』刊行以降、近代エジプトに関しては、多くの映像資料を利用できるからである。

実際、二十世紀初頭のナイルの氾濫時におけるいくつかの写真（写真1）が残されているが、それはヘロドトスが『歴史』のなかで描いたナイルの氾濫の姿そのものであり、その想像を絶する光景に圧倒される。そこで、こうした映像資料に触発されつつ、ベイスン灌漑を復元しようと意気込むのだが、その出発点において、思わぬ困難にぶつかる。

つまり、ベイスン灌漑を復元しようにも、耕作単位であるベイスンを囲んだとされるジスル（堤）

の「痕跡」が、残された映像資料や遺跡から確認できないのである（写真2）。先に述べたように、イスラム時代の文献では、灌漑における主たる関心はジスルの管理にあり、ベイスンに関する叙述が少ないのとは対照的に、ジスルに言及した記述は多い。

ところが、その「痕跡」をつかまえることができない。これは驚くべきことである。ベイスン灌漑は、エジプトにおいて何千年もの間、エジプト社会の根底を規定した。また、それが最終的になくなったのは、一九六〇年代のアスワンハイダムの完成であり、今からわずか半世紀前のことである。したがって、その復元は簡単だと思われた。ところが、実際には、それができないのである。

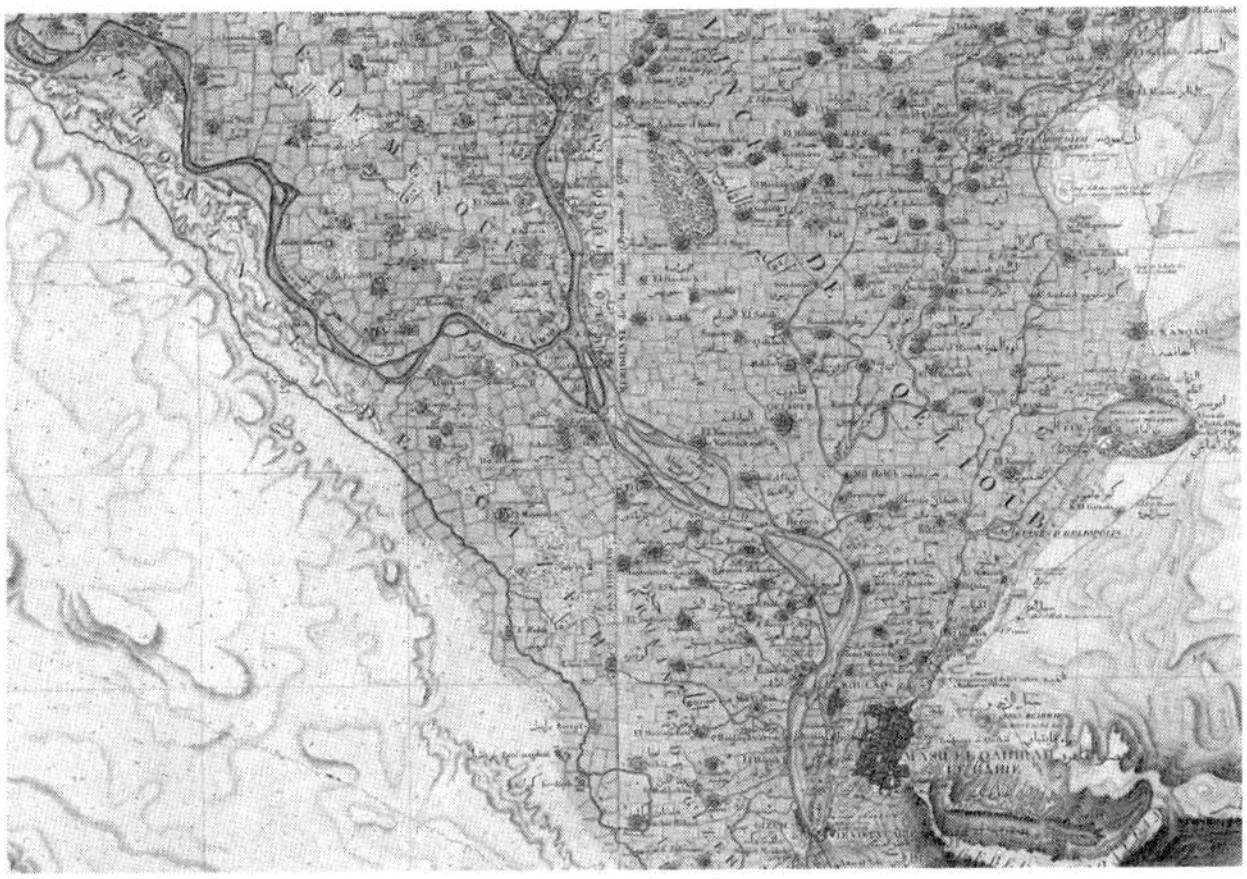

図2 『エジプト誌』に収録されたカイロ周辺図（c. 1800年）

しかし、ぼやいていても、事は始まらない。ともかく、この困難を克服しなければならない。そこで、現在、私が注目しているのは歴史地図である。地図は近代を象徴する情報伝達媒体の一つである。地図はいつの時代、どこの世界にもあった。しかし、前近代の地図と近代の地図との間には、高度な科学的な測量技術の有無という決定的な違いがあり、近代の地図は、歴史学がこれまでもっぱら依拠してきた記述資料の不備を補ってくれるかもしれない。

もちろん、地図が「真実」を語っているとは限らない。航空撮影技術が発達する以前には、とりわけこのことが言える。近代的

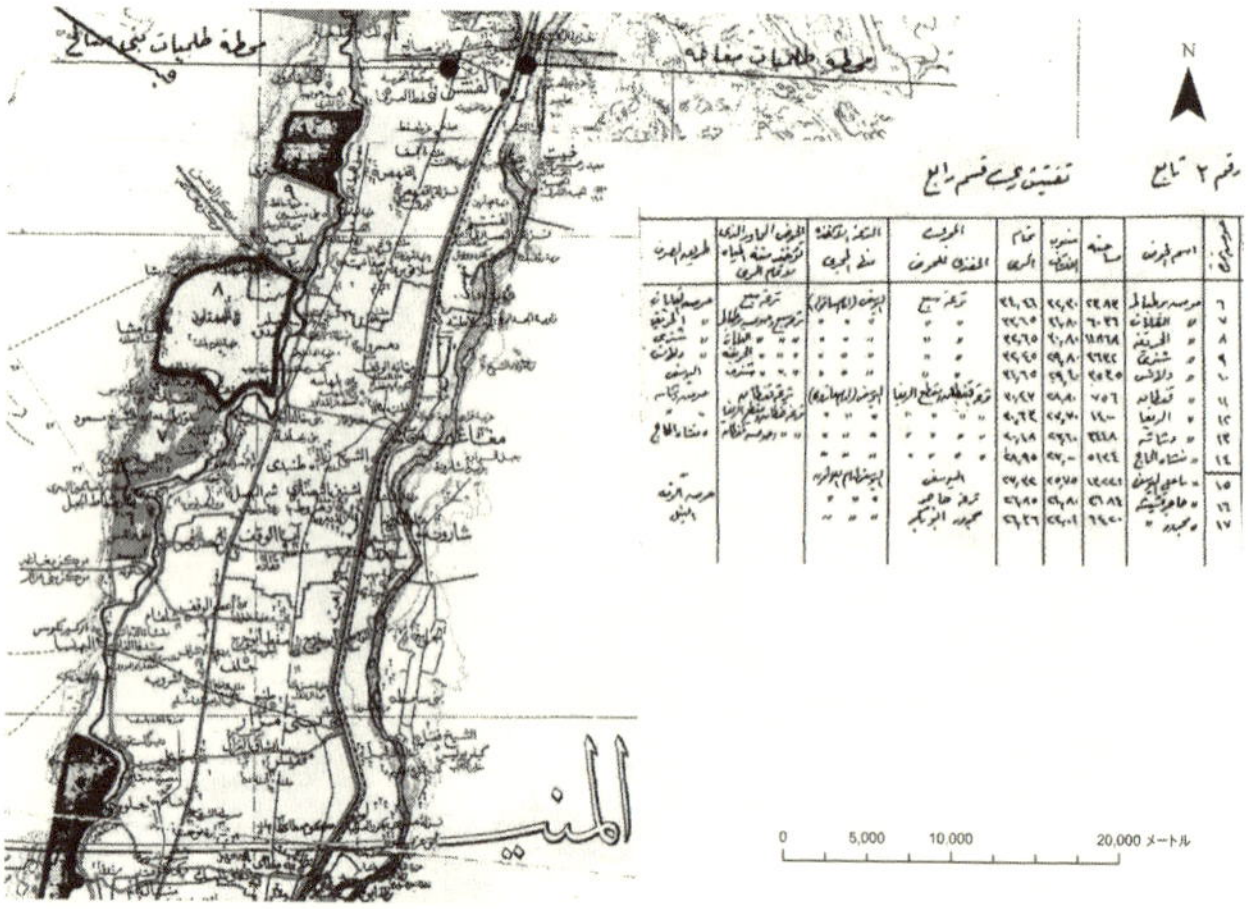

図3　上エジプト灌漑図（20世紀前半。年を特定できず）
灌漑技師によって、灌漑情報（ベイスン名、ベイスン面積、水位、入水口、入水・排水運河など）がベイスン単位に整理されている。

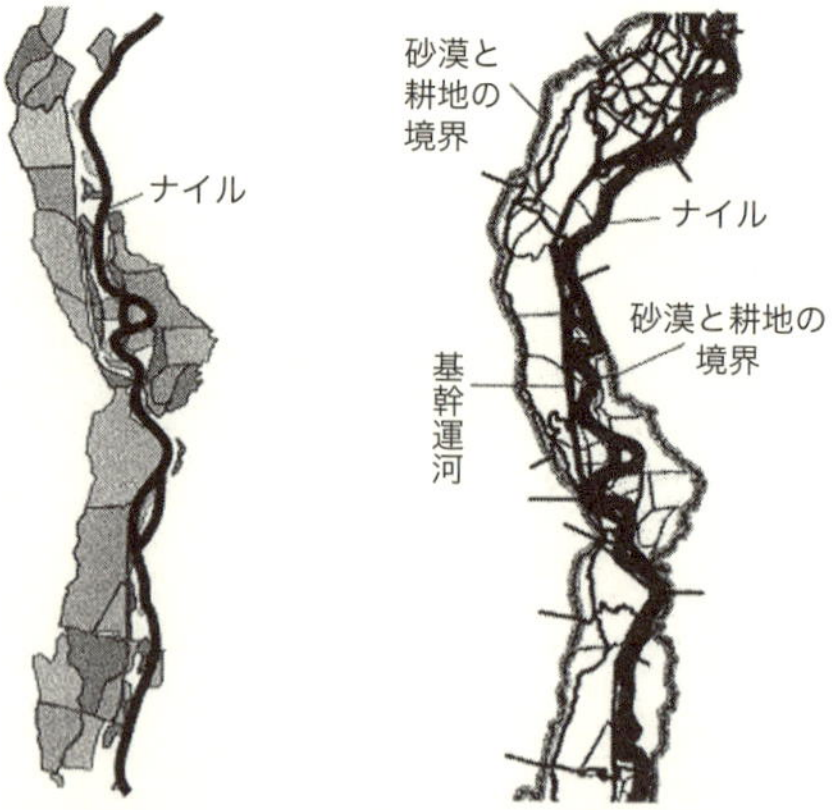

図4　上エジプトのベイスン灌漑と通年灌漑
（20世紀前半。年を特定できず）
左：線で囲まれたのが、灌漑・耕作の単位となったベイスン　右：上エジプト北部にみられる、ベイスンを貫くように建設された人工運河網。（出典　加藤博『――地域をつなぐ川――』（刀水書房、2008年、45頁））

な地図では、空白を嫌い、それを「うそ」の情報で埋めようとする嗜好があるからである。つまり、この場合、地図によって、神話が作られていく。そこで作られる神話は直接に視覚に訴えるものであるために、文献で作られる「神話」よりも大きな影響力をもちさえする。

実際、近代におけるベイスン灌漑にまつわる神話は、『エジプト灌漑』を執筆したウィルコックスのような技術者が作り出した側面が大きい。しかし、「虎穴に入らずんば虎児を得ず」である。逆説的であるが、技術者が与える情報を、そのイデオロギーもろとも研究の対象にすることによって、従来の記述史料では得ることの難し

い情報を手にすることが出来るのではないか。現在のわたしは、そのような期待をもって作業をしている。(14)

以下、作業の途上であるが、歴史地図を使って知ることができる近代におけるベイスン灌漑に関する情報のいくつかを紹介して、本稿の結びとしたい。指摘したいのは、次の四つの情報である。

(1)『エジプト誌』に収められている地図の作成者は、ベイスンを意識していなかったのではないかと思われる。というのも、地図には水路らしきものが多数記載されているが、ベイスンを囲むジスルが見られないからである(図2)。

図5　上エジプト灌漑図(1933年)　濃い枠で囲まれているのがベイスン。

(2)一九二〇、三〇年代において、エジプトの灌漑技師はベイスンを上エジプトの灌漑システムの基本単位と考えていた(図3)。このことは、かれらが作成した灌漑地図において、灌漑関係の詳細な情報がベイスン単位に整理されて記載されていることから明らかである。

(3)上エジプトにおけるベイスン灌漑から通年灌漑への移行は、一九二〇、三〇年代以降、中エジプトから上エジプトへと展開していった。この過程は、エジプトの灌漑技師が作成した運河網の形態の変化によって確認できる(図4)。また、それは、道路網の整備の過程によっても確かめられる。当時、運河網と並んで道路網の整備に関係した地図が多く作成された。

（4）二十世紀が経過するとともに、ベイスン灌漑は砂漠周辺の地域に限定されていった（図5）。おそらく、伝統的なベイスン灌漑の時代にあっても、年ごとの土地の割替をともなうベイスン灌漑はナイル氾濫の水が及ばない、ナイルから離れた砂漠の周辺地域に限られていたものと思われる。つまり、ナイルに近いベイスンでは、ナイルが低水位のときにも、揚水車（サーキヤ）などの器具を使って水を畑に入れ、耕作が行われていたと考えられる。こう考えると、少なくとも十九世紀の近代以降において、ベイスン灌漑は、ギリシアの歴史家ヘロドトスの『歴史』における記述とは異なり、時代と地域によって大きな偏差をともなって展開していたものと考えられる。

先述したように、十九世紀以前の前近代においても、新しい技術の導入による生活文化の変化については、ある程度、記述資料によって確認することができる。しかし、物質生活の基底となった（ベイスン）灌漑システムの実態を知ることは難しく、ましてや、その歴史的変化を記述資料によって追うことは不可能に近い。

それではどうするか。現在、私が考えているのは、十九世紀以降の近代におけるベイスン灌漑から通年灌漑への移行の過程を丹念にフォローすることによって、前近代のベイスン灌漑についての確かなイメージを得ることである。その際、最も有用なのが、歴史地図を中心とした地理情報である。

注

（1）Hiroshi Kato, et al.,' "GIS as a Tool for Researching the Socioeconomic History of Modern Egypt" (with Hiroomi Tsumura and Erina Iwasaki), *Journal of Asian Network for GIS-based Historical Studies* (*JANGIS*), Vol.1, 2013.

（2）'Alī Mubārak, *al-Khiṭaṭ al-tawfīqīya al-jadīda li-miṣr al-qāhira*, 7 vols, Bulaq,1887-88.

（3）長谷川奏「エジプトにおける古代世界の変貌――イスラーム文明形成に至る生活文化の移相――」（『比較文明』24号、二〇〇八年）。

(4) Gamal Himdān, *Shakhṣīyat miṣr*, 4 vols, Cairo, 1980-84.
(5) 長沢栄治『エジプトの自画像――ナイルの思想と地域研究――』（平凡社、二〇一三年）。
(6) 佐藤次高『中世イスラム国家とアラブ社会』（山川出版社、一九八六年）。
(7) イブン・バットゥータ（家島彦一訳）『大旅行記』1（東洋文庫、平凡社、一九九六年）。
(8) ヘロドトス（松平千秋訳）『歴史』上（岩波文庫、一九七一年）。
(9) W. Willcocks, *Egyptian Irrigation*, second edition, London, 1899.
(10) 前掲注8ヘロドトス著、一六四頁。
(11) 大稔哲也「死者の街と「エジプト」意識――ムスリム社会の聖墓参詣（巡礼と地域）――」（松本宣郎・山田勝芳編『信仰の地域史』山川出版社、一九九八年）。
(12) サイード、エドワード（今沢紀子ほか訳）『オリエンタリズム』（平凡社、一九八六年）。
(13) ウィットフォーゲル、K. A.（湯浅赳男訳）『オリエンタル・デスポティズム――専制官僚国家の生成と崩壊――』（新評論、一九九一年）。
(14) 最近、問題関心が本稿と重なり、文献から得られる数量データを、GIS（地理情報システム）の手法を使って地理情報と結びつけ、ジスルの復元を試みた、次の刺激的な業績が出版された。Wakako Kumakura, "To Where Have the Sultan's Banks Gone? An Attempt to Reconstract the Irrigation System of Medieval Egypt", *Journalof Asian Network for GIS-based Historical Studies* (*JANGIS*), Vol. 2, 2014.
(15) 前掲注7、九二頁。
(16) 前掲注8ヘロドトス著、二二九頁。
(17) 前掲注8ヘロドトス著、一六九―七〇頁。
(18) P.M. Tottenham, *The Irrigation Service, its Organization and Administration*, Cairo, 1927.

参考文献

加藤博『私的土地所有権とエジプト社会』（創文社、一九九三年）
加藤博『ナイル――地域をつむぐ川――』（刀水書房、二〇〇八年）
加藤博「ナイルのほほえみと叫び」（『季刊民族学』一四四号、二〇一三年）
加藤博『ムハンマド・アリー　近代エジプトを築いた開明的君主』世界史リブレット人67（山川出版社、二〇一三年）

◉西アジア・中央アジア・アフリカ

地中海、砂漠とナイルの水辺のはざまで

前身伝統に対峙した外来権力の試み

長谷川奏

エジプトでは、地中海気候は北端のごく限られた地域にしかみられない。国土の大部分が砂漠気候の水利社会の中で、麦作農耕を中心とする神権社会が築かれ、大きな伝統世界を形成していったが、隣接する異なる環境の地との相互接触は、都市や村落の生活文化にも影響を与えていった。その中で、地中海性気候の場にベースを置いたヘレニズムが、農業をはじめとする生活知の世界にいかなるインパクトをもたらしたかを考古学的に探る。

はじめに

ペルセアの木が語ります。

僕の種はあの娘の歯のよう　僕の果実はあの娘の乳房のよう　［僕は］果樹園で［一番立派な木］

僕はどの季節にもしっかりと立っている　妹（あのこ）は兄（かれし）と一緒に過ごす　僕の［木陰で］…

ブドウとザクロのワインに酔いしれ　モリンガ油と香油をたっぷり塗って（1）

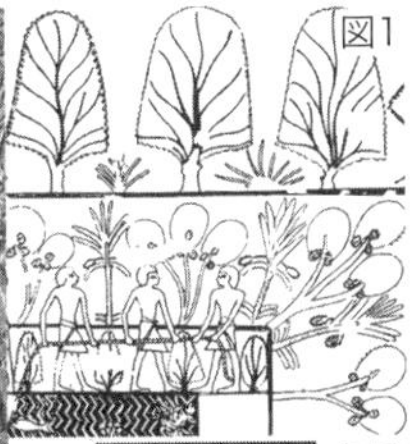

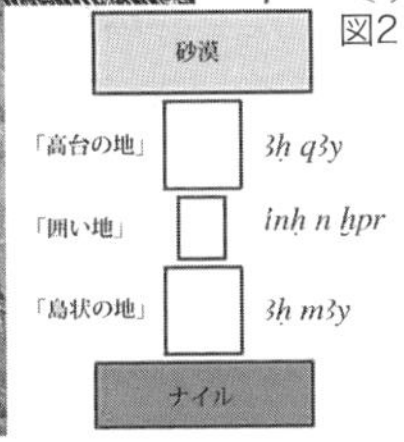

図１　(右上)古代エジプトの庭園
図２　(右下)古代の耕地帯の概念
図３　(左)ペトシリス墳墓の葡萄収穫の壁画

これは、エジプト新王国時代第二十王朝（一一八五～一〇七〇年頃）のパピルスに記された恋愛詩の一節である。

この詩では、果樹園に植えられている植物が、それぞれ自分こそが最も果樹園所有者に役にたっていることを誇らしげに謳う気持ちが擬人法で表現されている。本節ではペルセアの木が語りの主人公になっているが、これに後続して、二種類のイチジクが語る節へと繋がっていく。ペルセアもイチジクも、王朝の古い時代から知られる果樹である。場面の情景としては、当時の宗教・行政のセンターであったテーベあたりのエリート官僚の邸宅にある果樹園を思い浮かべることができる。庭園の中央には水場があり、そのまわりにさまざまな樹が植えられて、緑溢れた庭園を形作っていたであろう（図1）。

通常、こうした邸宅は、ナイルの氾濫水が及ばない耕地のやや高台にある。一方、夏に氾濫水で覆われる低い耕地は、水が引いた後には、麦作のためのホウド（溜池）が点在し、沃土の大地には椰子が生い茂り、水辺にはパピルスや睡蓮が繁茂したであろう。新王国時代は、最も成熟した文化が育まれた時代であり、エジプトがアフリカの殻から伸張して、外交・軍事・通商に渉って、西アジア諸国と広い交渉を行なったことで知られる。そのような外部世界との接触を通じて、もともとエジプトにはなかったさまざまな外来種の樹木——たとえばこの詩に登場するザクロに加え、リンゴやオリーブ等の種——も、国内に移植されて根付いていった。ぶどうは王朝時代の古い時代から知られており、ぶどうの収穫や圧搾のモチーフはしばしば墳墓の壁画に描かれた。しかし、これらぶどうやオリーブも、やがて地中海文化の広がりと共に、モモ、アプリコット、ナシ等と共に植樹されていった時にこそ、都市の植樹景観を変えるほどの力を持っていったに違いない。

本稿のタイトルになっている「砂漠の遺跡」は、初期文明の時代に砂漠の縁（へり）が広大な埋葬地として用いられたことからもたれるイメージであるが、それを作り出した源は、砂漠気候の中の水利社会に基礎を置く水辺の都市生活であった。単一水系であるナイルとデルタが東西の砂漠に囲まれた、いわば出口の無い独特の地勢の中で営まれた伝統社会は、多くの外来的要素を呑み込んで同質化していったが、新興文化との触れ合いは、あるときは、大木がどっさりと倒れこむようなドラスティックな変貌に導いていった。

一、乾燥気候の社会の知と地中海気候の人々の知

自然環境と人類が織り成した知の構図に関して、サイエンスの領域から提示されるモデルは、考古学を専攻するものにとって、絶えず刺激的である。一万数千年前の氷河期の終わりは中緯度地域の乾燥化と生産経済への移行を齎したが、さらに五千年ほど前に再び乾燥化の波が襲ったことにより、気候変動への対応と知の洗練化が、当該地域の文明形成に導いたとする仮説は極めて興味深い。またピラミッド時代の崩壊やマムルーク朝時代の食料暴動の背景に、ナイル水位の不安定さが関わっていたという議論も、文明の盛衰と自然環境のバランスを暗示

して示唆に富む。しかし環境ばかりでなく、文明から生じるさまざまな社会的要因も、固定化された環境の場を乗り越えたダイナミズムをも演出した。

アフリカ大陸の北東端にあるエジプトは、現在では国土の殆どが乾燥した砂漠気候にあり、年間五十ミリを超える地域はデルタとシナイ半島の北端だけであり、一〇〇ミリを超えるとなると、地中海沿岸のごく限られた地域にしか現れてこない（図4）。一〇〇〇キロ以上にわたる上流地域を貫流する単一の水系ナイルと下流の約二〇〇キロに広がるデルタからなる地域にのみ居住が可能な独特な形状の国土に対して、古代エジプト人は睡蓮の花と茎をイメージした。僅かな可耕地以外に生を育むことの無い荒れた砂漠に囲まれたこの地では、「肥沃な黒い沃土」と「不毛な赤い砂漠」を峻別する強烈な二元的思想を生み出してきた。往時の宗教思想に地中海気候の地域が仮想されていなくとも、石灰岩に含まれたカルシウムが溶けて残った鉄分から「赤い土（テッラ・ロッサ）」を景観的特徴とする地中海気候の地域は、まさに不毛な赤い地のイメージの場であったろう。

しかし、豊かな沃土の地とつながる地中海地域との文化的接触は、既に文明の曙の時代に遡り、その後、エーゲ海に先進的な文明が繁栄した時代（前二千年紀半ば）にも密接な交渉が行なわれた証左が残ることから、両者の間には長い相互接触の歴史があったことが分かる。そして、地中海文明が砂漠地域の文明に明確に対峙していく構図は、初期文明を特徴づける神権社会の知から、神話的な説明を脱して原因・理由を追求する知へのパラダイム・シフトが始まる時代（前七〜六世紀）に顕在化してくる。ちなみに、当該の時代には、エジプトは西アジアの政治権力（アッシリア、ペルシア）の支配下に入り、アフリカ（クシュ）勢力の影響下に置かれるなど、外来勢力に翻弄されていく時代が続くが、地中海圏との接触は、文化史上はかり知れない大きな意義を担うものとなった。

自然学から哲学や倫理学へと展開していった地中海圏の知は、ギリシア・マケドニア系の人々を支配層とする政権のもとで（前四世紀〜前一世紀）、またローマ・ビザンツ帝国の属国になっていく時代（前一世紀〜後七世紀）を経て、さらに精密科学と実用科学へと発展していったことで、地中海的な知はエジプトの文明論の中で大きな位置を占めることになる。ただし、伝統的な知から新たな知へのパラダイム転換は決して急激なものではなく、天文学等の領域においては、神権的な知のセンターは変わらず活動的であり、地中海圏の知の形成に大きな影響を与えていたと思われ、変化はゆっくりと進行した。やがて、デルタに形成された在地政権のもとで強い交易権限をもつ地中海系都市が登場し、地中海圏の人々がエジプトの行政・軍事の中に入り込み、さらに地方の村落内で地中海圏の人々の実数が増加するといった事態が進む事によって、ヘレニズムの波が到来する以前の二~三世紀において、地中海的な文化が浸透していく下地ができていった。外来政権としてのプトレマイオス王朝が前身伝統と対峙したのは、宗教や言語の領域ばかりではなく、伝統的な生産経済の場においても生じたことが想定される。

古代末期の経済学を専攻するマニングは、プトレマイオス王朝時代の上エジプト・エドフの南方における土地譲渡や結婚契約を記したパピルス文書を分析した。そこでは、伝統的な穀物（小麦、大麦）、野菜（レタス、たまねぎ、豆類等）を作る場としてのナイルの氾濫が及ぶ低地（「島状の地」）が、防風のための施設等（「囲い地」）を挟んで、人工的な灌漑が施され果樹や油脂作物の一部が作られる場としての砂漠際（きわ）の「高台の地」が対峙する構造がイメージされている（図2）。ぶどう栽培は、「島状の地」と「高台の地」の双方で行われたと思われるが、プトレマイオス王朝の初期の時代に進められたぶどう栽培の代表的事例は、中部エジプトのヘルモポリスの西方に描かれたペトシリスの墓のレリーフにみることができる（図3）。墓の壁面には、ぶどうの収穫（a）と圧搾・ワイン貯蔵（b）の風景が、ギリシア的な美術様式によって、生き生きと描かれている。

二、海洋に臨む石灰岩の尾根と湖のほとり

ワインの製造から輸送に関わる最も代表的な考古学事例の一つは、アレクサンドリアの西方地域である。この地域は、アレクサンドリアの後背部分に広がる潟湖のうち、最西端に位置するマリユート湖の沿岸地域である。ここは王朝時代には「オリーブの地」と称され、王朝末期の第二十七王朝時代（前五二五〜四〇四年頃）には、ラシード支流の西側を中心とした独立した勢力を有していたと推測される。プトレマイオス王朝時代には、リビアのキレナイカとの間に平和的な関係が築かれたことから、マリユート湖沿岸は、両地域を結ぶ交通の要所として豊かな地へと変貌する。同地の地勢的な特色は、地中海沿岸部に沿って石灰岩の尾根が東西に伸び、これに沿って、マリユート湖が細長く広がっていたことにある。前一世紀の記述家ストラボンは、往時の景観を以下のように描写している。

タポセイリスの近くの海辺に岩場があって、当のこの地も年中ひっきりなしに（お参りの）壮年男子を多数迎える。…（中略）…マレイア湖はここまでも伸びて、その幅一五〇スタディオン（二十七キロ）以上、長さでは三百スタディオン（五十四キロ）を切る。湖内に八島があり、湖のまわりにはどこも人家がみごとに立ち並ぶ。また、湖岸一帯は上等の酒の産地で、マレオティス酒は長持ちさせるため、別のかめに移し換えもするほどである。(2)

アレクサンドリアから三〇キロほど西に位置するこの地が栄えた理由の一つは、ここにタポセイリス（タプォシリス）というオシリス信仰の中心地があったことによる。この地に建つオシリス神殿周辺には広大な墓地が形成されて、祭礼の際には、アレクサンドリア等から多くの参例者が長く伸びたマレイア湖（マリユート湖）を渡って訪れ、大いに賑わったという。マリユート湖の湖岸には、マレアという名の港が設けられ、ここはアレクサン

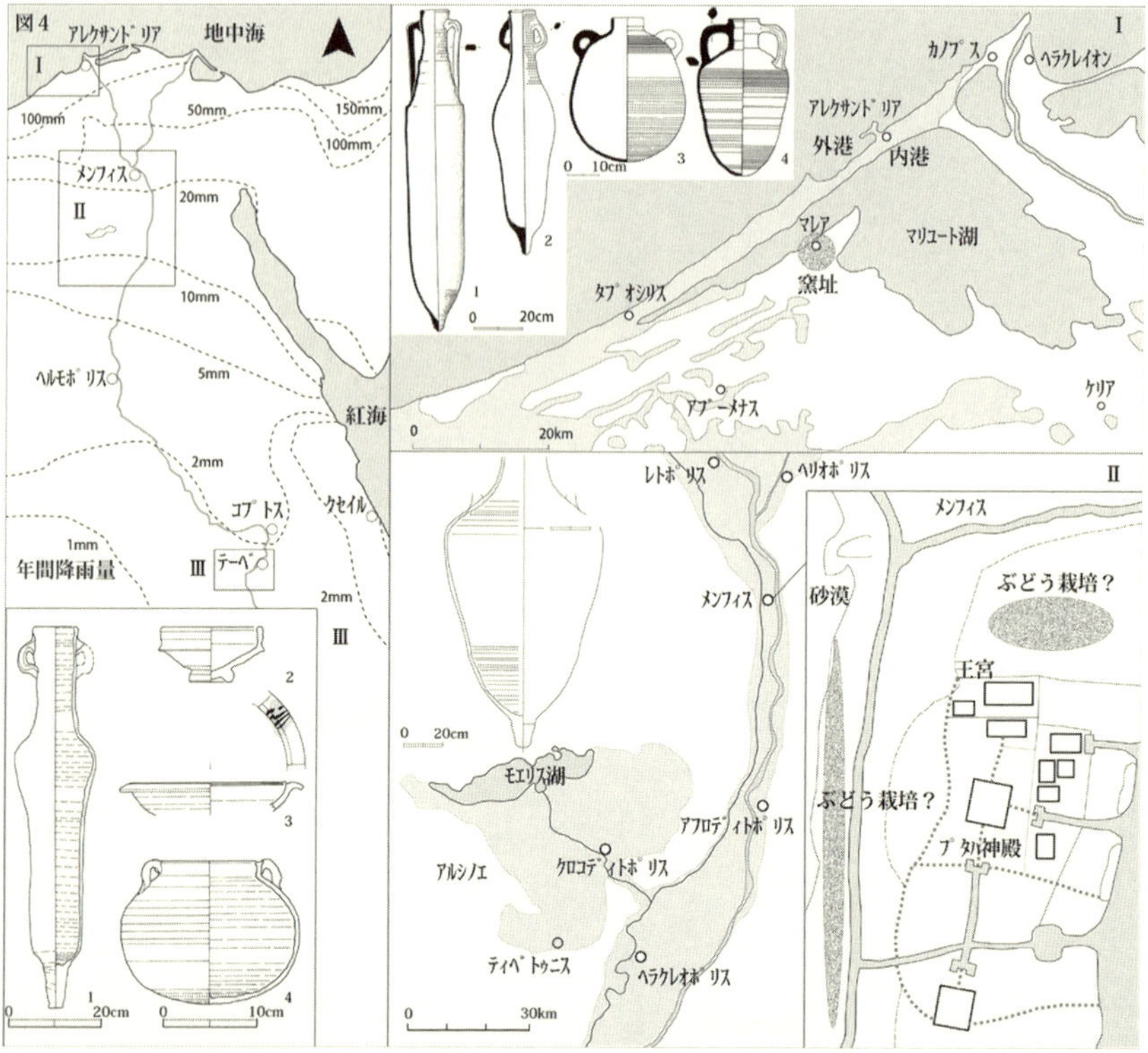

図4　I（右上）マリユート湖河畔とアンフォラ、II（右下）メンフィスの葡萄栽培地、III（中央下）モエリス湖河畔とアンフォラ、IV（左下）テーベの生活雑器

ドリアの内港と湖内の水系で連結されていたため、人や商品が集散していく拠点ともなった。ストラボンが伝えたのはこの湖岸一帯の景観であり、多くの家屋が立ち並ぶ風景と共に、品質の良いワインの生産が盛んであった様子が窺える。一九八九年から一九九一年までの考古学調査によって、マレア周辺の湖岸に一〇キロほどにわたって、二十~三十基のアンフォラ窯跡がみつかったのが興味深い。これらのうちの最も代表的なものは、直径九・六メートルを測る大規模な施設であった。さらにこの周辺では、ぶどうの圧搾施設もみつかっているので、ワイン生産が同地の重要な生業になっていたことは考古学的にも実証されている。

特有の胴部の長いアンフォラと胴部の丸いアンフォラの双方が、この地を代表する器形であった（図4-1-1・2）。

このマリユート湖の西側は、広大なリビア砂漠と接しており、アレクサンドリアの後背地域は砂漠内のルートによって、リビア砂漠内のオアシスや宗教施設とも深い繋がりを持つ伝統があった。四世紀に多神教世界からキリスト教世界に移行した際には、アレクサンドリアという大都市の後背部の砂漠地帯は、さらに独特の結びつきをみせていった。アレクサンドリアに建てられていたセラピス神殿は、ビザンツ時代になって破壊されて、アレクサンドリアはキリスト教神学の中心地となっていくが、その後背地の砂漠にはキリスト教の聖人信仰の拠点（アブーメナス・聖メナス修道院）ができ、また隠遁者が共同で修行を行なう修道制の発祥の場が形成され（ケリアワーディー・ナトゥルーン）、これらは巡礼を始めとする信仰活動や修道院内部の生産活動を通して、世俗の都市部とも交流のネットワークを作り上げていたと思われる。多神教世界からキリスト教世界に移行した後も、マレアの港は砂漠内に造営されたアブーメナスの巡礼港として用いられ、港の周囲には教会堂や入浴の施設も建造された。生活雑器生産においては、在地の泥灰質陶土（マール陶土）を用いて、胴部の丸い独特のアンフォラ（図4-1-3）、聖水を入れる巡礼壺、ランプ等が、マレア周辺の修道院に付属する窯で盛んに製作された。またケリアの修道院においても、ぶどうやオリーブの栽培は行なわれていたと思われ、これらの圧搾汁を貯蔵する胴の丸い固有のアンフォラが利用された（図4-1-4）。ビザンツ時代にはアレクサンドリアの市場とコンスタンチノープルの関係が極めて強くなっていったようで、ビザンツ権力の勢力下にある地中海生産の製品がエジプト各地にも濃密に分布していく。さらにマリユート湖沿岸では、在地の地中海的な自然条件を生かしたオリーブやぶどうの生産に始まり、豊かな石灰岩質の陶土を用いた窯業が起こり、これらは宗教的な要因や市場をめぐる政治的な要因により大いに活性化していく。このように、当該の地域は、イスラーム支配の直前期において、地中海圏の各地から搬入された製品と在地産の製品が混在したモザイク状の分布を示す稀有な場となっていく。

三、ナイル沿いの都市縁辺とオアシス開拓地

ワインの製造から輸送に関わる第二の興味深い事例は、デルタの基点メンフィスとファイユーム・オアシスを結んだ地域である。メンフィスはナイルの単一水系が三角州として開いていく基点に位置していたために、王朝時代から行政のセンターであった。現在のミートラヒーナ村にあるメンフィスは、主に新王国時代以後に営まれたものであるが、ヘレニズム時代になっても、中核部分にはこの都市の守護神であるプタハ神殿があり、風上にあたる町の北西側の高台には王宮が位置している。新興のプトレマイオス王朝にとっては、メンフィスを政治的に従属させることは重要な政策であり、メンフィスはこれによって、「第二の都市」に転落していく。このメンフィスで、大規模にぶどうやオリーブの作付けが行なわれたのは、王宮の北側に位置する農地であったと思われる。またこの都市は伝統的に西側の砂漠地帯に広大な墓地を形成してきたことでも知られ、砂漠地帯には埋葬活動を中心に生計を立てるコミュニティがあり、砂漠の際に近い耕地では、ざくろ、イチジク、くるみ、クワに加え、ぶどうも栽培されていたと推測される（図４－Ⅱ）。

メンフィスが政治戦略上に重要な地点であったように、メンフィスからキャラバン・ルートと運河のネットワークで繋がるファイユームは、古来より肥沃なオアシスとして知られ、プトレマイオス王朝にとっては、穀物生産の確保に重要な拠点であった。新しい農地の開墾プロジェクトは、住民の移住や人口の流入を伴うだけに、単に農業問題に終わらない、戦略的な意義も担っていたであろう。この地で大規模な農地政策が進められたのは、中王国時代以来のことであり、それまで「沼沢地」と称されてきたモエリス湖南西の地は、プトレマイオス朝の初期の三代の王の時代に豊かな農地に変貌し、プトレマイオス二世の王妃の名にちなんだアルシノエの名で呼ばれることとなった。ストラボンは、同地に対して、以下のような描写を残している。

（アルシノエでは）オリーブ樹だけが栽培され、それらの樹は大きい成木でりっぱな実がつき、採集の仕方さえ良ければオリーブ油も良質になる。しかし、住民はこの点をなおざりにしているから採油量は多いものの香りが悪い。なお、エジプト地方でここ以外にオリーブ樹が生えたところといえばアレクサンドレイア市あたりの庭園以外にはないが、これらの園にもオリーブ樹を育てるまでの力はじゅうぶんにあるものの、実際には油を供給しない。また、この地方では酒もかなりの量を産し、さらに穀物、豆類そのほかあらゆる種類の種子作物をも産する。(3)

この地では、王朝時代には、小麦、大麦、レタス、きゅうり、レンズ豆、ごま等が栽培され、油脂植物はひまし油であったが、これにオリーブ栽培が加わっていくことになる。現存している文書資料からは、アルシノエ周辺の農地で収穫されたオリーブは直ちに箱詰めにされて、アルシノエの中心部に運ばれて圧搾されたことが窺われる。さらにこの時代のファイユームでは、イチジク、モモ、プラム、アプリコット等が栽培されていたとされるが、加えて積極的に栽培が進められたのがぶどうであった。冒頭で述べたように、ワインは初期文明の時代から知られてはいたが、奢侈品としての性格が強かったため、この頃から一般的な利用が進行したと思われる。歴史資料には、ぶどう園で労働を行なう人々や醸造されたワインを売る人々の職名が登場する。農地の所有者は、収穫と圧搾の仕事以外のぶどう園の仕事は、専業集団と契約を交わして作業を行なったと推測されている。ぶどう園は低地にある場合には、自然のホウド灌漑で行なわれ、一方砂漠の際に近い場では、回転ギア（サーキア）による人工灌漑で水が供給されたと思われる。ぶどうは側枝を伸ばしていくので、一～二月には剪定がなされ、ナイルの沃土を運んでの施肥が行なわれた。生長すると、葦を用いたぶどう棚についた実は、八月頃から収穫が始まった。摘まれた実は、圧搾の専門職のもとに運ばれ、踏みつけられて果汁は、貯蔵されて醸成された。

アルシノエの東南ティベトゥニスではヘレニズムから初期イスラーム時代までの文化層が出土している。地中海地域からは、ギリシア（イオニア、コリントス、エーゲ地域等）、イタリア、北アフリカ、イベリア半島等、他地域から齎されたアンフォラが出土しているが、加えて国内のシルト陶土やマール陶土を用いて、ギリシア地域から輸入されたものを模倣したさまざまな器形のアンフォラが盛んに生産された（図4-Ⅱ）。

テーベにあるローマ時代の集落（マルカタ南遺跡）からは、さらに興味深い二点の研究成果が得られている（図4-Ⅲ）。①歴史文献では地中海～インド洋の交渉が強調される帝政ローマの時代にあっても、考古学資料では実数として地中海圏から搬入されるものは極めて僅少である（約一万点の資料の中の一～二点程度）。②その一方で、地中海文化は、海洋から遠く離れた上流地域にまで広く浸透しており、地中海的な規範が生活雑器全般の形状・材質・成形と装飾技法の全てに渉って強い影響を与えていた。つまり、ローマ時代における地中海文化の在地生活文化へのインパクトは、「商品」としての実数というよりは、「情報」として生産に関わる職人等さまざまな基層の人々を取り巻いていた可能性がある。ところが、この事態はビザンツが関わってくると大きく転回し、北アフリカ、キプロス、シリアといった広範な地域からの生産物が広く市場に入り始める。その時代にエジプトでは、ビザンツからの政治・宗教的な抑圧に反抗した形の独創的な在地のキリスト教文化が開花し始めるために、文化の中の地中海的な性格は見過ごされがちになっていくが、実はギリシア文化との接触が始まってから千年近くにわたって形成された地中海的な性格はビザンツ時代にも営々と受け継がれ、古代末期の物質文化像の核となり、次代の初期イスラーム文化の骨格として残されていくことになる。

四、環境偏差を生かした経済活動と文化の拡散

最後に、現在筆者たちが進めている最新の考古学研究の成果を紹介しながら、ヘレニズム政権の経済活動

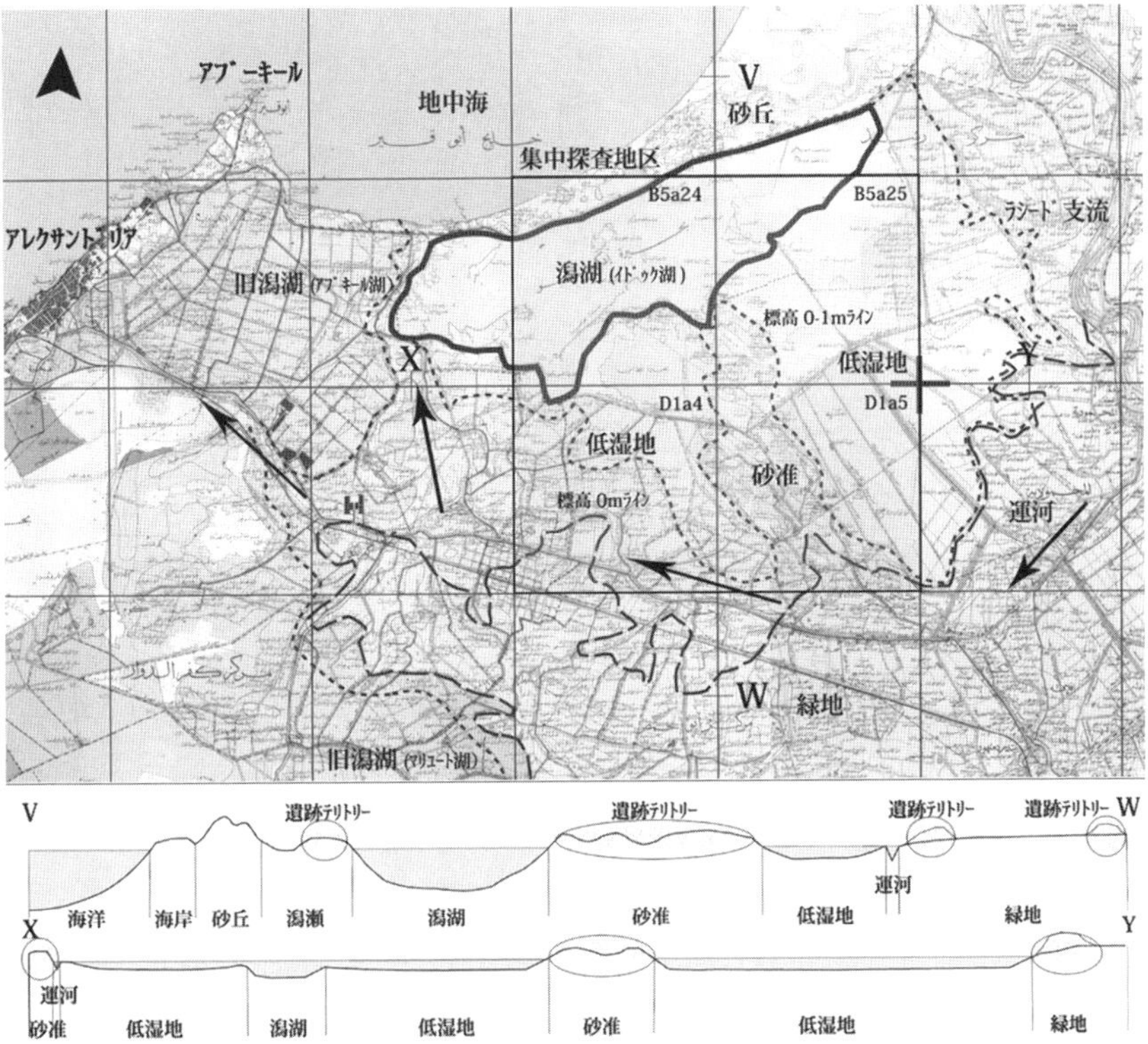

図５　（上）アレクサンドリア後背の低地における調査地区
（下）調査地区の南北（V-W）と東西（X-Y）の模式断面図

の一側面を提示してみたい。当該の調査地区は、アレクサンドリアをはさんで、先に記述したマリユート湖畔とは反対側のイドゥク湖畔にある。地中海沿岸にはいくつかの湖が分布しているが、これらは今から八〇〇〇年ほど前の海進が現在の海岸線まで引いたことによって形成されたもので、多くは海と繋がった潟湖として残された。土中には高い塩分が残るため、通常の農業は難しい場として知られているが、不思議なことにこの地域には多くのヘレニズム遺跡が分布している。ならばそこで営まれた人々の暮らしぶりはどのようなものであったであろうか？　また、そこには、生活の困難な場をも生きた空間として取り結んだ知恵と戦略があったのではなかろうか？　本研究は、こうした疑問に答えるべく、地域の環境の変化を探ることを主軸にしたプロジェクトである。この研究対象地域は、伝統的な低地であり、ヘレニズム政権が地域権力を掌握していくための、最初の戦略拠点であったはずである。これまで七年間にわたる現地調査で、当該地域の個性的な一面は砂丘の形成にあり、特に第四紀以後の環境変動の中で形成されたと思われる古砂丘の頂部が遺跡テリトリーになっていた可能性が得られ始めている。つまり、この低地では、ナイル沿岸のシルト形成理論では想像もつかない脆弱な砂形成のマウンドを居住の舞台にしながら、かつ集約的な農業が一切期待できない場で、豊かな経済活動を営んでいたことになる。当該の地域は、南北軸では北から地中海～砂丘～海水塩分の高い湖域～淡水の湖域～緑地と環境の差異が大きい一方、東西軸では平坦な低地がデルタの端から端まで続いている（図5）。こうした地理的な特徴が最大限に生かされて経済活動が営まれ、かつ文化が画一的に広がる基盤をなしていたことは想像に難くない。この地域では、おそらく塩分に強い作物（瓜科等）が細々と栽培され、漁業（海水域ではボラ・サヨリ、淡水域ではナイルパーチ・コイ・ナマズ等）や野鳥の捕獲（ウズラ・カモ・サギ等）行われていたと思われる。潟湖のほとりに住んだ人々は、おそらくこうした脆弱な生業をかけあわせて暮らしていたに違いなく（生業複合）、それがヘレニズム政権によって維持されることにより、活発な地域経済圏が営まれていたと考えられる。具体的な経済活動の痕跡は、二〇一六年以降の発掘調査を待たねばならないが、これまで画一的に論じられてきたナイル流域の生活スタイルとは全く異なる自然との取りくみの姿が明らかになるであろう。

おわりに――生活文化における地中海規範の浸透――

地中海勢力が、最初に接したエジプトの地、それは巨大な前身伝統の塊でもあり、ナイルの氾濫が満々とした水を湛える低地に象徴されていたのかもしれない。彼らは、生活の困難な場に対しても、僅かな環境偏差を見逃さず、生活圏として維持して経済活動を行い、徐々に地域権力を掌握していった可能性がある。地中海文明がもつ影響力は、そうした地道な動きから始まったのかもしれない。やがて、アレクサンドリアを拠点とするヘレニズム政権の力は、メンフィスやファイユーム、さらには上エジプトにも伸張していき、エジプトの生活文化に地中海圏のライフスタイルという世界が大きく被さっていくのである。

図版出典

図1：Wilkinson, pl.XIII (Tomb of Rekhmira).

図2：Manning, Fig.4.3.

図3：(a) Petosiris, scène 56a. (b) Petosiris, scène 56c.

図4：（年間降雨量）*Ma'sū'a*, 1996, Fig.11 (I) I-1, 2 Empereur, J-Y. et Picon, M., 1992, Fig.3, 4; I-3 Engemann, J., 1992, Fig.1; I-4 Ballet, P. et Picon, M., 1987, Fig.2-1. (II) Memphis: Samīr al-Sharqāwī, 2007, Fig.8; Tybetunis Amphorae: Marangou, A. et Marchand, S., 2007, Fig.125 (III) 早稲田大学エジプト学研究所編, 2005, Fig.VI-7-3, VI-11,13, VI-18-1, VI-21-3.

注

（1） 土居泰子『古代エジプト　愛の歌』（弥呂久、二〇〇五年）一一六—一一九頁。［　］部分はパピルスの損傷のための訳者の推測による補足。

（2） Strabo: Geography, Book XVII, Loeb Classical Library, (Jones, H.L., tr.) London, 1996（『ギリシア・ローマ世界地誌／ストラボン』飯尾都人訳、龍渓書舎、一九九四年）1, 14。

（3） 前掲注2ストラボン, 1, 35。

参考文献

Ballet, P. et Picon, M., Recheches preliminaries sur les origins de le céramique des Kellie（Égypte）: importation et productions

égyptiennes, *Cahiers de la Céramique Égyptienne*（以下 *CCÉ* と記す）1, 1987, pp.17-48.
Cherpion, N., Corgettini, -J.-P. et Gout, -J.-Fr., *Le tombeau de Pétosiris: à Touna el-Gebel*, Le Caire, 2007.
De Cosson, A., *Mareotis*, 1935, London.
Empereur, J-Y. et Picon, M., La reconnaissance des productions des ateliers céramique : l· exemple de la Maréotide, *CCÉ* 3, 1992, pp. 145-152.
Engemann, J., À propos des amphores d· Abou Mina, *CCÉ* 3, 1992, pp.153-159.
Fraser, P.M., *Ptolemaic Alexandria*, Oxford, 1986, pp.132-174.
Manning, J.G., The Land-Tenure Regime in Ptolemaic Upper Egypt, Bowman, A.K. and Rogan, E.（eds.）, *Agriculture in Egypt: From Pharaonic to Modern Times*, New York, 1999, pp.83-105.
Marangou, A. et Marchand, S., Conteneurs importés et égyptiens de Tebtynis（Fayoum）de la deuxième moitié du IVe siècle av. J.-C. au Xe siècle apr. J.-C.（1994-2002）, *Amphores d'Égypte: de la basse époque à l'époque Arab*, vol.1, 2007, pp.239-296.
Ma'sū'a miṣr al-ḥadītha, uzāra al-thaqāfa, Chicago, London, Sydney, vol.3, 1996.
Rathbone, D., *Economic Rationalism and Rural Society in Third-Century A.D. Egypt: The Heroninos archive and the Appianus estate*, Cambridge, 2007, pp.188-195, pp.246-264, pp.466-471.
Samīr al-Sharqāwī, *Manf: madīna al-albāb fī miṣr al-qadīma*, al-qāhira, 2007.
Rosen, A.M., *Civilizing Climate: Social Responses to Climate Change in the Ancient Near East*, Plimouth, 2007, pp.89-96.
Thompson, D.J., *Memphis under the Ptolemies*, Princeton, 1988.
Thompson, D.J., New and Old in the Ptolemaic Fayyum, Bowman, A.K. and Rogan, E.（eds.）, *Agriculture in Egypt: From Pharaonic to Modern Times*, New York, 1999, pp.123-138.
Wikinson, A., *The Garden in Ancient Egypt*, London, 1998.
長谷川奏「ナイル・デルタの自然環境と人間活動の痕跡――緑地、砂漠、岩盤尾根、低湿地をめぐる生活戦略――」長谷部史彦編『ナイル・デルタの環境と文明Ⅰ』（早稲田大学イスラーム地域研究機構、二〇一二年）四三―五六頁
長谷川奏『地中海文明史の考古学――エジプト・物質文化研究の試み――』（彩流社、二〇一四年）
早稲田大学エジプト学研究所編『マルカタ南〔Ⅴ〕』（アケト出版、二〇〇五年）

遊牧民の移動と国際関係
中央ユーラシア環境史の一断面

野田　仁

カザフ遊牧民は、十八世紀以降、東の清と西のロシアの間に位置し、両国との関係を保ちながら好適な牧地を求めて移動を繰り返していた。厳冬をはじめとする環境変動は彼らの生活に大きな影響を及ぼし、その克服のための移動が行われた。一方で、この移動に対応した帝国側の保護・資源管理政策も確認できる。その後、遊牧民の移動が帝国間の「越境」とみなされるようになると、国際関係の中で問題を処理することが必要になった。

はじめに——中央ユーラシアの南北——

本論では、中央ユーラシア地域に焦点を当て、環境と歴史の関係性を考えてみたい。この地域——ここでは、旧ソ連の中央アジア五ヶ国に中国新疆を加えて、周辺のシベリアやモンゴルなども視野に入れる——は、大別すると、北側は草原・ステップの世界、南側はオアシス都市の世界に分けられる。したがってこの地域の歴史と環境を考えるときも、二つのパターンを念頭に置く必要がある。

第一の都市を中心とする農耕地帯においては水資源の確保が常に問題になっていた。これは、古くは灌漑水路の整備としてあらわれ、のちには河川の流れを変えようとする開発計画にまでいたった[1]。また現在、国際河川をめぐる争いが国際関係上の主要なファクターになっていることも興味深い。

第二の草原世界が、本論のメインターゲットとなる。遊牧民にとっての環境問題を考えてみると、気候変動、とりわけ冬季の冷害が重要であった。モンゴル語のゾト、あるいはカザフ語のジュトという言葉で知られる家畜の大量死は[2]、しばしば過酷な飢饉につながったからである。このような難環境を克服するに当たり、移動という手段がとられたことも注目すべき点である[3]。なぜなら、遊牧集団の移動は、しばしば他者の領域に入ることにつながり、それがさらなる対立や摩擦を引き起こし、また近代以降においては国際問題となることがあったからである。

一、遊牧民の「越境」と環境

遊牧と環境史

環境史の中で遊牧民ないし遊牧という生業はどのように描かれているだろうか。言うまでも無く、遊牧の大きな特徴は、季節移動を行うことにある。とくに冬季と夏季の間には長距離を移動し、ある程度広範囲な牧地を要する。環境負荷に対して脆弱な遊牧というイメージがあるかも知れないが、むしろその移動性により環境変動を克服できるとも言える[4]。したがって彼らの移動を環境の視点から見直すことは、遊牧民の環境史を考えることになりうる。ただし、遊牧民の歴史を考察する際に、彼ら自身による史料・記録の少なさがつねにネックとなることもここで確認しておきたい。

本論のおもな舞台となるのは、中央ユーラシアの中でも、カザフスタンと中国の間、今日の新疆西北とカザフスタン東部に重なる地域である。

移動の具体例と清の対応

それでは時間を戻して、この地域の遊牧民が周囲の帝国と関係を深める契機から整理を始めてみよう。モンゴル帝国とその後継国家が解体した後、十七〜十八世紀前半にかけて中央ユーラシアを席捲したのはジューンガルというモンゴル系遊牧民の帝国であった。その後、十八世紀半ばにジューンガルは清朝（中国）の征服を受ける。東トルキスタン（新疆）は清の領土となり、西へ遠征した清の軍人たちはカザフ遊牧民とも接触するようになった。カザフの一部は逆にかつてのジューンガルの牧地、すなわち東へと移動し、さらに清の領域に侵入するものもあった。

一方で清にとっての辺境であるこの地を防備するために、チャハル（察哈爾）・オイラト（衛拉特）などのモンゴル系遊牧民が駐屯し、さらにトルグート（土爾扈特）と呼ばれるロシアから帰還した集団も住む地域となっていたことも重要である。そのような辺境・国境地帯であることは、この地域についての比較的多くの記録をもたらした。新疆全体を考えて見れば、南のオアシスではやはり水利・土地利用が問題となっていたのに対し、北部の草原では、気象の変動に関心が向けられていた。清朝の辺境統治官らが中央に上奏した報告の中には、気候にかんするものが多く残されている。実際に、このような文書中に、冷害や降雪により移動を迫られる例を見ることができる。

以下、清朝の対応・資源管理[5]にも注意しながら、新疆北部――タルバガタイからイリにかけて――の清の境界

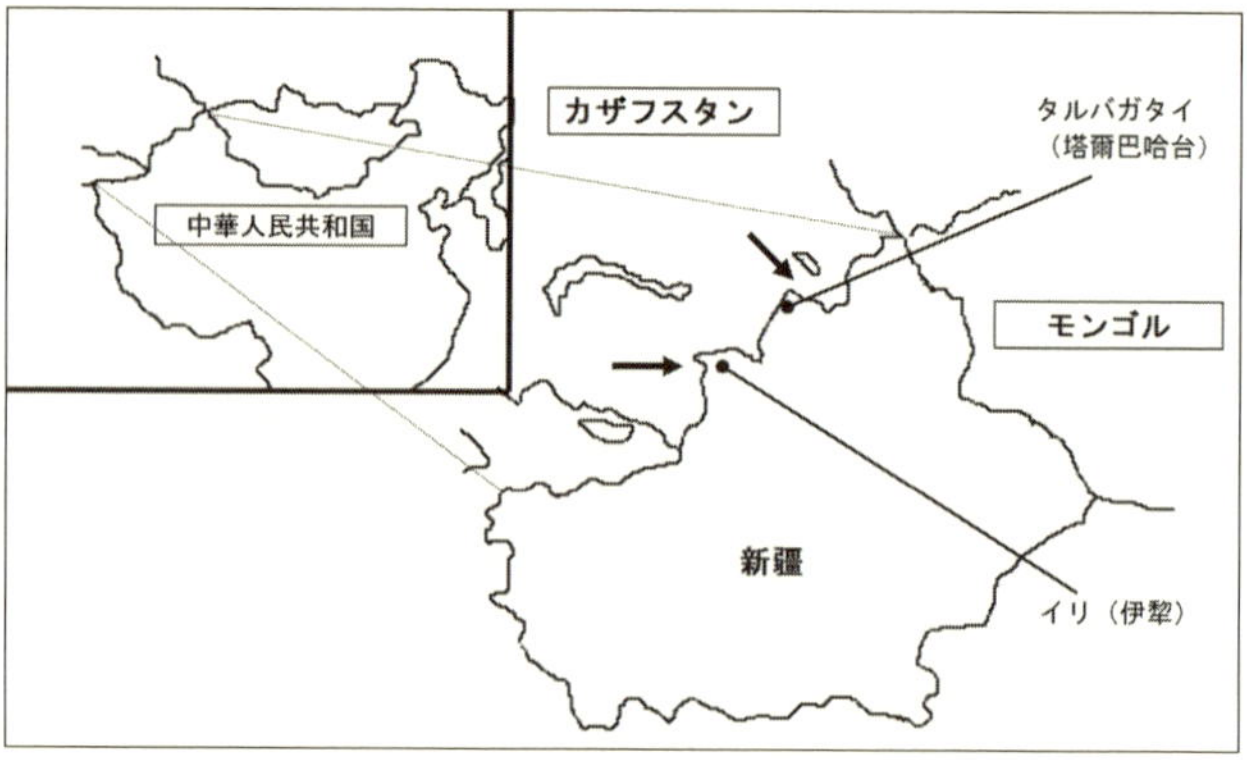

図1　現代中国と新疆ウイグル自治区、カザフの移動方向

付近の遊牧民の動向を検討してみたい（図1の矢印が移動の方向を示す）。

まず、カザフの侵入に対して、清側が、税の徴収により限定的に許可を与えていた例がある。ジューンガル滅亡後、その故地には、早くからカザフ遊牧民が移動を希望していた。もちろん好適な牧地——水場と草地——を求めてのことであったが、その大きな理由として寒冷な気候があった。たとえば一七六六年前後の厳冬や、一七八九年から九四年にかけての寒冷が文字史料にも記録されている。(6)十八世紀後半は、全体としては寒冷・湿潤な気候で、その中で単発的に厳しい冬が訪れていたと考えられるが、(7)いずれにしても清朝側はその対応に迫られていた。

カザフの牧地と清の領域の間に明確な境界線があったわけではないが、清は辺境防備のための哨所（カルン）をおおむね三〇～四〇キロメートルごとに設け、これらを結んだ線が実質的な国境線となっていたため、カザフの移動は「越境」・「侵入」に他ならなかった。したがって清側の基本的な姿勢としては、カザフの越境は禁止、かつ駆逐すべき行為であった。その一方で、気象条件の悪化にともなう移動、とくに冬季の寒冷を避けるための移動については特別に認めることも多かった。(8)

具体的には、冬季に一時的に清の領内に入ってくるカザフに対して、毎年巡察部隊を派遣してアルムやアルバンと呼ばれる馬税を徴収し、春になれば追い返すという方針を取っていた。ちなみに、徴収した馬は、軍馬としての需用（イリ・タルバガタイから西モンゴルのコブド等へも回送していた）[9]があり、また商品としてのカザフの家畜の価値もここ新疆においては高かったことを付言しておく。

次に、牧地の調整・再移動が挙げられる。

すでに触れたように、新疆北部には外から侵入する者だけではなく、清に属する遊牧民も存在していた。とくにモンゴル系のチャハル八旗が知られている。一七六二年以降、東方の張家口外から順次選ばれて派遣されてきた彼らは、当初イリ地方北辺のボロタラに駐屯していたが、のちに同じモンゴル系のトルグートが、六万人を越える規模でロシアのヴォルガ地方から「帰還」すると（一七七一年）、さらに北側へ移動する者もでた。これは、清朝が遊牧民の牧地がたがいに近接しないように指示を出していたためである。そもそもトルグート自身も清側の指示にしたがって、分散して牧地を定められていた。[10]チャハルの移動先であるタルバガタイ山脈では冷害に悩まされ、再移動する者も見られた。[11]チャハルらが冬季の寒さにより困窮すれば、トルグートの余剰家畜を彼らに給付して援助することもあったのである。[12]

彼らのような清の統治下に完全に組み込まれていた遊牧民とは対照的に、西から移動してくるカザフに対しては、清政府は明確に異なる態度で接していた。[13]一七九四年の皇帝の勅諭によれば、カザフの清領内への移住の希望に対して、他の集団もすでに多いので冬季のみの越冬に限ることを伝え、カザフは基本的に永住を許されなかったのである。[14]

第三に、犯罪とそれに対する処罰がある。

越境そのものも清にとって問題であったが、これに付随する越境者による犯罪、とくに家畜盗の処理は治安維持の面からも問題となった。もちろん外来のカザフが被害を受ける場合もあったが、家畜盗の多くは、カザフが清に属する民族集団（上述の遊牧民集団に加え、満・漢あるいは原住のイスラーム教徒も含む）から略奪をおこない、その際に清側の官吏の審査に付され、処刑されることもしばしば見られた。領外に逃亡した罪人を連れ戻す事例もあり清の処罰は徹底していたが、[15] カザフどうしの案件には不介入だったようである。

ここで検討したカザフ遊牧民の移動は、清側の境界線を越えて、またある意味ではそれを無視して行われた。それはカザフが清への明確な帰属意識を持っていなかったことに起因している。そして、そのことは清との間に越境や家畜盗に由来する様々な摩擦を生み、さらにロシアのカザフ草原への進出が顕著になり、多くのカザフ遊牧民がロシアの支配を受けるようになると、ロシア=清朝関係上の問題にも発展した。[16] つまり、清対カザフの構図から清対ロシアへと地域構造が変化し、それを環境の変動とも関連付けて考えることができるのである。

言いかえれば、清の辺境防備、あるいはこの地域の国際関係から見れば、気候変動による遊牧民の移動は、大きな不安定要因となった。ただし、むしろ重要なことは、清の側が（のちにはロシアも）そのことをある程度わきまえていて、気象の変化を把握しコントロールしようとしていた点ではないだろうか。すでに示した例から考えれば、気象状態を報告させ、遊牧民の状況をよく把握することにより、再移住・家畜供与などの対策を取る清の対応は、多民族からなるこの地域の統治には重要な要素となったに違いない。他の対策として、過放牧を防ぐため家畜が過密にならないように調整することもしていたが、これは資源管理（ここでは貿易時の価格調整）とも連動していた。

ここまでに見た辺境の遊牧民に対する対応は、ロシア帝国の場合にも類例を見出すことができる。以下、ロシア側の対応も踏まえつつ、さらに国際関係の中で遊牧民の移動がどう処理されるのかを検討したい。

二、遊牧民、帝国、国際関係

ロシア側の処理

ロシアの対応を考える上で、ロシアが設けていた要塞線について触れておく必要があろう。清の西北辺境に近い所では、西部シベリアのイルティシュ川沿いに要塞を設け、コサック兵を配備し、南方のカザフ遊牧民の侵入に備えていた。各要塞を結んだ線を要塞線と名付け、まさに清のカルン線と対峙するものであった。

ロシア帝国の西シベリア南部は、この要塞線を境としてカザフ草原に接し、その奥に清の領域までも視野に入れていた。カザフとロシアの関係は十八世紀前半以降、カザフが従属性を強めるという形で強化されていく。ロシアにとっての東南辺境に遊牧するカザフは、気象条件の悪化に対して、ロシア領内・要塞線内に逃げ込む[17]、あるいはロシア領を離れて清の領内に逃げ込むという手段を取ることがあった。

ここではロシア側に残っている記録として早期のものである一八四〇〜四一年のジュト（家畜の大量死）を例にロシアの対応を考察してみよう[18]。舞台はイルティシュ川上流のザイサン湖周辺、当時のロシアの行政区分ではアヤグズ・コクペクトゥ両管区内であった。この地域のカザフのいくつかの部族（マタイ、ウワク、ケレイ）は、この冬深刻な被害に遭い、深い雪とそれが雨のために融けた後の結氷により、家畜の多くは死に絶え、残ったわずかな家畜も乳を出せない状況に陥り、深刻な飢えが待ちかまえていた。例として、もっとも被害を被った三三二戸・約一六〇〇人が失った家畜は、一五一五頭のラクダ、七七〇九頭の馬、一九六一頭の有角家畜、牛と山羊は一万八三九一頭にのぼっていた。ほかにもそれぞれの地区当局に対して、被害額が続々と報告された。

このような苦境を前にしたカザフの対処は、コサックが護る要塞線内に逃げ込むか、ロシア人の土地に逃げ働き口を見出すことしかなかった。一方ロシア当局は、とくに被害の大きかった家族一三二戸について、食糧を与え、また商人らから寄付・義援金を募ったという。このころにはカザフの一部は農耕にも従事し始めており、種子の貸付などもロシア側の救済策として見られた。こうした一連の対策は、ロシアも清と同様に、気候変動を理由にした遊牧民の困窮に対して、一定の配慮を示していたと考えることができるだろう

清とロシアの関係の中で

十八世紀後半の状況とは異なり、十九世紀に入ると西北からのロシア帝国の勢力拡大は顕著になり、一八二〇年代以降にロシアがカザフの遊牧地に設置した管区制度によって、清と関係を持っていたカザフ遊牧民も次第にロシア統治下に組み込まれるようになる。とは言え、季節移動を行うカザフにとっては、夏営地がロシア領に、冬営地が清の領域内に位置するパターンも多く見られ、その場合は彼らの帰属はきわめて曖昧な――両属的な――あり方とならざるを得なかった。

十九世紀半ばになっても、カザフの東方への移動は続いていた。ロシア側の史料は、気候変動が理由で清朝領内に移動したという説明はしていないものの、実際は冷害による家畜の喪失はしばしば発生しており[19]、それを避けるための清への移動もあったのではないかと考えられる。清の領域への移動・「撤退」の事例はロシア史料にも少なからず残っており、またその多くがより良い冬営地を求めての移動であったことはたしかである。

ただし、移動先の清の側では、旧来の境界認識に基づき、変わらずに越境してくるカザフから入境税を徴収しようとしており、すでにロシアの国籍を持つ者は清側の要請に従わないこともあった。そうした矛盾はときに「国際」問題となり、一八四五年の例では、清の現地官吏からロシア当局に対して、「コクペクトゥから来たロシア人が『カザフはロシアに属している』と言って、馬税を払わせないので、そのロシア人を捕えてタルバガタイに連行した」旨が通達された[20]。またタルバガタイ周辺のみならず、一八五〇年前後のイリにおける両国の衝突も

知られている。[21] その後の数段階の国境画定交渉を経て、カザフの遊牧地は露清により分割される形となっていった（図2が清の領域の縮少、ロシア・清の境界の東漸を示している）。

それでも、ロシア領を脱して東方を目指す動きも止まらなかった。一八五〇年代以降の気候は、十八世紀後半が気温低下のトレンドであったのに対して、全体としては気温上昇と考えられる。にもかかわらず好条件を求めて東方、すなわち清朝領内を目指すカザフが相次いでいたのは、古くはモンゴル時代からタルバガタイ近くのエミルが主要な牧地と知られ、またイリ周辺はジューンガルの拠点であり、良好な牧地[22]を求めやすかったのかもしれない。この傾向は一八六四年以降の新疆における混乱時も変わらず、おもにカザフやクルグズが流入し混乱に拍車をかけていた。たとえば、イリ地方を目指したカザフのアルバン・クゼイ両部族の姿を史料上に確認できる。

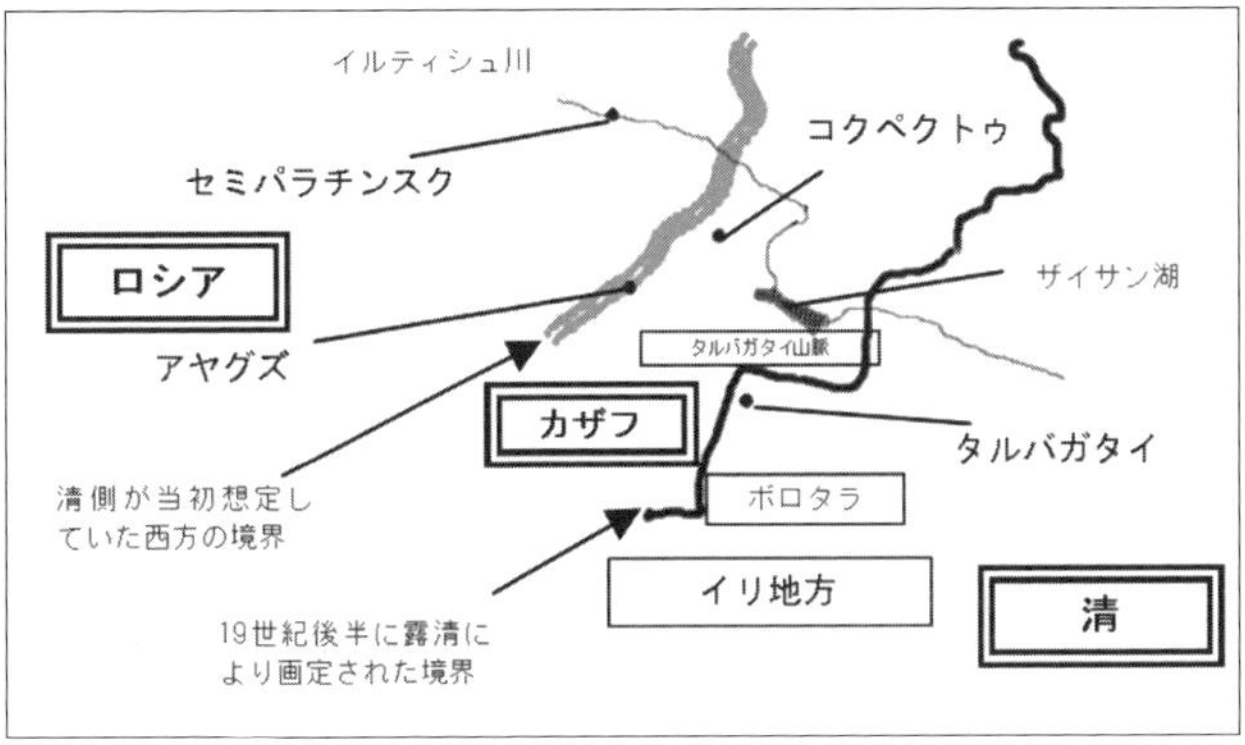

図2　イルティシュ川流域とロシア・清の境界

新疆のイリ地方では前述のようにトルグートをはじめとする多様な遊牧民がすでに牧地を構えていたが、カザフの流入は、当然在来の遊牧民とのトラブルを引き起こす。本章でも検討してきた家畜の掠奪や牧地争いなどは、露清間の国境画定後も頻発する結果となった。すでにロシア帝国と清朝は国境を接している以上、トラブルの解決は自然と国際交渉の様相を呈した。一例のみ紹介すると、一八七三年における遊牧民の間の土地をめぐる紛争について、集会裁判（ロシア語でスエズドと呼ぶ）によって裁定が行われたことが知られている。当時は新疆の北西端のイリ地方はロシア統治下にあったためロシア当局の主導により手続きが進められ、当事者双方の合意の下に夏営地・冬営地を分割し、境界を説明する文書に出席者が署名をし、結審の証しとしたのであった。[23] このとき係争の当事者となっていたのは、本来、清に属していたイリ地方のカザフ、トルグート、オイラトに加え、ロシア領内のカザフであった。家畜盗も含めて、このように異なる民族集団の間で解決が図られることが多かったこともこの地域の裁定の特徴である。

これらの事例からわかることは、十九世紀後半における国境、国籍の画定にともない、遊牧民の移動は環境克服の効果的な手段とならなくなってきたことである。むしろ、より多くの問題を生むようになったとも考えられる。なぜなら、それまでの帝国内での対応から帝国間の問題解決へと、衝突が拡大する結果をもたらしたからである。

おわりに――国際関係と環境――

本論では、遊牧民の環境史を手掛かりとして、気候変動にともなう困窮・被害をどのように克服するのか、さらに遊牧民を取り囲む帝国がどのようにそこから生じる問題を処理するのかという点を考察してきた。

中央ユーラシアの遊牧民にとって、環境の変化はしばしば厄災（干ばつや家畜の死）をもたらし、それを克服するために新たな牧地を求めて移動することは稀ではなかった。また、彼らの移動は近代以降の国家や国境の枠組みをも「越えて」行われることがあった。

他方、帝国側の史料に依拠していることを差し引いても、清およびロシアの対応・配慮の役割も小さくなかった。辺境の治安維持という側面が強いものの、気象状況を把握し、被害状況によっては一時的に収容する、また食糧を用意するなどの保護の意識が見受けられるからである。

しかし、十九世紀半ばを過ぎると、もはや遊牧民の移動は問題解決の有効策とはなり得なかったことも明らかである。その理由として、この地域では清とロシアの二帝国による包摂がカザフの越境を国際問題化したことが挙げられる。

写真１　新疆イリ渓谷のカザフの馬群（1907年）
出典：C.G. Mannerheim, *Across Asia from West to East in 1906-1908*, p. 256.

その一方で、複雑化する諸問題を前にして、これを解決する術が無かったかというとそうでもない。ここでは十分に論じることはできなかったが、先に述べた集会裁判がそれである。国境を跨ぐ矛盾・摩擦——多くは環境に起因する問題と言い換えられる——を包括的に解消するしくみとして、清・ロシア・帝国支配下の諸民族集団の三者が関与する、国際的な司法処理が求められ、やがて「国際」集会裁判へと収斂していくのである。[24] 少なくとも本論で検討した露清国境付近では、このような裁判による解決が秩序化に貢献し、また環境の克服、対処の方法の一つとして機能していたのであった。

国境を越えた裁判制度そのものもいまだ不明な点が多く、また水の確保の問題についても乾燥地である中央ユーラシアにおいては無視することができないなど残された課題は多いが、遊牧民の環境史をこのように切り取ることで、政治的に大きな変容を迎える近代の歴史をもとらえ直すアプローチとなることを期待したい。

付記　本章はＪＳＰＳ科研費23720353, 15K02914および早稲田大学二〇一四年度特定課題研究助成費（2014S-183）の成果の一部である。

注

（1）塩谷哲史『中央アジア灌漑史序説――ラウザーン運河とヒヴァ・ハン国の興亡――』（風響社、二〇一四年）を参照。

（2）後掲『中央ユーラシア環境史』第一巻所載（奈良間千之編『環境変動と人間』臨川書店、二〇一二年）の宇山智彦「カザフスタンにおけるジュト（家畜大量死）――文献資料と気象データ（一九世紀中葉――一九二〇年代）――」、またモンゴルの事例については、長沢孝司・尾崎孝宏編著『モンゴル遊牧社会と馬文化』（日本経済評論社、二〇〇八年）。筆者も参加した総合地球環境研究所のプロジェクト「民族／国家の交錯と生業変化を軸とした環境史の解明――中央ユーラシア半乾燥域の変遷――」（窪田順平代表）の成果が『中央ユーラシア環境史』（臨川書店、二〇一二～一三年、全四巻）としてまとめられている。カザフ遊牧民の移動について、野田仁「歴史の中のカザフの遊牧と移動」（承志編『国境の出現』（『中央ユーラシア環境史』第二巻）二〇一二年）がある。

（3）環境変動と遊牧民の移動について、篠田雅人ほか編『乾燥地の資源とその利用・保全』（古今書院、二〇一〇年）。

（4）牧地の交換という観点から、遊牧・牧畜の持続可能性について肯定的に説明することができよう。ヨアヒム・ラートカウ（海老根剛・森田直子共訳）『自然と権力――環境の世界史――』（みすず書房、二〇一二年）一〇四―一〇五頁。

（5）承志「中央ユーラシアにおける「国境」の誕生と遊牧の実態」（『中央ユーラシア環境史』第二巻）とは帝国による管理という面で議論の重なる所も多いが、本論では国際関係の視点に重点を置いている。

（6）早い例では一七六〇（乾隆二十五）年に、タルバガタイなどの地は清朝領であって、カザフの遊牧するところではないことを宣告したという上奏がある（『清代新疆満文檔案彙編』四十八巻（広西師範大学出版社、二〇一二年）一七〇頁）。

（7）奈良間千之「中央ユーラシアの自然環境と人間」（『中央ユーラシア環境史』第一巻）三〇五―三〇六頁。

（8）一七六七年初に、地表の凍結により放牧地が無いことが報告されている。中国第一歴史檔案館編『乾隆朝満文寄信檔訳編』（岳麓書社、二〇一一年）№一〇一八。

（9）『清代新疆満文檔案彙編』二四五巻、二四二頁。

（10）中国第一歴史檔案館満文部ほか編『満文土爾扈特檔案訳編』（民族出版社、一九八八年）四九頁。

（11）一七七二年の上奏文による。呉元豊ほか主編『清代西遷新疆察哈爾蒙古満文檔案全訳』（新疆人民出版社、二〇〇四年）一五八―一五九、一六五―一六六頁。

（12）支援・補償についても、前掲注5承志論文、八九頁を参照。

（13）清にとってのカザフ遊牧民との関係について、佐口透『新疆民族史研究』（吉川弘文館、一九八六年）、小沼孝博『清と中央アジア草原』（東京大学出版会、二〇一四年）も参照。

（14）『乾隆朝満文寄信檔』№四一四〇。同史料№三八八四に掲載の勅諭は、ある忠誠なカザフ貴族への「特恩」として清領内の滞在を認めているが、あくまでも一時的なものに限られていた。

（15）ロシア側の記録として、ロシア領内からカザフの有力者が連行されたという（野田仁『露清帝国とカザフ＝ハン国』東京大学出版会、二〇一一年、七八頁）。

（16）筆者が以前考察した、遊牧民の移動が気候変動、さらには政治環境の変化（ここではロシアの進出）によって引き起こされるプロセスについては、前掲注2野田論文参照。

（17）ロシア側でも清と同様に税を徴収することで移住を認めていた。Y. Malikov, *Tsars, Cossacks, and nomads: the formation of a borderland culture in Northern Kazakhstan in the 18th and 19th centuries*, Berlin: Klaus Schwarz, 2011.

（18）このときのジュトについては、以下を参照。N. Konshin, "Zametka ob odnom kirgizskom dzhute," *Zapiski Semipalatinskogo podotdela Zapadnogo-Sibirskogo otdela IRGO*, vyp. II, 1905a, pp. 1-18.

（19）一八四〇年～四一年のジュトによる疲弊とカザフの清領内への越境については、N. Konshin, "Materialy dlia istorii Stepnogo kraia VI. K istorii otkrytiia Kokpektinskogo okruga, s prilozheniiami," *Zapiski Semipalatinskogo podotdela Zapadnogo-Sibirskogo otdela IRGO*, vyp. II, 1905b, pp. 1-127。とくに三七頁が冬営地を求めての移動について記述する。

（20）Konshin 1905b, 40, 112.

（21）前掲注2野田論文、二五〇頁。

（22）良い冬営地の条件は、水場よりもむしろ、避寒できる場所、雪の下から飼料を探しうるところであった。V.P. Kurylev, *Skot, zemlia, obshchina u kocheykh I polukocheykh kazakhov*, SPb: MAE RAN, 1998, p. 85.

（23）野田仁「カザフ遊牧民の「慣習法」と裁判――ロシア統治期イリ地方の事例から見る帝国の司法制度と紛争解決――」（堀川徹・大江泰一郎・磯貝健一編『シャリーアとロシア帝国――近代中央ユーラシアの法と社会――』臨川書店、二〇一四年）九〇―九二頁。

（24）野田仁「帝国の境界を越えて――露清間の境域としてのカザフ――」（『歴史学研究』九一一、二〇一三年）。

偽バナナは消えたのか
北部エチオピアの栽培植物をめぐる歴史学的考察

石川博樹

「偽バナナ」と呼ばれる栽培植物がある。本稿では、十八世紀後半から十九世紀前半にかけて北部エチオピアにおいてこの植物の栽培が急速に廃れたとする説を、残されている文字史料に基づいて検討する。そしてそこから得られた知見を基にして環境史研究の課題について考察し、さらにアフリカを対象とする環境史研究の可能性を考えたい。

はじめに

アフリカ大陸のなかで、サハラ砂漠より南に位置する地域をサハラ以南アフリカと呼ぶ。一般に「アフリカ」と呼ばれるこの地域では、ヨーロッパ人による植民地支配が始まる前まで多くの社会において文字が使用されていなかった。その中では例外的に、エチオピアの高原部では紀元前よりゲエズ文字（エチオピア文字）を用いて記録が残されてきた。一二七〇年に成立し、概ね現在の北部エチオピアの高原地帯を版図としたソロモン朝エチオピア王国においても、数多くの文献が執筆された。しかしキリスト教徒が住人の大半を占めたこの王国において、文献の執筆を担ったのはキリスト教の聖職者であり、彼らが残した文献の大部分はキリスト教信仰に関連するものであった。中には君主の年代記のように、世俗の人物を対象とする文献も存在する。しかしそれとてキリスト教の神を賛美することを前提として執筆されていた。(1) このようなエチオピア側史料には当然のことながら自然環境に関わる記述は極めて乏しい。

エチオピア側史料から得られる情報が限られる中、重要な意味を持つのがイエズス会史料である。意外に思われるかもしれないが、エチオピア王国内では、日本とほぼ同じ時期にイエズス会がキリスト教、正確にはローマ・カトリック信仰の布教を試みた。エチオピア王国の住民は、四五一年のカルケドン公会議で異端とされた単性論派のキリスト教徒であったため、イエズス会士たちの布教活動は難航した。十七世紀に入って一時活況を呈したものの、結局イエズス会エチオピア布教は一六三〇年代前半に頓挫することになった。

布教のためにエチオピア王国を訪れたイエズス会士たちは多くの著作や書簡を残しており、それらはエチオピア王国史研究の重要史料となっている。それらの集成として最も重要なのが、イタリア人イエズス会士ベッカリが編纂した史料集である。(2) イエズス会士たちが残した記録の中には、エチオピア王国内の自然環境や植生についての解説も含まれている。また農作物や耕作方法に関する彼らの記述は、当時のエチオピア王国の農耕について具体的に知ることができる同時代史料として貴重である。イエズス会士たちはテフと呼ばれるエチオピア独特の穀類、小麦、大麦、モロコシといった穀類、各種の野菜、ヌグといわれる油料作物などが標高に応じて栽培されていたことを伝えている。

一、偽バナナとは？

さてイエズス会士たちが残した記録の中に、エンセーテと呼ばれる栽培植物についての記述が存在する。エンセーテ（学名Ensete ventricosum）とはアフリカ・アジアの熱帯地域に分布するバショウ科バショウ属の植物であり、その外見がバナナによく似ているため「偽バナナ」とも呼ばれる（写真1、図1）。エンセーテはバナナのように食用の実をつけるわけではないものの、その根茎部や偽茎に多量にデンプンを蓄えるため、現在でもエチオピアの南西部の複数の民族がこの作物から得られるデンプンを主食としている(3)（図2）。

イエズス会士たちがエチオピア高原を去ってからおよそ一四〇年後の一七七〇年代初頭に、スコットランド人探検家ブルースがエチオピア王国を訪れた。彼はナイルの水源を求めてタナ湖に流れ込む小アッバウィ川の流域を踏査した。そして彼はこの川の流域でエンセーテが栽培され、食用とされていたことを報告し、この植物について「ガッラ」によって青ナイル以南の地域から小アッバウィ川流域にもたらされたものであると説明している。「ガッラ」とは、十六世紀前半にエチオピアの南部から移動を開始し、その後エチオピアの中央部からケニアの北部にかけて広がる広大な領域に居住するようになったオロモと呼ばれる民族のことである。なお「ガッラ」は蔑称とされるので、以下、彼らの自称である「オロモ」という語を用いる。

イエズス会士とブルースのエンセーテに関する記述、特にオロモがエンセーテを北部エチオピアにもたらしたとするブルースの記述は、その後様々な議論を巻き起こした。

まず北部エチオピアにおいてかつて広くエンセーテが栽培されていたと考えるスティーラーは、オロモがエンセーテを北部エチオピアにもたらしたとするブルースの記述を否定し、彼が目にしたエンセーテはかつてこの地に広がっていたアガウという民族によるエンセーテ栽培の名残であると主張した(4)。一九五三年から一九五四年に

図1　ブルースの著作に見えるエンセーテの図
ブルースの著作『ナイル水源発見旅行』第5巻の動植物誌の中に含まれているエンセーテの図。

写真1　青ナイル源流近くのエンセーテ
小アッバウィ川を遡ると青ナイルの源流にたどりつく。これは源流近くのギーシュ・アッバイ村のエンセーテ。

かけて北部エチオピアにおいて調査を行ったサイモンズは、アガウがこの植物を広範に栽培していた証拠は見られないと述べ、スティーラーの説に疑問を呈している。[5] サイモンズはオロモがエンセーテを北部にもたらしたとするブルースの記述を否定せず、また十八世紀後半、すなわちブルースがエチオピアに滞在した時代に、タナ湖の南に位置する地域においてアガウがエンセーテを主食としていたことは間違いないとも述べている。

　その後ソロモン朝エチオピア王国史研究の第一人者であるパンカーストは、青ナイル以北にエンセーテをもたらしたのは、十六世紀のオロモの大移動の際に、彼らに追われて王国内に移住した「ダモト人」であったと述べるとともに、オロモが北部エチオピアにエンセーテをもたらしたとするブルースの記述を否定した。[6] パンカーストがこの論考を発表してから、オロモとエンセーテの関係に関するブルースの記述の信憑性を疑うことが一般化した。

エチオピアの栽培植物について研究を行っている歴史学者マッキャンと考古学者ブラントは、パンカーストのこの論考に依拠しつつ、ブルースの記述と一八四〇年代に北部エチオピアを訪れた英国人探検家ビークの報告(7)を比較して、一七七〇年代から一八四〇年代にかけてエンセーテの栽培がタナ湖と青ナイルに囲まれたゴッジャムと呼ばれる地域において急速に廃れたと主張している(8)。

しかしエンセーテに関する史料を用いたこれらの先行研究には、史料の誤読あるいは恣意的な解釈など問題点が少なからず見受けられ、関連記録を精査したものとは言い難い。ここではイエズス会士およびブルースが残した記録を再検討することにより、十八世紀から十九世紀にかけてゴッジャムのエンセーテ栽培が急速に廃れたとするマッキャンとブラントの説を検証する。

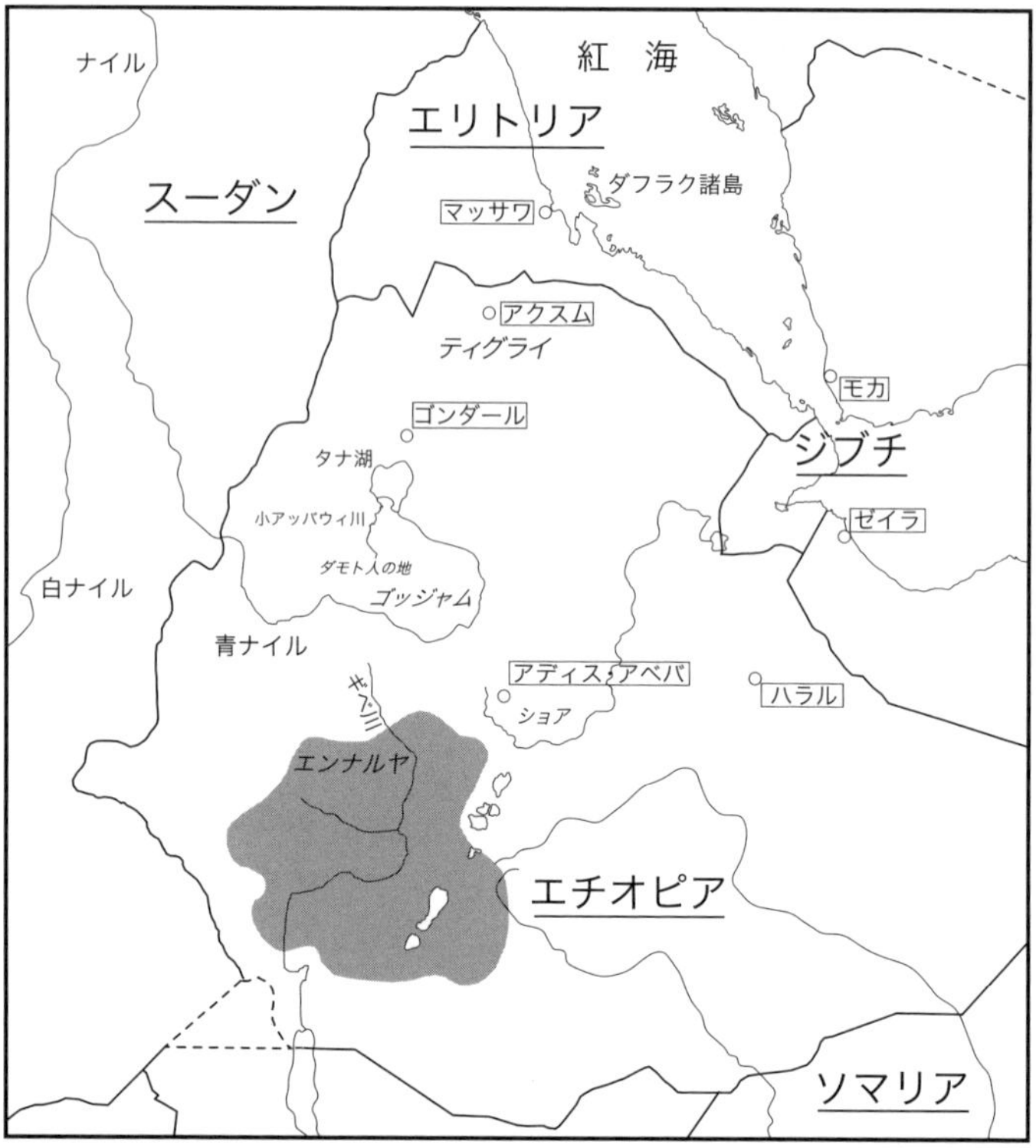

図2　現在のエンセーテ栽培地　下線を付した地名は国名、枠で囲まれた地名は主要都市名、網掛けをした部分が現在のエンセーテ栽培地。

二、関連記述の再検討

「この地に特有の作物」とは?

イエズス会士のエンセーテに関連する記述の中でまず検討しなければならないのは、一六二四年から一六三三年までエチオピア王国内で布教活動に従事したイエズス会士アルメイダの著作に見える「エンセーテはこの地に特有の樹木である」という一文である。この文の原文はポルトガル語で Ensete he huma arvore propria desta terra と書かれているが、マッキャンは「この地に特有の樹木」という部分を「この国(すなわち北部エチオピア)に特有の樹木 a tree peculiar to this country [i.e., northern Ethiopia]」と訳している。(9) さらにブラントは、アルメイダの「ナレアの諸地方において、それは大部分の人々の食糧となっている」という記述を、ゴッジャムにおいて当時エンセーテが主食であったかのように解釈している。(10)

しかしマッキャンとブラントの解釈は、エンナルヤ(アルメイダの「ナレア」)という地域が当時置かれていた特殊な立場を考慮したものではなく、正確ではない。エンナルヤはギベ川流域にあり、十六世紀後半にオロモがこの地域に進出した(図2)。しかしこの時点でエンナルヤの先住民は完全にオロモに征服されず、その後も十七世紀半ばまで名目的にせよソロモン朝の君主に服属していた。アルメイダは、ソロモン朝君主ススネヨス(在位一六〇七~一六三二年)の治世におけるエチオピア王国の版図と、オロモの移動が始まる前のかつての王国の版図について解説している。(11) それを見るとエンナルヤはススネヨス治世にも王国を構成する領域の一つに数えられているのに対して、ゴッジャムとエンナルヤの間に位置した地域はススネヨス治世の王国の版図には含まれていない。すなわちススネヨス治世においてエンナルヤは王国の飛び地であったのである。アルメイダの記述は、エンセーテが「エンナルヤを含むエチオピア王国の領域」に特有の樹木であり、かつエンナルヤにおいて多くの人々の食糧源となっているにすぎず、これをもってエンセーテが北部エチオピア固有の樹木であるとか、ゴッジャムにおいて人々の主食となっていたと主張することはできない。

北部エチオピアにおけるエンセーテ栽培地域

アルメイダがエンセーテに関する記述の中で具体的な地名として挙げているのはエンナルヤだけであるが、イエズス会士ロボは「ダモト人」のエンセーテ利用について実見し、その詳細を記録している。[12] ロボがエンセーテを目にした「ダモト人の地」はゴッジャムの一画であった。[13] 彼の記述によれば、ダモト人はエンセーテの葉を包装材として用いるだけではなく、その繊維から工芸品をつくり、葉柄などからつくった澱粉を食用とし、そして株分けによって大量に増やしていた。

次にブルースの著作に見えるエンセーテ栽培地域について検討しよう。彼のエンセーテに関する記述は三種類に大別できる。まずブルースのエンセーテに関する最もまとまった解説は、彼の著作の第五巻の動植物誌の中に見られる。この中で彼はエンセーテの原産地などについて解説している。[14] 次にエチオピア王国内のエンセーテについて、彼は二種類の記述を残している。最初の記述はエチオピア王国の地域解説の中に見える。それによれば小アッバウィ川下流域のマイチャは水はけが悪い土地であるために穀類をほとんど産せず、人々はエンセーテを主食としていたという。[15] 二番目の記述は、ブルースが「ナイルの水源」を求めて小アッバウィ川を遡行した際の記録である。その中で彼は小アッバウィ川中・上流域の一部の地域でエンセーテが栽培されており、それが食用とされ、またその葉で工芸品がつくられていたことを報告している。そして冒頭で述べたように、この植物をオロモがこの地にもたらしたとも解説している。[16] すなわちブルースの記述からは、北部エチオピアにおいて小アッバウィ川の流域でエンセーテが栽培され、食用とされていたことがうかがえる。

このようにイエズス会士とブルースの記述に、エンセーテが栽培され、食用とされていたことを確認できる北部エチオピアの地域は、ダモト人居住地および小アッバウィ川流域であった。紙幅の都合で詳細は割愛せざるを得ないが、イエズス会士およびブルースの記述を見る限り、当時ゴッジャムでは基本的に穀類栽培を主体とする農耕が行われていたと考えられる。スティーラーがエンセーテ栽培民であると考えたアガウも同様であった。すなわち十七世紀から十八世紀にかけて、エンセーテ栽培はゴッジャムのごく一部の地域で行われていたにすぎない。

三、考察

冒頭で述べたように、マッキャンとブラントは一七七〇年代から一八四〇年代までの間に、北部エチオピアのゴッジャムにおいてエンセーテ栽培が急速に廃れたと述べている。ブラントはその要因については不明であると述べつつ、十八世紀末から十九世紀半ばまで続いた政情不安の中で、農民たちにとって収穫までに時間のかかるエンセーテの栽培が困難になり、穀類の栽培が好まれるようになったのではないか、あるいは常備軍の維持などで出費のかさんだ為政者たちも穀類栽培を推奨したのではないかと推測している。[17] このようなマッキャンとブラントの主張は十八世紀までゴッジャムにおいてエンセーテが広く栽培されていたという前提のもとになされている。しかし前述のごとくエンセーテ栽培はこの地域のごく一部で行われていたにすぎない。したがってマッキャンとブラントの説はそもそも成り立たないということになる。

それでは北部エチオピアでイエズス会士たちとブルースが目にしたエンセーテ栽培とはいかなる背景を持つものであったのであろうか。この問いに答えるためには、ダモト人がいかなる集団であったのかを明らかにし、また現在のところ根拠のない憶測であるとみなされている「オロモがエンセーテを北部エチオピアにもたらした」というブルースの記述の信憑性について検討する必要がある。[18] それとともに小アッバウィ川流域に現在でも生育しているエンセーテについて他地域のエンセーテとの植物学的な比較を広範に実施すること、十八世紀以前の小アッバウィ川流域の環境を解明し、それと現在エンセーテが栽培されている地域の環境を比較することも必要となろう。

おわりに

さてここまでエチオピアのごく狭い領域で栽培されていた一つの植物をめぐる学説の検証を行ってきた。そこから浮き彫りになるのは、過去の自然環境に関して文字史料に基づいて研究することの危うさ、そして困難さである。

自然環境に関わる歴史学的研究は、通常の歴史学研究に比べて長い期間を対象とし、また広大な領域を対象とする。それゆえに研究者は個々の時代・地域の研究を専門とする他者の見解に依存せざるを得ない。しかしそれゆえに歴史的な背景を十分に把握していない研究者によって関連記述が恣意的に解釈され、誤った結論が導き出されることもしばしば起こり得る。今回のエンセーテをめぐる議論においては、オロモの移動によって生じたエチオピア王国内の混乱状況を念頭に置いていないがゆえにいくつかの重要な記述が誤って解釈された。

史料言語をめぐる問題も深刻である。北部エチオピアのエンセーテをめぐる議論においては、ポルトガル語で書かれたイエズス会士の記録について、それらが重要史料であるにもかかわらず研究者の多くが英語抄訳版[19]に依存し、原文に基づいて史料を検討するという歴史学研究の根本をおろそかにしてきた。彼らが犯した誤解や恣意的な解釈の中に、この問題に起因するものは少なくない。アフリカ史研究においては往々にして複数の言語で書かれた史料を用いて研究する必要がある。その中で環境史を研究する際、史料への適切な対応は避けて通れない問題であると言えよう。

環境史研究においては、異なる学問領域の研究成果の安易な援用がしばしば批判されてきた。しかし振り返ってみれば、個々の学問領域においても他の研究者の研究成果が正確に扱われてきたと言えるであろうか。特に歴史学研究の場合、多種多様な史料から導きだされた研究成果を適切に総合して結論を導き出すことは、極めて困難なことと思われる。

しかしこのような困難さを抱えながらも、環境史研究がアフリカ史研究において重要な課題であることは論を待たない。例えばエチオピア史について言えば、ソロモン朝エチオピア王国の版図を半分程度に縮小させるとともに、現在のエチオピアの民族分布の形成に大きな影響を与えたオロモの大移動について、それを引き起こした誘因は未だ明らかにされていない。この大移動がオロモ社会内部の変化に起因するものであったのか、それとも気候変動による彼らの原住地周辺の自然環境の変化に起因するものであったのかが明らかになれば、我々のエチオピア史理解は大きく前進することになるであろう。

さて最後にアフリカ史研究そのものについて一言述べておきたい。アフリカの歴史を語る際、我が国においてはしばしば文字史料の乏しさ、時にはその欠如を前提として議論がなされてきた。歴史叙述と文字の関係について洞察することが歴史学研究上重要であることは論を俟たないが、植民地支配の開始、そしてアフリカ諸国の独立からすでに長い年月が経過した現在、この地域の歴史を研究するために用いることの出来る史料が蓄積されている事実を直視すべきであろう。アフリカの環境問題が世間の注目を集めて久しい現在、他の学問分野における研究の蓄積が厚く、学際的な研究を進めやすい環境にあるというアフリカ研究の利点を最大限に活かしつつ、利用し得る史料を駆使してアフリカの環境に関わる歴史学的な研究を進めることは、歴史学界に求められている喫緊の課題の一つではなかろうか。

注

(1) このようなソロモン朝エチオピア王国における歴史叙述の特質については、拙著(石川博樹『ソロモン朝エチオピア王国の興亡――オロモ進出後の王国史の再検討――』山川出版社、二〇〇九年)の序第四節を参照。

(2) Beccari, C. ed., *Rerum aethiopicarum scriptores occidentales inediti a saeculo XVI ad XIX*, 15 vols., Culture et civilisation, Bruxelles, 1969 (1st ed. Roma, 1903-1917).

(3) 現在見られるエンセーテの利用方法については、重田の解説(重田眞義「ヒト――植物関係の実相――エチオピア西南部オモ系農耕民アリのエンセーテ栽培と利用」(『季刊人類学』第一九巻第一号、一九八八年、二〇三―二四一頁)を参照。

(4) Stiehler, W., Studien zur Landwirtschafts- und Siedlungsgeographie Äthiopiens, *Erdkunde: Archiv für Wissenschaftliche Geographie*, vol. 2, 1948, pp.257-281.

(5) Simoons, F. J., Some Questions on the Economic Prehistory of Ethiopia, *Journal of African History*, vol. 6, 1961, pp.1-13.

(6) Pankhurst, R., Enset as Seen in Early Ethiopian Literature: History and Diffusion, Tsedeke Abate, Clifton Hiebsch, Steven A. Brandt, Seifu Gebremariam, eds., *Enset-based Sustainable Agriculture in Ethiopia*, Institute of Agricultural Research, Addis Abeba, 1996, pp.47-52.

(7) Beke, C. T., Abyssinia: Being a Continuation of Routes in that Country, *Journal of the Royal Geographical Society*, vol. 14, 1844, pp.2-76.

(8) McCann, J. C., *People of the Plow: An Agricultural History of Ethiopia, 1800-1990*, The University of Wisconsin Press, Madison, 1995, pp.53-55; Brandt, S. A., The Evolution of Ensete Farming, Fukui, K., Kurimoto, E., Shigeta, M., eds., Ethiopia in Broader Perspective (Papers of the XIIIth International Conference of Ethiopian Studies, Kyoto, 12-17 December 1997), 3vols., Shokado Book Sellers, Kyoto, 1997, vol. 3, pp.848-849.

(9) 前掲注8 McCann p.54.

(10) 前掲注8 Brandt, p.848.

（11） 前掲注8 Beccari, pp.7-16.

（12） Lobo, J., *Itinerário e outros escritos inéditos*, M. Gonçalves da Costa, ed., Livraria civilização, Minho, 1971, pp.459-461.

（13） パンカーストはロボがエンセーテを目撃した地域について「ダモト、すなわちギベ川の北に位置する地域」と記している（前掲注6 Pankhurst, p.47）。「ギベ川の北」とは青ナイル以南の地を指していると思われるが、これは正しくない。オロモの攻撃を受けると青ナイル以南に位置していた「ダモト」から住民の一部がゴッジャムに移住した。ロボが訪れたのはゴッジャムのダモト人居住地であった。

（14） Bruce, J., *Travels to Discover the Source of the Nile in the Years 1769*, 1770, 1771, 1772, and 1773, 5 vols., London, 1790, vol. 5, pp.36-41.

（15） 前掲注8 Bruce, pp.257-258.

（16） 前掲注8 Bruce, pp.584-585, p.589.

（17） 前掲注8 Brandt, pp.848-849.

（18） 十六世紀から十八世紀にかけての各種史料に見える北部エチオピアにおけるエンセーテ栽培に関する記述については、拙稿（「一六～一八世紀のエチオピアにおけるエンセーテ栽培に関する史料訳注」（『アジア・アフリカ言語文化研究』第八四号、二〇一二年、一六三―一八一頁）を参照。エンセーテに関するブルースの記述の信憑性については、拙稿（「一七、一八世紀北部エチオピアにおけるエンセーテの食用栽培に関する再検討」『アフリカ研究』第八〇号、二〇一二年、一―一四頁）において検討した。

（19） Beckingham, C. F. & Huntingford, G. W. B., eds., *Some Records of Ethiopia 1593-1646: Being Extracts from the History of High Ethiopia or Abassia by Manoel de Almeida together with Bahrey's History of the Galla*, The Hakluyt Society, London, 1954.

◉ヨーロッパ・アメリカ

イギリス鉱物資源史と環境
コーンウォル半島鉱業地域の事例から

水井万里子

環境と鉱物資源の歴史研究では、一国の発展史上における工業化とこれに付随する環境への負荷が一般に強調される。しかし、資源人類学の論点からイギリス鉱物資源（すず）史を見ると、一国史の枠を越えた資源連鎖を見渡す視野が得られ、固有の慣習を長期的に維持しつつ環境＝鉱物資源と共生した鉱業関係者の集団の在り方が浮かびあがる。

はじめに

ヨーロッパの西端に位置するグレート・ブリテン島は鉱物資源、とりわけ非鉄金属である銅・鉛・すずの生産地として古くから知られていた。本論でとりあげるすずは、同島の南西部コーンウォル半島が主要な産出地で、古代ローマ帝国の辺境統治下にあった時代に、既に帝国の中心部に向けて供給がなされていた。その後中世期にイングランド王国に統合されたこの地からは、イタリア半島の都市国家を通じてすずが地中海に運ばれていく。

さらに、近世から十九世紀初頭にかけて、イギリスはヨーロッパ大陸各地や地中海のオスマン帝国への輸出だけでなく、東インド会社を通じてアジア（インド全域、中国）へもすずを輸出し、鉛や銅とあわせた非鉄金属がイギリスの主要な輸出商品として毛織物に次ぐ第二位の位置を占めるにいたった。しばしば鉱物資源を特徴づけている偏在性と希少性によって、この地のすず鉱業に携わる人びとは常に「外部」の資源利用者の存在を意識させられたが、このことは彼らの生業と日常に一定のリズムを与えてきたのである。(1)

いうまでもなく、鉱物は「環境」の一部である「地中」に埋もれている天然の物質である。人類社会の鉱物利用の歴史は、古代文明から現代にいたるまで、地球規模で切れ目なく辿っていけるだろう。この「人と鉱物資源」の関係を「環境」の地平に置いて、多様な角度から資源をめぐる論点を提示してきた資源人類学の問題関心は、歴史学の中にあって産業史、流通史、労働史を含む社会経済史、地域史といった個別分野で扱われることが多い「鉱業に従事する人びとの歴史」に新たな研究視角を与える。

鉱業を生業とするイギリスの社会集団として、歴史上ディーンの森、ダービシャ、カンバーランド、サマセット、コーンウォル半島の五つが著名だが、これらの鉱業者集団は共通して、独特な法・慣習・ルール・制度を伝統的に有したことが特徴としてあげられる。(2) ここでは筆者の専門であるコーンウォル半島のすず鉱業者集団に的を絞って、資源人類学の研究視角を適宜参照しつつ、環境と歴史学という問題関心に「鉱物資源史」の試みとして応えたい。

一、環境と生きる

環境の資源化

資源人類学では、「資源」について「『環境』を構成するもののうち、人間の利用に供されるもの」と置き、資源という概念が人間の「欲求と利用能力」に関わることで初めて生まれ出るものだとする経済地理学の議論を重視する。[3] これによれば、さまざまな物からなる環境と、その一部を利用する人の間の「相関関係」によって資源は「作られる」のであり、環境中の鉱石を利用可能にする「資源化」は、鉱石の採掘、選鉱、製錬、精錬を経て実践され、ようやく合金原料等の「鉱物資源」として利用が可能になるのである。鉱山地域において、採掘に適した鉱脈に当たるかどうかはある種の投機であり、表層の土地区分、土地所有の形態とは関わりなく鉱脈が地中を走っているケースもしばしばある。コーンウォル半島のすず鉱業地帯では、鉱物採掘が農業等の他産業に優先するルールが十三世紀には既に形成されていた（図1）。

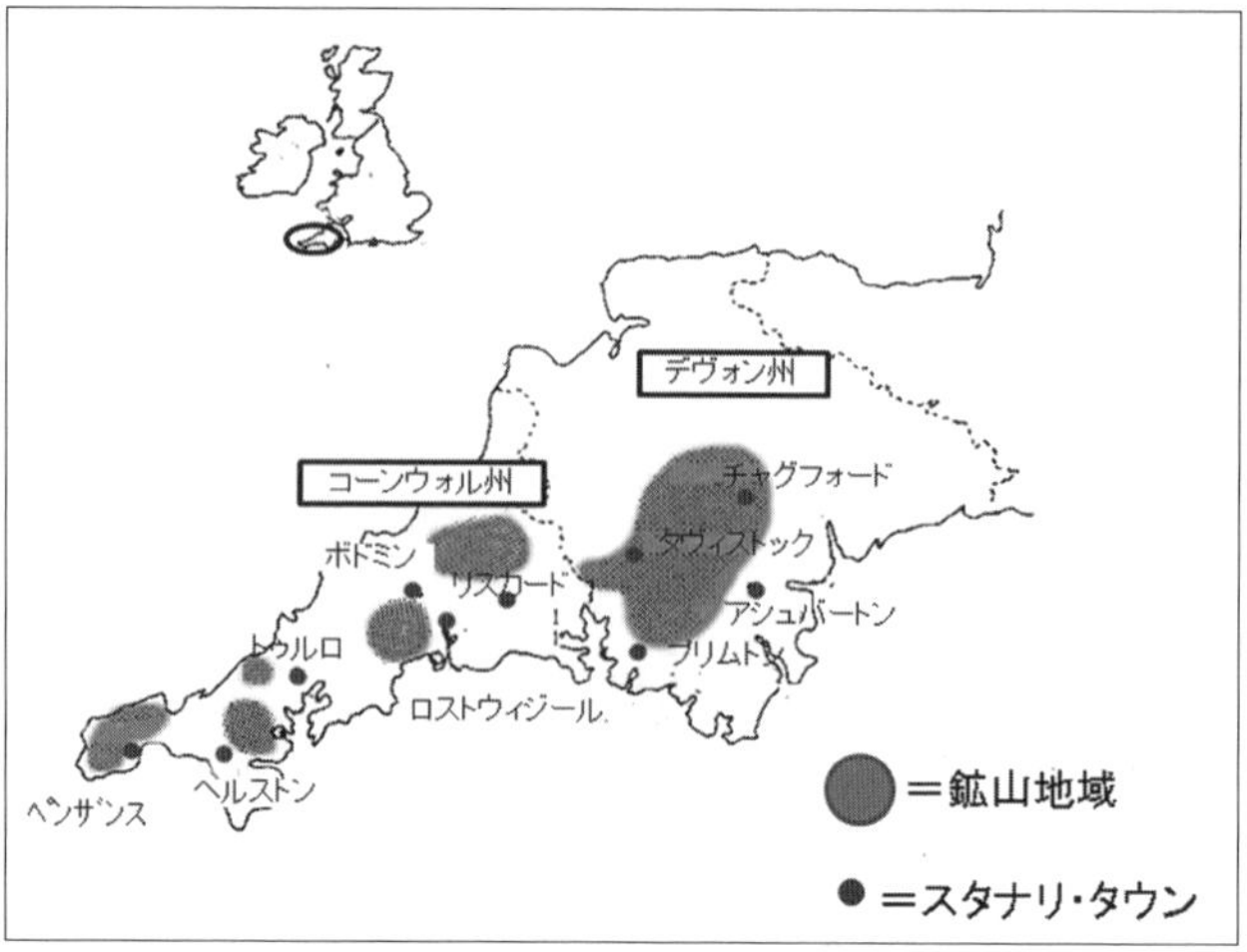

図1　コーンウォル半島のすず鉱業地域とスタナリ・タウン

地中の鉱物の所有権は表層の土地所有者ではなく鉱物採掘者の側にあり、採掘権は鉱夫が約四〇〇〇平方メートル四方の四角形の採掘予定地の四隅に土を盛るだけで発生した。建物の破壊と教会施設・領地への侵入は禁じられていたが、農地保有者にとって作物の育った農地に採掘地が設けられる事態を回避する手段はなかった。異議を申立てようにも、後述するように鉱業関係者は独自の鉱山法の下にあり、鉱業利害に関わる訴訟である限り一般法廷では裁かれない特権を持っていたため勝ち目は少なかったのである。結局、土地所有者はトール・ティンというすずの取り分（現物）を受け取って、自らも鉱業関係者となった。(4)

コーンウォル半島の生活リズム

ブリテン島南西部コーンウォル半島の地理的特徴として、まず、政治・経済・文化の中心であるロンドンなど南東部からの陸路によるアクセスの困難さがあげられる。ロンドンからコーンウォル半島最西端の街ペンザンスまで現在なら特急で五時間余りの旅であるが、近世にあっては隣接するデヴォン州までロンドンから馬旅で二日余り、そこからは山がちな悪路が続き、すず鉱業地帯の中心であるコーンウォル半島最西部まで天候によってはさらに三〜五日かかる場合があった。このため海路の方が早くから開け、海運業・漁業が発達し、船舶・漁業関係者のコミュニティが半島の港町ごとに存在した。そのため鉱業生産も海のルートと強く結びついて発展した。すずはスタナリ・タウンと呼ばれる半島中に点在した複数の集積地から近隣の港町へ運ばれ、そこからロンドンや海外へ運び出されていった。鉱物埋蔵量の豊かさと、三方を海で囲まれた半島という外部地域からのアクセスの難しさという地理的「環境」は、以下にあげるような同地の人びとの生活様式や社会集団の制度、鉱物資源の共有ルールの形成に深くかかわることになった。(5)

すず鉱業関係者は半農半鉱であったといわれることが多いが、より詳細な研究が進み、近世までには世帯内分業が行われていたと考えられるようになった。近世イギリスの農村社会では一世代の核家族の暮らしがほぼ一般的であったとされるが、コーンウォル半島西部の鉱業中心地域では三世帯同居の大家族が広く見られた。鉱業に従事し採掘地に入る者の多くは男性で、若者とその父親が中心であった。引退した祖父の世代と女性・子供は家に残って農業を行った。秋から冬の終わりまでコーンウォル半島の気候は嵐が多く採掘には向かないので、中世末期まで春先から秋口までに集中して採掘が行われていたが、近世になると真冬でもこれが行われるようになった。盛夏、秋、冬の年三回、各地のスタナリ・タウン（前掲図1参照）で行われる「コイネージ」に製錬後のブロック型すずが持ち込まれ、ここで計量・純度検査と、重量に応じた納税が行われた。現金収入は納税後、王権の刻印済のすずを仲買人に売却した時に得られるため、多くの鉱山関係者にとって年二〜三回しかこれを得る機会はなかった。そこで、仲買人から生産前に現金を受け取る場合も近世初期に生じたが、市価よりはるかに低い単価でのすず売渡しが生産者に強いられたため、違法な「高利貸」にあたるとして十六世紀末に政府が監視することになった。(6) 十八世紀半ばには、排水の機械化等により縦坑の坑道は深く地中に広がり、採掘も年間を通じて行われるようになった。コイネージは十九世紀に入ると六週間ごとに各地のスタナリ・タウンで巡回実施されたが、流通の停滞を招いているとして一八三八年には議会立法でコイネージと税徴収が廃止されることになった。(7)

二、資源と生きる

資源の連鎖

次に資源人類学の論点である「資源連鎖」(8)から、鉱物資源すずを考えたい。鉱物すずが資源化する過程の端緒は、地球の内部で自然史的に鉱石が生成される長い時間である。これを人間が採掘し、金属として利用可能にするには、知識や認識、経験をもとにした技術がある水準まで高まっていなければならない。たとえば冶金の技術がそれであるが、そうした技術そのもののもまた資源としてとらえられるのである。さらに採掘技術を持った人びとは貴重な労働資源である。この他、製造・加工・流通・輸出などに関わる人びとは皆それぞれの技術・知識を持った人的資源であった。これらの人的資源は各地で再生産の過程を持っている。最後に資源はこれをコントロールし得る政治的・経済的諸機関の国際的な交渉材料「影響力資源」になる。現代の資源カルテルなどがその代表的な事例であろう。一方、グローバルな市場を経由した原料は加工された後に末端の消費者に届くわけだが、各地の人びとの利用の仕方がすずの資源としての価値をそれぞれの地でまた決めていく。

この資源連鎖の枠組みを使って、鉱物資源すずに関わる人びとの在り方を以下具体的に見ていく。

スタナリーズの人びと

コーンウォル半島のすず鉱業者固有の機関であるスタナリーズは、鉱山法「スタナリ・ロー」の管轄下にあり、皇太子コーンウォル公爵の下で司法、立法、行政権を十三世紀初頭の認可状で与えられた。そのメンバーはすべてティナーと呼ばれ、末端の鉱夫から鉱夫の親方、選鉱関係者、製錬所の所有者・労働者、鉱山区域の表層の土地所有者、一部の仲買商人までを含んでいた。ローカルな人びとが代々営んできたこの地のすず鉱業に外部の人間が参入することは容易なことではなかったが、完全に閉鎖的であったわけではなく、例えばロンドン商人がこの地に移り住み、この地の慣習やリズムの中ですず鉱業にティナーとして参入することもできた。末端の鉱夫も親方の下で共同作業の一員として一定期間働き認められることで、ティナーとして司法特権の恩恵を受けることができた。スタナリーズ内部では土地の所有者やすず商人、製錬所の所有者などが近世以降、上層のティナーとして位置づけられるようになり、末端の鉱夫ティナーとの間に格差が生まれていく。(9)

スタナリーズの外の人びと

次に、資源連鎖にともなう人的な広がりについて、まずイギリス国内から見てみたい。生産地スタナリーズは先に述べたように採掘、選鉱、製錬までを行う。コイネージで軽量・純度検査、納税を済ませたブロック型のすずは、王権の刻印を押されて仲買人に買い取られていく。仲買人はコーンウォル半島の外部者がほとんどで、中世期にはヴェネツィア、フィレンツェ等イタリア都市国家の商人が地中海に輸出し、近世ではロンドンのレヴァント会社の商人が地中海向けすず輸出を独占する。これに加えてイギリス東インド会社も大口の輸出業者であった。一方、年間生産量の半分弱が国内加工業のピュータ（すず合金）産業で原料として使用され、ロンドンの同業者組合が国内向けすずの大半のシェアを握っていた。国内ではロンドンのピュータ業者から配分されるすずを、地方のピュータ業者組合、接合剤原料としてすずを使用する鉛管工組合が購入した。十八世紀中にはブリストルなどでブリキ産業がすずメッキ業として大きく発展した。

海外に目を転じてみれば、近世にロンドン港から輸出されたイギリスすずは、地中海東部レヴァントが主要な輸出先であった。当時オスマン帝国で青銅兵器鋳造用のすずのニーズは高かった。その供給は帝国外部からの輸入に依存していたが、十六世紀にローマ教皇の禁輸措置を無視し、プロテスタント国家イギリスの商人が、オスマン帝国領へ向けすずを輸出した。また、イギリス東インド会社も新たな市場開拓に際し、毛織物とともにすずの輸出可能性を常に探っていた。特にペルシア国内やムガル帝国のスーラトに有力な市場があったが、東南アジア産のすずがインド商人やオランダ東インド会社によって同時に持ち込まれていたので、インド洋の消費者は東南アジア産とイギリス産双方のすずを手に入れることができた。イギリスすずの資源連鎖がアジアすずの資源連鎖と交錯する状況を見出せるのである。

一七世紀前半から一八世紀半ばまで、オランダ東インド会社により東南アジア産のすずはインド洋方面に、次いで一八世紀後半には中国を中心とした東アジアに運ばれた。[10] アジア域内での流通に加え一八世紀前半には、ヨーロッパ、やがてすずの生産国であるイギリスまで、同社が持ち込んだアジア産のすずが入ってくる。[11] 十九世紀後半になると、マレー半島のすず鉱業が華人の資本で発達し、世界各地でも大規模なすず生産が始まる。[12] この頃までにはコーンウォルのすず鉱業はグローバルな価格競争で苦境に陥るようになり、後述するように、同地からの鉱山技術の移転、コーンウォル鉱夫の海外鉱山移住が世界各地の鉱山地域に向けて起こるようになった。このように、すずの世界規模での資源連鎖が明らかになり、そこでの人びとの営みの歴史を描くことも重要な課題となってきている。

三、資源は誰のものか

共有ルールとしての鉱山法

イギリス経済史では工業化の一側面として鉱業発展がとらえられ、外部資本導入による大規模鉱山の出現が強調されるが、近年非鉄金属鉱業史研究者であるバートらによってすず鉱業における過小資本、小規模経営、中世以来の鉱山・冶金技術の継続性といった観点から反証が試みられている。[13] これを補足するのが共有ルールとしての鉱山法の問題である（写真1）。

外部者の資源へのアクセスを制限し、鉱業社会の共同体メンバーの資源利用に関しても一定の制限を加える中世以来の鉱山法は、外部者の当該鉱業への参入を妨げ「自由」な「競争」を阻害する側面があるため、鉱業の発展の一段階で同法が消失する方向性が指摘できる。しかし、資源の持続可能性にとって大きな影響要因となるのが資源化する人間の側の生産コントロールであることを考えれば、鉱山法と環境の関わりを今一度検討する意味

写真１　19世紀末すず鉱業の中心地域レドルース近郊
出典：Burrow, J.C., *Pictorial England and Wales*, Cassell & Co., London & New York, c.1890.

があるだろう。外部の人間が自由に競争して資源を開発すれば、鉱物資源などの天然資源はその分枯渇に向かうスピードが上がっていくからである。

スタナリーズの鉱山法では、採掘された鉱石の所有権分配の方法が定められ、十九世紀前半に同法が廃止されるまで、所有の在り方に大きな影響を持った。先に触れたように、スタナリーズではトール・ティンという制度で表層の土地所有者もすず鉱業関係者とみなされたし、採掘された鉱石や製錬後のすずブロックなど、どのような形にせよ現物を手にした者は鉱山法がカヴァーする共同体スタナリーズの成員ティナーとなることが原則であった。各ティナーは、一定期間内にグループが採掘した鉱石をメンバー間で分配し、共同で経費を負担しつつ利益分配を行うルールに沿っていた。この共有形態は長く維持され、すず鉱業生産が拡大する十九世紀にあっても、大規模な外部資本の参入と賃金労働の展開の妨げともなり、同地では小規模資本を基盤とする企業経営形態が主体となった。[14] これは中世以来の鉱山の法と慣習が工業化の時代になお一定の影響力を保ち、スタナリーズのティナーの利益を守りつつ資源分配をコントロールしていた事例とも解釈できる。しかし、資源枯渇を免れたにもかかわらず、近代以降の世界的なすず価格や燃料を中心とする原料価格の動向などの影響を受けて、コーンウォル鉱山地域内部のルールだけではイギリスのすず産業全体の利害を調整することは次第に困難になった。[15]

利益の分配

すず生産地での鉱物資源の分配が鉱山法によって中世以来コントロールされたとすれば、問題は外部の利害関係者が関わってくる場合に起きた。生産への関与が限定されたスタナリーズでは、イギリス王権ですら金・銀の貴金属とは異なりすず鉱石の所有権を主張することはなかったが、かわりに、課税権、流通独占権などさまざまな既得特権を確立していった。

課税については、皇太子コーンウォル公爵がまず生産地のコイネージにおいて流通前の全てのブロックすずからコイネージタックスを徴収した。近世ではこれに輸出関税と付加関税が課されて国家（王権）の重要な歳入源となった。さらに、コーンウォル公爵の既得特権であるコイネージ後のすずの一括買取権が行使される場合もあった。買い取ったすずを市場価格の最も高い時期に売り払えば差額が歳入になる仕組みである。ところがこれには元手が必要で、近世のイギリス王権が直接実施できたのはごくわずかな期間にすぎなかった。むしろ、この権利を特許として有力商人のシンジケートに与えてすずの買取を一括して請負わせ、特許権保有者から年ごとに一定額を見返りとして王権に支払わせる「年レント」制を導入する方が安易に利益のあがる仕組みであった。近世末期までイギリス王権は鉱物資源から得られる利益の形「課税」「請負」を追求することで、「国有化」せずとも利益分配に与かることができた。しかし、コーンウォル公爵が一九世紀半ばに特権を失った頃、まず同地域の銅鉱業の衰退が始まる。その後第一次大戦後までの深刻なイギリスすず鉱業の停滞は、鉱山労働者の失業という大きな問題を地域に生み出した。いずれも、国際的な価格競争において優位に立てなかったことが主要因であったが、近代以降のコーンウォルに特徴づけられる地域的な困窮に、イギリス政府の本格的な対応は見出しにくく、同地からの鉱山労働者の海外移民の増加は不可避であったと言える。(16)

写真２（右）　産業遺跡となったコーンウォルすず鉱山のエンジンハウス跡(Public Domain)

写真３（左）　観光施設として公開されているコーンウォルのすず鉱山跡(筆者撮影)

おわりに

環境の資源化という観点からイギリス鉱物資源と人間の関わりについての歴史研究の視角を提示してきた。共有ルールの視点は、中世的な鉱山法や慣習が工業化の時代に消失していく過程だけではなく、鉱山集団が長く保持してきた固有の慣習の継続性、環境を資源化してきた人々の営みの歴史に光をあてる。このような共有ルールが同地の金属資源の保護に影響したのかもしれず、近現代にコーンウォルのすずの枯渇が大きく問題視されることはなかったのだが、国際的な価格競争ではコスト面で劣勢となり、埋蔵されているすずがありながら同地で最後の鉱山が閉山したのは二十世紀末のことである。

同半島の鉱業遺跡群景観が世界遺産登録されたのは日本の石見銀山の登録の一年前であり、観光資源として二十一世紀にその姿を残している（写真2、3）。一方コーンウォルの採掘跡では、現在閉山後の坑道に溜った地下水に含まれるヒ素やカドミウムなどが洪水の際に土壌を繰り返し汚染するという問題が生じていることに留意したい。[17] すずという資源は人との関係性の形を変えながら、今もコーンウォル半島の環境として存在しつづけている。

注

（1） Hatcher, J., *English Tin Production and Trade before 1550*, Oxford, 1973, p.189. 水井万里子「イングランド南西部地域のスタナリ――近世すず鉱業の利益集団――」（『史苑』五五巻二号、一九九五年）七七、八〇頁も参照。

（2） Lewis, G.R., *The Stannaries, A Study of the English Tin Miner*, Cambridge (Mass.), 1924, pp.80-83. 近藤和彦『民のモラル』（山川出版社、一九九三年）第三章も参照。

（3） 内堀光基「序　資源をめぐる問題群の構成」（『資源と人間　資源人類学〇一』弘文堂、二〇〇七年）一九―二一頁。

（4） 前掲注1水井論文、七九―八一頁

（5） Carew, R., *Survey of Cornwall*, (ed.), Halliday, F.E., London, 1969, pp.96-97.

（6） 水井万里子「近世イギリスのすず産業――すず先買制導入期（一五九五～一六〇七年）を中心に――」（『史苑』六一巻二号、二〇〇一年）二九―五〇頁。

（7） Pennington, R.R., *The Stannary Law: A History of the Mining Law of Cornwall and Devon*, Newton Abbot , 1973, p.145; *The Duchy of Cornwall*, ed., Gill, C., London, 1987, Mining の章も参照。

（8） 内堀前掲注3論文、二一―二六頁。

（9） Mizui, M., "The Interest Groups of the Tin Industry in England, c.1580-1640", unpublished PhD thesis, University of Exeter, 1999 を参照。

（10） 島田竜登「十八世紀におけるオランダ東インド会社の錫貿易に関する数量的考察」（『西南学院大学経済学論集』四四―二・三号、二〇一〇年）二二〇―二二一頁。

（11） 例えば英国公文書館のTNA/PRO, Mint 19/III.533は、物理学者として著名なアイザック・ニュートンが、すずの先買に関わった王立鋳造所Royal Mintの役職に就いていた当時、アジアすずの価格について記述した史料。

（12） 工藤教和「第一次大戦直後のコーンウォール鉱山業　衰退産業と地域そして中央政府（一）」（『三田商学研究』五六―三、二〇一三年）一―二五頁、特に三―七頁の世界すず鉱業に関する概要を参照されたい。東條哲郎「十九世紀後半マレー半島ペラにおける華人錫鉱業——労働者雇用方法の変化と失踪問題を中心に——」(『史学雑誌』一一七—四、二〇〇八年)一—三四頁も参照。

(13) Burt, R., "The International Diffusion of Technology in the Early Modern Period: The Case of the British Non-ferrous Mining Industry," *Economic History Review*, 44, 1991, pp.249-271.

(14) 工藤教和「コストブックシステムとその十九世紀後半における適応力についての一考察」(『三田商学研究』二五—五、一九八二年)二〇〇—二三三頁。

(15) 工藤教和「第一次大戦直後のコーンウォール鉱山業　衰退産業と地域そして中央政府(二)」(『三田商学研究』五六—五、二〇一三年)一七—四三頁。

(16) Harper, M. and Contantine, S, *Migration and Empire*, Oxford, 2010, pp.130-140, 311-312. 水井万里子「近代コーンウォルにみる女性たち——鉱業と移動の視点から——」(『世界史のなかの女性たち』勉誠出版、二〇一五年)七四—八三頁も参照。

(17) Camm, G. S., Glass, H.J., Bryce, D. W. and Butcher, A.R., "Characterisation of a mining-related arsenic-contaminated site, UK", *Journal of Geochemical Exploration*, 82, 2004, pp.1–15; Abrahams, P.W. and Thornton, I., "Distribution and extent of land contaminated by arsenic and associated metals in mining regions of southwest England", *Transactions of the Institution of Mining and Metallurgy*, 96, 1987, pp.1-8.

付記　本稿の執筆にあたってＪＳＰＳ科研費21222001(基盤研究Ｓ「ユーラシアの近代と新しい世界史叙述」)の研究助成を受けた。

史料解釈と環境意識の「発見」をめぐって
中・近世イタリア都市の場合

徳橋　曜

人が環境へ向ける目は時代・社会によって異なる。環境と人間との関係はそれ自体が社会の文化である。過去の自然観や環境認識はしばしば現代とは異なり、我々の認識する形では現れない。もしそうした意識を示す史料があったとしても、それを読み解き理解する我々の意識は現代のそれである。かかる解釈上の限界を意識しつつ、中・近世の環境や環境意識を文字史料からどう抽出できるか、その可能性と限界を一考してみたい。

一、環境をどう捉えるか

環境史と史料解釈

歴史学の基盤は史料にある。史料は、過去の人々が同時代の何らかの必要や関心から書き残したもの（文字史料がこれに該当する）、あるいは偶然に残したり、不要になって放棄したりしたもの（考古学的な資料・遺跡はその結果である）であり、歴史学における実証とは、こうした史料から得られた情報の妥当性や意味を検討・解釈しつつ、それに基づいて過去を再構築する作業なのである。史料が語っていないことについては、論拠となる情報がないがゆえに、歴史学者は沈黙するしかない。この点で環境史は大きな問題を抱えている。人類史の中で現代のような環境意識あるいはそれに近いものが見られるのは、この二〇〇年ほどのことである。史料は文化の産物であり、各時代・社会の意識や文化を反映しているがゆえに、環境意識の希薄な時代の史料には、当時の環境を考察するために有益な情報が残されることが少ない。

期待された情報を史料に見出せたとしても、現代と同様の観点や事情を読み取ろうとすることには、慎重でなければならない。例えば、不潔な生活環境を改善したいと思う心理は、古今東西を問わないであろう。しかし、個人的感性の差異はさておいても、社会的通念として何を不潔と思うか、何を嫌悪するかは文化による。つまり、我々の感覚を史料解釈へ持ち込むことは、一種の時代錯誤を生じさせるかもしれない。考古学的資料を援用できる場合も、その解釈をめぐる基本的状況は同じである。

とはいえ、そもそも歴史学の営みには本来的に、研究者自身の感覚や問題意識が反映しており、それゆえにこそ環境史という研究分野が生まれたのである。即ち、環境や公害が大きな社会的関心事となって初めて、環境という観点からの歴史研究が始まった。イタリアにおいても、現在では「環境《アンビエンテ》」（ambiente）を付した歴史学の研究書や概説書を見かけることが珍しくないが、同国の歴史学が環境に目を向けるようになったのは、一九七〇年代、特に北イタリアで起こった化学工場の爆発事故で、周辺地域が汚染される事件が一九七六年にあってからだといえう。即ち、（時代性に配慮する必要はあるが）環境に対する我々の関心を史料に照射することで、従来と異なる視点で歴史を捉えられるのである。

視点が変われば、史料自体の扱いも変わってくる。例えば、一九九〇年代に『環境に関するメディチ法制』のタイトルで出版された史料集には、フィレンツェを拠点にメディチ家が治めたトスカーナ大公国において十六〜十八世紀に制定された法規が、「環境」という観点からまとめられている。[1] 勿論、ここに収録された法規は、往時に「環境法」という区分で制定されたのではなく、編者が新たな視点で既存の史料から抽出したものである。同書の序文によれば、大公国の法制や官僚制度がフィレンツェの建築や領域の在り方に及ぼした影響を明らかにすることが、問題意識の基盤にあるという。このように、環境に対する新たな視点が、既知の史料を見直すヒントを与えてくれる可能性もあるのである。[2]

環境意識を「発見」する

環境史という新しい分野の方法論は必ずしも確立していないが、過去における環境と人間との関わりへの関心が基盤にあるという点は、共通していよう。①人間が周囲の環境（特に自然環境）にどう働きかけ、あるいはそれをどう変化させたか、②人間社会は環境からどのような影響を受けたのか、③「自然」というものを過去の社会がどう認識したか、という三点が環境史研究の主たる視点である。勿論、この三点は相互に関連している。社会の在り方は周囲の自然環境に規定されるが、同時に人間は意識的に周囲の環境に働きかけ、利用しようとする。人間の活動の結果が、無自覚に環境を変えることもある。例えば、人間の広域移動や物資の遠隔輸送が活発化することで、ある地域の伝染病（ペスト、天然痘等）が拡散し、他の地域にしばしば定着するのは、人間の無自覚な自然改変と言える。

伝統的な歴史学では、もっぱら人間社会の営みに目が向けられ、あくまでもその背後にあるものとして環境や自然が捉えられていた。環境史はこの視点を転換させた。たとえば、かつては都市の拡大による周囲の森林の減少は、社会や経済の「発展」という側面から捉えられたが、現在では環境の改変や変化（あるいはしばしば悪化）

という点からも捉えられる。他方、ヘロドトスの記述等に見られるように、古代ギリシャ以来、気候・風土によって民族的特徴が形成されるという考え方も伝統的に存在してきたが、こうした考え方もまた、「人種」や「民族」の概念のフィクショナルな側面が意識される中で（少なくとも学問的には）消えている。最近の環境や自然をめぐる知的動向を考えるうえで、二〇一四年に出版された『中世ヨーロッパ環境史』は示唆的である。[3] 著者ホフマンは同書の中で、環境と人間の関係を文化として捉えること、そしてそれを捉える現代の我々の視点自体も文化であることを強調している。ホフマンは必ずしも文化決定論（cultural determinism）や構築主義（constructivism）的な立場を取る訳ではないにせよ、自然とは人間の意識外の実存というよりも意識の産物であり、「自然」として意識されるからこそ人間とは異なる存在として成り立つ、という見解を支持しているように見える。[4]

こうした近年の動向も踏まえつつ、筆者としては、環境史の一つの方向性として環境意識の追究を挙げたい。無論、現代的意味での環境意識を過去に見ようというのではなく、過去の人々が自分達を取り巻く環境をどう捉え、どう利用し、あるいは変えようとしたのかを史料から明らかにするのである。過去の事象や法規を我々の環境意識に照らして解釈する作業を、全く避けることはできない。しかし、それらの事象や法規の背後に存在したはずの当時の人々の意識を考察することで、過去における人間と環境との関わりをより深く認識できよう。[5] 史料は過去の文化の産物であり、そこに記された社会的記憶や現状認識、そして未来への期待は、当時の人々の世界観や自然観を反映している。そうした心性や意識、思想を、環境や景観の研究に関して先行する歴史地理学や建築史の視点も援用しながら、テキストの行間に読み取ることで、我々は当時の環境意識を「発見」することができるのである。そうすることで、たとえば、都市がどのような概念によって支えられて発展したか、また都市の歴史が周囲の環境とどのように関係しながら展開したか、といった側面も考察できようし、実態としての人間と自然環境との関わりも引き出されよう。[6]

二、中・近世イタリアの都市環境

空間の管理・整備への関心

中世・近世のイタリアの都市については各地に膨大な史料が残存しており、都市空間の環境についても比較的史料に恵まれている。コムーネ(自治都市政府)の権威を示す空間の整備、居住環境の快適化といった観点から、都市の空間整備に目が向けられていたからである。アンリ・ルフェーブルの言を借りれば、「空間」とは中立的な物理的・地理的概念ではなく、人間の活動を通じて生み出され、また再生産されていくものである。[7] そして、その「空間」に文化的な意味が付されると、何らかの「場」となる。都市環境への関心とはむしろ、この「場」への関心と言うこともできよう。即ち、特別な政治的、経済的、文化的あるいは宗教的意味を持った市庁舎、教会、広場、市場、橋といった「場」への、そして何よりも都市という「場」への関心である。

一例を挙げると、フィレンツェで一三五五年に作られた都市法の一つ、ポデスタ条例には都市と領域の空間管理に関する条項がいくつも見出され、それらがフィレンツェの上級行政官であったポデスタの管轄であったことが判る。例えば、第二巻の第二二条「コムーネの地方役《じかた》によってなされるべき家屋と道路の測量について」は、家屋の建築に関する制限を設けている。第三巻の第一八一条「フィレンツェの市内と農村領域《コンタード》の道路と広場、及び同農村領域の市場と三叉路はフィレンツェのコムーネのものであること、及びこれらの場所の利用を妨げる者の罰金について」、第一八二条「道路や大通りや広場を占拠する者はなんぴとも、十五日以内に退去しなければならないこと」、第一八三条「道路、広場、その他の公的な場所の利用を妨げる者の罰金について」、第二〇二条「特定の場所でない限り、アルノ川「公道に植物を植えたり菜園を作ったりする者の罰金について」、第一九四条に水車や梁を設けてはならないこと」、第四巻の第七〇条「広場、道路、あるいはその他の公共の場所の通行を妨げる者の罰金について」（こうした場所への木材放置の禁止）なども、当局が支配領域の空間的秩序に大きな関心を払っていたことを示唆する。

同じく一三五五年に、ポデスタと並ぶ行政官職カピターノ・デル・ポーポロの名において制定された条例にも、同様な関心が窺える。第三巻第一九条は、「フィレンツェのコムーネの橋と市壁の修復と維持について、及びその費用の維持について」の見出しの下に、アルノ川にかかる市内の橋とその周辺地域、川に接する市壁の維持管理をカピターノの管轄に規定している。また、同二十条「主要道その他の道路や橋を修復し、新設し、障害物を排除すること、そしてその材料について」は、フィレンツェ領域の住民が当局の監督下で普請を負担しなければならない道路や橋梁について、細かく規定するものである。(8)

公共空間と公権力

これらの規定の一部は、一三二〇年代に作られた条例から引き継がれたものであり、以後も一四一五年の都市法（ポデスタ条例とカピターノ条例とに分けられていた都市法は一本化されている）に至るまで継承された。こうした規定の継承は必ずしも十分な検討を経ていないと思われる節があるが、都市当局による市内及び領域の道路・橋・川・家屋等の管理が、「公的空間」の管理として都市当局の関心事であり続けたことは指摘できよう。

ところで、現代において「環境問題」は優れて公共的性格を有するが、中世の空間・環境をめぐる規定にも「公道」や「公共の場所」等の「公《おおやけ》」という語がしばしば現れる。ラテン語の「プーブリクス」(publicus)、あるいは俗語の「プッブリコ」(publico) ないし「ピウヴィコ」(piuvico)、即ち英語の「パブリック」に当たる語である。中世の「公」と都市環境との結びつきを、現代のそれと同一に解釈できないことは言うまでもないが、当時の環境意識を考える場合、この「公」概念は重要である。古代ローマ法概念では道路や橋が、国家が所有して万民の自由な使用に供される「公共物《レース・プーブリカエ》」と概念されていたが、西ローマ帝国滅亡後、その認識は失われた。十二世紀、イタリアでローマ法が世俗法の基盤として復権するなかで、「公」が改めて問われる。十三世紀末までにローマ法学者達は、古代ローマの継承者としての神聖ローマ皇帝が理念的に唯一の「公」であるとしつつも、現実の政治的状況において、王権や都市がその支配領域の中で「公権力」として振る舞うことを認めた。コムーネも公権力と位置づけられ、不特定多数の人間が利用する道路や橋、広場は、コムーネの全体利益に関わる「公共物」となったのである。(9)

しかしながら、空間的支配の点で公権力としてのコムーネはいまだ脆弱であり、都市空間も周辺領域も私的空間に分断されていた。市内の各地区は有力家門に掌握され、周辺領域にも封建領主が残存している。そこでコムーネは主要な道路を「公道」と設定し、その管理権を主張することで領域空間の統制を図ったと考えられる。

三、史料から環境を読む

公共空間を管理する行政的意思

こうしてコムーネは「場」の公共性に目を向けるようになり、遅くとも十四世紀には「公共物」の管理・維持を統括する部署が固定されるようになった。フィレンツェでは市内及び周辺領域の土木建築に関わる問題を処理する役所（前述の「地方役」）があって、工事対象の土地の境界をめぐる紛争裁定、建築工事の認可、さらに工事によって損害が生じた場合の損害の査定を所轄としていた。一方、道路行政については、十三世紀には穀物供給を管理する役所が、輸送管理を分掌する一環として市内へ通じる道路の維持・管理も担い、さらに一三三五年には「公道」を管理する六名の役人が選出された。反体制と断罪された市民の没収財産を管理する塔管理局も、建築・道路行政に関わっていた。最終的に一三六九年に、塔管理局が道路行政を分掌することになる。この職権は後にグエルフ会という市政監視機関の下に移されたため、フィレンツェ国立文書館では、建築・道路行政に関する史料がグエルフ会の関連史料に分類されている。

また、フィレンツェ西方のルッカでは、道路・公共物管理局(一三八四年以降、商館監督局の下に統合)が設けられ、都市・農村地帯の道路、広場、橋の管理、建築の監督、飲料水・排水の管理などを担っていた。この役所の名によって十四世紀に編纂された規定集は、一種の環境条例である。[10] 動物の血や汚水を「公共の場所」に流すこと、家庭排水や塵芥、瓦礫、漆喰屑等を「公道」や「公共の場所」に捨てることの禁止、悪臭や水の汚染を防ぐための屠殺規制、皮革業者や製紙業者(その作業は悪臭や川の水の汚濁の原因となる)に対する特定の場所での作業の義務付けなど、道路や橋、井戸の管理以外にも、都市生活の全般に関わる規制を見ることができる。

北・中部イタリアの他の地方でも類似した状況があったが、なかでもヴェネツィア政府は、強い「環境意識」を有していた。この都市は、アドリア海最奥部の潟《ラグーナ》の百以上の島々をつないで人工的に造られており、運河と潟の管理が都市の維持に直結したからである。[11] 既に十三世紀末までに、運河や公道、潟の管理・監督を担うピオヴェゴ判事(Giudici di Piovego)という役職が設けられている。「ピオヴェゴ」とは前述の「ピウヴィコ」と同義の俗語であるが、この役職名の由来は「スペル・プーブリキース」即ち「公衆(あるいは公事?)のための」というラテン語表現にあるとされる。即ち、ベヴィラックワも示唆するように、この都市においては早くから運河や潟が公共空間として認識され、水環境の管理に公共性が強く意識されていたのである。[12] かかる水環境への関心は十六世紀に、水利行政局及び水利管理委員会の設置に結果し、特に後者は国家の最高議決組織の一つと位置づけられた。同委員会の設置を定めた一五〇五年の通達は、「この水という資源は極めて貴重かつ重要なものであって、端的に言うなら、それにこそ我が国家全体の存立がかかっている」と明言している。こうして、近世のヴェネツィアでは水利行政に関わる大量の文書が残されることとなった。

史料から読み取れるもの

フィレンツェの例で見たように、都市法からも一種の環境行政を垣間見ることができるし、ルッカのような専門の役所の規定集はより具体的な情報を与えてくれる。しかし、都市や領域の環境管理を職掌とする役所の業務文書があれば、より具体的で実際的な施策とその背景を多少とも抽出できる可能性がある。前述のフィレンツェの塔管理局とその後継の部署は、一三四九年から一五七八年に及ぶ「俗語で写されたリブロ・デッラ・ルーナ（月の書）の抜粋」とのタイトルが付された記録を残している。同役所が行政府に様々な施策や工事を提案し、評議会がこれを審議した記録の抜粋を一冊の帳簿にまとめたものである。抜粋なので事項が時系列的に一貫してはいないが、抜粋の元である政令の審議記録を確認すると、（必ずしも記録が対応していないものの）ある程度まで抜粋記録の裏付けが取れる。法規とは異なり、具体的な都市環境施策の経緯を断片的にせよ知ることができるという点で、興味深い史料である。

例えば、一三六二年四月には「フィレンツェの農村領域《コンタード》の多くの様々な場所で公道が損壊しており、危険なくしてそこを通れない。そして、件の農村領域の自治体・教区・小教区・地区の間では、以前に信任を得たいかなる分担も決められていなかったがゆえに、それらの道路を改修し対策を講じようとしても、件の役人達（塔管理局）は何もできない」との訴えを行い、その結果として新たな分担を定める政策決定がなされている。また同日、フィレンツェ市内の魚市場となっている広場の舗装の提案も行い、これも認められている。これらの記述からは、十四世紀後半を通じて市内と周辺領域の公共空間の改築や改修が積極的に、しかも――右の道路補修の事例のように――しばしば領域行政に関わる緊急性が意識され、ボトムアップで対応が決定されていることが判る。また橋梁工事に予想以上の時間を費やし、数年後に追加予算の措置が申請され、認められている事例も見られる。市民が輪番で務める都市の公職は長くても半年任期なので、関係者はすぐに入れ替わるが、領域空間の整備がこうした形で恒常的に行われていったことが史料から看取できるのである。

清潔と美観の意識、エコシステムへの意識

右の塔管理局の文書や都市政府の政令を見て気づくのは、橋の改修や広場の工事について「都市と市民の美と有用性のため」という常套句が散見されることである。常套句ではあっても、ある種の環境整備意識がその背景にあろう。例えば、都市法にも「フィレンツェの都市の美観のために」、道路に面した家屋の壁を四ブラッチョ(約二メートル半)の高さまで石や煉瓦で覆うことを義務付ける条項があり、目抜き通りに面した美観を整えようという意図があった可能性は高い。実際、十四世紀は、トスカーナ諸都市で都市景観の改変が行われた時期であり、景観意識が存在しなかった訳ではないのである。

一方、日常的な塵芥処理に関する具体的施策は史料から見出せない。ただ、ゴミの放置・投棄の禁止、公道への水の投棄の規制(道路中央部に排水溝があった)などは、各地の都市法に見られる。塵芥や汚水の処理が「美と有用」に結びつかなかった訳ではあるまい。[13] 実際、ルッカでは明確に、街路の「清潔さ」が衛生と結びつけて認識されている。密集した家屋の間を縫う小路の排水を当局が管理することは、「ルッカの都市住民の福利と健康のため」であった。病原菌の存在はまだ認識されていないが、「空気の腐敗」が病因と考えられていたこともあって、劣悪な生活環境が健康を害するという意識が存在したと考えられる。十五世紀の人文主義者レオナルド・ブルーニが、フィレンツェを礼賛する文章で「清潔で掃除が行き届いている」(それが事実か否かはともかく)ことを同都市の美点として挙げていることも、清潔さと美観が理想として意識されていたことを示唆する。

かかる環境意識の点では、前述のようにヴェネツィアが突出していた。この都市が早くから潟や運河の利用を管理し、都市周辺の水環境の保全に努めていた背景にはまずもって、土砂の堆積による潟の陸地化が、都市の水運と防衛の障害となるという大きな危機感があった。そこで、十五世紀に広大な本土領を獲得すると、ヴェネツィアは本土の河川と森林の管理に積極的に乗り出す。十七世紀までの間に、土砂の流入を防ぐためにブレンタ川やシーレ川の河口が付け替えられ、ポー川の流路も変えられた。一五九八年の元老院決議はポー川の流路変更の効果を、潟の「全体的な陸地化という間違いなく危険な状況から解放されよう」と展望している。潟は公共財として意識され、その公共性の前に私的利益は制限された。河川は水運や産業用に必要である一方、土砂を上流から運んで来る厄介な存在でもあった。(14) また水利管理の部局と並び、本土領の森林管理を担う専門の委員会も整備された。その第一の目的は森林資源（特に造船資材）の確保にあり、そうした資源の現状に関する調査について多くの史料が残っている。しかし、それだけでなく、水をめぐるエコシステムにも目が向けられた。森林消失が土砂の流出の誘因であること、水環境の保全には森林の維持が重要であることにヴェネツィア人達は気づいたのである。(15) 河川流域の森林伐採を規制した一五三一年の十人評議会法令は、「くだんの森林伐採こそ、この我らのラグーナを陸地化させている明々白々な原因である」と明言している。ただし、支配都市の環境保全というこの見地は、本土の在地の利便や意識とは必ずしも一致しなかった。都市ヴェネツィアの「公共性」はそのまま共和国領域全体のそれとはならず、当局は支配者としての優位をもってその「公共性」を押し通したのである。

おわりに

中世～近世ヨーロッパの都市は不潔だったなどとしばしば言われるが、実は生活環境の実態には不明な部分も多い。この小論では限られた史料から読み取れる事柄を挙げるという試みをしたが、当然ながら全体像が描ける訳ではない。中・近世都市環境史は特にまだ途上の研究分野であり、また、我々が文字・図像史料から得られる情報は限られている。都市建築や都市計画、景観をめぐる建築史や都市考古学の成果・方法論にも学びながら、史料の解釈と歴史像の構築を試行錯誤していかなければならない。中世都市を対象とする場合に限らず、環境という観点からの研究において、歴史学は建築学や地理学、考古学に遅れを取っている。しかし、対象の同時代的な意識にまで踏み込んで考察し、世界観や環境認識を追究するのは、むしろ歴史学の役割なのである。その点において、文字史料や図像史料の限界のみならず、より積極的な活用を議論する必要があろう。

注（本稿では基本的に史料は提示せず、代わりに中・近世ヨーロッパの都市環境史を知る上での参考文献を挙げる）

（1） Casico, G. & Zangheri, L. (a cura di), *La legislazione medicea sull'ambiente*, Firenze, Olschki, 4 vv. 1994-1998.

（2） こうした視点から編纂された史料として、以下を挙げておく。イタリアに関して英語で読める史料としては貴重である。Zupko, R. E. & Laures, R. A., *Straws in the Wind. Medieval Urban Environmental Law*, Boulder (U.S.), Westview Press, 1996.

（3） Hoffmann, R. C., *An Environmental History of Medieval Europe*, Cambridge, Cambridge U. P., 2014.

（4） cf. Epstein, S., *The Medieval Discovery of Nature*, Cambridge, Cambridge U. P., 2012.

（5） こうした視点での試みの一つとして以下の論集を挙げておく。徳橋曜編著『環境と景観の社会史』（文化書房博文社、二〇〇四年）。

（6） 日本におけるこうした研究の近年の例として、以下を挙げておく。池上俊一『森と川――歴史を潤す自然の恵み――』（刀水書房、二〇一〇年）。

（7） Lefebvre, H. (tr. by Nicholson-Smith, D.), *The Production of Space*, Oxford, Blackwell, 1991.

（8） アルノ川に関する中世末期のフィレンツェの政策については以下。Salvestrini, F., *Libera città su fiume regale. Firenze e l'Arno dall'Antichità al Quattrocento*, Firenze, Nardini Editore, 2005.

（9） Lecupre-Desjardin, E. & Van Bruaene, A. L. eds., *De Bono Communi. The Discourse and Practice of the Common Good in the European*

City (*13th-16th c.*), Turnhout (Belgium), Brepols, 2010.

(10) Corsi, D. (a cura di), *Statuti urbanistici medievali di Lucca*, Venezia, Neri Pozza, 1960.

(11) 近年、日本の陣内秀信のグループが、水と生きる都市を考えるという「水都学」を提唱しており、成果が上げられつつある。陣内秀信・高村雅彦編『水都学Ⅰ　特集　水都ヴェネツィアの再考察』(法政大学出版局、二〇一三年)。

(12) ピエロ・ベヴィラックワ(北村暁夫訳)『ヴェネツィアと水　環境と人間の歴史』(岩波書店、二〇〇八年)。

(13) Sori, E., *La città e i rifiuti. Ecologia urbana dal Medioevo al primo Novecento*, Bologna, Il Mulino, 2001.

(14) マウロ・ピッテーリ(湯上良訳)「水のなかで水に事欠くヴェネツィア――一四～一八世紀の飲料水・水力・河川管理――」陣内秀信・高村雅彦編『水都学Ⅳ　特集　水都学の方法を探って』(法政大学出版局、二〇一五年)一〇三―一一四頁。樋渡彩「シーレ川とヴェネツィア――舟運と水車を使った産業の分布の構造に関する考察――」同書一一五―一三〇頁。法政大学デザイン工学部建築学科陣内研究室『シーレ川とブレンタ川の流域に関する研究』(法政大学エコ地域デザイン研究所、二〇一四年)。

(15) Appuhn, K., *A Forest on the Sea. Environmental Expertise in Renaissance Venice*, Bartiore, Johns Hopkins U. P., 2009.

付記　本章はＪＳＰＳ科研費JP25370853の成果の一部である。

ドイツにおける環境と歴史学・環境の歴史学
ヨアヒム・ラートカウ『自然と権力――環境の世界史――』を例に

森田直子

ドイツの歴史学における環境史の一端を、ヨアヒム・ラートカウが二〇〇〇年に出版した『自然と権力――環境の世界史――』（邦訳、みすず書房、二〇一二年）を例に紹介する。ラートカウはドイツの環境史研究の第一人者であり、その著『自然と権力』は、環境の世界史という体裁をとりながら、現代に生きる我々が環境と向き合う際に留意すべき点や、ありうべき環境史についての示唆に満ちている。

一、ドイツ・環境・歴史学

ドイツは「環境先進国」と言われることが多い。それは、「環境にやさしいフロッシュ（＝蛙）印の洗剤」、「ゴミの細分別のためのカラフルなコンテナの並んだ小奇麗な街並み」といったイメージに由来するだけでなく、環境問題に取り組む政党「緑の人々」（通称「緑の党」）が他国に先駆けて一九八〇年に結成され、世紀転換期に社会民主党とともに与党として脱原発・再生可能エネルギー利用などの環境政策を推進したこと、さらには、日本における三・一一の原発事故を受けて、いち早く脱原子力政策へと舵を切ったという事実にも根ざす。[1] 本稿ではその「環境先進国」ドイツの歴史学における、環境をめぐる研究動向の一端を紹介する。環境をテーマとする歴史研究は、ドイツ語のUmweltgeschichteの訳として「環境史」と総称されうるが、ドイツにおける環境史全般を概観することは、紙幅の都合上も書き手の能力からも断念せざるを得ない。そこで以下では、『ドイツ環境史』と題された比較的新しいハンドブックで、最も多く言及されている歴史家ヨアヒム・ラートカウと彼の環境史研究を手がかりに考察を行うことにしたい。[2]

二、ヨアヒム・ラートカウ

二〇一〇年にドイツで、一九四三年生まれのドイツ人歴史家四十四人へのインタヴューを分析するやや風変わりな本が出版された。[3] マインツのヨーロッパ史研究所所長を務めたハインツ・ドゥフハルト、リベラリズムやナショナリズム研究の大御所ディーター・ランゲヴィーシェ、「日常史」の旗手アルフ・リュトケ、ミュンヒェンの現代史研究所所長であったホルスト・メラー等々、ドイツのみならずヨーロッパ近現代史にかかわる者には馴染みの歴史家たちが、過去四半世紀のドイツの歴史学界を牽引してきた「四十三年世代」だそうであるが、ヨアヒム・ラートカウもその一員として名を連ねている。彼は、定年まで教鞭をとったビーレフェルト大学で経済史分野の講座を担当していたが、狭義の環境史にとどまらず、技術史、「神経症」、マックス・ヴェーバーについてそれぞれ大著を上梓するなど、既存の学問分野の枠には収まりきらないユニークな歴史家である。そのせいか、最近にいたるまで、彼の日本での知名度は前記の「四十三年世代」と比較するとやや低かったようにも思われるが、二〇〇八年に亡くなったドイツ現代史の大家の西川正雄は、すでに一九七〇年代にラートカウと会い、影響

を与えあった様子がうかがわれる。(4)

そのラートカウが、研究者として脂の乗りきった五〇代後半に発表したのが『自然と権力――環境の世界史――』(以下、『自然と権力』と略記)である(5)(写真1～4)。一九七〇年代初頭にドイツの原子力産業への批判的考察を開始し、(6)他方で一貫して森林や木材に関するテーマを追究してきたことに鑑みれば、(7)『自然と権力』は、広義の環境にかかわる彼の研究の集大成と位置づけることができる。とはいえ、それは難解な専門用語による複雑な議論ばかりを展開するのではなく、感嘆符とユーモアに溢れた良い意味での教養書の性格を持っている。また、副題が示すとおり、ラートカウが専門としてきたドイツ近現代の枠を超え、古代から現代まで、エジプトや中国から日本やソ連までを扱うスケールの大きい作品である。註を含めると優に四百頁を超える大著の内容を要約するのは至難であるが、「自然」と「環境史」というタイトルの文言が想起させる自然環境(大気、水、土壌など)そのものの歴史ではなく、広義の文明や文化(支配のあり方、伝統と法制度など)および人類の経済様式(農耕、牧畜、林業、エネルギー利用など)が本書の主題である。その際、利害の絡む個々の権利を含めた「権力」と「持続可能性」がキーワードになっているといえよう。多くの事例を複眼的に考察する叙述は、著者の主張をやや見えにくくする傾向はあるものの、環境に関して下される明確な(＝一面的な)結論が、往々にして別の問題の原因となることを強調する著者の立場からすれば、それは計算どおりなのかもしれない。

三、環境史と歴史家の盲点

『自然と権力』において扱われる興味深い事例についての紹介や立ち入った検討は別の機会に譲るとして、以下では、ラートカウにおける歴史学と環境史との全般的関係、歴史家が環境史を考察する際の留意点とも言うべ

写真２『自然と権力』ドイツ語　増補ペーパーバック版（2002年）

写真１『自然と権力』ドイツ語　オリジナル版（2000年）

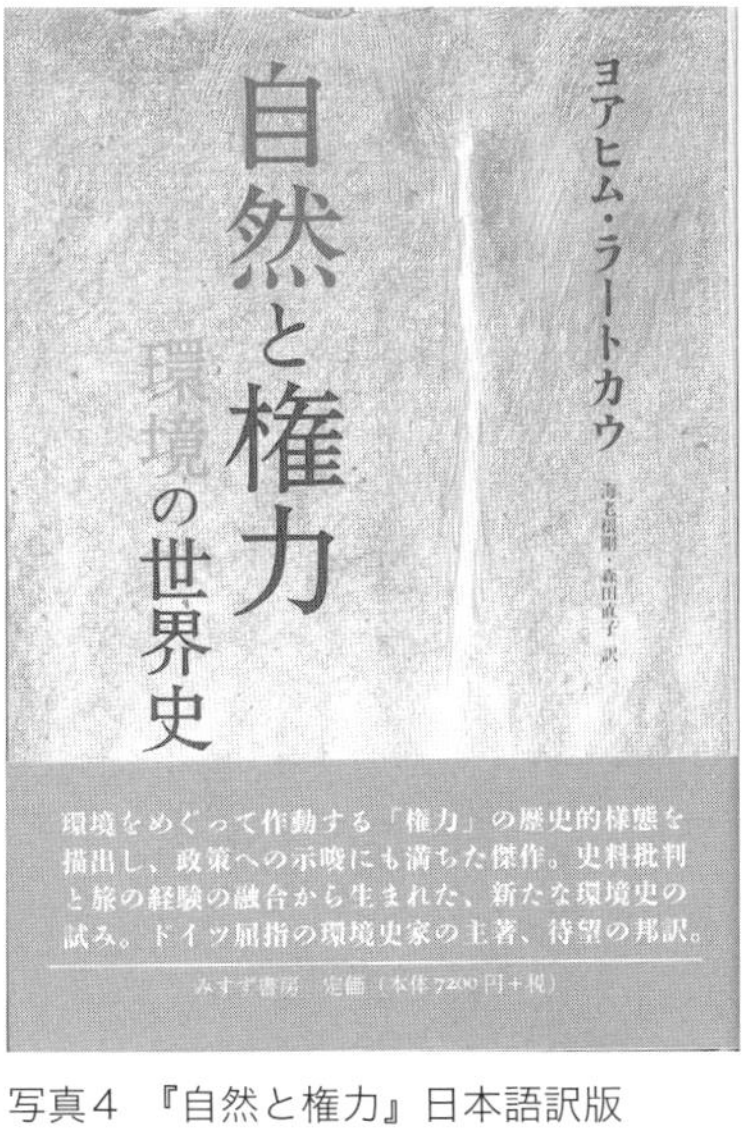

写真４『自然と権力』日本語訳版（2012年）

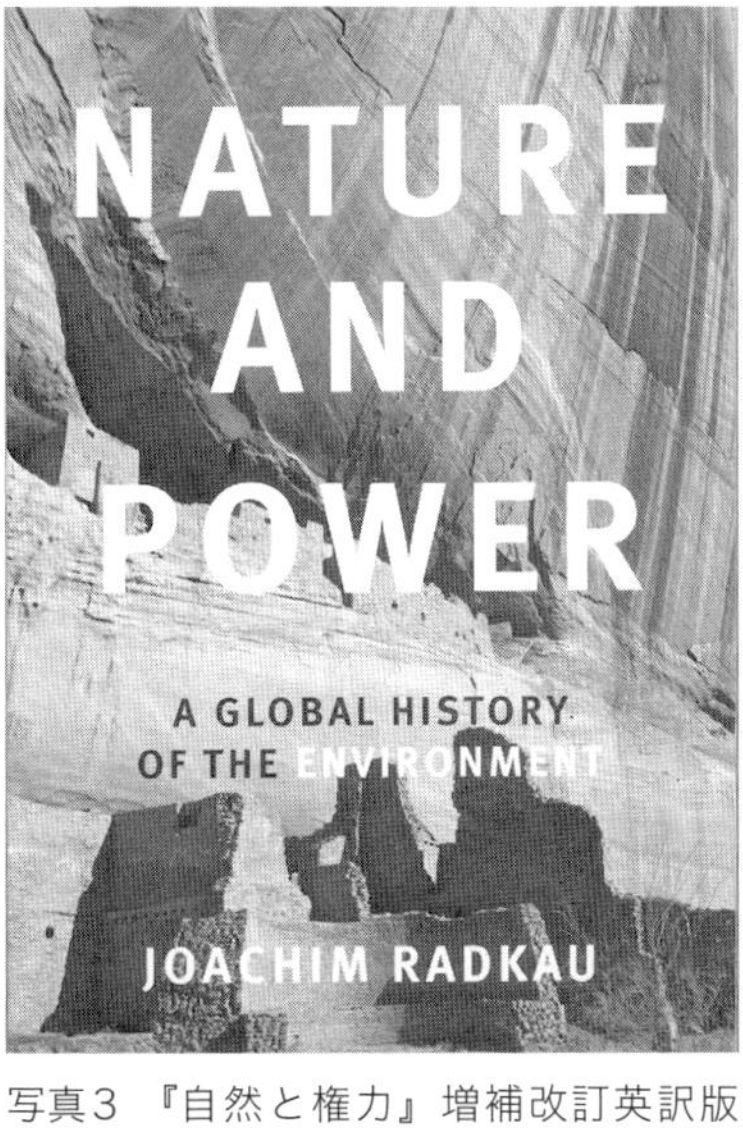

写真３『自然と権力』増補改訂英訳版（2008年）

きものを整理する。『自然と権力』の第一章は「環境史を熟考する」と題され、「自給自足と暗黙知の生態学」を扱う第二章とともに、第三章以下の時系列に沿った叙述の前提をなす。第一章の第一節では、環境史に取り組む歴史家の盲点——ラートカウの言葉でいえば、環境史研究における「ブリンカー（目隠し、視野狭窄）」——が指摘される。その第一は、環境史研究が、ドイツでは一九七〇年代の環境運動から生まれた比較的若い学であるため、既存の学問の対象領域である農業史や営林史、人口動態や疫病の歴史に遠慮し、産業や技術の発展の結果としての自然環境への影響（大気や水質の汚染）に自らの視野を限定しがちであったことという。第二に、環境史の誕生そのものが示すとおり、歴史家はアクチュアルな状況（環境問題）を強く意識しており、それが環境史にとって重要な点を見えなくするという。例えば、現代の経口避妊薬や化学肥料の普及は、かつてのセクシュアリティの厳格な規制を通じた人口調整や、肥料不足を恒常的な課題とした農業のあり方に対する歴史家のまなざしを曇らせる。同様に、目的達成のために迅速かつ適切に行動することを良しとする現代の「労働倫理」——換言すれば、環境維持・保護運動のための根拠を提示すべく気負う環境史家——は、「万物を支配する惰性」、すなわち迅速な行動の欠如や怠惰が環境維持に果たした役割を容易く見落とすという。さらに、「自然がなければ人間は生きていけない」と思ってしまう人間の本性ゆえ、「人間と切り離されうる自然」が存在するという考えが消えることはなく、そこから「未開の荒野」の保護とか「自然環境そのもの」の歴史こそが環境史であるという理解が生じるとされる。しかし、ラートカウによれば、自然は人間の内部にも存在し、人間の外なる自然と内なる自然とは切り離せないため、環境史とはすなわち「人間と自然との異種混合的な諸結合における組織化、自己組織化、そして解体の諸過程」の探求とならざるを得ない。『環境意識』とはその核心において、かなりの部分まで健康意識であり〔…〕、病気とは〔…〕内的自然と外的自然とのあいだの密接な連関が感知されることになる、根本的な諸経験のひとつ」なのだという理由づけは強い説得力を持っている。(8)

四、環境史における史料とその解釈――「木材不足」論争――

前述のような「目隠し」は、歴史家の第一の任務である史料批判と史料解釈にも影響を与えうる。その典型例が、『自然と環境』でも焦点の一つとなっている森林と「木材不足」をめぐる問題である。ラートカウはすでに一九八〇年代のドイツで「木材不足」論争を起こしているが、それはごく簡単に要約するならば次のようなものであった。一八世紀から一九世紀前半にかけてのヨーロッパでは、森林乱伐による木材の不足と価格高騰という社会経済上の危機が生じたが、木材（薪）に代わる新しい燃料である石炭の利用がそれを救ったという説――ドイツではW・ゾンバルト（一八六三～一九四一年）の議論に基づく一つの定説であった――に対し、ラートカウは木材不足はそれほど焦眉の現実ではなかったと異議を唱えたのである。木材不足現象の強力な証拠は、森林資源の乱用に対する苦情や森林伐採を規制する条令など、すなわち言説の増大に求められるが、彼はドイツを事例にした木材を燃料とする諸産業の具体的な検証から、差し迫った木材不足の危機は認められないとし、こうした言説の多くにおいて実際に問題になっていたのは、むしろ絶対主義的権力を強化しつつあった領邦君主による森林（＝国家の重要な財源！）をめぐる諸権利の確保であったと看破したのだ[9]。こうした解釈とそれへの賛否の応酬（＝「木材不足」論争）の結果、工業化やエネルギー転換をめぐる経済史上の解釈が異論の余地なく一新されたとみなすのは難しいだろう。ラートカウの貢献はむしろ、木材不足を訴える書＝史料のレトリック性を浮き彫りにし、環境史における構築主義的な史料解釈の余地とその重要性を示したことにあったのだ。

五、自然の理念と生態学――『自然と権力』の成功――

ラートカウによれば、「環境問題」の原因は「資源への人口圧 Population Pressure on Resources（PPR）」といった太古から不変の二、三のモチーフを持つが、環境史はそうしたモチーフ自体ではなく、環境問題への適切な対処方法は一つならず存在すること、選択された解決戦略が歴史的に発展する様子に注目すべきだという。したがって、環境史は時間の深みにも立ち入らざるを得ないが、そのために『自然と権力』では、近代になって生み出されたとされる概念としての自然とは異なる自然の理念を手がかりとする。また、環境史は価値判断――自然破壊は悪いこと、動物保護は良いこと等々――を伴いがちであるが、その判断基準は決して一義的でない。ラートカウは、道徳的な価値基準を環境史に持ち込むことに警告を発する一方、「良い」環境とは多くの小世界の併存を可能にするものであり、文化の経済的・生態学的価値判断の基準は、その文化が持続可能な食糧供給を確保しているか、予備の蓄えを持っているかということにあるという見解を示す。さらに、環境史は、生態学決定論を避けつつ生態学的論証を目指すべきであるが、そこには未知の諸要素（とりわけ土壌と気候）が存在するため、環境史家は生態学的に重要な意味を持つ持続的で日常的な習慣や、制度化された人々の行動を史料の行間に読み取り、理念型を構成する必要があるという。

ラートカウの主張の一つ一つは斬新ではないかもしれない。しかし、そこにおいては環境史を歴史学の一分野に押し込めるのではなく、歴史全体を環境史的に再構成するというダイナミックな試みが問題になっているように思われる。『自然と権力』の執筆に際し、ラートカウは、自分と核爆弾を乗せた古い小さな飛行機がでこぼこの滑走路に着陸しようとするためにパニック状態となって震え続けるという悪夢を見たそうである。[10] 自らが求める環境史のあり方が、『自然と権力』において実現されうるのか不安に思う気持ちの表れであったわけだが、『自然と権力』は客観的には大きな成功を収め、二〇一二年には彼のライフワークに対して「ドイツ環境メディア賞」も授与された。[11] その後に見た夢を、機会があればラートカウに尋ねてみたい気がする。

注

（1）ドイツの環境政策および「緑の党」については、例えば以下を参照。喜多川進『環境政策史論――ドイツ容器包装廃棄物政策の展開――』（勁草書房、二〇一五年）、西田慎『ドイツ・エコロジー政党の誕生――「六八年運動」から緑の党へ――』（昭和堂、二〇〇九年）。三・一一を契機としたドイツのエネルギー政策の転換については、例えば以下を参照。M・シュラーズ『ドイツは脱原発を選んだ』（岩波ブックレット、二〇一一年）、若尾祐司・本田宏編『反核から脱原発へ――ドイツとヨーロッパ諸国の選択――』（昭和堂、二〇一二年）。

（2）フランク・ユーケッター（服部伸・藤原辰史他訳）『ドイツ環境史――エコロジー時代への途上で――』（昭和堂、二〇一四年）、人名索引参照。

（3）Stambolis, Barbara, *Leben mit und in der Geschichte. Deutsche Historiker Jahrgang 1943*, Klartext, Essen, 2010.

（4）ヨアヒム・ラートカウ（海老根剛・森田直子訳）『自然と権力――環境の世界史――』（みすず書房、二〇一二年）六頁。

（5）Radkau, Joachim, *Natur und Macht. Eine Weltgeschichte der Umwelt*, C. H. Beck, München, 2000. なお、海老根剛と森田直子による邦訳（前注参照）は、著者との相談のもと、二〇〇〇年のドイツ語初版を底本にしつつも、広範な改訂を含む二〇〇八年の英訳版の一部を取り入れ、さらには日本語版への書き下ろし（序言、第三章第五節、あとがき）を所収している。

（6）これについては、ラートカウの原子力関連のテキストとインタヴューを訳出した以下の書を参照。海老根剛・森田直子訳『ドイツ反原発運動小史――原子力産業・核エネルギー・公共性――』（みすず書房、二〇一二年）、とりわけ「核エネルギーへの問い」および「原子力・運動・歴史家」。

（7）その集大成が、二〇〇七年の初版に続いて二〇一二年に改訂版が出された『木材――天然素材は歴史をどう書くか――』である。Radkau, Joachim unter Mitarbeit von Ingrid Schäfer, *Holz – Wie ein Naturstoff Geschichte schreibt*, oekom, München, 2012（山縣光晶訳『木材と文明――ヨーロッパは木材の文明だった――』築地書店、二〇一三年）。

（8）引用は、『自然と権力』二〇、二二頁。

（9）これについては、『自然と権力』第五章第三節および前掲注7の文献の第三章第二節を参照。また、「木材不足」論争については以下を参照。田北廣道「一八―一九世紀ドイツにおけるエネルギー転換――「木材不足」論争に寄せて――」（『社会経済史学』六八―六、二〇〇三年）四一―五四頁。

（10）『自然と権力』一三頁。

（11）『自然と権力』刊行の翌々年に増補ペーパーバック版が、二〇〇八年には英訳が出版され、後者は二〇〇九年に世界史協会World History Associationの著作賞を受賞した。また、アメリカの学術誌『社会科学史Social Science History』は、二〇一三年秋号で「グローバル環境史」の特集を組み、『自然と権力』を主題とする七本の論考を掲載した。環境メディア賞とは、社団法人ドイツ環境支援Deutsche Umwelthilfe e. V.が毎年、プリントメディア、映像、ライフワークなど複数の部門において個人や団体を顕彰するものである。ラートカウの場合、長年の環境史研究とその成果（『自然と権力』、『ドイツ原子力産業の興隆と危機』（一九八三年）および『エコロジーの時代』（二〇一一年））が主たる授賞理由とされた。http://www.duh.de/3805.html#c40433（2014/09/09最終アクセス）。

◉ヨーロッパ・アメリカ

自然環境と社会環境の連続性

ラテンアメリカにおける環境リアリティ

落合一泰

南北に長く環境的多様性に富むラテンアメリカでは、自然環境の複合的かつ高度な利用が、ヨーロッパ人渡来以前の先住民高文明の形成、および現在に至るその文化の維持発展において大きな役割を果たしてきた。本論では、メキシコ中央高原、メキシコ南部高地、コロンビア北部海岸、中央アンデス、チリ南部等におけるフィールドワークに基づく文化人類学的知見から、自然環境の利用とその社会環境への取り込みについて論じる。

はじめに――文化領域「ラテンアメリカ」と自然としての「環境」――

「ラテンアメリカ」は、南北アメリカ大陸のような地理学が定義する自然領域概念とは異なり、アメリカ大陸とその周辺諸島部のうち、ヨーロッパのラテン系文化が移植された地域をさす文化領域概念である。しかし、ヒスパニック人口が白人人口をしのぐ米国カリフォルニア州をラテンアメリカとするのか、イギリス、ドイツ、旧ユーゴスラビアからの移民の少なくないチリをラテンアメリカから除くのか、英語が公用語のジャマイカはラテンアメリカではないとするかといえば、そのようなこととはならない。文化概念であるがゆえに、国境のような明確な政治社会制度で限界を画すような考え方にはなじまないからである。こうしたことから本論では、「ラテンアメリカ」を、アングロアメリカとの対比で把握されることの多い、カリブ海域を含む緩やかな文化領域概念として捉えておきたい。

このことを最初に述べるのは、本論のテーマである「環境」が、もともと自然にかかわる概念であって文化概念でないことを確認し、同時に、世界の諸民族が自然環境をいかに社会環境化し、文化に取り込もうとしてきたかの考察が重要と考えるからである。本論では、図1に示すラテンアメリカ各地の環境利用について、こうした観点から説明を加えたい。

一、文明発展と環境利用

(1) 中央アンデスにおける「生態学的階床」の複合的利用

アンデス高地を水源とするアマゾン川は、世界第二位の全長六五一六キロを誇る。その流域面積は世界最大であり、「世界の肺」とも呼ばれる豊かな森林地帯を形成している。アンデス山脈は南北七五〇〇キロにわたる世界最長の山脈である。標高七〇〇〇メートルに近い高峰を含み、北緯一〇度から南緯五〇度まで、南米大陸の背骨を形成している。アンデス山脈と西側の太平洋の間には平野部が少ない。アンデス山脈の東側では、北アンデスにおいては大河マグダレナが南から北へと走り、カリブ海にそそいでいる、中央アンデスの東にはアマゾンの熱帯雨林が広がり、南アンデスでは草原地帯パンパが始まり、大河ラプラタが北から南へと流れている。

図１　本論で言及する地域と場所

アマゾン川流域とアンデス山脈というふたつの巨大な自然を背景として、スペイン人到来以前の南米大陸ではアンデス文明が発展した。アマゾンとアンデスが形作る多様な自然環境の巧みな利用が、文明の形成と成長において重要な役割を果たした。

中央アンデスは、いくつもの生態系から構成されている（図２）。すなわち、米、小麦、海産物等に依存する海岸部（海抜〇～五〇〇メートル）（写真１）、熱帯性の作物を栽培するユンガ（五〇〇～二三〇〇メートル）、降雨があり主としてトウモロコシを生産するケチュア（二三〇〇～三五〇〇メートル）（写真２）、主にジャガイモを栽培する冷涼なスニ（三五〇〇～四〇〇〇メートル）、リャマやアルパカ等の放牧が主産業のプーナ（四

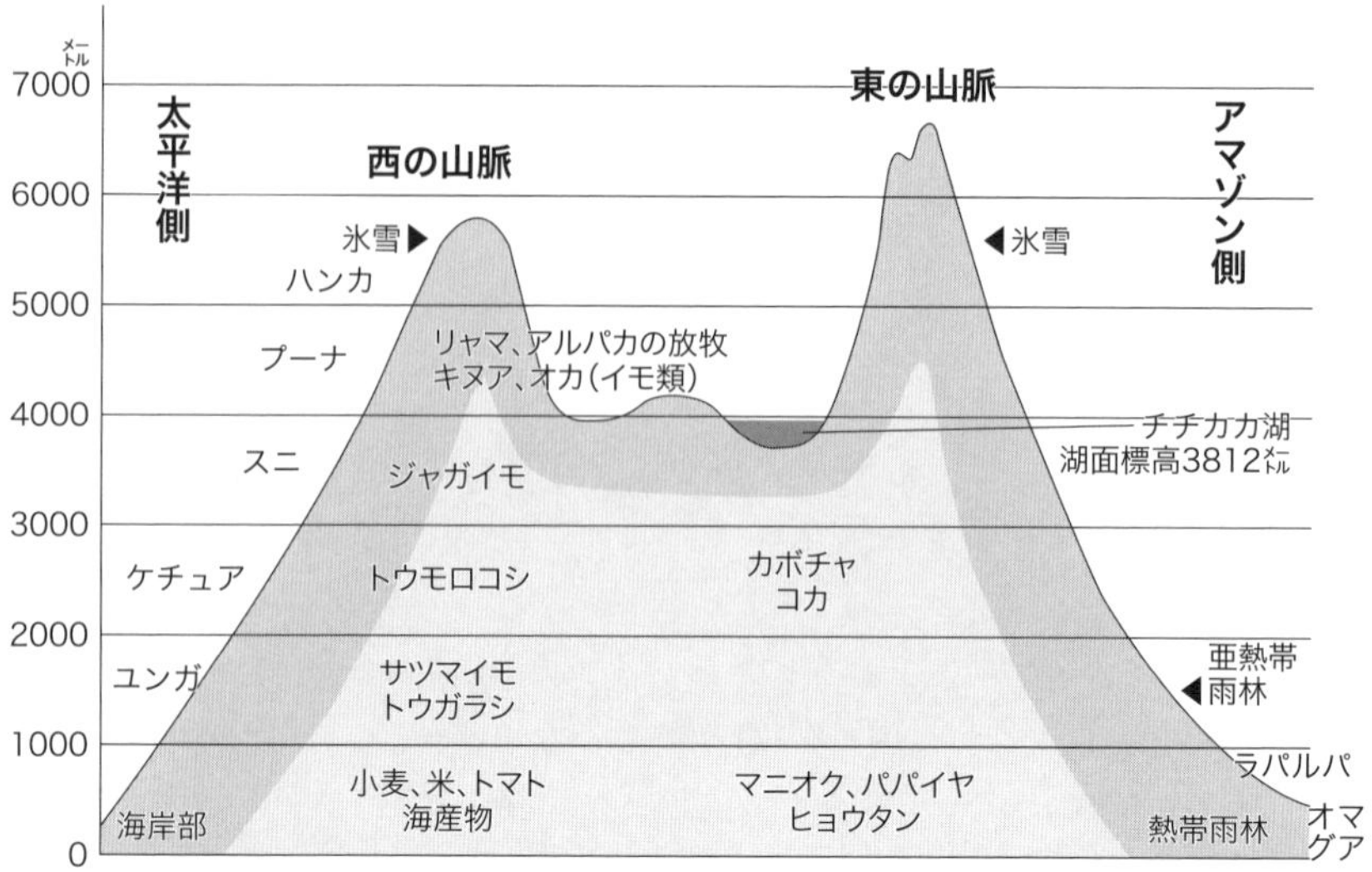

図2　アンデス中央部の高度別土地利用と主要産品

〇〇〜四八〇〇メートル）（写真3）、氷河もあり人が住まず農業・牧畜が不可能なハンカ（四八〇〇メートル以上）、アマゾンに下っていくあまり農業の盛んではないジャングル地帯ラパルパ（一〇〇〇〜四〇〇〇メートル）、手つかずの密林であるオマグワ（四〇〇メートル以下）などである。

古代社会への環境の影響を評価し、人類の環境適応として文化を捉えた最初の文化人類学者はアメリカのベティ・メガーズだった。[1] アメリカの人類学者ジョン・ムラらは、上記のアンデスの多様な環境を「生態学的階床」（pisos ecológicos）と名付け、スペイン植民地初期の文書や考古学的知見などに基づき、その一体的な相互利用がアンデス文明の経済的基盤であったことを立証した。[2] 厳しく多様な環境系をひとつのシステムとして高度利用するという知識と政治力が備わっていたからこそ、現在のエクアドルからアルゼンチンまでを版図とした広大なインカ国家が誕生し機能したのであった。

食料をめぐる重要な要素は、生産や物流の進歩だけ

写真１　ペルー北部の乾燥した海岸
（トルヒーヨ近郊、1973年撮影）

写真２　北部ペルーのケチュア地帯。同じ高度の土地を帯状に横に耕作している。
（アンカシュ近郊、1973年撮影）

写真３　中央アンデスのプーナ。氷河に削られたカール地形。リャマやアルパカを飼うための石の囲いが見える。
（ペルー南部、1973年撮影）

写真４　南アンデス山脈パイネ山群
（1984年撮影）

でなく、その保存法にある。端境期や飢饉をいかに乗り切るかが、個人や社会の生存上きわめて重要な戦略になるからである。人類はその歴史において乾燥、塩蔵、冷蔵、凍結、燻製など様々な食料保存方法を考案してきたが、アンデス高地のプーナやスニでは、寒冷な乾燥気候を利用して上記のほかにフリーズドライ法が広く用いられてきた。ジャガイモを高地の屋外で夜間に凍らせて細胞から水分を滲出させ、日中にそれを天日に干して乾燥させるというプロセスを何回も繰り返して保存のきく乾燥ジャガイモ（チューニョ）を作る。寒天の製法と同じ原理である。

　筆者の調査した南部アンデスのチリ海岸部では、アンデスを水源とする冷水にジャガイモを浸す冷水蔵が

写真5　冷水保存法。アンデス山脈を水源とする河川の岸に水が循環する穴を掘り、麻袋に詰めたジャガイモを沈めておく。
（チリ南部バルディビア近郊、1984年撮影）

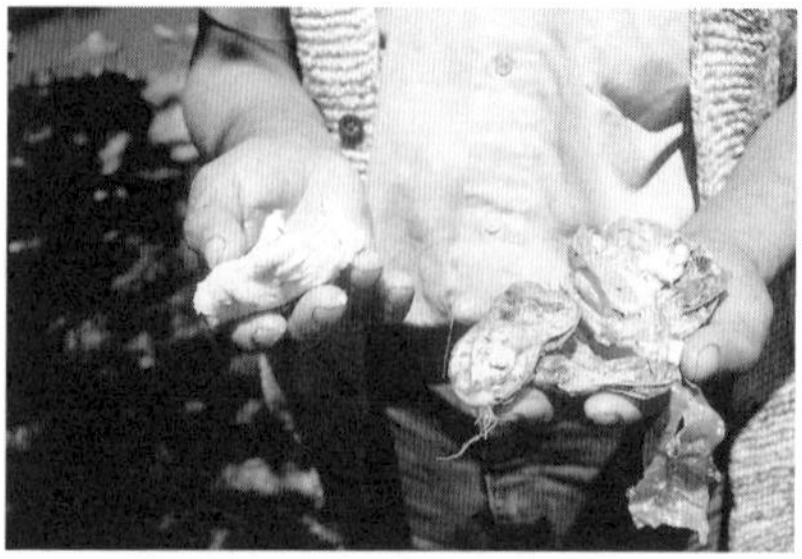

写真6　冷水保存から取り出したジャガイモ。
（チリ南部バルディビア近郊、1984年撮影）

写真7　採集された海藻コチャユーヨ
（チリ南部バルディビア近郊の海岸、1984年撮影）

行われていた（写真5・6）。また、収穫したコチャユーヨ（学名*Durvillaea antarctica*）と呼ばれる大型の海藻を乾燥させて束ねたり車輪状に巻き、牛車に積んでアンデス山岳部に運び、途中、小麦やジャガイモ等の農産物と交換していく生業が今も成立している（写真7・8）。コチャユーヨは、インカ帝国の時代に首都クスコでも食されていたという記録が残っている。今日では「貧者の肉」とさげすまれることもあるコチャユーヨだが、いまも山岳部ではスープにして食べ、不足しがちなヨードを摂取する手段になっている。(3)

(2) アステカ国家における湖水利用型チナンパ農法

メキシコにおいても寒暖や乾湿、水源などをめぐる環境的多様性が存在するが、中央アンデスほどにはその高度な一体的利用は見られなかった。十四世紀からスペイン人到来まで栄えたアステカ国家の版図が多様な自然を含みこむほど広大でなかったこともあろう。ただ、テスココ湖が広がるメキシコ中央高原等ではチナンパという生産性のたいへん高い人工畑が発明されていた（写真9・10）。チナンパとは、浅い湖沼の一部を木の杭で囲い、葦やイグサなどを底に敷き詰め、水底から汲み上げた肥沃な泥土をその上に積み重ねて造成した盛り土畑のことである。湖上の小さな島のようなチナンパと陸上との行き来は小舟で行った。湖上にあるがゆえにチナンパが水不足に陥ることはなく、魚や水鳥の糞などを含む栄養豊かな沈殿物を水底からすくって定期的に盛っていくので、土は常に肥沃だった。そのため、トウモロコシでも天水に頼る焼畑

写真８　出荷用に束ねられた乾燥コチャユーヨ。
（チリ南部バルディビア近郊、1984年撮影）

写真９　先スペイン期にさかのぼる人工の盛り土農地チナンパ。農民は水路を小舟で移動する。水底からくみ上げた肥沃な黒い泥が農地にまかれている。
（メキシコシティ近郊ショチミルコ、2001年撮影）

写真10　チナンパのトウモロコシ。背丈が高く、密生可能であり、実が大きく多い。
（メキシコシティ近郊ショチミルコ、2001年撮影）

写真11　メキシコ南部チアパス高地の焼畑。7年に一度、雨季直前に藪を切り払い、火をつけて灰を肥料とする。棒の先で穴をあけ、トウモロコシの穀粒とインゲン豆を播種し、雨を待つ。背後に今年は休ませている農地。
（サン・アンドレス村、1980年撮影）

農法に比べ数倍の収量を見込むことができた。十六世紀初頭において、アステカの首都テノチティトランが二〇万人とも言われる当時の世界最大規模の人口を維持できた背景には、このような巧みな環境利用があった（写真11）。

筆者は、今なお用いられているチナンパをメキシコシティ南部のソチミルコで見学したことがある。筆者の主たる調査地であるメキシコ南部山岳地の先住民社会における焼畑農法に比べ、チナンパではトウモロコシの播種間隔が狭くて済み、トウモロコシの茎がたくましく、背丈も三メートルを超え、一本の茎に複数の実が育っており、それぞれの可食部分が太くてしっかりしており、穀粒が大きいことに、筆者は強く印象付けられた。

(3) マヤ研究と環境

環境という概念はマヤ考古学においても重要な要素である。二〇世紀半ばまでのマヤ考古学では、古代マヤ文明は紀元三〇〇年から九〇〇年にかけて突然出現し大きく発展して神殿や謎のマヤ文字を刻んだ石碑、ピラミッドなどを建設した神秘的でユニークな孤立した文明であり、マヤ人は天文学や暦に特別な能力を発揮した平和的な人々だったが、突然一気に滅びたというモデルに沿って研究が進められていた。しかし、その後のマヤ考古学の進展から、古代マヤが紀元三〇〇年以前から階層化した都市文明として主としてマヤ地方南部で発展し、周辺地域とも交流し、また戦争や権力闘争を都市国家間で王たちが繰り返すダイナミックで多様な文明だったのであり、謎の崩壊を突然とげたのではなく、一世紀以上の間に徐々に衰退し、中心地を北部に移動させていった文明であったことが明らかになった。(4)

マヤ研究を環境考古学の観点からリードする青山和夫は、マヤ考古学を一新した要素として、第二次大戦後の考古学の理論や方法論の革新、新たな調査の蓄積、衛星を利用したリモートセンシングや最新の測量器具の導入などを挙げている。具体的には、マヤ文字解読の画期的進歩、マヤ支配層とともに一般層の生活を伝えるデータの蓄積、マヤ地域全体の調査の進捗と理解の深化などがあり、文化と環境の関係の研究から長期にわたる文化変容の過程が解明されていったのである。その結果、「なぜ」「どのように」文化が変化していったのかが明らかになった。十九世紀以来のロマンティックな古代マヤ文明観が、動的に変化し地域ごとに多様な違いを示す文明観に転換したのである。(5)

マヤ文明の「崩壊」については、宗教的対立の激化、繰り返される戦役による都市国家の疲弊、環境的要因による窮乏化など、いろいろな仮説が発表されてきた。アメリカの考古学者リチャード・ウィルクは、アメリカ合衆国内の世論の動きと古代マヤ文明崩壊研究の並行関係を指摘している。ウィルクによれば、ベトナム戦争が激化した一九六〇年代末には、文明崩壊を都市国家間の戦役と関連付ける論文が増え、アメリカの若者文化が宗教性を強めた一九七〇年代からは、宗教対立が抗争化してマヤ文明の衰退が始まったと説明する論文が多くなり、エコロジー運動が盛んになった一九七〇年代後半からは、農地の過剰利用や利水の失敗などに文明衰退の原因を求める論文が増えたという。(6)古代を扱う考古学者といえども、「時代の子」なのである。

二、環境変化の民族誌

現代ラテンアメリカでも、思いもよらぬところで環境と文化の関係を考えさせられる場面に遭遇することがある。一九八四年〜八五年にコロンビア北部カリブ海岸の島嶼部で行った調査において、筆者はアフリカ系漁民が小舟でニンニクなどの密輸品を陸揚げしている場面に遭遇した（写真12）。警察の取り締まりを警戒するような素振りもない緩やかな「経済活動」に見えたが、密輸者のひとりは、西のパナマとの間で商売をしており、使う丸木舟は小型船外エンジンを一基備えているだけなので、大河マグダレナの河口付近のような海水と真水が混ざり合い、沖合まで渦を巻く危険箇所を渡り切る馬力はなく、マグダレナ川の東まで商売に行くことは自分には不可能だと言った。このことは大河の河口が沿岸移動上の自然障壁になりうることを示している。マグダレナ河口の奔流は、先スペイン期文化の地域的広がりや歴史上の政治単位を考察する上

写真12　コロンビア北部カリブ海のアフリカ系漁民の漁労用丸木舟。パナマに隣接したダリエン地方のクナ先住民が製作した丸木舟の中古を購入している。
（フエルテ島、1985年撮影）

で、大河が環境的要因になりうることを教えている可能性がある。(7)

調査を行った島の主産業は漁労だったが、近年は日本を含めた外国の大型漁船がこの海域で操業しており、魚影が薄くなったと漁民は語っていた。昔は網を投じれば大きな魚がたくさんとれたものだと語る老人も少なくなかった。日々厳しさを増す島の環境を生き抜くために、違法だが、小さなダイナマイト片を海に投じて爆破で魚を殺す漁法が用いられる場合があった。爆破で死んだ魚は内臓が傷んでいるので腐りやすいと言われていた。この漁法では小魚まで死ぬので魚影がますます薄くなる可能性がある。海底の岩礁が破壊されることは言うまでもない。発破事故で手首やひじから先を失った男たちも見かけた。生きるためにあえて環境破壊に走り、自らの体を傷めるという負の連鎖がそこに存在していた。

写真13　先住民集落の背後で進む表土流出
（チアパス高地サン・アンドレス村、1979年撮影）

小規模農業や漁業の地域が、換金性の高い生産活動によって引き起こされる環境負荷のマイナスをこうむることもある。コロンビアのカリブ海岸では、換金性の高い肉牛牧畜が広く行われるようになった。牧畜業者は未利用地を開墾して牧場とすることが多く、そのために地域の乾燥化が進むことがある。実際に乾燥化が進んだ結果、この地方の主要生産物であったココナツの実が小型化し価格が大幅に下がってしまった。パナマなどから大型のココナツの実を輸入（密輸も含め）する状況も生まれている。

筆者が長く調査を継続しているメキシコ南部チアパス高地にも、類似の状況がある。チアパス高地では人口に比して農地が不足しており、出稼ぎのほか牛や羊を飼い、その肉や羊毛を町で現金化して収入不足を補う世帯が多い。牛や羊は草の根まで食べ尽すため、その土地に大雨が降ると表土の流出がはなはだしく、流出した肥沃な黒土は戻らず、その後はトウモロコシ栽培が難しくなることさえある（写真13）。先住民村落といえども近代社会の一角をなす以上、現金が必要である。その獲得のために先祖伝来の大切な表土が失われていく現実がそこにはある。

三、メキシコ南部の先住民の語り――自然の力の解釈をめぐって――

チアパス高地のマヤ系ツォツィル先住民社会では、自然環境の観察とこの世の成り立ちに関する「真なる知識」（truth）に実際におきたこと（facts）を投げかけて跳ね返ってきたものが、現実（reality）として把握される。すでに歴史的事件として位置付けられている事例に、一九八五年のエル・チチョナル火山の大噴火がある。噴火の直後に現地で聞いた噴火の顚末に関する解釈は、自然環境と社会環境を前提に、いかに人々がリアリティを形成しているかをよく示している。

エル・チチョナルは、ツォツィル村落から五〇キロほどの地点に位置する標高一二〇〇メートルの火山だった。一九八二年三月末から四月にかけて、エル・チチョナル山は大噴火を起こし、その噴煙は世界の気候に影響を与えたとも言われた（頂上が吹き飛んだため、標高も二〇〇メートル低くなった）。ツォツィル村落は火山の風上に位置していたこともあり、さいわい大きな被害はまぬがれた。それでも噴火と同時に黒雲が空をおおい、火山灰が五センチ積もり、牛などが死んだという。筆者は噴火の四か月後に現地を訪れ、その時のもようを聞いて歩いた。特に噴火の原因について、人々は思うところをいろいろ語ってくれた。村では病気や死は自然現象ではありえず、すべて何らかの外因に発していると解釈される。エル・チチョナル山の噴火にも、原因があると主張する人々に何人も出会った。以下に要約するのは、そうした解釈のひとつである（原文ツォツィル語）。話者はシナカンタン村の男性だが、話の主人公はシナカンタン村とライバル関係にあるチャムラ村の先住民インディオである。

「噴火が始まる数日前、三人のチャムラのインディオがエル・チチョナル山の近くの森を通りかかり、丸太のようなものが一本ころがっているのを見つけた。それはただの材木のようだったが、聖人像のように見えなくもなかった。三人はその丸太を近くの木にしばりつけ、もしこれが本当に聖人像ならば、奇跡を起こし自分で縄をほどいてしまうはずだと言い、しばらく眺めていた。しかし、いつまでたっても奇跡が起きないので、三人は、なんだ、こいつはただの丸太だと言って、地面に大きな穴を掘り、そのなかに埋めてしまった。

それから三日三晩たった日に、三人はまた森にやってきて、あの丸太がどうなったか見てやろうじゃないかと言い、かぶせてあった土をとりのけてみた。すると、穴の底にはすでに丸太の影はなく、かわりに一匹の大蛇がとぐろを巻いているではないか。おどろいている三人にむかって大蛇は言い放った。なぜおまえたちは、私をこのように粗末に扱ったのだ。お前たちを喰い殺してしまうぞ！

肝をつぶした三人は、助けを求め、あわてて森を逃げ出した。と、そこに救助にあらわれたのは、グァテマアラから飛来した爆撃機だった。爆撃機は、大蛇にむけて爆弾を投下し始めた。怒り心頭に発した大蛇は、ついにあの致命的なエル・チチョナル山の大噴火を引き起こしたのである。

三人のチャムラのインディオは、火山灰の下で死んでしまった。その三人はプロテスタントだったということである。」(8)

この説話にはいくつもの要素を見出すことができる。第一に、火山の噴火の原因をチャムラ人に帰するシナカンタン人のライバル意識である。一五二〇年代にスペイン人がこの地方に侵入したさい、シナカンタン人はスペイン人に協力し、チャムラ人は徹底抗戦を挑んだ。こうした対抗関係はスペイン人到来以前からあったものであろう。そして両村のライバル関係は、政治的経済的・文化的領域において現在まで続いている。

第二に、先スペイン期にもさかのぼる先住民宗教の要素が見られる。火山を含め、大地に関するあらゆる事象を掌握する「大地の主」＝大蛇の登場がそれを物語っている。

第三に、キリスト教の影響が見え隠れする。木に縛り付けられた丸太＝聖人像は聖セバスティアンのようであり、地中に埋められた丸太の三日三晩のちの大蛇への変身は、キリストの復活を連想させる。

第四に、当時のツォツィル村落で流血を見るほどの大問題だったカトリックとプロテスタントの対立が語りこまれている。この説話の話者はカトリック教徒であり、プロテスタントの愚行が噴火を引き起こし、命でそれを贖わなければならなかったとしている。

第五に、爆撃機がグァテマラから飛来して大蛇を攻撃したというくだりである。ツォツィルの人々はグァテマラに行ったことはなくても、ラジオや口伝えで隣国の当時の内乱について聞いていた。グァテマラ政府軍機は、ゲリラ掃討のために山間のインディオ村落を実際に爆撃していたという。グァテマラから国境を越えてメキシコに避難してきた先住民たちから、このような知らせがもたらされていたのかもしれない。いずれにせよ、グァテマラやメキシコの先住民を苦しめる存在が暗雲のように立ち込めてきているという話者の危機感を、そこに読み取ることができる。

人々は、環境を一変させた火山の爆発を契機に自らの歴史や現実を認識し直し、未来に語りついでいこうとした。彼らにとり現実とは、遠い過去から現在までこの地方の自然環境と社会環境を吹き抜けてきた歴史の風の記憶に裏打ちされた現状認識にほかならない。過去の歴史は「潜在的現在」として生きている。現在とは、今いる環境において感知される、このような過去と予見された未来の総和だと言えるだろう。

おわりに――自然環境と社会環境、過去と現在の連続性――

ラテンアメリカを調査地域とする文化人類学徒の筆者は、本論において、人々が所与の自然環境をいかに社会環境に変換して文化を築き生存を図ってきたかを、中央アンデスやメキシコ中央高原に関する考古学やエスノヒストリーの知見だけでなく、メキシコ南部、コロンビア北部海岸、チリ南部などでのフィールドワークにも基づき記述した。ツォツィル先住民のエル・チチョナル火山大噴火の説話が示すように、社会環境での緊張関係は自然環境の大変化の前に相対化されることがある。そこでは、自然環境は社会環境と一体化したものとして認識されている。外部としての環境が内部化されているのである。それが土地の環境を生きるということなのだろう。

環境と開発に関する国際連合会議の成果「環境と開発に関するリオ宣言」（一九九二年）が現地で高く評価されてきた背景には、ブラジルを含むラテンアメリカ固有の歴史がある。それは、環境的制約に打ち勝つことが文明であるとする近代的思考を離れ、自己を自然の一部として認識する伝統が、都市住民を含めラテンアメリカに広く存在しているということである。スペイン人到来以前のアステカ時代の環境感覚を取り戻そうと、著名な建築家テオドロ・ゴンサレス・デ・レオンらがメキシコで展開している「湖水都市への回帰」**Vuelta a la ciudad lacustre**運動はそのひとつである。それは先スペイン期に遡る文化的基盤を意識する運動であり、単なる環境運動ではなく、伝統を参照することで現代生活を省みようという歴史認識に基づいている。(9)

ラテンアメリカの歴史的脈絡では、過去や自然との断絶に基づく近代化を進めつつ、それらとの連続性の回復を目指す並行主義を「矛盾」と呼ぶことはできない。それは先住民文明の記憶・伝統と征服・植民・近代化を通じてもたらされた西欧型思考の並行性を生きるラテンアメリカ人にとり必然的前提であり、リアリズムそのものだからである。

注

（1）メガーズ、ベティ（寺田和夫・松本亮三訳）『アメリカの古代文化』（学生社、一九七七年）。

（2）Murra, John V., *Formaciones económicas y políticas del mundo andino*. Lima: Instituto de Estudios Peruanos, 1975; Murra, John V., *Organizacion economica del estado inca, Mécido: Siglo XXI Editores*; 2002, *El mundo andino: población, medio ambiente y economía*, Lima: Instituto de Estudios Peruanos, 1978.

（3）Ochiai, Kazuyasu, "*Nguillatún*: Una reseña de la ceremonia rogativa mapuche," en Masuda, Shozo, ed., *Recursos Naturales Andinos*, Tokio: Universidad de Tokio, 1985, pp.231-263.

（4）サブロフ、ジェレミー・A．（青山和夫訳）『新しい考古学と古代マヤ文明』（新評論、一九九八年）。

（5）青山和夫「新しい古代文明間から異文化理解を考える」（『科学』七〇巻三号、二〇〇〇年）一七〇―一七四頁、青山和夫『マヤ文明――密林に栄えた石器文化――』（岩波新書、二〇一二年）。

（6）Wilk, Richard, "The Ancient Maya and the Political Present," *Journal of Anthropological Research*, 41(3):1985, pp.307-326.

（7）マグダレナ川から流れ出す大量の淡水が河口付近で引き起こす渦流がいかに沖合まで到達するかは、次のランドサット映像が示すとおりである。https://en.wikipedia.org/wiki/Magdalena_River（二〇一六年六月二十八日検索）。

（8）落合一泰『ラテンアメリカン・エスノグラフィティ』（弘文堂、一九七八年）七七―七九頁。

（9）http://www.letraslibres.com/revista/dossier/vuelta-la-ciudad-lacustre（二〇一六年六月一日検索）、http://cargocollective.com/uiui/Vuelta-a-la-ciudad-lacustre-Back-to-the-lake-city（二〇一六年六月一日検索）。

参考文献

稲村哲也『リャマとアルパカ―アンデスの先住民社会と牧畜文化』（花伝社、一九九五年）

Ochiai, Kazuyasu, *Cuando los Santos Vienen Marchando: Rituales Públicos Intercomunitarios Tzotziles*, Universidad Autónoma de Chiapas, San Cristóbal de Las Casas, 1985.

Ochiai, Kazuyasu, "Interpretación tzotzil de la erupción del volcán El Chichonal en 1982." Mercedes de la Garza, ed., *Memorias del Primer Coloquio Internacional de Mayistas*, pp.861-880, Universidad Nacional Autónoma de México, México, D.F., 1987.

Ochiai, Kazuyasu, Meanings Performed, Symbols Read: Anthropological Studies on Latin America（東京外国語大学アジア・アフリカ言語文化研究所、一九八九年）

Masuda, Shozo, ed., *Recursos Naturales Andinos*, Tokio: Universidad de Tokio, 1985.

執筆者略歴（掲載順）

編者

水島　司（みずしま・つかさ）→奥付参照。

斎藤　修（さいとう・おさむ）
一九四六年生まれ。一橋大学名誉教授、日本学士院会員。比較経済史・歴史人口学専攻。著書・論文に、『比較経済発展論――歴史的アプローチ――』（岩波書店、二〇〇八年）、“Forest history and the Great Divergence: China, Japan, and the West compared”, *Journal of Global History*, vol. 4, issue 3’ 2009’『環境の経済史――森林・市場・国家――』（岩波書店、二〇一四年）などがある。

佐藤洋一郎（さとう・よういちろう）
一九五二年生まれ。人間文化研究機構理事、総合地球環境学研究所名誉教授。植物遺伝学専攻。植物遺伝学の立場から稲の起源の研究を進め、現在は、ユーラシア大陸における農業と環境の関係一万年史を中心に研究している。著書に、『ユーラシア農耕史』全五巻（監修、臨川書店、二〇〇八～二〇一〇年）、『コシヒカリより美味い米』（朝日新聞出版、二〇一〇年）、『食の人類史』（中公新書、二〇一六年）などがある。

宮瀧交二（みやたき・こうじ）
一九六一年生まれ。大東文化大学文学部教授。東京大学地震研究所地震・火山噴火予知研究協議会研究戦略室――エゾン。博士（学術）。日本古代・中世史と博物館学専攻。文献史学と考古学双方の立場から、環境史・災害史をも視野に入れて日本古代・中世の民衆生活の解明を試みている。論文に、「日本古代の民衆と「村堂」」（『村の中の古代史』岩田書院、二〇〇〇年）、「村落と民衆」（『列島の古代史3　社会集団と政治組織』岩波書店、二〇〇五年）。著書に、『歴史をよむ』（共編著、東京大学出版会、二〇〇四年）などがある。

池谷和信（いけや・かずのぶ）
一九五八年生まれ。国立民族学博物館・総合研究大学院大学教授。人類学、地理学専攻。地域の視点から地球全体を対象にした環境史的研究に関心を持つ。現在、アマゾンにおける動物資源利用の過去と現在を調べている。著書に、『野生と環境』（編著、岩波書店、二〇〇八年）、『地球環境史からの問い』（編著、岩波書店、二〇〇九年）、『人間にとってスイカとは何か』（臨川書店、二〇一四年）などがある。

飯沼賢司（いいぬま・けんじ）

一九五三年生まれ。別府大学文学部教授。日本中世史専攻。環境歴史学を提唱し、現在は鉛同位体比を使った分析科学と連携し、分析歴学も進めている。著書に、『中世のムラ――景観は語りかける――』（共著、東京大学出版会、一九九五年）、『ヒトと環境と文化遺産――21世紀に何を伝えるか――』（共編著、山川出版社、二〇〇〇年）、『環境歴史学とはなにか』日本史リブレット23（山川出版社、二〇〇四年）などがある。

卯田宗平（うだ・しゅうへい）

一九七五年生まれ。国立民族学博物館先端人類科学研究部准教授。環境民俗学・東アジア地域研究専攻。日本列島と中国大陸における自然と人間との関係を研究している。著書に、『鵜飼いと現代中国』（東京大学出版会、二〇一四年）、『アジアの環境研究入門』（編著、東京大学出版会、二〇一四年）、論文に「ポスト「北方の三位一体」時代の中国エヴェンキ族の生業適応」（『アジアの生態危機と持続可能性』アジア経済研究所研究双書、二〇一五年）などがある。

菅　豊（すが・ゆたか）

一九六三年生まれ。東京大学東洋文化研究所教授。民俗学専攻。現在は、地域の自然・文化資源の管理やヒトと動物の交渉史を中心に研究している。著書に、『川は誰のものか――人と環境の民俗学――』（吉川弘文館、二〇〇六年）、『人と動物の日本史3　動物と現代社会』（編著、吉川弘文館、二〇〇九年）、『「新しい野の学問」の時代へ――知識生産と社会実践をつなぐために――』（岩波書店、二〇一三年）などがある。

海老澤衷（えびさわ・ただし）

一九四八年生まれ。早稲田大学文学学術院教授。日本中世史専攻、荘園の復原調査から東アジア水利史研究に及ぶ。著書に、『荘園公領制と中世村落』（校倉書房、二〇〇〇年）、『景観に歴史を読む　史料編』（早稲田大学、二〇〇五年）、『中世荘園の環境・構造と地域社会――備中国新見荘をひらく――』（共編、勉誠出版、二〇一四年）などがある。

高橋　学（たかはし・まなぶ）

一九五四年生まれ。立命館大学文学部教授。環境考古学、災害リスクマネジメント専攻。現在は環太平洋地域の環境変動と災害について研究している。著書に、『平野の環境考古学』（古今書院、二〇〇三年）、「列島をめぐる地理的環境」（井上勲編『日本史の環境』吉川弘文館、二〇〇四年）などがある。

北條勝貴（ほうじょう・かつたか）

一九七〇年生まれ。上智大学文学部准教授。東アジア環境文化史・心性史専攻。著書に、『環境と心性の文化史』上・下

（共編著、勉誠出版、二〇〇三年）、『日本災害史』（共著、吉川弘文館、二〇〇六年）、『寺院縁起の古層――注釈と研究――』（共編著、法藏館、二〇一五年）などがある。

保立道久（ほたて・みちひさ）

一九四八年生まれ。東京大学名誉教授。日本前近代史専攻。著書に、『かぐや姫と王権神話』（洋泉社新書、二〇一〇年）、『歴史のなかの大地動乱』（岩波新書、二〇一二年）、『中世の国土高権と天皇・武家』（校倉書房、二〇一五年）などがある。

鶴間和幸（つるま・かずゆき）

一九五〇年生まれ。学習院大学教授。中国古代史専攻。現在は秦漢史、中国文明史、東アジア文明史を研究している。著書に、『秦の始皇帝　伝説と史実のはざま』（吉川弘文館、二〇〇一年）、『始皇帝陵と兵馬俑』（講談社学術文庫、二〇〇四年）、『中国の歴史第3巻　ファーストエンペラーの遺産――秦漢帝国――』（講談社、二〇〇四年）、『秦帝国の形成と地域』（汲古書院、二〇一三年）、『人間　始皇帝』（岩波新書、二〇一五年）などがある。

梅崎昌裕（うめざき・まさひろ）

一九六八年生まれ。東京大学大学院医学系研究科准教授。人類生態学専攻。パプアニューギニア、中国における人類生態学を研究している。著書に、『ブタとサツマイモ――自然のなかに生きるしくみ――』（小峰書店、二〇〇七年）がある。

上田　信（うえだ・まこと）

一九五七年生まれ。立教大学文学部教授。中国生態環境史・社会史専攻。著書に、『海と帝国――明清時代――』（講談社、二〇〇五年）、『叢書・中国的問題群9　大河失調――直面する環境リスク――』（岩波書店、二〇〇九年）、『貨幣の条件――タカラガイの文明史――』（筑摩書房、二〇一六年）などがある。

クリスチャン・ダニエルス（Christian Daniels）

漢名は唐立。一九五三年生まれ。香港科技大学教授。東洋文庫研究員。中国西南部から東南アジア大陸部に居住する諸民族の歴史専攻。現在は、雲南省徳宏州とビルマ（ミャンマー）に分布するタイ系民族の歴史を中心に研究している。著書に、『地域の生態史』第二巻（弘文堂、二〇〇八年）、『中国雲南少数民族生態関連碑文集』（総合地球環境学研究所、二〇〇八年）、『タイ文化圏の中のラオス――物質文化・言語・民族――』（慶友社、二〇〇九年『東南アジア大陸部山地民の歴史と文化』（言叢社、二〇一四年）、『明清滇西蒙化碑刻』（東京外国語大学アジア・アフリカ言語文化研究所、二〇一五年）などがある。

応地利明（おうじ・としあき）
一九三八年生まれ。京都大学名誉教授。地域研究専攻。著書に、『トンブクトゥ――交界都市の歴史と現在――』（臨川書店、二〇一六年）、『中央ユーラシア環境史4　生態・生業・民族の交響』（臨川書店、二〇一二年）、『都城の系譜』（京都大学学術出版会、二〇一一年）、『人類はどこに行くのか』（共著、講談社、二〇〇九年）、『「世界地図」の誕生』（日本経済新聞出版社、二〇〇七年）などがある。

田中耕司（たなか・こうじ）
一九四七年生まれ。京都大学名誉教授、同次世代研究者育成センター特任教授。東南アジア研究、熱帯環境利用論専攻。アジア各地で農業、生態環境に関するフィールドワークを実施。著書に、『自然と結ぶ――「農」にみる多様性――』（編著、昭和堂、二〇〇〇年）、『講座「帝国」日本の学知　第7巻　実学としての科学技術』（編著、岩波書店、二〇〇六年）などがある。

澤井一彰（さわい・かずあき）
一九七六年生まれ。関西大学文学部教授。オスマン朝社会経済史、地中海世界史専攻。とりわけ十六世紀～十八世紀のオスマン朝における社会や自然災害の歴史を研究。著書に、『オスマン朝の食糧危機と穀物供給――16世紀後半の東地中海世界――』（山川出版社、二〇一五年）、「一五六三年のイスタンブル大洪水――大河なき都市を襲った水害――」（『歴史評論』七六〇、二〇一三年）などがある。

加藤　博（かとう・ひろし）
一九四八年生まれ。一橋大学名誉教授。アラブ社会経済史専攻。現在は、記述資料のほか、フィールド調査によって収集した統計データ、地理情報、聞き取り結果など、さまざまな資料を駆使して、多角的、総合的にエジプト社会を分析する試みを行っている。著書に、『ナイル　地域をつむぐ川』（刀水書房、二〇〇八年）、『イスラム経済論　イスラムの経済倫理』（書籍工房早山、二〇一〇年）、『現代アラブ社会』（東洋経済新報社、二〇一三年）がある。

長谷川奏（はせがわ・そう）
一九五八年生まれ。早稲田大学エジプト学研究所客員准教授。エジプト古代末期の生活文化研究を専門としつつ、古代王朝文明やイスラム文明との繋がりに関心を抱く。現在西方デルタ地帯で、古環境の復元研究を行う。著書に、『地中海文明史の考古学――エジプト・物資文化研究の試み――』（彩流社、二〇一四年）、「コプト――マイノリティが受け継ぐイスラムの前身伝統――」（松井健、堀内正樹編『中東』講座世界の先住民族第四巻、明石書店、二〇〇六年）などがある。

野田　仁（のだ・じん）
一九七四年生まれ。東京外国語大学アジア・アフリカ言語文化研究所准教授。中央ユーラシア史、露清関係史専攻。著書・論文に、「帝国の境界を越えて――露清間の境域としてのカザフ――」（『歴史学研究』九一一号、二〇一三年）、窪田順平監修・承志編『中央ユーラシア環境史　第二巻　国境の出現』（共著、臨川書店、二〇一二年）、『露清帝国とカザフ＝ハン国』（東京大学出版会、二〇一一年）などがある。

石川博樹（いしかわ・ひろき）
一九七三年生まれ。東京外国語大学アジア・アフリカ言語文化研究所准教授。アフリカ史専攻。これまで専門としてきたエチオピア史の研究のほか、現在は近代ヨーロッパにおいて形成された人種差別的アフリカ文明論の研究、そしてアフリカ諸地域の農業に関する歴史学的研究も行っている。著書に、『ソロモン朝エチオピア王国の興亡――オロモ進出後の王国史の再検討――』（山川出版社、二〇〇九年）、『食と農のアフリカ史――現代の基層に迫る――』（共編著、昭和堂、二〇一六年）がある。

水井万里子（みずい・まりこ）
一九六五年生まれ。九州工業大学教養教育院教授。イギリス産すずの生産・技術・鉱山社会・流通・請負・課税・世界市場を研究。著書に、『女性から描く世界史』（共編著、勉誠出版、二〇一六年）、『イギリス近世・近代史と議会制統治』（共著、吉田書店、二〇一五年）、『世界史のなかの女性たち』（共編著、勉誠出版、二〇一五年）などがある。

徳橋　曜（とくはし・よう）
一九六〇年生まれ。富山大学人間発達科学部人間環境システム学科教授。現在、中世イタリア都市、特に十四〜十五世紀のフィレンツェの社会史および近世ヴェネツィアの環境史を研究している。著書に、『環境と景観の社会史』（編著、文化書房博文社、二〇〇四年）、『イタリア都市社会史入門』（共著、昭和堂、二〇〇八年）などがある。

森田直子（もりた・なおこ）
一九七一年生まれ。立正大学文学部史学科専任講師。著書に、*Wie wurde man Stadtbürger? Geschichte des Stadtbürgerrechts in Preußen im 19. Jahrhundert*, Peter Lang, Frankfurt am Main et al, 2008、論文に、「感情史を考える」（『史學雑誌』第一二五編第三号、二〇一六年三月）、「近代ドイツの「決闘試合」――外国人観察者のまなざし――」（『立正大学文学部論叢』第一三七号、二〇一四年三月）などがある。

落合一泰（おちあい・かずやす）
一九五一年生まれ。明星大学常勤教授、一橋大学名誉教授、日本ラテンアメリカ学会理事長。文化人類学専攻。著書に、

『ラテンアメリカン・エスノグラフィティ』（弘文堂、一九七八年）、*El Mundo Maya: Miradas Japonesas*. Kazuyasu Ochiai, coordinador. Unidad Académica de Ciencias Sociales y Humanidades, UNAM, Mérida, 2006、『トランス・アトランティック物語——旅するアステカ工芸品——』（山川出版社、二〇一四年）などがある。

編者略歴

水島　司（みずしま・つかさ）

1952年生まれ。東京大学大学院人文社会系研究科教授。インドの近世から現在までの社会経済史を専攻。グローバル・ヒストリー、歴史学へのＧＩＳ（地理情報システム）の導入についても研究を進めている。

著書・編著に、『現代南アジア６　世界システムとネットワーク』（東京大学出版会、2003年）、『前近代南インドの社会空間と社会構造』（東京大学出版会、2008年）、『グローバル・ヒストリーの挑戦』（山川出版社、2008年）、『地域研究のためのＧＩＳ』（古今書院、2009年）、『グローバル・ヒストリー入門』（山川出版社、2010年）などがある。

環境《かんきょう》に挑《いど》む歴史学《れきしがく》

2016年10月11日　初版発行

編　者　水島　司
発行者　池嶋洋次
発行所　勉誠出版株式会社
〒101-0051　東京都千代田区神田神保町3-10-2
TEL：(03)5215-9021(代)　FAX：(03)5215-9025
〈出版詳細情報〉http://bensei.jp/

印　刷　太平印刷社
製　本　若林製本工場
装　丁　志岐デザイン事務所（萩原　睦）
組　版　一企画

ISBN978-4-585-22149-4　C3020

歴史ＧＩＳの地平

景観・環境・地域構造の復原に向けて

古文書、古地図、遺物・遺構など多様な史資料の集約・可視化・時空間計量分析を図る情報学と、過去の人々の生活の復原をめざす歴史地理学とのコラボレーション。

ＨＧＩＳ研究協議会 編・本体四〇〇〇円（＋税）

オアシス地域の歴史と環境

黒河が語るヒトと自然の２０００年

東西を結ぶシルクロードと、南北の交易路が交差する中国・黒河流域。この地の遺跡・文書などの史料と自然科学のデータが融合し、人と自然の歴史が明らかになる。

中尾正義 編・本体三二〇〇円（＋税）

水を分かつ

地域の未来可能性の共創

水の流れが人の集団を形成し、人の集団の中で水の分配が決められる。コミュニティと共に望ましい水管理のあり方を探る。フィールドに乗り込んだ研究の全成果。

窪田順平 編・本体四二〇〇円（＋税）

環境人文学Ⅰ 文化のなかの自然

環境人文学Ⅱ 他者としての自然

文学、歴史学、哲学、音楽、社会学など、多分野の学問を横断し、これからの人文学が環境をどのように考えていくことができるのかを探る。

野田研一・山本洋平・森田系太郎 編著

各巻 本体三〇〇〇円（＋税）

女性から描く世界史
17〜20世紀への新しいアプローチ

世界史の研究・叙述の新たな方向性が検討される現在、「女性とともにある」世界史の叙述は可能なのか。世界史の中に女性を見出すための新たな方法を探る。

水井万里子・伏見岳志・太田淳・松井洋子・杉浦未樹 編
本体三二〇〇円（＋税）

世界史のなかの女性たち

女性のライフイベントを軸として、歴史のなかの女性たちの生き方・価値観を見直し、彼女たちと歴史的文脈のインタラクティブな関係性を描き出す。

水井万里子・杉浦未樹・伏見岳志・松井洋子 編
本体二五〇〇円（＋税）

モノとヒトの新史料学
古代地中海世界と前近代メディア

文献中心から、モノからみる歴史学へ。言葉や図像を刻まれたメディアから地中海史を考察。現地を訪れ、モノに触れることで、立ち現れる歴史の様々な姿を提示する。

豊田浩志 編・本体二七〇〇円（＋税）

国際地域学入門

グローバルな視点から、「国家」や「地域」といった固有の価値を捉えなおす新しい学問領域へといざなう入門書。ダイナミックな時代を生き抜くための思考のレッスン。

小谷一明・黒田俊郎・水上則子 編・本体二八〇〇円（＋税）